# 経済学
# 入門

林 直嗣

Naotsugu Hayashi

新世社

# はしがき

　本書は経済学の入門あるいは初級の教科書であり，経済学の基本的な内容をできるだけ平易に，しかも正確に解説しようとするものである。本書はもともと，著者が法政大学や慶應義塾大学で 1, 2 年生を対象に講義してきたことを基礎に，経済学の入門書としてまとめたものである。したがって大学生あるいは社会人として，一般教養や専門基礎としての経済学を，初歩から勉強しようとする読者を対象としている。また公務員試験や公認会計士試験など各種の資格試験を受けようとする読者にとっても，手頃な基本書となるように，基本的で標準的な内容をカバーしている。試験勉強に役立つように，合計で 260 問余りの論述式の練習問題を用意し，できるだけ廉価に抑える配慮から新世社のホームページに掲載し，読者がいつでも見られるようにしてある（奥付けを参照）。

　標準的な学習を目指す読者は，第Ⅰ部「経済学の基礎」，第Ⅱ部「ミクロ経済学」，第Ⅲ部「マクロ経済学」の順に従って読み進んでいただきたい。また近年では学部によっては一般教養や専門基礎の経済学で，ミクロ経済学だけあるいはマクロ経済学だけを講義するケースもある。そのような場合には，第Ⅰ部と第Ⅱ部，あるいは第Ⅰ部と第Ⅲ部を学習されたい。

　入門ないし初級の教科書としての性格上，基本的な事項はなるべく洩れなくカバーした。初級であればむしろ少数の事項を選び出して丁寧に説明するべきだという考え方もあるが，本書では基本事項をしっかり学ぶというオーソドックスな考え方をとっている。また本書を入門ないし初級の教科書として読めるように，できるだけ平易で簡潔な説明を心がけたつもりである。使用する数学は必要最低限に抑えてあるので，特別の予備知識は不要である。

　基本的な教科書とはいえ，経済学を体系的に学習できるように，構成についても配慮した。まず第Ⅰ部では経済学とは何か，市場経済や貨幣とは何か，といった基礎的な問題を学び，その基礎に立って，第Ⅱ部では消費者や企業など各経済主体のミクロ的な経済行動を分析するミクロ経済学を勉強し，第Ⅲ部では景気循環や経済成長など国民経済全体のマクロ的な経済活動を分析するマクロ経済学を学習するように，体系的な説明をしてある。

本書の執筆理念は，オーソドクシ（正統性）とノヴェルティ（斬新性）である。正統派経済学の伝統に立脚しつつも，最新の理論のうち確立されたものについてはできるだけ取り入れるようにした。現代は貨幣経済が極めて発達した段階にあるにも関わらず，従来の経済学のテキストでは貨幣及び貨幣経済の意味にあまり触れられてこなかった。しかし本書では第2章「市場経済と貨幣」を設けて，それらの意味を詳しく解説した。本書の草稿段階では，総ページ数が400ページを大幅に上回ったが，入門的な教科書としての性格上ページ数を大幅に削減した。そのためミクロの国際貿易とマクロの国際経済の章は割愛せざるを得なかった。しかし本書で解説する経済学の基礎理論を修得すれば，国際貿易論や国際経済論の専門講座を履修する場合でも，十分に理解が進むであろう。

　私たちが今日住んでいる日本の経済社会は，アメリカや西欧諸国などと並び世界で最も発達した先進国経済である。それは政治的な民主主義制度を基盤とし，市場機構を中心とした自由な経済活動により支えられていることから，市場経済体制とか自由主義経済体制，あるいは資本主義経済体制と言われる。これに対して旧ソ連や旧東欧諸国，中国などの経済社会は，政治的には全体主義的な一党独裁制を堅持しながら，国家による計画機構を中心に経済活動を行うので，計画経済体制とか共産主義経済体制，あるいは社会主義経済体制と呼ばれてきた。しかし旧ソ連や旧東欧諸国は既に自由主義経済に体制変革をし，中国も経済的には資本主義経済を大幅に取り入れた「社会的市場経済」へと変貌した。

　現実には資本主義や社会主義の純粋型が存在するわけではなく，両者の混合型が支配的である。ポール・サミュエルソンはそれを「混合経済体制」と名付けた。資本主義に近い混合経済体制であろうと社会主義に近いそれであろうと，「何を，どれだけ，どのように生産し，分配し，消費するか」という基本的な経済問題を解決しなければならない。このような経済問題を的確に分析し，その解答を見つけて，よりよい経済生活を営んでいくためには，それに必要な知恵を身に付けなければならず，そのためにこそ私たちは経済学を学ぶのである。

　経済学の始祖アダム・スミスが1776年に『諸国民の富』を著して以来200年余の間に，経済学は目覚ましい進歩を遂げ，今日では分析視点に応じてミクロ経済学とマクロ経済学とに体系化されている。ミクロ経済学は微視的観点から消費者や企業，政府など個別の経済主体の行動に焦点を当てて分析する。例

えば消費者あるいは家計の消費財需要や労働供給，企業の生産活動，市場価格の決定メカニズム，独占価格の問題点，賃金・利子・利潤などの分配，資本と投資行動，公共財の供給や公害の規制，政府の役割，社会的意思決定の仕組み，資産選択や保険など不確実性下の取引など個別主体の行動に遡って分析する。

　これに対してマクロ経済学は巨視的観点から所得や物価などの集計的概念を基礎に，経済全般の運動法則を明らかにする。例えば民間消費や設備投資の動向，国民所得の決定メカニズム，貨幣の供給と需要，失業とインフレーションの関係，好況と不況，金融政策や財政政策，景気循環，経済成長や経済発展など国民経済全体の活動を分析する。

　経済学の入門書には既に幾多の名著や好著があるにも関わらず，あえて本書を上梓（じょうし）する理由は以上に述べてきたとおりである。とはいえ本書はそれ独自で生まれたものではなく，経済学の巨人や先達の業績に極めて多くを負っている。また本書は著者の学問的な恩師，とりわけ福岡正夫，気賀健三，加藤　寛，田村　茂，ドナルド・キャンベル，メル・ファスの各教授にも多くを負っており，ここにその学恩に対する深甚の謝意を表す次第である。そして本書の企画から執筆，出版に至るすべての過程で，著者を忍耐強く叱咤（しった）激励され，不断の寛容を示された新世社の御園生晴彦取締役編集部長に，厚く御礼申し上げる次第である。また編集・校正の細かい作業を緻密に担当された編集部の佐藤佳宏氏にも，厚く御礼申し上げる次第である。

　なお本書は教科書であるので，漢字の表記については，内閣告示第二号（平成22年11月30日）の「常用漢字表」に準拠する。外来語の表記については，内閣告示第二号（平成3年6月28日）の「外来語の表記」に準拠し，原則として原音に近い表記とする。また人名は初出に限り，氏名を併記する。

　　　2012年10月

　　　　　　　　　　　　　　　　　　　　　　　　　　　　林　　直嗣

# 目　次

## ■第Ⅰ部　経済学の基礎■

### 第1章　経済と経済学　　2
1. 欲望と稀少性（2）　2. 経済とは何か（3）　3. 経済財と自由財（4）　4. 経済主体，経済問題，経済原則，経済的価値（5）　5. 経済秩序と経済法則（5）　6. 経済学とは何か（6）　7. 経済理論とミクロ経済学，マクロ経済学（7）　8. 経済史，計量経済学，経済政策（9）　9. 諸部門の相互関係（10）

### 第2章　市場経済と貨幣　　12
1. 自給自足経済（12）　2. 物々交換経済（13）　3. 間接交換経済と貨幣の出現（13）　4. 貨幣と市場経済の発達（15）　5. 信用貨幣の発達（16）　6. 貨幣の機能（17）　7. 市場経済の特徴（19）

## ■第Ⅱ部　ミクロ経済学■

### 第3章　消費者の行動　　24
1. 効用と選好（24）　2. 効用の連続性（25）　3. 効用関数（26）　4. 限界効用（27）　5. 基数的効用と序数的効用（27）　6. 無差別曲線（29）　7. 限界代替率（31）　8. 選好の凸性（32）　9. 予算の制約（34）　10. 需要量の決定（35）　11. 所得変化の需要への効果（37）　12. 価格変化の需要への効果（39）　13. 代替財と補完財（42）　14. 需要法則の例外（43）

### 第4章　企業の行動　　45
1. 生産関数（45）　2. 等量曲線（48）　3. 等費用線（49）　4. 生産方法の選択（51）　5. 生産方法の変化と代替・補完（52）　6. 費用曲線（54）　7. 収入曲線（57）　8. 利潤最大化と生産量の決定（58）　9. 価格変化の効果と供給曲線（59）　10. 要素需要量の決定（61）　11. 結合生産（63）　12. 長期の規模に関する収穫（65）　13. 長期費用曲線（66）　14. 長期供給曲線と正常利潤（67）

## 第5章　市場均衡　　　　　　　　　　　　　　　　　　　70
1. 社会的需要曲線・供給曲線（70）　2. 市場均衡の決定（72）　3. 市場均衡の安定性（75）　4. 比較静学（82）　5. 一時的均衡・短期均衡・長期均衡（84）　6. 一般均衡（87）　7. ワルラス法則（89）　8. 需給関数の性質とゼロ次同次性（91）

## 第6章　独占市場　　　　　　　　　　　　　　　　　　　94
1. 独占市場の構造（94）　2. 完全独占（95）　3. 差別独占（97）　4. 独占企業の生産要素需要（98）　5. 需要独占（99）　6. 独占的競争（101）　7. 寡占（102）　8. クールノーの複占均衡（102）　9. シュタッケルベルクの複占理論（106）　10. 協調的寡占（107）　11. 参入障壁と参入阻止価格（109）　12. 寡占価格の硬直性と屈折需要曲線（111）　13. フル・コスト原理（113）　14. 双方独占（115）

## 第7章　所得分配　　　　　　　　　　　　　　　　　　118
1. 完全競争下での限界生産力説（119）　2. 独占下での分配（122）　3. 労働の需給と賃金（123）　4. 地価・地代の決定（126）　5. 利潤（129）　6. 人的分配と平等度（131）

## 第8章　資本と利子　　　　　　　　　　　　　　　　　134
1. 迂回生産と資本の需要（135）　2. 時間選好と異時点間の消費配分（136）　3. 資本の最適水準の決定（137）　4. 金融市場の役割（138）　5. 古典派の資金需給と自然利子率（140）　6. 貸付資金説の資金需給と貨幣利子率（143）　7. 流動性選好説以降の資金需給と利子率（144）　8. 資本の測定と評価（145）　9. 資本蓄積と成長経路（147）

## 第9章　厚生経済学と社会的選択　　　　　　　　　　　149
1. 「見えざる手」：価格機構の役割（149）　2. パレート最適（150）　3. 競争均衡のパレート最適性（156）　4. 市場の失敗と公共財（158）　5. 外部効果（162）　6. 費用逓減産業（166）　7. 理想的な分配（167）　8. 社会的厚生関数（169）　9. 多数決原理と投票のパラドックス（170）

## 第10章　情報と不確実性の経済学　　　　　　　　　　174
1. 知識と情報，予想（174）　2. 不確実性と確率及び危険（175）　3. 条件付き財（178）　4. 期待効用理論と危険への態度（178）

5．資産選択の平均・分散接近（181）　6．資産選択の期待効用理論（186）　7．保険の期待効用理論（188）　8．逆選択と道徳的危険（191）　9．先物市場（194）　10．暗黙の賃金契約（197）

# ■第Ⅲ部　マクロ経済学■

## 第11章　国民所得と国民経済計算　202

1．付加価値と国民所得（202）　2．国民総所得と国内総生産（204）　3．国内総生産の範囲と評価（205）　4．国民総所得の構成（206）　5．三面等価の原則（207）　6．名目値と実質値，デフレーター，物価指数（208）　7．原数値と季節調整値（210）　8．国民総福祉（213）　9．国民所得と国富（213）

## 第12章　消費と貯蓄　215

1．消費・貯蓄と所得：絶対所得仮説（216）　2．平均消費性向と限界消費性向，平均貯蓄性向と限界貯蓄性向（218）　3．短期と長期の消費関数（219）　4．クロスセクションの短期消費関数（220）　5．タイムシリーズの短期消費関数（222）　6．タイムシリーズの長期消費関数（223）　7．消費・貯蓄と相対所得：相対所得仮説（224）　8．消費・貯蓄と流動資産：流動資産仮説（225）　9．消費・貯蓄と恒常所得：恒常所得仮説（226）　10．ライフサイクル仮説（228）

## 第13章　投資と資本　231

1．投資と資本（231）　2．GDPと投資の変動（233）　3．1期間モデルによる資本の最適水準の決定（234）　4．2期間モデルによる最適投資水準の決定（235）　5．多期間モデルにおける投資の限界効率（237）　6．トービンの $q$（239）　7．所得の増加と投資：加速度原理（240）　8．資本ストックと投資：資本ストック調整原理（241）　9．投資と調整費用：調整費用モデル（242）　10．住宅投資（243）　11．在庫投資（244）

## 第14章　均衡所得の決定と乗数機構　246

1．伸縮価格経済における均衡所得（246）　2．固定価格経済における均衡所得（248）　3．伸縮価格経済か固定価格経済か（249）　4．45度線による均衡所得の決定（251）　5．貯蓄・投資の均衡と均衡所得（252）　6．インフレ・ギャップとデフレ・ギャップ（253）　7．乗数効果（254）　8．貯蓄のパラドックス（257）　9．誘発投

資と複合乗数（257） 10．一括税の財政乗数と均衡予算乗数（258）
11．比例税の財政乗数とビルトイン・スタビライザー（259） 12．貿易乗数（260）

## 第15章　貨幣の供給と需要　262

1．貨幣の機能と種類（262） 2．貨幣の供給（264） 3．貨幣乗数（265） 4．預金通貨の信用創造（266） 5．貨幣の保有動機と需要（267） 6．貨幣数量説（269） 7．ケンブリッジの現金残高数量説（270） 8．流動性選好説（272） 9．在庫アプローチ（273）

## 第16章　財市場と貨幣市場の同時均衡と金融・財政政策　275

1．市場経済と経済政策（275） 2．生産物市場の均衡と $IS$ 曲線（277） 3．貨幣市場の均衡と $LM$ 曲線（279） 4．財市場と貨幣市場の同時均衡（280） 5．金融政策と財政政策（281） 6．完全雇用と金融政策（283） 7．完全雇用と財政政策（285） 8．不況と金融政策（287） 9．不況と財政政策（289） 10．不完全雇用と金融政策（291） 11．不完全雇用と財政政策（292）

## 第17章　労働市場均衡と一般均衡　294

1．労働需要（294） 2．労働供給（296） 3．労働市場の古典派均衡とワルラス的調整過程（297） 4．労働市場のケインズ均衡とマーシャル的数量調整（298） 5．古典派の一般均衡体系（300） 6．ケインズの一般均衡体系（302） 7．ケインズ革命（304）

## 第18章　インフレとデフレ，失業，合理的期待　306

1．生産物市場の総需要曲線と総供給曲線（307） 2．需要インフレと費用インフレ（309） 3．デフレと低価格化（310） 4．投機とバブル（310） 5．インフレーションと失業：フィリップス曲線（312） 6．自然失業率仮説（314） 7．合理的期待（316） 8．ルーカス供給関数（318） 9．金融政策の無力命題（320） 10．財政政策の無力命題（322） 11．金融政策の方式：裁量方式かルール方式か（324） 12．財政政策の方式：赤字財政か均衡財政か（327）

## 第19章　景気循環　330

1．景気循環の定義と景気動向指数（330） 2．景気循環の種類（334） 3．景気循環理論のタイプと系譜（335） 4．乗数と加速度の交互作用論（336） 5．ヒックスの玉突き台の理論（339） 6．

カルドアの単振動の理論（341） 7. グッドウィンのカオス循環論（344） 8. 不規則衝撃の理論（345） 9. 合理的期待学派の確率ショック循環論（346）

## 第20章　経済成長　　　　　　　　　　　　　　　　　351

1. 経済成長と成長率（351） 2. ハロッド=ドーマーの成長理論（353） 3. ネオ・ケインジアンの成長理論（358） 4. 新古典派の成長理論（359） 5. 技術進歩と経済成長（362） 6. 最適成長の新古典派定理とターンパイク定理（363）

人名索引……………………………………………………………… 367
事項索引……………………………………………………………… 369

# 第Ⅰ部　経済学の基礎

# 第1章
# 経済と経済学

　私たち人間は，生命を維持し生活を改善していくために必要な財貨・サービスを，生産し，分配し，消費する活動を営んでいる。それが経済である。私たちの経済の歴史は，より少ない労働や資源を用いて，より多くのより豊かな経済的財貨やサービスを不断に生み出してきた革新と進歩の歴史である。地球上の有限で稀少(きしょう)な資源をいかに効率的に無駄なく用いて，最大限可能な経済的成果や厚生を生み出すことができるか，それが経済学の主要な研究課題である。

　本章では経済とは何か，人間はなぜ経済活動をするのか，経済学とは何か，という根本的な問題を，人間の欲望とその充足手段との根源的な関係にまで遡って考えてみよう。空気は人間の生命にとって極めて重要であるにも関わらず，その存在量が多いために経済活動の対象にはならない。しかし食料品や生活用品は人間の欲望に対して存在量が稀少しているので，経済活動の対象となる。そこに着目してこの根本問題を考察することから始めよう。

## 1．欲望と稀少性

　私たちは，毎日の生活の中で，朝昼晩の食事をしたり，衣服を着て身を保護したり，雨露をしのいで安全に生活するために住居に住んでいる。こうした**衣食住**（housing, food and clothing）の欲望は，生存に必要な**生理的欲望**（physical desire）である。また花が好きな人は花屋で，金融に興味がある人は金融業で，ITが得意な人はIT企業で働くことを生き甲斐や目標として生活をするであろう。このような目標は，人間が一人の社会人として生きていく過程で生じるので，**社会的欲望**（social desire）と呼ぶ。

　こうした生理的欲望や社会的欲望などを満たすためには，人間は何らかの資源を充足手段として獲得し，利用しなければならない。ご飯を食べたいという欲望を満たすためには，まず稲を耕作して刈り入れ，それを脱穀して精米し，さらに水を加えてご飯を炊きあげる必要がある。大学で経済学の知識を得たいという欲望を満たすためには，大学入試に合格し，教科書や文房具を揃えて教室で授業を聴講する必要がある。このようにさまざまな欲望を充足するために

各種の資源を獲得・利用する諸活動こそが，まさに人間の生活の過程である。

欲望をこのように充足手段の獲得・利用という側面から見る場合，それを特に**経済的欲望**（economic desire）といい，その充足手段を**経済的資源**（economic resources）ないし**経済財**（economic goods）という。経済的欲望は，その充足手段がご飯のように目に見える（visible）物質の場合には**物質的欲望**（material desire）といい，知識のように目に見えない（invisible）サービスの場合には**非物質的欲望**（immaterial desire）といって区別する。

ほとんどの資源は人間の欲望に比べて相対的に不足しており，この性質を充足手段の**稀少性**（scarcity）という。ただし空気のように，人間が呼吸するのに必要な量が特に犠牲を払うまでもなく充足される資源は**自由財**（free goods）と呼ばれ，経済活動の対象にはならない。

朝食にご飯を食べる場合，何杯か食べるともうお腹が一杯で食欲が満たされた状態になり，これを欲望の**飽和**（saturation）という。しかしその時の欲望は飽和しても，昼時や夕方あるいは翌日にはご飯を食べたいという欲望が繰り返して湧いてくる。時間を通じて見ると，次々に生じる欲望は言わば無限にあるのに対して，その充足手段は相対的に稀少しているわけである。

## 2. 経済とは何か

では経済とはいったい何であろうか。もしも欲望に対して充足手段があり余るほどあって，人間のもろもろの欲望が即座に満たされる理想郷（ユートピア）が存在したならば，人間はわざわざ犠牲を払ってまで，充足手段を獲得するために経済活動をする必要はない。しかし残念ながら，現実には地球上の資源は有限であり，近年では資源の枯渇さえ問題になっている。人間の欲望が限りなく広がる一方，地球は有限であるので，その充足手段は相対的に稀少せざるを得ないし，ユートピアは到来し得ない。経済現象が起こるのは，まさに人間の欲望に比べて，その充足手段が相対的に稀少しているからである。すなわち**経済**（economy）とは，「人間の欲望と比較してその存在量が相対的に稀少な財貨やサービスを，何らかの犠牲を払って獲得・利用する活動」と定義される。これを**稀少性定義**（scarcity definition）という。

さて経済の語源を遡ると，中国では古来から「世を治め民を救う」という社会経済的な意味で，「経世済民」という言葉が用いられ，「経済」と略された。これに対して英語の economy は，ギリシャ語のオイコス（家：οικος）とノモ

ス（法，規範：νομος）との合成語であるオイコノミア（家政，家計：οικονομία）を語源としており，家の資源を節約して家計をやり繰りするという私経済的な意味があった。経済活動の場が家から部族，村，町，都市，国家へと拡大してくると，オイコスの意味が次第に薄れていった。18世紀のアダム・スミスの頃になると，political economy（政治経済）という言葉が普及し，社会経済的な意味で使われるようになり，19世紀にはアルフレッド・マーシャルによりeconomics（経済学）の用語が用いられるようになった。そして科学的に純化された稀少性定義が登場したのは，実は20世紀に入ってからであった。

## 3. 経済財と自由財

人間の欲望を満たす充足手段は，**資源**（resources）または**財**（goods）という。財の中には，空気のような**自由財**があるが，これは稀少性を持たないので，経済活動の対象にはならない。これに対して経済活動の対象になる財は，人間の欲望に比べてその存在量が稀少な財，つまり経済的欲望の充足手段となる財，すなわち**経済財**である。

経済財には，土地，原材料，機械，建物，農林水産物，工業製品，各種のサービスなど，何らかの犠牲を払って獲得する財のすべてが含まれる。そのうちパンや衣類のように物質的欲望を満たす目に見える財を特に**財貨**（狭義の財 goods）と言い，経済の知識や歌手の唄，運転手の輸送サービスなどのように非物質的欲望を満たす目に見えない財を**用役**とか**サービス**（services）という。古典派の経済学者の中には，非物質的欲望を満たすサービスは経済活動の対象にならないと考えたものもいた。しかしそれは，経済の意味を「稀少性」の観点から正しく把握できなかったために生じた誤解である。サービスといえども，その存在量が欲望に比べて相対的に稀少している限り，その獲得・利用には何らかの犠牲を払わなければならないので，経済活動の対象となる。

また自由財といえども，永久に自由財であるとは限らない。原始時代には小川のせせらぎや湧き水，オアシスから飲料水を採取する分には，特に犠牲を払う必要はなかったため，水は自由財と考えられた。しかし井戸を掘ったり，水道施設を整備して，飲料水を得るようになると，その獲得に犠牲や費用をかけるので，水は自由財から経済財に変わったといえる。このように何が経済財であり，何が自由財であるかは，特定の時代や場所における人間の欲望とその充

足手段との関係によって決まり，先験的に決まっているわけではない。

## 4. 経済主体，経済問題，経済原則，経済的価値

経済的欲望を充足しようとする人間の行動は，**経済行動**（economic behavior）とか**経済活動**（economic activity）といい，経済活動を営む主体は，**経済主体**（economic subject）という。経済主体には個人や団体・組織があり，代表的なものとして消費者，労働者，企業，地方公共団体，政府などがある。

経済主体が各種の欲望をバランスよく満たすためには，どの種類の充足手段を，それぞれどれだけの量，どういう方法で獲得するかという問題を解かなければならない。こうした問題を**経済問題**（economic problems）という。その選択の規準として用いられるのが，「最小の犠牲で最大の満足を得ること，あるいは最小の費用で最大の成果を得ること」であり，これを**経済原則**（economic principle）と呼ぶ。経済原則は，「費用が一定ならば成果を最大にすること，あるいは成果が一定ならば費用を最小にすること」ともいえる。経済原則に則らない経済活動は，一定の費用をかけても成果があまり上がらなかったり，成果が一定であっても費用が莫大にかかったりするので，不合理である。

一般に「客体が主体の欲望を満足させる性質」を**価値**（value）という。よって**経済的価値**（economic value）とは，「充足手段が主体の経済的欲望を満足させる性質」と定義される。煙草が好きな主体にとって，それはプラスの経済的価値があるが，煙草が嫌いな主体にとっては，それはマイナスの経済的価値をもたらす。このような経済的価値は各主体にとって主観的に異なり，古典派の経済学では**使用価値**（user value）と呼ばれたが，現代の経済学では**効用**（utility）という。またマイナスの経済的価値は，**不効用**（disutility）という。したがって経済原則とは，「プラスとマイナスを差引きしたネットの経済的価値を最大にすること」とも言える。

## 5. 経済秩序と経済法則

経済主体には個人や家計，企業，学校，町や市などの地方公共団体，中央政府などさまざまある。それらはそれぞれの経済活動を営んでいるが，それらがすべて集まって社会全体の経済活動を構成する。各経済主体はまったく無制限に思いのまま経済活動をするわけではなく，予算制約などの個別的制約，道徳

や商慣習や法律などの社会的秩序に従って，経済活動を営む。このように経済主体が経済活動をする上で従うべき一定のルールを，**経済秩序**（economic order）という。

市場経済においては，経済活動を円滑に行うために，窃盗や強盗や詐欺などを取り締まり，治安を維持して，所有権や公正な取引を保証する必要がある。経済秩序の維持・整備は，社会全体とりわけ政府の重要な責務である。

家計や企業が経済秩序に従って，それぞれ効用最大化や利潤最大化を目指して行動していれば，各主体の経済行動にも社会全体の経済活動にも何らかの規則性が現れる。こうした経済行動や経済活動の規則性を，**経済法則**（economic law）と呼んでいる。

経済秩序は時代により国により必ずしも同じではない。しかし経済法則は，特定の時代や国においてのみ規則的反復性をもって現れる場合もあれば，古今東西を問わずに規則的反復性を示す場合もある。前者の場合の経済法則は**歴史法則**（historical law）といわれ，後者の場合は**普遍法則**（universal law）といわれる。経済法則は，自然科学におけるような普遍的精密法則であることよりは，例外の存在を許す歴史的傾向法則であることが多い。

## 6. 経済学とは何か

これから学ぶ**経済学**（economics）とは，最も簡潔な言い方をすれば「経済を研究する科学」である。前出の「経済」の定義を用いて言い換えると，経済学とは「人間の欲望と比較してその存在量が相対的に稀少な財を，何らかの犠牲を払って獲得・利用する活動を研究する科学」である。このような定義は経済学の**稀少性定義**（scarcity definition）といわれ，1932年にライオネル・ロビンズによって初めて明確にされた。彼によれば，「経済学は，諸目的と代替的用途を持つ稀少な諸手段との間の関係としての人間行動を研究する科学である」と言う。この稀少性定義に立脚して，サミュエルソンは次のようにさらに詳細な定義をした。「経済学は，人々や社会が，貨幣を用いるにせよ用いないにせよ，各種の財を継続的に生産するために，稀少な資源をいかに利用するか，またそうした財を現在と将来の消費のために社会のさまざまな人間や集団の間にいかに分配するかを研究する」。

こうした稀少性定義に対して，ロビンズ以前の古い時代に支配的であった考え方は，稀少性とは無関係に物質的欲望の充足に重点を置いており，**物質主義**

的定義（materialist definition）と呼ばれる。例えば新古典派の巨匠マーシャルは、「経済学は、生活上の日常の業務における人間の研究である。それは個人的・社会的行為のうち、厚生の物質的要件の獲得と利用とに最も密接に関係する部分を研究する」と定義した。

こうした物質主義的定義は、人間の経済活動の対象を目に見える財だけに限定し、欲望に対する手段の稀少性という決定的に重要なポイントを見落としていた。そもそも古典派のアダム・スミスは、目に見える有形の物質を生産するか否かを基準にして、生産的労働と不生産的労働の区別を設け、「君主や文武の百官、牧師、弁護士、医師、著述家、俳優、道化役者、音楽家、オペラ歌手、オペラ・ダンサー等は、何らの価値も産み出さない不生産的労働である」と見なしていた。こうした見方はデイビッド・リカードを経てカール・マルクスにも受け継がれ、財貨を生産する工業部門の労働者と違って、用役（サービス）を提供する商業部門の労働者は何の剰余価値も生産しないと主張した。

しかし稀少性定義を正しいとする現代の経済学の立場から見ると、古典派の物質主義的定義は誤謬であり、物質的財貨であれ非物質的用役であれ、それが経済的欲望を満たす限りは等しく経済財であり、それを産み出す労働は等しく生産的である。

## 7. 経済理論とミクロ経済学、マクロ経済学

経済学は経済現象の捉え方や研究方法などに応じて、経済理論、経済史、計量経済学、経済政策という4つの部門に大別される。

まず第1は、**経済理論**（economic theory）あるいは**理論経済学**（theoretical economics）と呼ばれる部門である。これは経済現象が持つ規則性を観察して、論理的に整合性のある経済法則を見出す。消費者が消費行動を行い、企業が生産活動をし、あるいは一国経済が景気循環や経済成長をする場合など、それらの経済現象の背後にある規則性をつかみ出し、経済法則として定立するのが経済理論の仕事である。経済理論のうち基本的な基礎理論は、特に**経済原論**（economic principles）とか**経済学原理**（principles of economics）という。

経済理論はその分析視点に応じて、**ミクロ経済学**（微視的経済学、microeconomics）と**マクロ経済学**（巨視的経済学、macroeconomics）とに大別される。ミクロ経済学は、消費者の行動、企業の生産活動、市場価格の決まり方、独占価格の問題、公共財などについて、消費者や企業あるいは政府とい

った個別の経済主体の行動に焦点を当てて分析する。市場経済では価格が極めて重要な役割を果たすので、個別の経済主体が行動の目安とするのは価格である。そこでミクロ経済学は価格に視点を合わせて分析することが多く、**価格分析**（price analysis）とも呼ばれている。

これに対してマクロ経済学は、消費支出、投資支出、均衡国民所得の決まり方、景気循環、経済成長などの問題について、一国経済全体の観点から分析する。そこで重要なのは集計化された所得や物価という概念であり、マクロ経済学は特に所得に視点を合わせて分析することが多いので、**所得分析**（income analysis）とも呼ばれる。

言わばミクロ経済学は個々の木々を調査するのに対して、マクロ経済学は森林全体を鳥瞰するといえる。個体と全体とは密接に結び付いているものの、個体の特徴が必ずしもそのまま全体の特徴になるとは限らない。個体の論理から全体の論理を導いてもそれが間違っているケースを、サミュエルソンは**合成の誤謬**（fallacy of composition）と呼んで戒めている。

ミクロ経済学であれマクロ経済学であれ、分析手法として特に高度な数学を用いた経済理論は、**数理経済学**（mathematical economics）と総称される。古典派の経済学では加減乗除の四則演算が用いられてきたが、これだけではせいぜい総費用や平均費用といった総和や平均の分析に留まらざるを得ない。しかし消費者の効用最大化や企業の利潤最大化、費用最小化といった最大・最小問題を解くには、ニュートンやライプニッツにより開発された微分が不可欠であり、限界効用とか限界費用、限界利潤といった限界概念なくしては不可能である。数学は人類が産み出した最高の論理学であり、経験科学に厳密な表現を与えてくれる最強の論理的武器である。

経済理論は経済法則を定立しようとするが、その際個別の具体的な経済現象の観察から一般的・抽象的な法則を析出する方法は**帰納法**（inductive method）と呼ばれる。逆にまず一般的・抽象的なモデルや法則を仮設して、個別の特殊的条件の下ではどのような結果が生じるかを推論する方法は**演繹法**（deductive method）と言う。マックス・ウェーバーは抽象的な純化されたモデルや法則を**理念型**（Idealtypus）と呼んだが、理論モデルを理念型として設定することは演繹法の重要な出発点である。例えば実際の消費者は価格情報を不完全にしか知らず、不合理な行動もするが、完全情報を持ち、完全に合理的に効用最大化を行う**経済人＝ホモ・エコノミクス**（homo economicus）として

理想化したモデルを設定する。理念型によるモデルを設定するのは，それが現実の本質的な部分を明快に捉えてくれるからである。

現実に進行している時間を**歴史時間**（historical time）というのに対して，経済理論が扱う時間は論理的に仮定された時間であり，**論理時間**（logical time）という。論理時間を静止させて，同時的に経済現象を分析する方法を**静学**（statics）という。ある財の需要量や供給量がその価格を目安に決まるという場合，実際には1期前の価格であっても，価格に対して同時的にまたは瞬時的に需要と供給が対応すると仮定するのが静学である。反対に時間がその関数関係で本質的に重要な役割を果たす時には，その関数で時間を明示的に定式化し，異時点間の経済現象を分析する方法を**動学**（dynamics）という。

## 8. 経済史，計量経済学，経済政策

さて第2の部門は，経済現象の変化や発展を歴史時間の順序に従って個別的・具体的に観察・記述する部門で，**経済史**（economic history）という。経済史は歴史時間の区分に応じて，古代経済史，中世経済史，近世経済史，現代経済史などに分かれる。また国別に日本経済史，中国経済史，アメリカ経済史などの分類がされる。

第3の部門は**計量経済学**（econometrics）であり，経済理論により定立された法則を仮説として設定し，統計的手法を用いて検証する。いかなる理論的法則も実験によって検証されない限りは，単なる仮説に過ぎない。その仮説が検証によって支持された場合は**立証**（verify）されたと言い，検証によって棄却された場合は**反証**（falsify）されたと言う。したがって科学的理論とは，必ず仮説として反証可能性を持ち，しかも検証によって立証されなければならない。しかし経済学で検証を行う実験というのは，物理学など自然科学における**制御された実験**（controlled experiment）と異なり，**制御されない実験**（uncontrolled experiment）とならざるを得ない。なぜならば経済学が研究対象とする人間の経済行動は，実験計画に沿って制御することは不可能だからである。そこで計量経済学では過去及び現在の経済現象から得られる情報をデータとして，経済理論の事後的な検証を行う。量的情報は定量的データ，質的情報は定性的データと呼ばれ，いずれも仮説検証の証拠として用いられる。また過去や現在のデータを使って立証された経済法則が，構造変化が起きない限り将来にも妥当するという仮定の下に，将来に起こるべき経済現象を予測することも可能である。

これを**条件付き予測**（conditional prediction）という。科学としての計量経済学が成し得る予測は，無条件の決定論的な予言ではなく，あくまでも確率的な条件付き予測である。

　最後に第4の部門は**経済政策**（economic policy）であり，経済史や経済理論，計量経済学などによって明らかにされた経済的知識を，実際の政策に応用することを任務としている。経済政策は誰が，何のために，どのように実施するかという問題を主要課題としている。これらはそれぞれ**政策主体**（policy subjects），**政策目標**（policy objectives），**政策手段**（policy means）といい，経済政策の3大要素を成す。政策主体としては中央政府や地方政府，中央銀行などの政府機関があり，それぞれの立場から経済政策の運営に責任を負う。政策目標としては，アーサー・セシル・ピグウは**厚生経済学**（welfare economics）の見地から**成長**（growth），**安定**（stabilization），**平等**（equality）の3大目標を掲げたが，学者によって必ずしも見方は同じではない。**効率**（efficiency）と**公正**（equity）を2大目標として主張するものもあり，他に**経済的自由**（economic freedom）と**経済的進歩**（economic progress）を唱えるものもいる。

## 9. 諸部門の相互関係

　経済理論，経済史，計量経済学，経済政策という4大部門は，それぞれ独自の研究対象や研究方法を持っているが，それらは決して排他的に成立し得るものではなく，相互の密接な関連がある。

　経済理論は具体的な経済現象の観察から一般的・抽象的な経済法則を定立したり，抽象的な理念型モデルを設定して個別的な事象を説明しようとするが，その過程では経済史の具体的・個別的な経済知識が役に立つ。なぜならば数学や論理学のような**純粋科学**（pure science）と異なり，経済学は経験的事実に基づいた**経験科学**（empirical science）であるからである。

　経済理論が定立しようとする経済法則はまた，経験的事実により裏付けられなければならず，それを統計的手法で検証するのが計量経済学に他ならない。そして経験的事実により裏付けられた経済法則は，もはや単なる仮説ではなく，**経験法則**（empirical law）といわれる。

　経済史は個別的・具体的な事象を観察・記述するが，経済理論を援用して歴史法則を認識しようともする。近年では数量的史実をデータとして，個別的な

事象や一般的な歴史法則を裏付けようとする研究も盛んになり，統計学や計量経済学の手法も用いられる。こうした分野は，特に**数量経済史**（quantitative economic history）と言う。

このように経済理論，経済史，計量経済学の三者は，相互に密接に関連しながら補完し合って経済現象を解明する。これらは，経済現象をあるがままに客観的に捉えるという意味で，**存在**（Sein）に関する研究である。それは「～である」という**事実判断**（fact judgement）を行うが，決して「～であるべきである」という**価値判断**（value judgement）を付け加えてはならない。

これに対して経済政策は政策目標を設定し，それを達成するためにどの政策主体がどのような政策手段を用いるべきかを分析する。その過程で何らかの規範的な価値判断を伴うので，**当為**（Sollen）に関する研究といえる。

経済政策も経験科学としての経済学の一部門であるならば，主観的な価値判断をできる限り抑制して，客観性を得るように努めなければならない。こうした学問的態度をウェーバーは**没価値性**ないし**価値自由**（wertfreiheit）と呼んだ。そこである政策目標を絶対的に正しいと主張するのではなく，グンナー・ミュルダールが指摘したように，どの政策目標も相対的に妥当性を持つ**価値前提**（value premise）として仮設する必要がある。例えば経済成長率を5％，インフレ率を4％とする成長重視の政策目標を価値前提とする場合，それを最もよく達成する政策手段の組合せを技術的に求めることはできる。また成長率を3％，インフレ率を2％とする物価安定重視の政策目標を価値前提とする場合，それと技術的に適合する政策手段の組合せを求めることができる。そこで2つの政策目標と政策手段のペアをメニュー形式で国民に提示し，どれを選択するかの価値判断を国民に任せるならば，経済政策論は没価値的，客観的となり得る。

経験科学としての経済政策がなし得ることは，価値前提として仮設された政策目標の論理的な意味や整合性を判断し，政策目標に対する政策手段の技術的適合性を判断することである。これらはウェーバーによってそれぞれ論理的判断，技術的判断と言われたものであり，主観的判断を離れて客観的に行い得るものである。

# 第2章
# 市場経済と貨幣

　今日の発達した経済では分業が行われ，それぞれの経済主体が作った物の交換が行われ，その交換の場としての市場が成り立ち，しかも交換の媒介物として貨幣が利用されている。こうした経済は市場経済とか貨幣経済といわれるが，分業や交換や市場や貨幣の存在を私たちは至極当然のものと考えている。しかしそれらは人類の歴史において数百万年という長い時間をかけて，人類の生活の知恵として生まれ育ってきたものである。実際もしも分業や交換や市場や貨幣がなかったならば，およそ人類としての経済生活を営むことは不可能であったろうし，そもそも文明は存在し得なかったであろう。では私たちの経済生活にとって根元的に重要なそうしたものは，なぜどのようにして生まれてきたのだろうか。この章では，分業や交換や市場や貨幣の出現と発達を分析することによって，それらの本質を探り，貨幣の性質や機能，市場経済ないし市場機構の特徴と役割を明らかにしよう。

## 1. 自給自足経済

　最古の人類とされるアウストラロピテクスなどの直立猿人は，いまから約400万年前にアフリカに出現し，原始的な礫石器を用いて採集や捕獲の生活を営んでいた。石器のような**道具**（tool）を用いずに消費財を生産することを**直接生産**（direct production）というが，道具ないし生産手段を生産した後にそれを用いて消費財を生産することを**迂回生産**（round-about production）という。道具による迂回生産こそ，人類を動物と分かつ最初にして最重要な経済的分水嶺であった。約100万年前の洪積世の初期には，それより進歩したジャワ原人や北京原人などの原人が現れ始め，火や言語を使用するとともに，原始的な打製石器を用いて採集・捕獲生活を営んでいた。さらに現生人類（homo sapiens）の祖先とされるクロマニヨン人は，約4万年前の洪積世の後期（第4氷河期）に現れ始め，弓矢や骨角器を用いて狩猟や漁撈や採集を営み，洞穴住居で生活するようになった。こうした原始人は，家族の小集団からなる群（ホルド）を構成して生活し，自らの手や協業で得たものを家族や同族の口に直接

運ぶという経済活動を，約400万年にもわたって行っていた。これが**自給自足**（アウタルキー，autarkie）と呼ばれる経済である。今日でも，農家による農作物の自家消費などに見られるように，自給自足は依然として残っている。

## 2. 物々交換経済

　新石器時代に入って農耕や牧畜が始まると，人類は一定の土地に定住し始めた。生産活動の発達につれて土器や細石器，鍬（くわ），漁網，織物，舟などの道具を作る技法が精巧になってくると，次第にそれぞれを専門的に作る**分業**（division of labor）が現れ始めた。分業の発生は，自分の作ったものを，他人の作ったものの中で自分が欲しいものと交換する必要性を生む。これが**物々交換**（バーター，barter）ないし**直接交換**（direct exchange）である。

　交換が成立するためには，自分の作ったものを欲しいという誰かがいて，その誰かが作ったものを自分が欲しいと思わなければならず，しかも自分が欲しいものの量と相手の欲しいものの量とが，交換上同じ価値を持たねばならない。この条件を**欲望の二重一致**（double coincidence of wants）という。もし自分が欲しい土器の持ち主が見つかっても，土器の持ち主が自分の作った鍬をいらないと言えば，物々交換は成り立たない。また土器を1個持つ持ち主が鍬1本を欲しいと思っても，自分が鍬1本に対して土器2個を欲しいとすれば，やはりこの物々交換も成り立たない。欲望の二重一致という条件があるために，物々交換では交換できる限度がある。

　そこでこうした不便を減らすため，一定の場所に定期的に集合して交換をするようになった。これが**市場**（market）の始まりである。わが国の古代氏族国家では，人々の集まる場所を意味した市（いち）が交換の場となったが，大和の軽（かるの）市や海柘榴（つばき）市，河内の餌香（えか）市などが有名である。

## 3. 間接交換経済と貨幣の出現

　物々交換の持つ限界を根本的に乗り越えることができたのは，間接交換である。その社会の大多数の人々から重宝がられ，しかもある程度分割可能な財，たとえば小麦の持ち主で，自分の鍬との交換に応じてくれる相手をまず探し，鍬1本を提供する代わりに小麦4単位を入手するとしよう。その後土器の持ち主の所へ行き，小麦2単位を提供する代わりに土器1個を入手すればよい。結局自分の手もとには土器1個と小麦2単位が得られることになる。こうした取

引形態を**間接交換**（indirect exchange）という。間接交換の媒体になる小麦のような財が，まさに**貨幣**（money）に他ならない。間接交換と貨幣とは切っても切れない縁にあり，そのため間接交換という取引形態をとる経済は**貨幣経済**（monetary economy）といわれる。

物々交換では鍬と土器とを1回だけ交換すればよいが，間接交換では鍬を一旦小麦と交換してから小麦を土器と交換するので，2回交換しなければならない。しかし鍬と土器を交換してよいという人を見付けるよりは，鍬と小麦を交換してよいという人，小麦と土器を交換してよいという人を探すほうが，ずっと楽である。よって交換相手を見付ける**探索費用**（search costs）や交換のためにかかる**取引費用**（transactions costs）が節約され，交換成立の可能性が飛躍的に高まるために，欲しいものを消費したいという欲望ははるかによく満たされるようになる。たとえ探索費用や取引費用が増えても，それ以上に欲望充足による厚生が大きいために，間接交換は次第に物々交換に取って代わっていった。

貨幣になり得たのは小麦のように特殊な性質を持つ財であり，どんな財でも貨幣になり得たわけではない。まず最も重要な性質は，社会の大多数の人々から重宝がられ，いつでも交換に応じてもらえることである。これを**一般的受容性**（general acceptability）という。

その他に必要な性質はまず第1に，分割が容易に可能で，価値を細かく均質的に表せることである。これを**分割可能性**（divisibility）というが，品質が均等な性質は特に**均質性**（homogeneity）といわれる。小麦は単位の分割が容易に可能であり，価値を細かくしかも均質的に表せる財である

第2の性質は，少量でも比較的に大きな価値を持ち，携帯や運搬に便利なことである。これを**携帯可能性**（portability）という。この性質に優れた財は大きな価値を容易に持ち運べるので，いつどこで交換しようと交換手段として役に立つ。水は社会の誰にとっても貴重で，分割しようとすれば非常に細かく分割可能であるが，大きな価値を表すには多量の水が必要であり，その携帯や運搬は非常に不便である。だから貨幣にはならなかった。

第3の性質は，耐久性があり，変質や減耗，毀損が少ないことである。この性質を**耐久性**（durability）という。小麦は貝殻や矢尻ほどではないが，かなりの耐久性を持っている。それに対して家畜の乳は分割可能ではあるが，すぐに腐敗して変質するので，これも貨幣にはならなかった。

## 4. 貨幣と市場経済の発達

　一般的受容性に加えて分割可能性，携帯可能性，耐久性という貨幣の基本的性質を満たす財は，社会によって必ずしも同じではなかった。農耕社会では小麦などの穀物が，狩猟社会では矢尻や毛皮などが，漁撈社会では骨角器や貝殻などが，牧畜社会では家畜などが，貨幣として使用されることが多く，地域によっては塩や織布なども貨幣として用いられた。これらは日常生活でも消費される物品であるため，**物品貨幣**（commodity money）と呼ばれる。

　やがて青銅器時代に入ると，銅器や青銅器が石器に代わって利用されるようになり，次いで鉄器の利用が始まった。さらには銀や金の貴金属も精錬され，主に祭器や装飾品に使用された。物品貨幣は貨幣の基本的性質を充分には満たしていなかったので，より優れた貨幣として銅片が，次いで銀片や金片が貨幣として使われた。**金属貨幣**（metallic money）の出現である。金属特に貴金属の貨幣は一般的受容性に優れ，また分割可能性，携帯可能性，耐久性いずれの点でも物品貨幣に優っている。そのため金属貨幣は物品貨幣を駆逐して，次第に貨幣の主流になった。金属貨幣は当初は一定の形状に鋳造されていたわけではなく，その品位を検査し，量目を秤で計量してから交換する必要があったので，**秤量貨幣**（money by weight）と呼ばれる。

　金属貨幣の登場で市場を通じる間接交換はますます盛んになり，定期的に開かれていた市場は次第に常設されるようになった。すると専ら販売を目的に生産される**商品**（commodity）が現れ，商品の販売に専門的に携わる商人も現れて，交易商業が発達した。商業の発達は市場の範囲を急速に拡大し，間接交換ないし貨幣経済の効率性を飛躍的に高めた。そのため市場を通じる取引が拡大し，**市場経済**（market economy）が発達した。

　市場経済の発達に伴い，品位を検査したり，量目を測ったりする秤量貨幣の不便が顕著になってきた。そこで紀元前7世紀小アジアのリディア王国では，品位と量目の等しい金片に獅子の紋章を刻印したエレクトロン貨という**法定貨幣**（legal tender）を発行し，**貨幣制度**（monetary system）を創設した。また紀元前6世紀にギリシャの都市国家アテネでは，リディアの貨幣制度を模倣して，品位と量目の等しい銀片に梟の刻印をしてドラクマという**貨幣単位**（monetary unit）の法定貨幣を造った。貨幣単位の出現によって，交換比率は何ドラクマというように貨幣単位で統一的に表されるようになった。この貨幣単位で表示された交換比率を**価格**（price）という。価格の出現は，さまざま

な形で表されていた交換比率を統一的に表すことにより，交換情報を節約し，交換の効率性を著しく高めて，貨幣経済や市場経済の発達を促した。

　貨幣経済や市場経済の発達につれて取引量が多くなると，交換手段としての鋳貨も大量に必要となった。しかし国家の鋳造所で造られる鋳貨の量には限りがあったので，次第に民間の贋物が出回るようになった。贋金の多くは品位が劣ったり量目が少ない悪貨であった。法貨を鋳潰して悪貨に改鋳することにより富を得ようとするものが現れたので，国家は**造幣権**（mintage right）を集中して取り締まりを厳しくした。しかし経済の発達に対応して，法貨の品位や量目を落として多量の鋳貨を供給するようになった。このように「悪貨が良貨を駆逐する」傾向を，発見した16世紀エリザベス朝時代の王室財務官トーマス・グレシャムにちなんで**グレシャムの法則**（Gresham's law）と呼ぶ。グレシャムの法則が作用し続けると，鋳貨の素材価値は名目価値より次第に下がってくる。その差を補って，素材価値の減少した鋳貨の流通を支えたのは，国家の信用力であった。

## 5. 信用貨幣の発達

　しかしそれでも鋳貨の供給は取引量の増大に追い付かず，また高額取引では重い鋳貨の大量受渡しは不便であった。さらに鋳貨といえども長期に流通している間には摩滅が進み，その再発行にはかなりの費用がかかった。そこで製紙技術や印刷技術の発達を背景に，国家は**紙幣**（paper money）を発行するようになった。紙幣は比較的に安い費用で大量発行が可能であり，軽量のため高額取引に便利であり，摩滅は早いが低費用で再発行できる。しかしその素材価値はほとんどないので，政府は紙幣を鋳貨と兌換することを保証して，紙幣の一般的受容性を確保しようとした。これを**兌換紙幣制度**（convertible paper money system）という。しかし政府が財政難に陥ったり，戦争に破れると，紙幣兌換の保証は反故となり，その紙幣は貨幣として通用しなくなる場合もあった。つまり政府の信用という基礎があってこそ，紙幣は一般的受容性を持ち得た。紙幣のように素材価値が名目価値より著しく低くても，政府の信用を基礎に一般的受容性を持つ貨幣を，**信用貨幣**（credit money）とか**名目貨幣**（nominal money）という。**銀本位制**（silver standard）や**金本位制**（gold standard）などの**本位制**（standard system）が確立されると，紙幣は一定量の銀貨や金貨ないし銀塊や金塊との兌換を保証され，政府は紙幣発行量に応じて

それらを準備保有した。しかし国際的な金本位制の下では国際収支の均衡が優先されて、国内経済が犠牲にされたために、第1次大戦後には各国とも金本位制を離脱した。そこで通貨量は金準備とは係りなく、政府の政策目標に従って管理されるようになったので、これを**管理通貨制**（managed currency system）という。

既に古代や中世では金貸しや両替商のような金融業者が活動しており、政府の法定貨幣との兌換を条件に独自の証文を発行し、これが一部では交換手段として使われていた。こうした金融業者は近世になると銀行に発展し、やはり政府の法定貨幣との兌換を条件に独自の銀行券を発行するようになった。こうした交換手段は間接的に政府の信用を基礎にしており、民間における信用貨幣として流通した。これが**銀行貨幣**（bank money）の出現である。これは民間内部における債権・債務関係を基礎に流通するので、**内部貨幣**（inside money）ともいわれる。他方で民間以外の負債を裏付けに発行される政府の法定貨幣や金貨などは、**外部貨幣**（outside money）といわれる。

やがて1668年にはスウェーデン国立銀行が最初の中央銀行として設立され、紙幣（銀行券）発行権が中央銀行の独占になると、銀行は小切手の振出しで振替決済のできる当座預金を設けて交換手段を提供した。これも政府の貨幣単位を採用し、法定貨幣との交換により間接的に政府の信用を基礎にしているので、民間における信用貨幣である。今日の銀行貨幣の多くはこの当座預金であり、そのため**預金貨幣**（deposit money）とも呼ばれる。

## 6. 貨幣の機能

貨幣の機能は**本源的機能**（fundamental function）と**派生的機能**（derivative function）とに大別される。前者は貨幣であるために基本的に果たさなければならない機能であり、後者はそれに付随する機能である。

貨幣のまず第1の本源的機能は、**価値尺度**（measure of value）ないし**計算単位**（accounting unit）としての機能である。間接交換の媒介物としての貨幣は、交換に先立って財貨や用役との交換比率を表せなければならない。小麦のような物品貨幣ならば小麦何単位、ドラクマのように貨幣単位を持つ貨幣ならば何ドラクマという形で、それぞれの財の価値を表示する。既に述べたように、貨幣となるための第1の性質は、分割が容易に可能であり、価値を細かくしかも均質に表せることであるが、この分割可能性の性質から価値尺度機能が生ま

れる。

　第2の本源的機能は，**交換手段**（medium of exchange）としての機能である。物々交換では「財で財を買う」が，貨幣経済では「財で貨幣を買い，貨幣で財を買う」。貨幣は交換の仲立ちとして，いかなる財とも交換できなければならない。この意味で，貨幣は一般的な交換手段である。貨幣となるための第2の性質は，少量でも比較的に大きな価値を持ち，携帯や運搬に便利なことであった。一般的受容性に加えてこの携帯可能性の性質が，交換手段としての機能を支えている。

　第3の本源的機能は，**価値貯蔵手段**（store of value）としての機能である。間接交換はいつも一時点で行われるとは限らず，異時点間にわたる場合もある。今年生産した米を売って貨幣を入手したが，欲しい農具は来年にならないと市場に出てこないという場合，貨幣は来年までその価値を保ち続けなければならない。将来の生活や子どもの教育，病気，不慮の事故，あるいは老後に備えて，必要と思われる財をすべて貯えておくよりは，充分な貨幣を貯えておいて将来それで必要な財を購入した方が，貯える費用ははるかに安く，便利である。貨幣は一般的購買力を保蔵する手段として，非常に優れている。これが貨幣の価値貯蔵機能である。貨幣となるための第3の性質は，耐久性であり，変質や減耗，毀損が少ないことであった。この耐久性の性質から価値貯蔵機能が生じ，異時点間の交換が可能になる。

　こうした3大本源的機能から派生する機能には，まず**決済手段**（支払手段，means of payments）としての機能がある。貨幣は財貨・用役の交換手段として使われるばかりでなく，貸借ないし債権・債務の決済のためにも使われる。借金の元利支払，公共サービスへの租税納付，損害賠償への支払，輸出入の帳尻の決済などでも，貨幣を決済手段として使う。

　さらに**価値輸送手段**としての派生的機能もある。長距離間で財貨を輸送すると，多額の輸送費がかかったり，破損や腐敗が起こることもあるので，貨幣を輸送してから現地で必要な財貨を調達すれば，費用も不便も少なくて済む。

　このような諸機能を果たす財は，その名称が何であれ貨幣である。今日では銀行の普通預金は，自動振替やクレジット・カードを用いて公共料金や消費代金の支払ができる。価値尺度はもちろん交換手段，価値貯蔵手段，決済手段などいずれの機能も果たしている。したがって普通預金は当座預金と同じく預金貨幣に分類され，預金通貨とも呼ばれる。これらの預金は預金者の要求に応じ

てすぐ換金できるので，**要求払預金**（demand deposit）という。今日貨幣ないし通貨というのは通常，紙幣（中央銀行券）と補助貨幣（鋳貨）からなる**現金通貨**（cash currency）に要求払預金を加えたものを指し，これを $M1$ ないし狭義の貨幣という。これに対して定期預金や定期積金などの定期性預金は，直ちに支払手段としては使えないにせよ，解約すれば支払に充てることができるので，**近似貨幣**（near money）とか**準通貨**（quasi-currency）といわれる。$M1$ にこの定期性預金を加えたものは，$M2$ ないし広義の貨幣と呼ばれている。しかし総合口座の出現で定期預金を担保に**当座貸越**（overdraft）が認められるようになったので，当座貸越分については定期預金も貨幣と変わりなく，準通貨の貨幣性は高まりつつある。さらに近年では金融革新の著しい進歩によって，貨幣の範疇に分類すべき金融資産は急速に増えており，コンピューターや通信技術を利用したそれらの帳簿上での振替によって決済が行われるようになってきている。そのためこうした民間の内部貨幣は，**清算貨幣**（accounting money）とも呼ばれる。今後技術文明が一層発展するにつれ，清算貨幣による間接交換はますます増えていくだろう。

## 7. 市場経済の特徴

市場とは財貨・用役や債権・債務の買い手と売り手，つまり需要と供給が出会って，交換を行う場として定義される。この「場」とは，野原であっても，一定の集会所であっても，商店の店先であっても，株式取引所であっても，外国為替を取り扱う電話網であっても，ともかくこの定義を満たす地理的空間であればよい。この市場を介する取引形態が支配的な経済を**市場経済**という。

市場経済の第1の特徴は，市場が普遍的な取引の場として成立していることである。既に見たように物々交換であれ間接交換であれ，交換をするからには必ずその「場」が必要である。しかしともに市場を持ちながらも，間接交換が物々交換に取って代わったのはなぜだろう。その理由は，間接交換は物々交換に比べ，探索費用も取引費用も増える場合があっても，それ以上に欲望の二重一致を達成する可能性や交換成立の可能性を高め，欲望充足による厚生を飛躍的に高めたからである。間接交換を通じて市場は規模においても機能においても次第に発達していった。したがって現代では市場経済という場合，通常は間接交換経済を指し，物々交換経済を指すことはない。交換の発達はまた分業の発達を可能にし，各労働の専門化を促して，生産力を高める働きをした。それ

に照応して市場それ自体の分化が進み，消費用役市場，消費財市場，生産用役市場，資本財市場，他に金融市場，国際貿易市場，外国為替市場など，さまざまな市場が形成されてきている。**消費用役市場**（consumption services markets）は，家事労働などの消費用役を需要する家計と，それらを供給する家計との間に成立する。**消費財市場**（consumption goods markets）は，米や電気製品，レジャーサービスなどの消費財を需要する家計と，それらを供給する企業との間に成立する。**資本財市場**（capital goods markets）は，機械などの資本財を需要する企業と，それらを供給する企業との間に成立する売買市場である。消費財市場と資本財市場とは，合わせて**生産物市場**（products markets）と呼ばれる。**生産用役市場**（production services markets）は，労働用役や土地用役，資本用役などの生産用役を賃貸借する市場であり，需要する企業と，それらを供給する家計や企業との間に成立する。また資本財や生産用役が生産要素として取引される市場は，**生産要素市場**（production factors markets）といわれる。資本用役のうちでも資金の貸借をする市場は，特に**金融市場**（financial markets）という。国際間の生産物市場は**国際貿易市場**（international trade markets）といわれ，金融市場は**国際金融市場**（international financial markets）といわれる。また外国為替を売買する市場は**外国為替市場**（foreign exchange markets）と呼ばれる。こうした市場はそれぞれ独自の役割を果たすとともに，密接に関連し合って市場経済を形作っている。

　市場経済の第2の特徴は，それが**貨幣経済**であるということである。貨幣経済とは貨幣を媒介とする間接交換が支配的な経済をいう。市場の出現はもちろんその拡大もまた，探索費用や取引費用を減少させる効果を持ち，交換の効率性を高めることを通じて貨幣経済の発達を促した。他方で統一的な貨幣制度に基づく貨幣単位の出現は，価格を成立させて交換情報の節約をもたらし，市場経済の効率性を著しく高めた。こうして貨幣経済は市場経済と密接に結び付いて発達し，人類の分業化を促進し，生産力の高度な発展に貢献してきた。各経済主体の需給関係において，財貨・用役や証券の流れと反対方向に必ず貨幣の流れを伴っている。こうした流れを**経済循環**（economic circulation）という。「財で貨幣を買い，貨幣で財を買う」貨幣経済，それが現代の市場経済である。経済循環におけるこの貨幣の重要な役割を，『経済表』（1758）を著したフランソワ・ケネーは人体における血液の循環に喩えた。

　市場経済の第3の特徴は，価格が成立し，**価格機構**（price mechanism）が

資源配分を主に司(つかさど)っていることである。価格機構とは，個々の財貨・用役，労働や資本の生産要素，及び債権・債務などの需要と供給とを価格が調整し，一致させることを通じて，生産物や生産要素の均衡のとれた配分を達成する仕組みをいう。価格機構はまた**市場機構**（market mechanism）とか**市場原理**（market principle）ともいわれるが，同様のことを意味する。貨幣単位の出現以来，市場におけるすべての交換比率は価格により統一的に表されるようになった。欲望に対して稀少している財の価格は高く，稀少していない財の価格は低く表される。すなわち価格はさまざまな財の相対的稀少性を貨幣的に表現するものである。各経済主体はこれらの価格を基準にして，それぞれの財をどれだけ需要し，供給するかを決定する。万人によるすべての市場への自発的参画によって，諸価格の体系つまり**価格体系**（system of prices）は各財の相対的稀少性をきめ細かく表し，資源配分の重要な目安になる。こうして価格機構は，各財の相対的稀少性に応じて効率的な資源配分を可能にする。このような働きを，オスカー・ランゲは**価格のバロメーター機能**（barometric function of prices）と呼んだ。また供給より需要が超過する場合には価格が上昇して需給のバランスをとり，需要より供給が超過する場合には価格が下落して需給を均衡させる。この働きを価格機構の**自動安定機能**（automatic stabilizing function）という。価格機構の持つこうした機能により，別に国家の全体的な経済計画がなくても，市場経済は資源配分の秩序付けを自発的に行い得る。スミスは市場経済のこの自律的秩序付けを，**神の見えざる手**（invisible hand）による働きと考えた。神は経済活動の動機として人間に自利心を与え，人間は自利心に基づいて行動すれば，見えざる手によって自然に調和ある秩序が保たれると考えた。

　市場経済の第4の特徴は，各経済主体が自由意思に従って自発的に経済活動を行い，国家による統制を原則として受けないことである。市（いち）や市場はもともと民衆の集まる所に自然発生的に生まれた。それは交換を成立させ，欲望をよりよく充足するための民衆の生活の知恵であった。消費者は効用最大化を，生産者は利潤最大化を目的にして，それぞれの経済活動を自発的に営む。各経済主体が自らの目的を最大限に追求する行動を**最大化行動**（maximization behavior）というが，市場経済ではこの最大化行動が前提になる。そのためには消費選択の自由，職業選択の自由，労働移動の自由，営業の自由，そして財産権の自由など，もろもろの自由が保証されなければならない。こうした自由が保証されれば，各経済主体は自分の欲しいものに対して自由に貨幣を提供し，

それに応じて生産者は生産物を供給する。サミュエルソンの言葉を借りれば，市場機構は言わば万人による「**ドル投票**」の制度である。民主主義政治が投票による選挙制度を不可欠とするように，民主主義の経済は「ドル投票」による市場機構を必要条件とする。その結果，消費者の自由選択によって消費財の需要が決まり，結局すべての生産活動はそれに基づいて行われることになる。このように最終需要者としての消費者の自由選択に基づいて生産活動が行われることを，**消費者主権**（consumers' sovereignty）という。欧米ではしばしば「消費者は王様」であると言われ，日本では「消費者は神様」であると言われる。企業が広告や宣伝を通じて消費者の欲望を左右し得る側面があることは事実であり，これをジョン・ケネス・ガルブレイスは**依存効果**（dependence effect）と呼んだ。また製品開発において消費者の潜在需要を事前に調査しつつも，企業がイニシアティブを握っているのも事実である。しかし結局買うか買わないかは最終的に消費者が判断するのであり，企業がそれを強制することはできない。

# 第Ⅱ部　ミクロ経済学

# 第3章
# 消費者の行動

　私たちは日常生活で，衣服を着て，食事をし，住宅に住むという衣食住の欲望を満たすだけでなく，さまざまな経済的欲望を満たすように，財貨・サービスを消費している。**消費**（consumption）とは，経済的欲望を充足するために，財貨・サービスを費消して満足ないし効用を得る活動であり，その主体が**消費者**（consumer）である。経済活動は経済的欲望を充足することを目標として，稀少な資源を用いて生産物の生産を行い，さまざまな経済主体の間で交換や分配を行い，最終的に消費者が生産物を消費する。したがって経済活動の最終的な目標は，消費であるといえる。そこで経済活動を分析するに当たって，まず消費者の消費行動を分析することから始めよう。

　企業や政府も消費を行うが，消費の代表的な行動単位は個人あるいは家計である。本章では代表的な消費者としての個人や家計が，最終生産物である消費財をどのように需要し消費するかを明らかにする。他方で消費者は労働や土地や資本など各種の生産要素の供給者でもあり，それらの供給により要素報酬を得て，所得を形成する。その所得が消費需要の購買力になり，予算制約を構成する。生産要素の供給と所得形成の問題は後の章に譲り，この章では主に消費者の消費需要に焦点を当ててミクロ経済学的な分析を行う。

## 1. 効用と選好

　消費者は財を消費したいという経済的欲望を満たすためにその財を消費するが，それにより経済的欲望が満たされ，心理的な**満足**（satisfaction）が得られる。その心理的な満足の度合いを**効用**（utility）という。逆に心理的な**不満足**（dissatisfaction）が生じた場合は，その度合いを**不効用**（disutility）という。消費者は経済的欲望を満たして効用が得られる財を，効用の度合いに応じて**経済的価値**（economic value）があると判断する。効用が得られない財は，経済的価値がないと判断する。したがって厳密にいうと，消費者の目的は消費そのものというより，消費によって心理的な満足ないし効用を得ることである。

　同じ財でも各消費者が得る効用は，それぞれ異なる。コーヒーを飲んで気分

がよくなる人もいれば，悪くなる人もいる。気分がよくなる人はコーヒーが好きになり，悪くなる人はそれが嫌いになる。各人は各財に対して好みや嗜好を持ち，それを**選好**（preference）と言う。各人は生まれも育ちも違い，生活慣習なども異なるので，同じ財からまったく同じ効用を得ることはまれであり，各財への選好も異なるのが通例である。

## 2. 効用の連続性

　コーヒーを好きな人がそれを飲みたい時にカップで一口飲むと，美味しいという満足感を得る。しかしさらにカップの縁に付いた一滴を飲んでも，満足が微増したと感じるわけではない。人間の知覚は，ある一定量未満の刺激に対しては反応しないことが，心理学的実験によって証明されている。知覚が反応を起こすのに必要な刺激の最小限度を**閾値**（threshold）という。よってたとえ消費量が連続的に変化しても，この閾値がある限り，得られる効用は連続的には変化せず，選好も連続的には変化しない。

　しかし人間は消費において閾値未満の微少量に対して何の知覚も関心も持たないので，経済学では閾値の存在を無視し，人間は効用の増減を連続的に知覚し得るものと仮定する。この仮定を**効用（選好）の連続性**（continuity of utility or preference）という。図3-1では，消費量の変化に対して効用が連続的に変化する様子を描いてある。ところが，心理学のルーペで拡大して見ると，消費量は連続的に変化しても，実は効用は不連続にしか変化していない。

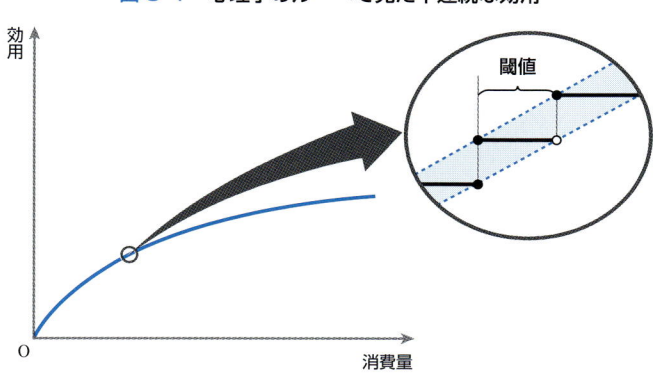

図3-1　心理学のルーペで見た不連続な効用

## 3. 効用関数

財の消費により効用が得られ、その関係は代数的には**効用関数**（utility function）で表される。いまコーヒーを好きな消費者がコーヒーを $x$ cc 飲んだ場合に得られる効用が、何らかの数値で表されるものと考えて、それを $u$ 単位であるとしよう。するとその効用関数は、次式で表すことができる。

$$u = u(x)$$

効用関数を幾何的に図示したのが、図 3-2 の**効用曲線**（utility curve）である。

コーヒーを飲む前には効用は得られないから、効用は $u=0$ であり、原点 O で示される。コーヒーを飲み始めると次第に効用は増える。経済的欲望が充足され尽くして、効用が最大になる状態を**飽和**（saturation）といい、$S$ 点で示される。よってコーヒーの最適消費量は、最大の効用 $u^*$ をもたらす $x^*$ である。しかしどんな財でも一定の**消費期間**（consumption period）に消費できる量には限りがあるから、無理にそれ以上消費するとかえって効用は減少する。やがて $R$ 点を越えると気分が悪くなり、マイナスの効用つまり不効用さえ感じる。

飽和点 $S$ までは、一般に財の消費量の増大につれて効用は増大し、効用は消費量の**増加関数**（increasing function）である。飽和点 $S$ を過ぎると、一般に財の消費量の増大につれて効用は減少し、効用は消費量の**減少関数**（decreasing function）になる。

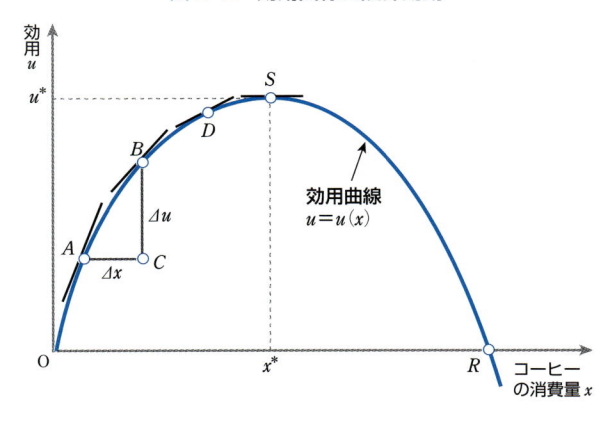

図 3-2　効用曲線と限界効用

## 4. 限界効用

コーヒーを微少量 $\Delta x$ だけ飲むと効用も微少量 $\Delta u$ 増えるが，その割合は，効用の増分/財の消費の増分$=\Delta u/\Delta x$ で表され，これを**限界効用**（marginal utility）という。図3-2では，コーヒーの消費を点 $A$ から微少量 $\Delta x$ だけ増加したときの限界効用は，$\Delta u/\Delta x = BC/AC$，つまり直線 $AB$ の勾配で表される。そこでコーヒーの消費量の増分 $\Delta x$ を限りなく小さくして，ゼロに近付けると，$\Delta u/\Delta x$ は $du/dx$ と書き直され，$AB$ の勾配は $A$ 点における接線の勾配を表す。これは効用関数 $u = u(x)$ を $x$ に関して微分することを意味し，次の微分係数が限界効用を表す。

$$\frac{du}{dx} = \frac{du(x)}{dx} = u'(x)$$

消費量が増えると，$A$ 点より $B$ 点，$B$ 点より $D$ 点のほうが接線の勾配は小さくなり，限界効用が減る。つまりコーヒーが一番うまいのは最初の一口を飲んだ時で，後はうまさも薄らいでいく。飽和点 $S$ では限界効用はゼロとなり，効用は最大となる。この $S$ 点で限界効用が $du/dx = u'(x) = 0$ となる $x^*$ が，最適消費量である。このように追加的な消費から得られる限界効用が減ることは，普遍的に観察される現象であり，**限界効用逓減の法則**（the law of diminishing marginal utility）という。この法則は1854年にヘルマン・ハインリヒ・ゴッセンが発見していたので，**ゴッセンの第1法則**と呼ばれる。この法則は2次の微分係数が負という形で表される。

$$\frac{d^2 u}{dx^2} = u''(x) < 0$$

スミスなどの古典派では初等算数の平均概念は使用されていたが，限界効用などの限界（微分）概念はなかったので，最大・最小問題の分析ができなかった。限界効用の概念は，現代価格理論の始祖と言われるレオン・ワルラス，カール・メンガー，ウィリアム・スタンレー・ジェボンズの3人の経済学者により，1870年代に初めて導入された。それ以降微分を用いた限界概念を中心に経済理論の体系化が進んだので，この時代の変革は特に**限界革命**（the marginal revolution）といわれる。

## 5. 基数的効用と序数的効用

限界革命を担ったワルラスやメンガー，ジェボンズ，それを継承したフラン

シス・イシドロ・エッジワースやマーシャルは，効用の大きさが測定可能であると考えた。このような効用は**可測的効用**（measurable utility）とか**基数的効用**（cardinal utility）と呼ばれる。物の重さを測る尺度にグラムがあるように，効用の大きさを測る尺度として例えばユーティルという単位を考えよう。太郎がコーヒー50ccを飲んで得られる効用が20ユーティルで，100ccを飲んで得られる効用が30ユーティルである場合，前者より後者のが1.5倍高い満足をもたらす。このように効用の違いを比較できることを，**個人的な効用比較可能性**（personal comparability of utility）という。またコーヒーをあまり好きでない花子が50cc飲んで得られる効用が10ユーティルである場合には，同じ50ccのコーヒーでも太郎は花子より2倍高い満足を得る。こうした比較ができることは**個人間の効用比較可能性**（interpersonal comparability of utility）という。基数的効用を仮定すれば，これら両方の効用比較可能性が満たされる。巧利主義哲学を唱えたジェレミー・ベンサムは，社会の構成員の「快楽と苦痛」の代数和を最大にすることが，「最大多数の最大幸福」という目的であると考えた。現代でもジョン・フォン・ノイマンやオスカー・モルゲンシュテルンの期待効用理論は基数的効用を仮定している。

　しかし現在のところ，人類は心理的な満足や効用を基数として測定できる物差しを持っていないし，ユーティルのような尺度もない。私たちができることは，50ccのコーヒーを飲むのと100ccのコーヒーを飲むのとでは，どちらが大きな効用を得られるかを判別することである。つまり効用の大小関係を判別し，効用の大きなものを選択することである。この意味での効用は，効用の低いものの順に，1番目，2番目，3番目，……というように選択対象の数だけ，順序を示す数値を付けることができるので，**序数的効用**（ordinal utility）と呼び，その順序は**選好順序**（preference order）という。序数的効用では，50ccのコーヒーを飲むのが1番目に低く，100ccのコーヒーを飲むのが2番目に低いというように大小関係だけが比較されるので，前者より後者の方が効用は2倍高いといった計算をするのは無意味である。したがって順序さえ合っていれば，1番目，4番目，6番目，……というように選好順序を付けても構わない。図3-2でいうと効用を目盛った縦軸にゴムひもを使えば，それをどのように伸ばしても縮めても，目盛りの大小関係だけはまったく変わらない。このように大小関係や順序だけが意味を持つ物差しも，やはり一つの物差しである。序数的効用では異なる個人間の効用比較は不可能であるが，少なくとも個人的な

効用の大小比較は可能であり，その基礎の上に消費者の選択行動を説明できる。これがアーヴィング・フィッシャーやヴィルフレッド・パレート以降現代に連なる「消費選択の理論」である。

## 6. 無差別曲線

　人間の知覚反応を制約する閾値の存在は，無視し得るものとし，選好は連続的に変化するものと仮定しよう。するとさまざまな財の組合せを選択対象とする消費者の選好は，次の3つの公準を満たしている時に合理的といえる。
1. どんな選択対象 $A$ についても，$A$ が $A$ 自体より望ましいとか，望ましくないということはない。これは同じものを同じものとして正確に知覚できることを意味し，**反射律**といわれる。
2. どんな2組の選択対象 $A$，$B$ についても，$A$ が $B$ より望ましい（$A>B$）か，逆に $B$ が $A$ より望ましい（$B>A$）か，あるいは $A$ と $B$ とは互いによくも悪くもなく無差別である（$A\sim B$）か，3つのうちいずれかであることを識別できる。これは判別が不能な事態を排除する公準で，**完全律**とか**連結律**という。
3. どんな3組の選択対象 $A$，$B$，$C$ についても，$A$ が $B$ より望ましく（$A>B$），$B$ が $C$ より望ましい（$B>C$）ならば，$A$ は $C$ より望ましい（$A>C$）。また $A$ と $B$ とが無差別で（$A\sim B$），$B$ と $C$ が無差別ならば（$B\sim C$），$A$ と $C$ は無差別とする（$A\sim C$）。これは選好順序の一貫性を保証する公準で，**推移律**という。

　これら3つの公準が満たされる時，消費者の選好はさまざまな選択対象に対して**完全な順序付け**（perfect ordering）ができる。そこでさまざまな選択対象のうち互いによくも悪くもない無差別なものの集まりを，**無差別クラス**（indifference class）という。無差別クラスを幾何的に表すと，選択対象が2つの場合には**無差別曲線**（indifference curve），選択対象が3つの場合には**無差別曲面**となる。

　図3-3の横軸と縦軸にはそれぞれ，一定の消費期間におけるコーヒーと紅茶の消費量 $x_1$ と $x_2$ が測られている。$A(x_1^A, x_2^A)$ という組合せと選択上無差別な組合せは，$A'(x_1^{A'}, x_2^{A'})$，$A''(x_1^{A''}, x_2^{A''})$，……という具合に無数にあり，それらの点をすべて結んだ曲線 $u^A u^A$ が無差別曲線である。また $B(x_1^B, x_2^B)$ という組合せと選択上無差別な組合せも無数にあり，それらの点はやはり無差別曲線 $u^B u^B$ を構成する。同様に何本もの無差別曲線を描くことができ，等高線のように描かれた無差別曲線の集まりを**無差別マップ**（indifference map）という。

**図 3-3　無差別マップ**

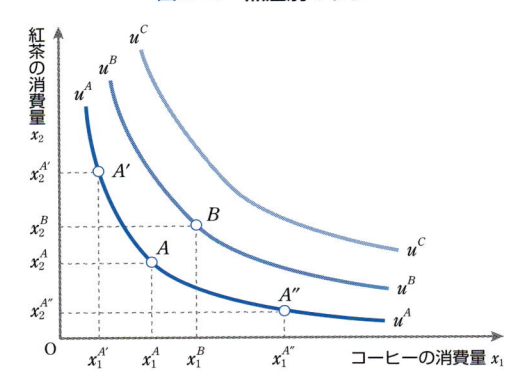

等高線と同じように，無差別曲線はその定義により互いに交差しない。

各無差別曲線の消費量と効用との関係を，

$$u = u(x_1, x_2)$$

という代数の関数で表すと，これが選択対象が2財の場合の効用関数である。選択対象が3財の場合には，もう一つの財の消費量 $x_3$ が独立変数に追加される。序数的効用はその順序だけが意味を持つが，消費者の選好が上の3つの公準を満たし，どの選択対象に対しても完全な順序付けが連続的にできるならば，この効用関数もやはり連続となる。

組合せ $A$ と $B$ とを比較すると，$A$ より $B$ はコーヒーを多く含み（$x_1^A < x_1^B$），紅茶も多く含む（$x_2^A < x_2^B$）ので，消費者は通常 $A$ よりも $B$ を選択する。消費者がいずれの財も嫌いでない限り，どの財も多く消費できる組合せを選好するからである。同じ理由で一般に消費者はより上位（右上方向）の無差別曲線上にある組合せを選択する。そこで選好の順序に従い，同じ無差別曲線上にある組合せに，$u^A$，$u^B$，$u^C$，……と次第に大きくなる序数値を付けることができる。

財の消費量が増えるにつれ，いずれ欲望が飽和し，その後は効用が減少して，やがては効用がまったく感じられなくなる場合まで考えると，無差別マップは図3-4のような等高線の形状を持つ。その頂点 $S$ が最大効用を与える飽和点を示す。したがってコーヒーと紅茶の最適消費量は，何の制約もなければこの飽和点で決まり，それぞれ $x_1^*$ と $x_2^*$ になる。すると飽和点 $S$ より上方および右方にある組合せ $(x_1, x_2)$ で，$x_1 > x_1^*$ かつ $x_2 > x_2^*$ となるものは，合理的な消費

**図 3-4 無差別マップの経済的意味のある領域**

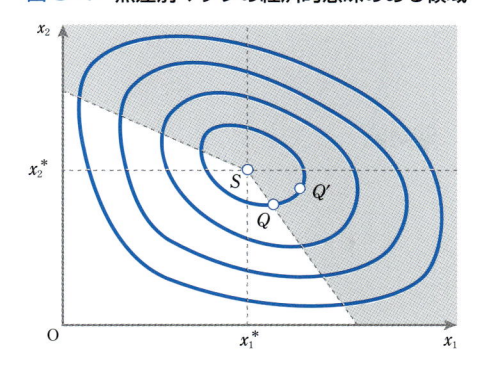

者にとって明らかに無意味である。というのは最適消費量以上に消費して，なお得られる効用が低い組合せを選択することは，資源の浪費だからである。同様のことが他のどの無差別曲線についてもいえる。よって合理的な消費者にとって経済的に意味のある無差別マップは，影のない領域に限定される。

## 7. 限界代替率

この経済的に意味のある領域では，どの財も少ないより多い組合せが望ましいので選好される。図 3-5 で，$A$ より $B$ はコーヒーも多く（$x_1^A < x_1^B$），紅茶も多い（$x_2^A < x_2^B$）ので，$A$ より $B$ が選好される。コーヒーか紅茶のどちらか一方が $A$ と $B$ で等量であっても，やはり $B$ が選好される。このような選好の性質を**選好の単調性**（monotony of preference）という。無差別マップを経済的に意味のある領域に限定することは，選好の単調性を仮定することでもある。

いま $A$ 点からコーヒー1財の消費量を $AA'$ だけ減らして $A'$ 点に移ると，得られる効用は減るから，同じ無差別曲線上に留まるためには紅茶の消費量を $A'A''$ だけ増やす必要がある。コーヒーの消費量の減少分 $AA'$ を $\Delta x_1$，紅茶の消費量の増加分 $A'A''$ を $\Delta x_2$ で示せば，効用が不変に保たれるために必要な両財の代替の比率は，$\Delta x_2 / \Delta x_1$ と表される。これは直線 $AA''$ の勾配に他ならない。そこでコーヒーの減少分と紅茶の増加分を限りなくゼロに近付け変化分を微少にすると，$\Delta x_1$ は $dx_1$，$\Delta x_2$ は $dx_2$ と書き直され，両財の代替の比率は絶対値で示すためにマイナス符号を付けて，$-dx_2/dx_1$ と表される。これを $A$ 点における 2 財間の**限界代替率**（marginal rate of substitution：$MRS$）という。これは

図 3-5　限界代替率

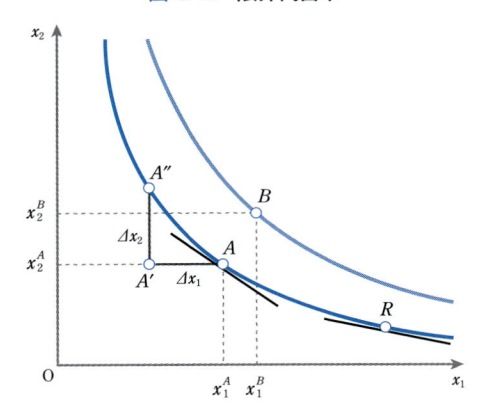

幾何的には $A$ 点における接線の勾配によって示される。

さて同じ無差別曲線上に留まるということは，効用関数の値が一定ということだから，$u(x_1, x_2) = \bar{u}$（定数）と書ける。この条件式の下で両財を微少量だけ変化させることは，この条件式を微分することなので，

$$du = \frac{\partial u}{\partial x_1} dx_1 + \frac{\partial u}{\partial x_2} dx_2 = 0$$

が得られ，これを移項して整理すれば，次式のようになる。

$$-\frac{dx_2}{dx_1} = \frac{\partial u}{\partial x_1} \bigg/ \frac{\partial u}{\partial x_2}$$

この左辺は限界代替率 $MRS$ を表す。右辺の分子 $\partial u/\partial x_1$ は，紅茶の量 $x_2$ を一定に保ちながらコーヒーの量 $x_1$ を微少量 $\partial x_1$ 増やす場合，効用が微少量 $\partial u$ 増える度合い，つまりコーヒーの限界効用を表す。同様に右辺の分母 $\partial u/\partial x_2$ は紅茶の限界効用を表す。よって2財間の限界代替率は，両財の限界効用の比に等しい。ただし序数的効用の立場からは，限界効用の絶対的数値は特に意味を持たない。

## 8. 選好の凸性

さて図 3-5 に戻ると，各無差別曲線は原点に対して凸の形をしており，この性質は**選好の凸性**（convexity of preference）と呼ばれる。この性質は，無差別曲線の接線の勾配が，$R$ 点のように右方へ行くほど緩やかになっていくこ

とを意味する。つまり限界代替率 MRS はコーヒーの消費量 $x_1$ が増えるにつれて次第に逓減する。日常の経験から推察できるように、コーヒーの消費量が増え紅茶の消費量が減ってくると、コーヒーの紅茶に対する相対的な限界効用は低まり、逆に紅茶のコーヒーに対する相対的な限界効用は高まる傾向がある。これは若干の例外はあれ、ほぼ一般的に観察される現象なので、**限界代替率逓減の法則**（the law of diminishing marginal rate of substitution）とも呼ぶ。

選好が凸の消費者がどういうタイプかは、図3-6 (1) を見るとわかる。コーヒーと紅茶を適当に交代で飲む場合、同じ効用水準を保つためには $C$ 点のような組合せであればよいが、両財をまったく一定の比率で代替すれば点線上の $C'$ 点のような組合せになり、効用水準は高くなる。よってこの消費者はコーヒーだけを飲んだり（$A$ 点）、紅茶だけを飲む（$B$ 点）よりも、両財を適当に交代で飲むことを好む。油っぽいものばかりでなく、さっぱりしたものも同時に食べる消費者もこのタイプである。

図3-6 (2) は限界代替率が一定で、両財の限界効用の比が一定のケースである。この消費者にとってはコーヒーだけを飲んでも（$A$ 点）、紅茶だけを飲んでも（$B$ 点）、両財を適当に交代に飲んでも（$C$ 点）、まったく無差別であり、両財を代替する比率は変わらない。洋酒を飲もうが、日本酒を飲もうが、両方をチャンポンで飲もうが、アルコールであれば構わないという消費者の無差別曲線もこうなる。この消費者の選好は、**弱凸**（weak convex）であるという。

図3-6 (3) は限界代替率が逓増し、選好が**非凸**（non convex）のケースである。コーヒーと紅茶を適当に交代で飲む場合、同じ効用水準を保つためには $C$ 点のような組合せになるが、両財を一定の比率で代替すれば点線上の $C'$ 点のような組合せになり、効用水準は低くなる。よってこの消費者は両財を適当

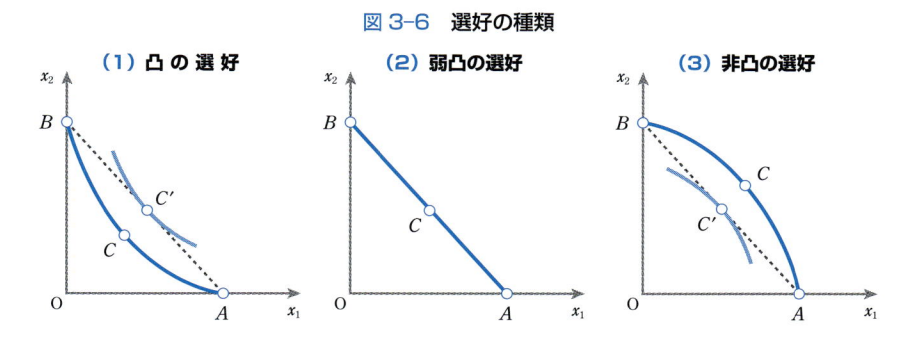

**図3-6 選好の種類**

**(1) 凸の選好**　　**(2) 弱凸の選好**　　**(3) 非凸の選好**

第3章 消費者の行動

に交代で飲むよりは，コーヒーだけを飲んだり（$A$点），紅茶だけを飲む（$B$点）ことを好む。洋酒だけないし日本酒だけを飲む消費者もこのタイプである。

　比較的に長い消費期間で見たり，選択対象全般や消費者全体について見れば，あれもこれもともに消費するというのが平均の姿であろう。衣服だけでは生活できないし，食べ物だけでもまた住居だけでも生活できない。衣食住のいずれも必要であり，さまざまなものをバランスよく消費したいというのが，欲望の平均的姿であろう。そこで以下の分析では，選好の極端な偏り（非凸性）や極端な無差別性（弱凸性）を例外的存在として認めながらも，一般的には偏りのない選好の凸性，すなわち限界代替率の逓減を仮定しよう。

## 9. 予算の制約

　消費者は効用を最大化するように，消費の組合せを選択する。無差別マップでは，できる限り選好順序の高い無差別曲線を目指し，最終的には欲望の飽和点すなわち無差別マップの頂点に至るように行動する。しかし選択対象の財が自由財でない限り，消費者は無条件に欲しいものをすべて入手できるわけではない。消費者が労働や土地，資本などの用役を提供して得られる賃金，地代，利子などの**貨幣所得**（monetary income）には限度があるから，消費者は予算の許す範囲内でのみ財の購入ができる。これを**予算制約**（budget constraint）という。いま予算として保有する貨幣所得を $m$ で表し，コーヒーと紅茶の市場価格をそれぞれ $p_1$, $p_2$ とすれば，コーヒーの購入額 $p_1 x_1$ と紅茶の購入額 $p_2 x_2$ との和は予算 $m$ の範囲内になければならない。よって，次の予算制約式が成り立つ。

$$p_1 x_1 + p_2 x_2 \leq m \quad (x_1 \geq 0, \ x_2 \geq 0)$$

予算を余さずに全部使いきる時には，これは等式で成り立つ。

　また予算をすべてコーヒーの購入に使う場合（$x_2 = 0$）には，コーヒーの最大可能な購入量は $x_1 = m/p_1$ となり，紅茶だけを購入する場合（$x_1 = 0$）には，紅茶の最大可能な購入量は $x_2 = m/p_2$ となる。これらの購入量は図3-7においてそれぞれ点 $M_1$ と点 $M_2$ に対応する。すると両財をともに購入できる最大可能な組合せは，点 $M_1$ と点 $M_2$ を結ぶ線分 $M_1 M_2$ で表される。これは**予算制約線**（budget line）とか**購入可能線**と呼ばれる。この線上にある組合せは予算 $m$ を使いきって購入できる。予算制約線の勾配は線分 $OM_1$ と $OM_2$ との比であるから，両財の価格比 $p_1/p_2$ に等しい。このことは，予算制約式を変形して，

図 3-7 予算制約線と予算集合

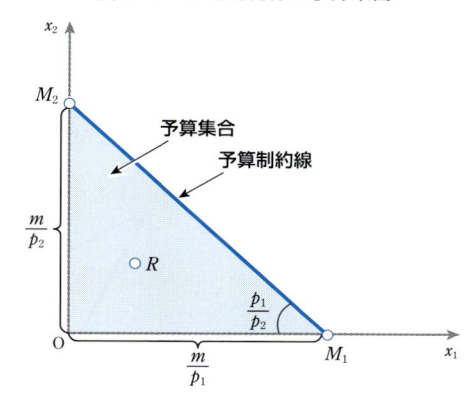

$$x_2 = \left(-\frac{p_1}{p_2}\right)x_1 + \frac{m}{p_2}$$

となるので，代数的にも明らかである．予算 $m$ を使いきらずに，三角形 $M_1OM_2$ の内部にある点 $R$ のような組合せも購入可能である．そこで予算制約線を含む三角形 $M_1OM_2$ の内部全体を，**予算集合**（budget set）とか**購入可能集合**という．

## 10. 需要量の決定

　消費者が予算制約に従って効用を最大化することは，予算集合の内部で最も高い選好順序を持つ無差別曲線上で消費の組合せを選択することでもある．例えば図 3-8 の無差別曲線 $u'u'$ 上の $Q$ 点や $R$ 点，及び $S$ 点のような組合せは，予算集合の内部にあるので購入可能ではある．しかしその無差別曲線 $u'u'$ は，$E$ 点が乗っている無差別曲線 $uu$ より選好順序が低いので，選択されることはない．また無差別曲線 $u''u''$ 上の $T$ 点のような組合せは，そもそも予算集合の範囲外にあるので購入が不可能である．よって予算制約を満たしながら効用を最大化する組合せは，選好が凸で無差別曲線が原点に対して凸である限り，予算制約線 $M_1M_2$ と無差別曲線 $uu$ との接点 $E$ に確定する．よって両財の最適消費計画はそれぞれ $x_1^*$ と $x_2^*$ になり，これが市場で需要として表明される．

　この $E$ 点では無差別曲線 $uu$ の勾配と予算制約線 $M_1M_2$ の勾配とは等しいから，予算制約の下での**効用最大化の条件**（condition of utility maximization）は，

図3-8 需要量の決定

図3-9 需要量の決定（境界型均衡）

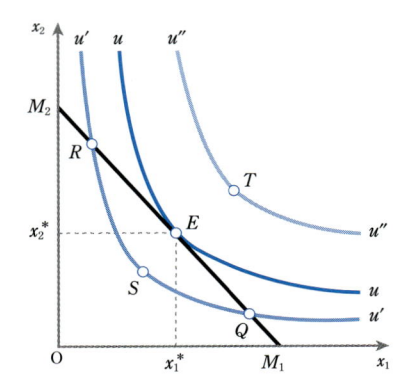

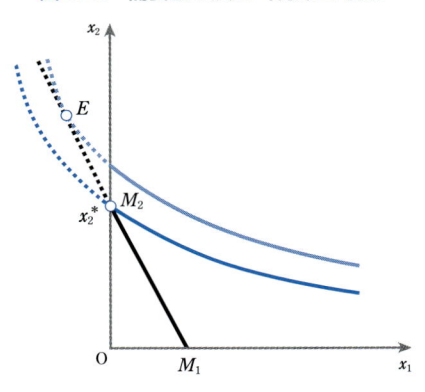

$$\text{限界代替率 } MRS = \frac{\text{コーヒーの限界効用 } MU_1}{\text{紅茶の限界効用 } MU_2} = \frac{\text{コーヒーの価格 } p_1}{\text{紅茶の価格 } p_2}$$

あるいは数式では次のように表せる。

$$-\frac{dx_2}{dx_1} = \frac{\partial u/\partial x_1}{\partial u/\partial x_2} = \frac{p_1}{p_2}$$

これを消費者の効用最大化の**主体的均衡条件**という。この関係式はまた，

$$\frac{MU_1}{p_1} = \frac{MU_2}{p_2} \quad \text{あるいは} \quad \frac{\partial u/\partial x_1}{p_1} = \frac{\partial u/\partial x_2}{p_2}$$

と書き直せる。すなわち各財の価格に対する限界効用の比は，すべての財を通じて等しくなければならない。そこでこの均衡条件は**限界効用均等の法則** (the law of equi-marginal utility) と呼ばれる。また既にゴッセンが着目していたので，**ゴッセンの第2法則**ともいわれる。

選好が凸でも限界効用均等の法則が成り立たない場合がある。例えば図3-9の$E$点のように限界効用が均等になる点が予算集合の範囲外にある場合，財1の購入量$x_1$はマイナスになれないから，$E$点が選択されることはない。予算集合の範囲内にあって選好順序が最も高いのは$M_2$点だから，購入可能な組合せとしては結局$M_2$点が選択される。$M_2$点での主体的均衡条件は，$MU_1/p_1 < MU_2/p_2$と不等式でのみ成り立つので，このケースは**コーナー型均衡**とか**境界型均衡**（corner or boundary equilibrium）ともいわれる。最適消費計画は$(0, x_2^*)$となり，財1はまったく購入されない。その理由は財1の価格が高過ぎたり，それに対する選好が低過ぎるからである。

## 11. 所得変化の需要への効果

前節では消費者が支出できる貨幣所得 $m$ が一定で，購入する財の価格 $p_1$, $p_2$ が市場で与えられている場合に，最適消費量すなわち需要量 $x_1$, $x_2$ がどのように決められるかを明らかにした。すなわち

$$x_1 = D_1(p_1, p_2, m), \quad x_2 = D_2(p_1, p_2, m)$$

という関係を考察した。もし価格や貨幣所得がさまざまに変化すれば，それに応じて需要量も変化する。つまり独立変数としての $p_1$, $p_2$, $m$ に対して，従属変数としての需要量 $x$ が定まる。これらの関係式を**需要関数**（demand function）と呼ぶ。そこでまず貨幣所得が変化した場合に，需要量がどう反応するかを調べよう。

市場で与えられる価格 $p_1$, $p_2$ が一定で，貨幣所得 $m$ だけが増加すると，図3-10 (1) のように予算制約線は勾配（$p_2/p_1$）が一定のまま，$M_1M_2$ から $M_1'M_2'$ へと上方に平行移動する。予算集合は拡大し，購入可能な組合せは増える。すると消費者の主体的均衡を満たす点は $E$ 点から $E'$ 点に移り，最適な需要量は両財とも増える。所得水準の上昇は消費水準を押し上げ，暮らし向きがよくなる。これは日常ごく普通に観察され，両財とも**正常財**（normal goods）ないし**上級財**（superior goods）の場合である。

ところが所得水準の上昇につれてかえって需要量が減少する**劣等財**（inferior goods，下級財）の場合には，事態は違ってくる。例えば箒を使っていた家庭が，所得水準の上昇につれて電気クリーナーを利用するようになる場

図3-10 所得変化の効果

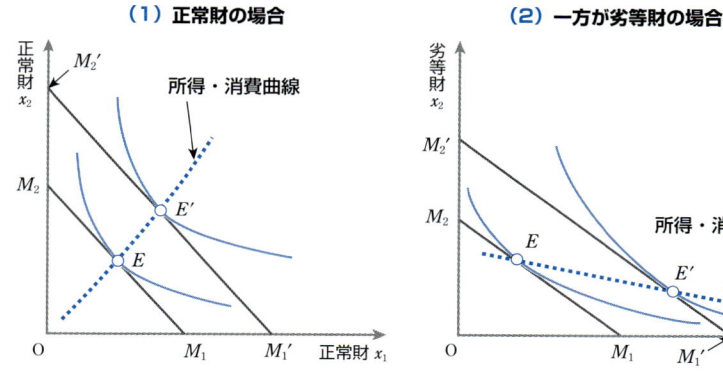

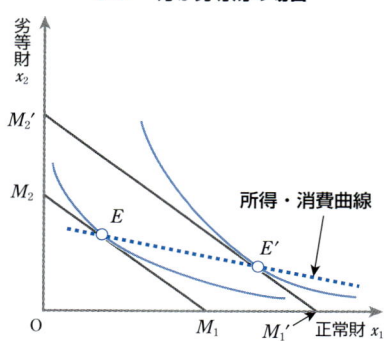

**(1) 正常財の場合**

**(2) 一方が劣等財の場合**

合には，(2)のように均衡点はE点からE′点に移るだろう。

　所得の変化に伴って均衡点Eも変化するが，図3-10の破線で示されるような均衡点の軌跡は**所得・消費曲線**（income-consumption curve）と呼ばれている。この曲線は2財とも正常財ないし上級財である(1)の場合には右上がりになるが，2財のうちいずれか一方が劣等財である(2)の場合には右下がりになる。ただし所得水準がゼロに近いと予算制約線は原点に近くなり，所得・消費曲線は原点から出発するから，後者の場合でも所得水準が低い時には右下がりにならず，どの財も劣等財にはならない。食うや食わずの時代に粟や稗が劣等財といえようか。

　図3-10の(1)の所得・消費曲線を，各財ごとの消費量と所得との関係に分解して表すと，図3-11のような曲線が描かれる。(1)は正常財ないし上級財の場合で，(2)は劣等財の場合である。この曲線は**エンゲル曲線**（Engel curve）と呼ばれる。所得・消費曲線は実は2つのエンゲル曲線を合成したものといえる。エルンスト・エンゲル自身は，消費のうちでも飲食費が所得に占める割合（エンゲル係数）が所得水準の上昇につれて下がる傾向のあることを発見し，**エンゲルの法則**として知られている。飲食料品は他の支出品目に比べて相対的に劣等財の性質を持つと言えよう。

　正常財と劣等財とを判別するのに便利な概念が，**需要の所得弾力性**（income elasticity of demand）であり，所得の変化率に対する需要の変化率の比として定義される。図3-11の(1)でE点からE′点への変化に注目すると，所得が$m$から$m'$に$\Delta m$だけ増加したのに伴って，正常財の需要量は$x_1$から$x_1'$に$\Delta x_1$だけ増加している。したがって所得の変化率$\Delta m/m$に対する需要の変化率$\Delta x_1/x_1$の比は，

$$\frac{\Delta x_1/x_1}{\Delta m/m}$$

となる。そこで変化量を微少にとれば微分で表すことができるから，これは

$$\varepsilon = \frac{dx_1/x_1}{dm/m}$$

と書き直せる。これが正確に定義されたE点における需要の所得弾力性である。正常財ないし上級財であればこの弾力性は正，劣等財ならば負である。

図 3-11　エンゲル曲線と需要の所得弾力性

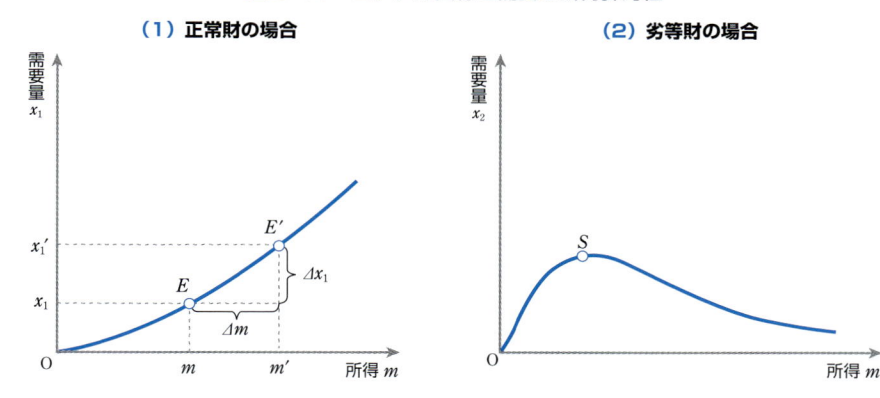

(1) 正常財の場合　　　　　　　　(2) 劣等財の場合

## 12. 価格変化の需要への効果

次に価格の変化が需要量にどのような影響を及ぼすかを検討しよう。いま貨幣所得 $m$ と財 2 の価格 $p_2$ が一定で，財 1 の価格 $p_1$ だけが $p_1'$ へ下落すると，図 3-12 の $M_2$ 点のように財 2 の最大可能な購入量は $m/p_2$ のまま変わらない。しかし財 1 の最大可能な購入量は $m/p_1$ から $m/p_1'$ へと増えるので，予算制約線は $M_1M_2$ から $M_1'M_2$ に移る。予算集合は拡大し，この図では消費者の主体的均衡を満たす点が $E$ 点から $E'$ 点に移り，最適な需要量は財 1 が増えて財 2 が減ることになる。

価格変化が需要量に与えるこうした効果を，2 つの効果に分けて考えよう。まず第 1 に $p_2$ が不変のまま $p_1$ が下落すると，両財の価格比は $p_2/p_1$ から $p_2/p_1'$ へと変化し，図 3-12 では予算制約線 $M_1M_2$ が点線の $M_1''M_2''$ に移ることによって示される。同じ無差別曲線上に留まるために，そこから $M_1''M_2''$ へ所得の補正的変化が起こると考えればよい。すると財 2 に比べて財 1 の価格が相対的に安くなるので，財 2 から財 1 への代替が起こり，均衡点は $E$ から $E''$ へと移る。これが価格変化による両財の**代替効果**（substitution effect）である。

第 2 に，貨幣所得 $m$ が不変のままでも，$p_1$ が下落すると，$p_1$ で測った実質所得は $m/p_1$ から $m/p_1'$ へと増加する。このことは図 3-12 で予算制約線が $M_1''M_2''$ から $M_1'M_2$ に移ることによって示される。すると両財が劣等財でない限り，実質所得の増加は両財の需要量を増やし，均衡点は $E''$ から $E'$ へと移る。この効果は価格変化による**所得効果**（income effect）という。この所得効

第 3 章　消費者の行動　　39

図 3-12　価格変化の効果

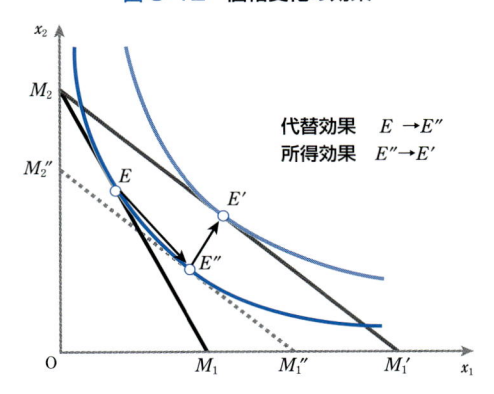

代替効果　$E \to E''$
所得効果　$E'' \to E'$

果は前節で見た所得変化の需要量への効果とまったく同じ影響を持つ。

　このように実際上の $E \to E'$ の全効果は，純粋に価格だけの変化による $E \to E''$ の代替効果と，純粋に実質所得だけの変化による $E'' \to E'$ の所得効果とを合成したものである。したがって財 1 の価格変化によるその需要量への全効果は，財の性質や代替効果と所得効果の大きさに応じて違ってくる。まず（a）正常財の場合，代替効果も所得効果も需要量を増やすから，全効果でも需要量は必ず増える。（b）劣等財の場合でも，需要を減らす所得効果を代替効果が凌駕していれば，全効果では需要量は増える。よってこの両者の場合には，価格の下落はその財の需要量を増やし，価格の上昇はその財の需要量を減らすという**需要の法則**（the law of demand）が妥当する。ところが（c）劣等財の場合で，需要を減らす所得効果が大きくてそれを代替効果が相殺できない時には，全効果では需要量は減る。この場合には需要の法則は妥当しない。この事態を初めて観察した統計家にちなんで，これを**ギッフェンの逆説**（Giffen's paradox），そうした財を**ギッフェン財**（Giffen good）と呼んでいる。

　さて財 1 の価格が連続的に変化すると均衡点 $E$ も変化するが，**図 3-13 (1)** の破線で示される均衡点の軌跡は**価格・消費曲線**（price-consumption curve）という。この曲線は財 1 がギッフェン財でない場合には図のようになるが，ギッフェン財の場合には一方的に左上がりになる。これを財 1 の消費量とその価格との関係に表し直すと，(2) のような曲線が描かれ，**需要曲線**（demand curve）と呼ばれる。代数的には前節で説明した需要関数，

$$x_1 = D_1(p_1, \overline{p}_2, \overline{m})$$ 　（バーは一定の意味）

図3-13　価格変化の効果

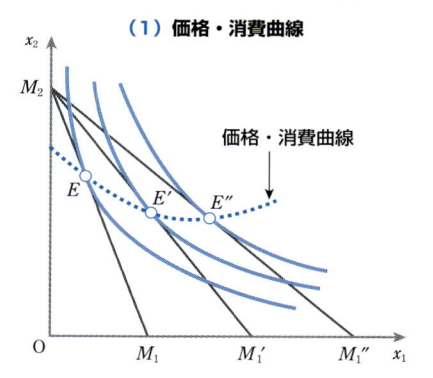

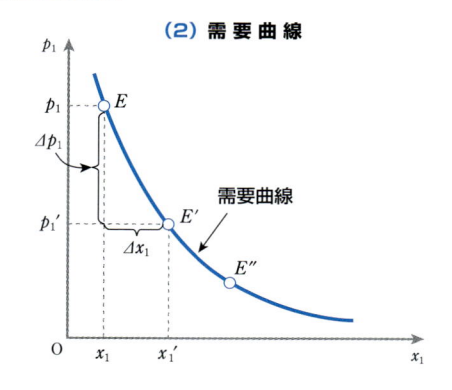

**(1) 価格・消費曲線**

**(2) 需要曲線**

に他ならない。したがって価格・消費曲線は，実は両財の需要曲線を合成したものといえる。図3-13 (2) では $E$ 点から $E'$ 点，$E''$ 点へと，価格の下落に対応して需要量が増えており，需要曲線は右下がりになっている。これはギッフェン財でない通常の場合だが，ギッフェン財の場合には需要曲線は右上がりになって，需要の法則は妥当しない。

通常の財とギッフェン財とを判別する便利な概念として，**需要の価格弾力性**（price elasticity of demand）があり，価格の変化率に対する需要の変化率の比で定義される。図3-13 (2) で $E$ 点から $E'$ 点への変化に着目すると，価格が $p_1$ から $p_1'$ に $\Delta p_1$ だけ下落したのに伴い，通常の財への需要量は $x_1$ から $x_1'$ に $\Delta x_1$ だけ増加する。よって価格の変化率 $\Delta p_1/p_1$ に対する需要の変化率 $\Delta x_1/x_1$ の比は，変化量を微少にとってマイナス符号を付ければ，次式で表される。

$$-\frac{\Delta x_1/x_1}{\Delta p_1/p_1} \quad \rightarrow \quad -\frac{dx_1/x_1}{dp_1/p_1}=e$$

これが正確に定義された $E$ 点での需要の価格弾力性である。マイナス符号を付ける理由は，通常の財の場合にはこの比率がマイナスであるので，$e$ をプラス表示するためである。よってギッフェン財の場合に限り，$e$ はマイナスになる。通常の財の場合でも，劣等財や必需品であれば $e$ は1以下になる傾向があり，正常財や奢侈品であれば $e$ は1より大きくなる傾向がある。前者のケースは価格変化に対して**非弾力的**（inelastic），後者のケースは**弾力的**（elastic）であるという。

## 13. 代替財と補完財

　前節では財 1 の価格変化が同じ財 1 の需要量に与える効果を見たが，この節では財 1 の価格変化が別の財 2 の需要量に及ぼす影響を調べよう。代替効果と所得効果に着目すると，その影響は 3 つのケースに分類できる。財 2 が（a）劣等財の場合，代替効果も所得効果もその需要量を減らすように働くから，全効果でも需要量は必ず減る。（b）正常財の場合で，需要量を増やす所得効果を代替効果が凌駕していれば，やはり全効果でも財 2 の需要量は減る。ところが（c）正常財の場合でも，需要を増やす所得効果が大きくてそれを代替効果が相殺できない時には，財 2 の需要量は増える。すると財 1 の価格変化が財 1 と財 2 の需要量に与える影響は，それぞれ 3 つずつのケースの組合せに応じて異なってくる。そこでもっと簡潔な分類法が一般に行われている。

　まず代表的なのはジョン・リチャード・ヒックスの分類法で，価格変化による代替効果だけを分類基準にする。すなわち代替効果において，財 1 の価格の下落が財 2 の需要量を減らせば両財は**代替財**（substitutes）であり，逆に財 2 の需要量を増やせば両財は**補完財**（complements；complementary goods）となる。コーヒーの価格下落はコーヒーの需要を増やすと同時に，紅茶の需要を減らし，さらには角砂糖やミルクの需要を増やすだろう。この場合コーヒーと紅茶は代替財の関係で，コーヒーと角砂糖またはミルクは補完財の関係である。ここで注意すべきは，この定義が両財をペアにして行われ，選択対象が 3 財以上の場合に意味を持つことである。なぜならば選択対象が 2 財だけの場合には，代替効果は必ず反対方向に働くので，両財は必ず代替財になって，代替財と補完財の区別が無意味になるからである。代替財や補完財は両財の価格と需要量とが相互に関連し合っているので，**連関財**（related goods）という。他方でコーヒーと辞書，ミルクとカメラなどのように，相互の価格と需要とが無関係の財は，**独立財**（independent goods）という。

　この分類法は選択対象が 2 財の場合には無意味になり，所得効果を除去して代替効果だけを計測するのも容易ではないので，あまり実際的ではない。そこで所得効果も含む全効果を分類基準にして，財 1 の価格の下落が財 2 の需要量を減らせば，財 2 は財 1 に対して**粗代替財**（gross substitute）といい，逆に財 2 の需要量を増やせば，財 2 は財 1 に対して**粗補完財**（gross complement）という。これらの判別をするのに便利な概念が，**需要の交差弾力性**（cross elasticity of demand）であって，財 1 の価格の変化率（$dp_1/p_1$）に対する財 2

の需要量の変化率（$dx_2/x_2$）の比として，次のように定義される。

$$\xi = \frac{dx_2/x_2}{dp_1/p_1}$$

$\xi$ がプラスであれば財2は粗代替財で，$\xi$ がマイナスならば財2は粗補完財である。これらの場合財2は粗連関財であるが，$\xi$ がゼロならば財2は粗独立財である。こうした分類法は選択対象が2つ以上であれば適用でき，計測も比較的に容易なので，実際の産業分類などにも応用されている。

## 14. 需要法則の例外

　需要の法則が妥当せず，需要曲線が右上がりになる例外としては，ギッフェンの逆説以外にもいくつか該当する事例がある。例えば持続的な物価騰貴，すなわちインフレーションが進行している時に，人々が価格は将来もっと上昇するだろうという予想を持てば，将来必要となる財を現在買い急ぐ行動に出るだろう。1973年の「狂乱物価」の頃や2011年の東日本大震災の直後に，先行き物不足感から生活必需品の買い溜めパニックが生じたことは記憶に生々しい。また株価の高騰が続いて将来も一層上昇するだろうと予想される時には，株式の買いが増える。こうした事態はいずれも需要法則の例外であり，人々が価格それ自体ではなくその予想に基づいて需要するために起こる。**価格予想**（price anticipation）ないし**価格期待**（price expectation）は，将来の事態に関する情報が現在の経済行動に影響するという意味で，重要な役割を果たす。

　次に古くから知られている事例として，**ヴェブレン効果**（Veblenisque effect）がある。例えばダイヤモンドのような装飾品に対する需要は，多分に個人的な虚栄心に基づいており，高価な物ほど好まれる傾向がある。安物のダイヤモンドは虚栄心を満たさないので，かえって需要されない。つまり効用関数の独立変数として，その消費量だけでなく価格の高さが入ってくる。そのため需要曲線が右上がりとなって，需要法則は妥当しない。制度学派のソースティン・ヴェブレンが初めてこの事例を指摘したので，ヴェブレン効果と呼ばれる。

　さらに消費における外部効果がある。友人が新車を買ったのに刺激されて自分も新車を買うことにしたり，隣の家が海外旅行をしたのでわが家もそれをしたり，先進諸国が高度な消費生活を享受しているのを模倣して発展途上国は負けじと電化製品の消費を増やしたりする。こうした傾向をガルブレイスは**デモ**

ンストレーション効果（demonstration effect）と呼んだ。これは効用関数の独立変数に他人の消費量が入ってくるために起こる現象で，そのため価格の上昇にも関わらず需要が増加し得る。つまり自分以外の経済主体の影響を市場を介さずに受けるという意味で，広義の**外部効果**（external effect）といえる。

# 第4章
# 企業の行動

　企業とは生産活動を行う主体である。企業を所有主体で分類すると，私的な個人や組織が所有する**私企業**（private firm）ないし**民間企業**と，政府や公共団体が所有する**公企業**（public firm）とに大別される。私企業には個人が経営する**個人企業**（personal firm）や，合名会社・合資会社・有限会社・株式会社などの会社形態をとる**法人企業**（corporate firm）がある。公企業は所有者が政府や公共団体であるので，公社とか公団などの法人組織である。私企業でも公共的性格が強い場合には，**公益事業**（public utility）として公共的規制を受ける。政府ないし公共団体との共同出資で合弁事業とされる場合は，**第三セクター**とも呼ばれる。財産権の自由と営業の自由を原則的に認める自由主義経済では，私企業が公企業を圧倒しているので，私企業体制ともいわれる。

　企業の基本的な役割は，労働や資本など生産要素を生産過程に投入し，財貨やサービスの生産を行い，それを消費者などの需要主体に供給・販売し，彼らの需要を満たすことである。市場経済における私企業には，最小の費用で最大の成果をあげるという経済原則を満たすことが要求される。この経済原則は，成果である収入を最大化し，費用を最小化すること，すなわち利潤の最大化が要求される。企業行動の目的が何らかの公共的価値原理に基づく例外は別として，経済原則に則らない企業行動は非効率的で不合理であり，経済学の理論的分析に馴染まない。

　この章では完全競争の下での企業の合理的な行動原理を解明し，独占など競争が不完全な場合の企業行動の分析は後の章に委ねる。完全競争は現実の市場形態としてはまれにしか観察されない。しかしあえて完全競争を仮定する理由は，その下での企業行動が純粋な理念型として明らかにされれば，市場機構の本質的機能が明澄に理解されるからであり，それとの対比において競争が不完全な場合の市場や企業行動についても一層深く理解されるからである。

## 1. 生産関数

　企業が生産を行う際にまず必要とする情報は，生産の技術的可能性に関する

知識である。それは労働や土地，工場，機械，動力，原材料などの**生産要素**（factors of production）をどれだけ投入すれば，**生産物**（product）をどれだけ産出できるかという情報であり，現在利用できる生産技術や生産組織の編成方式に依存する。それに応じて生産要素＝**投入物**（input）と生産物＝**産出物**（output）との**投入・産出関係**（input-output relationship）は，さまざまな技術的可能性を示す。企業が経済原則に則って生産すれば，生産技術を最も有効に利用し，生産組織を最も効果的に編成して，最小の投入で最大の産出が得られる投入・産出関係を選択する。この最も効率的な投入・産出関係を，**生産関数**（production function）という。

いま2種類の生産要素，労働と資本を投入して，1種類の生産物を生産する場合，それらの投入量 $y_1$，$y_2$ と生産量 $x$ との生産関数は，次式で表される。

$$x = x(y_1, y_2)$$

そこで一方の生産要素である資本の投入量 $y_2$ を一定として，この生産関数を2次元の座標に図示したのが，図4-1の**生産曲線**（production curve）である。一定量の資本の下でも労働がまったく投入されなければ，生産量はゼロであるから，生産曲線は原点 O から出発する。労働の投入量 $y_2$ だけを増やしていくと，最初は規模の経済性が働くために生産量は曲線 OA のように逓増していく。しかし規模の経済性は次第に働かなくなり，A 点を越えると生産量の増え方は次第に減って，曲線 AB のように逓減していく。さらに労働の投入量を増やしていくと，資本に対して労働量が過剰になり，C 点以降はかえって生産量は減少する。よって変曲点 A を境に，生産曲線は OA の間では上方に凹と

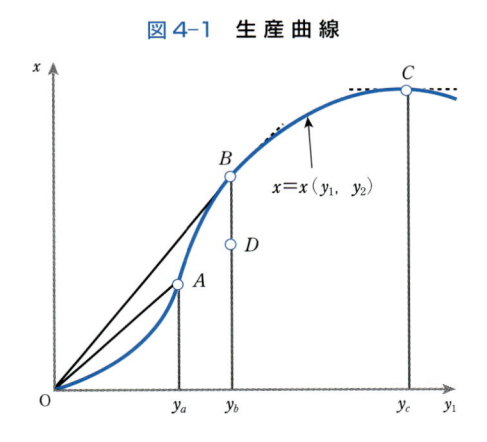

図4-1　生 産 曲 線

なり，A 点以降は上方に凸となる。C 点は生産量が最大となる点で，ちょうど消費における欲望の飽和点に対応する。

　生産曲線とそれ以下の領域は，生産が技術的に可能な領域であり，**生産可能集合**（production possibility set）とか**生産集合**（production set）と呼ぶ。その内部の D 点のような生産は可能ではあるが，同量の要素投入によって得られる B 点より生産量が少ないので，非効率的である。生産曲線や生産関数は，こうした非効率な点ではなく，最も効率的な投入・産出関係を表す。

　一方の生産要素の投入量 $y_2$ を一定として，他方の生産要素の投入量を微少量 $\partial y_1$ 増やすと生産量も微少量 $\partial x$ 増える。この比率 $\partial x/\partial y_1$ を要素 1 の**限界生産力**（marginal productivity：$MP$）という。これは生産関数を $y_1$ に関して偏微分したものであり，図 4-1 の破線の傾き，すなわち生産曲線の接線の勾配により表される。この勾配は変曲点 A で最大となり，それ以前では逓増，それ以後では逓減するから，限界生産力曲線は図 4-2 の破線のようになる。C 点では接線の勾配はゼロであり，よって限界生産力もゼロである。

　これに対して生産要素 1 単位当たりの生産量 $x/y_1$ を，要素 1 の**平均生産力**（average productivity：$AP$）あるいは**生産性**（productivity）という。これは図 4-1 において，例えば生産量 $Ay_a$ と要素 1 の投入量 $Oy_a$ との比率で示されるから，三角形 $OAy_a$ の斜辺 OA の勾配により表される。この勾配は B 点で最大となり，それ以前では逓増，それ以後では逓減するので，平均生産力曲線は図 4-2 の実線のようになる。しかも B 点では，斜辺 OB の勾配と接線の勾配とが一致するから，平均生産力と限界生産力は必ず一致する（$AP = MP$）。

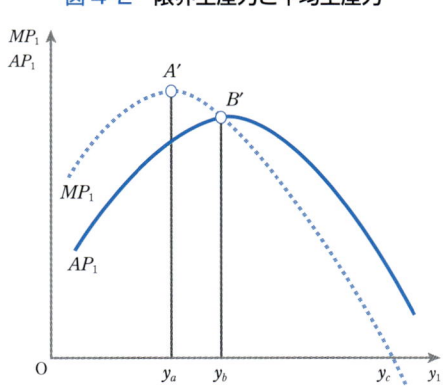

**図 4-2　限界生産力と平均生産力**

限界生産力も平均生産力も最初は逓増するが，要素投入量が増えるにつれて前者は $A$ 点以降，後者は $B$ 点以降，次第に逓減する。こうした傾向を要素に関する**収穫逓減の法則**（the law of diminishing returns），特に限界生産力については要素に関する**限界生産力逓減の法則**（the law of diminishing marginal productivity）という。後者の法則は2次の微分係数が負という形で表される。

$$\frac{\partial^2 x}{\partial y_1^2} = x''(y_1, y_2) < 0$$

## 2．等量曲線

生産量 $x$ を一定として，等量の生産物 $\bar{x}$ を産出するために，各生産要素の投入量 $y_1, y_2$ をどのように組み合わせるかという生産関数は，次式で表される。

$$x = x(y_1, y_2) = \bar{x} \quad \text{（定数）}$$

これを図4-3のように図示した曲線を，**等量曲線**（isoquant；equi-product curve）という。同図には異なる生産量に対応する等量曲線の一群が描いてある。$A'$ 点に比べて $A$ 点や $A''$ 点は少なくとも1つの生産要素の投入量が多く，生産量も多いので，より上方（右上方向）の等量曲線ほど高い産出水準を表す。つまり $x < x' < x''$ という関係にある。消費の無差別曲線マップと同様に，等量曲線のマップも等高線の形状を成し，その頂点は最大可能な生産量を示す。しかし等量の生産物を作るのにどの生産要素も多く投入するのは経済原則に反するから，経済的に意味があるのは等量曲線が右下がりの領域である。

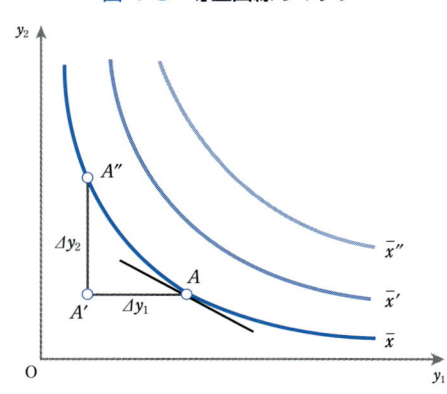

**図4-3 等量曲線のマップ**

$A$ 点から労働の投入量を $AA'$ だけ減らして $A'$ 点に移ると，得られる生産量は減少するから，同じ等量曲線上に留まるためには資本の投入量を $A'A''$ だけ増やす必要がある。よって等量曲線は右下がりになる。そこで労働と資本の投入量の微少な減少分をそれぞれ $dy_1$，$dy_2$ で示せば，生産量を等量に保つために必要な両要素の代替の比率は，$dy_2/dy_1$ となる。それを絶対値で示すためにマイナス符号を付けて，$-dy_2/dy_1$ と表したものは，$A$ 点における 2 要素間の**技術的な限界代替率**（technical marginal rate of substitution：MRS）という。これは $A$ 点で $y_2$ を $y_1$ に関して微分したものであり，幾何では $A$ 点における接線の勾配で示される。

　生産量が一定 $\bar{x}$ で同じ等量曲線上に留まる場合の生産関数は上式で表されるが，この場合に両要素を微少量だけ変化させると，この式を微分して，

$$dx = \frac{\partial x}{\partial y_1} dy_1 + \frac{\partial x}{\partial y_2} dy_2 = 0$$

が得られる。移項して整理すれば

$$-\frac{dy_2}{dy_1} = \frac{\partial x}{\partial y_1} \bigg/ \frac{\partial x}{\partial y_2}$$

の関係が導かれる。よって 2 要素間の技術的な限界代替率は，両要素の限界生産力の比に等しいことがわかる。

　図 4-3 では各等量曲線は原点に対して凸である。これは選好の凸性の場合と同様に，技術的な限界代替率が逓減することを意味する。つまり労働の投入量が増え資本の投入量が減るにつれ，労働の資本に対する相対的な限界生産力は下がり，逆に資本の労働に対する相対的な限界生産力は上がる。よって労働だけないし資本だけを投入するよりは，両要素を適当に組み合わせて投入する方が，生産量は多くなる。こうした傾向を**技術的な限界代替率逓減の法則**（the law of diminishing technical marginal rate of substitution）と呼ぶ。

## 3．等 費 用 線

　企業は技術的な知識の他に，生産に要する費用の構造についても一定の知識が必要である。労働と資本の単位当たりの**要素価格**（factor price）がそれぞれ $q_1$，$q_2$ であれば，それらの投入に要する費用は要素価格と投入量の積であり，それぞれ $q_1 y_1$，$q_2 y_2$ と表される。このように生産量に応じて投入量が変化する生産要素を**変動要素**（可変要素，variable factor），その費用を**変動費用**（可変

費用，variable cost）という。また生産量に関わりなく投入量が一定の生産要素は**固定要素**（不変要素，fixed factor），その費用は**固定費用**（不変費用，fixed cost）という。この固定費用を定数 $a$ で表せば，生産に要する費用の総額 $C$ は，次式で表される。

$$C = q_1 y_1 + q_2 y_2 + a$$

生産要素市場が完全競争の場合，要素価格 $q_1$，$q_2$ は市場で与えられる定数である。

　いま総費用 $C$ を一定とすれば，この式は同じ費用をかけて投入し得る生産要素のさまざまな組合せを表す。それを図 4-4 のように図示し，**等費用線**（iso-cost line）とか**費用線**（cost line）と呼ぶ。費用 $C$ の全額をどちらか一方の要素にかける場合，労働の最大可能な投入量は $y_1 = (C-a)/q_1$ となり，資本の最大可能な投入量は $y_2 = (C-a)/q_2$ となる。これらはそれぞれ図の $M_1$ 点と $M_2$ 点に対応する。等量曲線の勾配は線分 $OM_1$ と $OM_2$ の比であるから，$q_1/q_2$，すなわち両要素の価格比に等しい。このことは，総費用の式を変形して，

$$y_2 = -\frac{q_1}{q_2} y_1 + \frac{C-a}{q_2}$$

となるので，代数的にも明らかである。

　総費用の水準を $C$，$C'$，$C''$ と増やしていくと，購入し得る生産要素の組合せも変わるから，それに応じて等費用線は図のように $C$，$C'$，$C''$ となる。それらの勾配は要素価格比であるから，要素価格が市場で一定に与えられる限り，

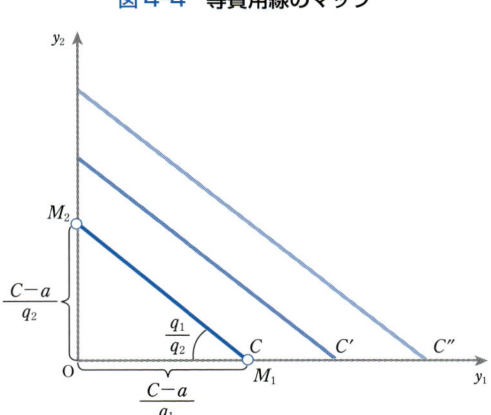

**図 4-4　等費用線のマップ**

それらの等費用線はすべて平行になる。

## 4. 生産方法の選択

　技術的な投入・産出関係や費用構造の知識に基づいて，企業はまず生産要素の組合せをどうするかという生産方法を選択する必要がある。その際企業は，「一定の費用をかけるならば生産量を最大にし，一定の生産量を産出するならば費用を最小にする」という経済原則に則った生産方法を選ぶ必要がある。前者の場合には図 4-5（1）のように，一定の費用を示す等費用線の上で，生産量を最大にする生産要素の組合せを選ばなければならない。そのような組合せは，等量曲線が原点に対して凸である限り，図 4-5（1）の $E$ 点のようにただ一つに定まる。例えば等量曲線 $x'$ 上の $Q$ 点や $R$ 点，及びその間にある $S$ 点のような組合せは，等費用線の上または下にあるので投入可能ではあるが，$\overline{x}' < \overline{x}$ であるので，生産量最大化を目指す限り $Q$ 点や $R$ 点，$S$ 点などが選択されることはない。

　後者の場合は図 4-5（2）のように，一定の生産量を示す等量曲線の上で，費用を最小にする生産要素の組合せを選ぶ必要がある。その組合せは，等量曲線が原点に対して凸である限り，図 4-5（2）の $E$ 点のように一つに定まる。例えば等費用線 $C'$ 上の $T$ 点や $U$ 点のような組合せは，確かに投入可能ではあるが，$C' > C$ であるので，費用最小化を目指す限り $T$ 点や $U$ 点などが選択されることはない。

図 4-5　生産方法の選択

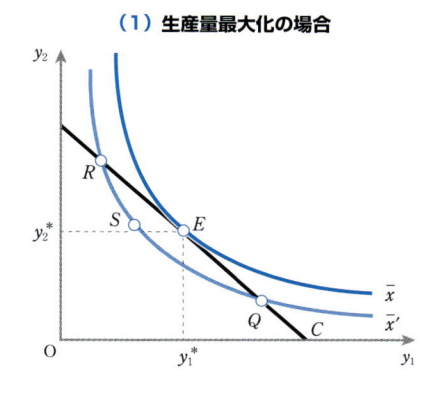

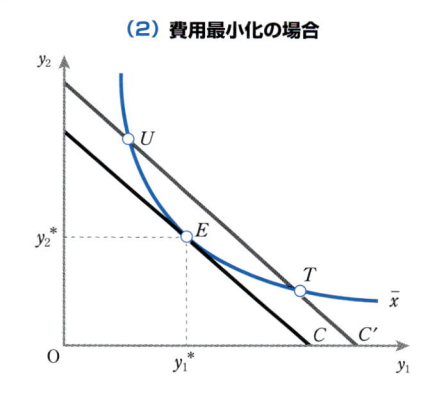

**（1）生産量最大化の場合**

**（2）費用最小化の場合**

よって生産量最大化ないし費用最小化の場合，企業が経済原則に基づく限り，生産要素の最適な組合せは等費用線 $C$ と等量曲線 $x$ との接点 $E$ に確定し，最適な両要素の組合せは $y_1^*$ と $y_2^*$ になる。この $E$ 点では等費用線 $C$ の勾配と等量曲線 $x$ の勾配とは等しいから，生産量最大化ないし費用最小化の条件として，

$$技術的限界代替率\ MRS = \frac{労働の限界生産力\ MP_1}{資本の限界生産力\ MP_2} = \frac{労働の要素価格\ q_1}{資本の要素価格\ q_2}$$

$$-\frac{dy_2}{dy_1} = \frac{\partial x/\partial y_1}{\partial x/\partial y_2} = \frac{q_1}{q_2}$$

という関係が導かれる。これを企業の**主体的均衡条件**という。これはまた，

$$\frac{MP_1}{q_1} = \frac{MP_2}{q_2} \quad あるいは \quad \frac{\partial x/\partial y_1}{q_1} = \frac{\partial x/\partial y_2}{q_2}$$

と書き直せる。すなわち各要素の価格に対する限界生産力の比は，すべての生産要素を通じて等しくなければならないので，この均衡条件は**限界生産力均等の法則**（the law of equi-marginal productivity）と呼ばれる。

　等量曲線が原点に対して凸であっても，限界生産力均等の法則が成り立たない場合がある。各要素の投入量がプラスの第1象限では，等量曲線の勾配が至る所で等費用線の勾配より急であったり，または緩やかであったりする場合，両線の接点 $E$ は第1象限の外に出てしまう。よって消費の境界型均衡と同じように，専ら一方の要素だけが投入される。

## 5. 生産方法の変化と代替・補完

　まず生産量が一定の下で，生産要素価格が変化する場合，生産方法がどのように変わるか調べてみよう。いま資本の要素価格 $q_2$ は一定として，労働の要素価格 $q_1$ だけが $q_1'$ に上昇した場合，図4-6のように等費用線の勾配は $q_1/q_2$ から $q_1'/q_2$ へと急勾配になる。費用を最小化する要素の組合せは $E$ 点から $E'$ 点に移る。労働の要素価格が資本のそれより相対的に高くなるので，労働の投入量を減らして資本の投入量を増やす生産方法が採用される。これが要素価格の変化による代替効果である。企業の費用は消費者の予算制約のように所与ではないので，消費のような所得効果が働かず，生産要素が2財の場合には，要素価格変化の効果は代替効果だけである。労働の要素価格である賃金が上昇し，機械の要素価格が低下する結果，機械が労働に代替することは，古くから知られた経験的事実である。

**図 4-6　要素間の代替効果**

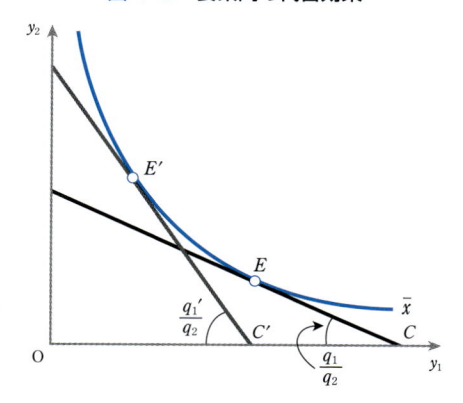

**図 4-7　要素間の代替と補完**

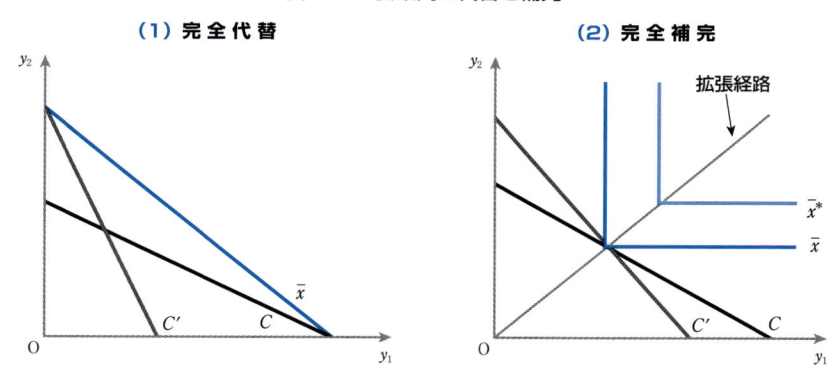

**（1）完全代替**　　　　　　　　　　　**（2）完全補完**

　消費の理論と同様に，要素1の価格が上がる時に要素2の需要量が増えるならば，つまり需要の交差弾力性が正であれば，要素2は要素1に対して粗代替財である。ただし生産では所得効果が働かないから，粗代替財と代替財とは一致し，一方の要素が代替財であれば他方の要素も代替財となる。また需要の交差弾力性が至る所で正の一定値をとる時には，図4-7（1）のように等量曲線は直線（原点に対して弱凸）となり，両要素は互いに完全代替財である。

　生産要素が3財以上ある場合には，代替関係だけでなく補完関係も発生する。そこで要素1の価格が上昇した時に要素2の需要量が減少するならば，つまり需要の交差弾力性が負であれば，要素2は要素1に対して粗補完財である。生産では所得効果が働かないため，粗補完財と補完財は一致し，一方の要素が補

図4-8 拡張経路

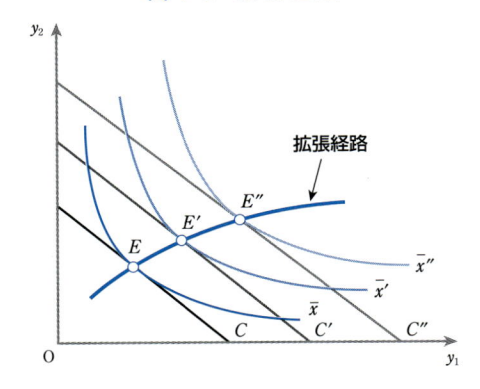

完財であれば他方の要素も補完財となる。例えば労働と機械ないし機械油は相互に代替財であっても，機械と機械油は互いに補完財の関係にある。補完が完全であれば，代替はまったく不可能で，要素の組合せが技術的に1つに決まってしまうので，図4-7 (2) のように等量曲線は原点に対して凸であってもL字型の折れ線になる。よってそのコーナーの点からどの要素を増やしても生産量は増えず，コーナー以外ではどの要素の限界生産力もゼロになる。

次に要素価格は一定として，生産量を増やしていく場合に，生産方法がどのように変わるか調べてみよう。生産量が増大すると図4-8のように，等量曲線が $x \to x' \to x''$ と上方シフトする。それに伴い生産要素の投入量も増えるが，それぞれの生産水準において費用を最小化する生産要素の組合せは，$E \to E' \to E''$ と変化する。要素購入に充てられる費用を増やしていく場合は，同じ図4-8で，等費用線が $C \to C' \to C''$ と上方シフトする。それに伴ってそれぞれの費用水準において生産量を最大化する生産要素の組合せは，やはり $E \to E' \to E''$ と変化し，生産量も増大する。このような主体的均衡点の軌跡を，生産の**拡張経路**（expansion path）という。

## 6. 費用曲線

企業の費用は消費者の予算制約のように所与のものではない。費用は実は生産量の関数であって，利潤最大化の目的に従って生産量や要素需要量と関連しながら決定される。そこで以下こうした企業の意思決定行動を順に考察する。

前述の総費用を表す式と限界生産力均等の法則とから，それぞれの生産水準

### 図4-9 費用曲線

**(1) 総費用曲線**

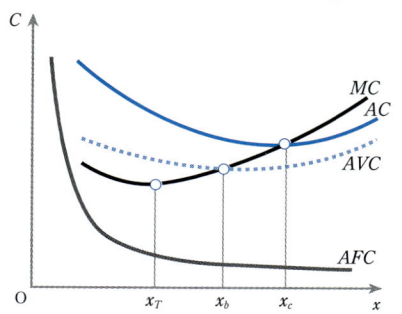

**(2) 平均費用曲線と限界費用曲線**

に対応する最小の費用を導くことができる。この最小の費用を生産量の関数として表したものを，**費用関数**（cost function）といい，それを図示したものを**費用曲線**（cost curve）という。費用曲線は図4-8の2要素平面での拡張経路を，図4-9 (1) のように生産量・費用平面に書き直したものである。これが**総費用**（total cost：$TC$）曲線であり，総費用関数は変動費用 = $c(x)$ と固定費用 $a$ の和として，次式で表される。

$$TC = C(x) = c(x) + a$$

総費用曲線は固定費用 $a$ の水準から出発し，規模の経済性が働くうちは逓減していくが，やがて変曲点 $T$ から規模の経済性が働かなくなると逓増へと転じる。したがって図4-9 (1) のように逆S字型をしているのが通例である。

総費用の概念を基礎にしてさまざまな費用の概念が導かれる。まず総費用 $TC$ を生産量 $x$ で割ると，生産量単位当たりの**平均費用**（average cost：$AC$）が導かれる。平均費用は，変動費用と固定費用をそれぞれ生産量で割った**平均変動費用**（average variable cost：$AVC$）と**平均固定費用**（average fixed cost：$AFC$）とからなる。さらに生産量を微少量だけ変化させた時の費用の微少な変化量は，総費用を生産量で微分して求められ，**限界費用**（marginal cost：$MC$）といわれる。これらの費用はすべて生産量の関数としてそれぞれ次のように表される。

$$AC = \frac{TC}{x} = \frac{c(x)}{x} + \frac{a}{x}$$

第4章　企業の行動

$$AVC = \frac{c(x)}{x}$$

$$AFC = \frac{a}{x}$$

$$MC = \frac{dTC}{dx} = \frac{dC(x)}{dx} = C'(x) = c'(x)$$

　平均費用 $AC$ は $TC/x$ だから，図4-9（1）において例えば三角形 $OTx_T$ の斜辺 $OT$ の勾配で示され，それが最小となるのは点 $c$ においてである。よって図4-9（2）の生産量・費用平面では，平均費用 $AC$ の曲線は点 $c$ を最低点として，下方に凸のU字型になる。平均固定費用 $AFC$ は $a/x$ だから，図4-9（2）のような直角双曲線になる。また平均変動費用 $AVC$ は $c(x)/x$ だから，図4-9（1）において例えば三角形 $aTT'$ の斜辺 $aT$ の勾配で示され，それが最小となるのは点 $b$ においてである。よって図4-9（2）では平均変動費用 $AVC$ の曲線は点 $b$ を最低点として，U字型の形状になる。限界費用 $MC$ は $dTC/dx$ だから，図4-9（1）において総費用曲線の接線の勾配で示される。それは当初逓減するが，変曲点 $T$ で最低となり，以後逓増していく。よって図4-9（2）では限界費用 $MC$ の曲線は点 $T$ を最低点として，やはりU型になる。図4-9（1）において総費用曲線の接線の勾配は，点 $c$ で斜辺 $Oc$ の勾配と一致し，点 $b$ で斜辺 $ab$ の勾配と等しい。よって限界費用 $MC$ は点 $c$ で平均費用 $AC$ と一致し，点 $b$ で平均変動費用 $AVC$ と等しく，図4-9（2）ではそれぞれの最低点を通ることになる。また平均費用曲線 $AC$ と平均変動費用曲線 $AVC$ との差が，平均固定費用 $AFC$ になる。

　平均費用，平均変動費用，限界費用の各曲線がU字型になるのは，当初は規模の経済性が働くが，やがてそれが働かなくなるからである。前者の領域では費用は逓減し，後者の領域では費用逓増が起こる。しかし固定費用が存在せず，要素投入量の増加につれて生産量も比例的に増大する固定的生産係数の場合には，拡張経路も総費用曲線も原点からの半直線になる。よって平均費用，平均変動費用，限界費用はすべて等しく，しかも一定になる。つまりこれらは同じ水平線になる。この場合は，規模に関する収穫不変が成り立ち，費用は逓減も逓増もしない。

## 7. 収入曲線

企業は市場で消費者や他の企業に対して生産物を販売するから，販売や需要に関する情報も知っている必要がある。企業は生産物の販売により収入を得るが，その**総収入**（Total Revenue：$TR$）は生産物の価格 $p$ と販売量 $x$ との積であるから，

$$TR = px$$

と表される。この総収入を販売量で除した販売量単位当たりの**平均収入**（average revenue：$AR$），販売量を僅かに変化させた時の収入である**限界収入**（marginal revenue：$MR$）は，それぞれ次のように定義される。

$$AR = \frac{px}{x} = p$$

$$MR = \frac{dTR}{dx} = p + \frac{dp}{dx}$$

生産物市場が完全競争であれば，企業が価格を支配する力はなく，価格 $p$ は市場で一定の水準に与えられる。すると個別の企業が市場で直面する需要曲線は，図4-10のように価格 $p$ の水準で水平線になる。したがってこの需要曲線 $p$ と平均収入曲線 $AR$ は一致する。その上限界収入曲線 $MR$ もこれに一致する。なぜならば価格 $p$ が一定水準にある時には，定数 $p$ を微分した $dp/dx$ はゼロであり，上式の限界収入は $MR = p$ となるからである。

そこで前章で定義した需要の価格弾力性 $e = -(dx/x)/(dp/p)$ を用いると，上式の限界収入は，次式のように書き直せる。

図4-10 収入曲線

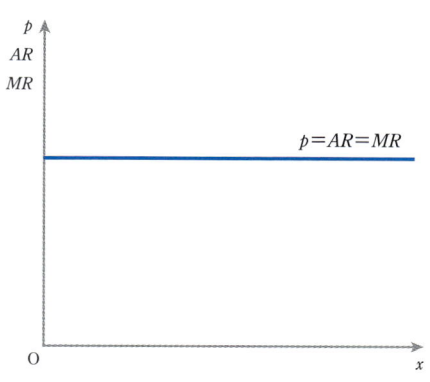

$$MR = p\left(1 + \frac{x}{p}\frac{dp}{dx}\right) = p\left(1 - \frac{1}{e}\right)$$

完全競争市場ではこの $MR$ が $p$ に等しいので，需要の価格弾力性が無限大（$e = \infty$，$1/e = 0$）であることを意味する。よって個別の企業が少しでも値上げすればこの企業はまったく需要を失うから，企業の価格支配力はまったくない。

## 8. 利潤最大化と生産量の決定

　生産の技術的な知識は費用曲線・関数に反映され，市場の需要情報は収入曲線・関数に集約され，これに基づいて企業は利潤を最大化する生産量を決定する。**利潤**（profits：$\Pi$）とは収入から費用を差し引いた残余であり，生産量 $x$ の関数として次のように定義される。

　　利潤 $\Pi =$ 収入 $TR -$ 費用 $TC$

　　$\Pi(x) = TR - TC = px - C(x)$

利潤を最大化するには，生産量を僅かに増やしてもこれ以上利潤が増えない所に，生産量を決めればよい。つまり利潤を生産量で微分した**限界利潤**（marginal profits：$M\Pi$）がゼロとなるように，生産量を決定すればよい。よって，

　　限界利潤 $M\Pi =$ 限界収入 $MR -$ 限界費用 $MC = 0$

　　$\dfrac{d\Pi(x)}{dx} = \dfrac{dTR}{dx} - \dfrac{dTC}{dx} = p - C'(x) = 0$

が利潤最大化の必要条件である。この条件は，

　　限界収入 $MR =$ 限界費用 $MC$

とも表され，**限界原理**（marginal principle）と呼ばれる。完全競争の下では，価格 $p =$ 限界収入 $MR$ であるから，価格 $p =$ 限界費用 $MC$ という条件に等しい。

　利潤最大化の十分条件は利潤 $\Pi$ の2次の微分係数が負，

　　$\dfrac{d^2\Pi(x)}{dx^2} < 0$

つまり限界利潤が減少することである。限界収入（価格）は一定であるので，このことは限界費用が増加することともいえる。

　図4-11には限界費用曲線 $MC$ と平均費用曲線 $AC$，及び需要曲線 $p$ が描かれている。完全競争の下では需要曲線 $p$ は平均収入曲線 $AR$ とも限界収入曲線 $MR$ とも等しい。$p = MC$ という条件が成り立つのは，需要曲線と限界費用曲

図 4-11　生産量の決定

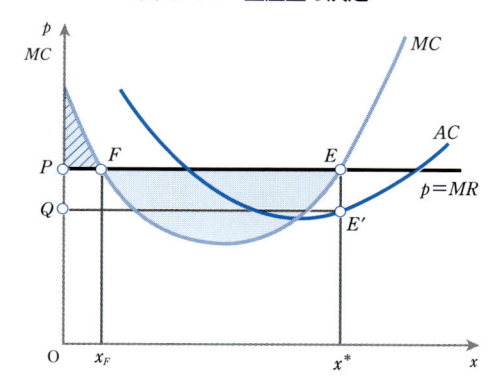

線が交わる $E$ 点であり，この点で十分条件も満たされて利潤は最大になる。両曲線は $F$ 点でも交わるが，この点では利潤は最小になる。なぜなら利潤の 2 次の微係数がプラスで，限界利潤が増加しているからである。

　利潤は限界収入曲線 $MR$ と限界費用曲線 $MC$ との間の面積で表される。生産量 $x$ がゼロから $x_F$ の間では，$MR$（$=p$）$<MC$ だから，マイナスの利潤すなわち損失が発生し，それは斜線の部分の面積で示される。よって $F$ 点で利潤最小ないし損失最大となる。生産量が $x_F$ から $x^*$ の間では，$MR$（$=p$）$>MC$ だから，プラスの利潤が発生し，それは水色の部分の面積で示される。よって $p=MC$ となる $E$ 点で利潤最大化が達成され，その時の生産量は，$x^*$ に決定される。

　するとこの均衡生産量 $x^*$ に対応して，限界費用 $MC$ は $E$ 点の高さに，平均費用 $AC$ は $E'$ 点の高さに決まる。したがって総費用 $TC$ は，平均費用 $AC$ を示す線分 $E'x^*$ に販売量を示す線分 $Ox^*$ をかけて，長方形 $E'x^*OQ$ の面積に等しくなる。

　この時利潤の最大値は，プラスの利潤を示す水色の部分の面積から損失を示す斜線の部分の面積を差し引いた面積に等しい。あるいは利潤＝（価格－平均費用）×販売量であるから，利潤＝線分 $EE'$ の長さ×線分 $PE$ の長さ＝長方形 $EE'QP$ の面積としても求められる。

## 9. 価格変化の効果と供給曲線

　生産物の市場価格 $p$ が変化すると，利潤を最大化する均衡生産量 $x^*$ はどの

**図4-12　供給曲線**

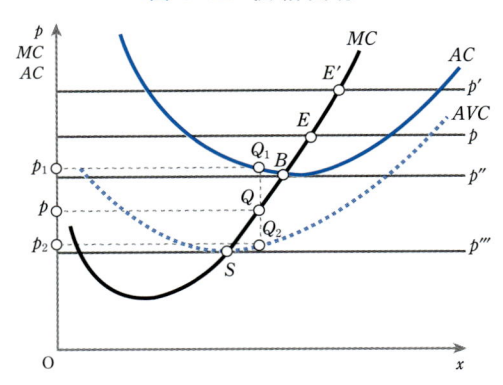

ような影響を受けるだろうか。利潤最大化となるのは限界費用曲線が右上がりの部分であるから，図4-12のように価格が$p'$へと上昇した場合には，均衡点は$E$から$E'$へと移り，均衡生産量は増加する。逆に価格が下落した場合には，均衡点は$MC$曲線に沿って下方に移り，均衡生産量は減少する。

さらに価格が$p''$へと下落すると均衡点は$B$に移るが，価格は平均費用$AC$に等しくなるため利潤はゼロになる。この$B$点は**損益分岐点**（break-even point）と呼ばれ，価格がこれを超えれば利潤はプラス，価格がこれ未満ならば利潤はマイナスとなる。長期的に価格が$B$点未満になる場合には，企業の利潤は長期的にマイナスになるので，操業を続けることはできず，企業を閉鎖せざるを得なくなる。よって$B$点は長期の**操業停止点**（operation stop point）ないし**企業閉鎖点**（shut-down point）を意味する。

しかし短期的にはたとえ価格が$B$点未満でも，企業は操業を続けるだろう。例えば価格が$Q$点の高さまで下落した場合，もし$Q$点で操業を停止すると，販売額はゼロだから，長方形$Q_1Q_2p_2p_1$の面積に等しい固定費用がそのまま損失になる。ところが操業を続けると，販売収入が得られるから，長方形$Q_1Qpp_1$の面積に等しい額に損失を減らすことができる。すなわちより少ない損失に食い止められるという意味で，操業を続ける方が得策である。しかし価格が$S$点の高さにまで下落すると，操業を停止する場合の固定費用の損失と，操業を続ける場合の損失とはちょうど等しくなり，操業を続ける意味はなくなる。そこでこの$S$点は短期的に見た場合の操業停止点といわれる。

以上の分析から，それぞれの価格に対応する生産量の関係として，限界費用曲線 $MC$ の右上がりの部分が企業の**供給曲線**（supply curve）になることがわかる。ただし供給曲線として意味があるのは，操業停止点 $S$ より上の部分であり，また長期的には企業閉鎖点 $B$ より上の部分である。この供給曲線を

$$x = s(p)$$

と代数で表したものが**供給関数**（supply function）に他ならない。

　生産物の価格 $p$ が僅かに変化した場合の供給量 $x$ の変化を，両者の変化率の比率として次のように表すことができる。

$$e_s = \frac{dx/x}{dp/p}$$

これが**供給の価格弾力性**（price elasticity of supply）であり，価格の変化に対する供給の感応度を示す。供給曲線が右上がりである限り必ず正の値になる。

## 10. 要素需要量の決定

　利潤最大化の目的に従って生産量と費用とが決定されるが，同時に企業は生産要素の需要量も決める必要がある。そこで企業は費用最小化ないし生産量最大化の条件として，各生産要素の限界生産力 $MP$ と要素価格 $q$ との比を等しくするように，生産要素の組合せを決める。これが限界生産力均等の法則であり，

$$\frac{MP_1}{q_1} = \frac{MP_2}{q_2} = \frac{1}{MC}$$

と表される。生産要素 1 単位の追加投入に伴って，生産物が限界生産力 $MP$ の分だけ増える一方，要素価格 $q$ の分だけ費用も増える。よって $MP/q$ は，限界費用 $MC$ の逆数 $1/MC$ に等しい。

　また完全競争の下で企業が利潤を最大化する条件は，生産物価格 $p$ と限界費用 $MC$ とが一致すること（$p = MC$）である。よって費用最小化と利潤最大化の両条件を満たすように生産要素の組合せを選ぶためには，$p = MC$ を前の式に代入し，次式の条件を満たす必要がある。

$$p \cdot MP_1 = q_1$$
$$p \cdot MP_2 = q_2$$

　すなわち各生産要素について，限界生産力 $MP$ に生産物価格 $p$ をかけた**価値限界生産力**（value of marginal productivity：$VMP$）が要素価格 $q$ に等しくなるように，生産要素を組み合わせる必要がある。この命題は，限界生産力を生産

物価格で評価した報酬を各生産要素に与えることを意味し，**限界生産力説**（marginal productivity theory）の基本命題といわれる。

これと同じ結果は次のようにも導ける。最小の費用と生産量との関係を表す費用関数 $C(x) = q_1 y_1 + q_2 y_2 + a$ を，利潤関数 $\Pi(x) = px - C(x)$ に代入すれば，

$$\Pi(x) = px - (q_1 y_1 + q_2 y_2 + a)$$

となる。利潤最大化のためには，これを各生産要素について偏微分した限界利潤がゼロとなるように要素投入量を決めればよい。すなわち

$$\frac{\partial \Pi}{\partial y_1} = p \frac{\partial x}{\partial y_1} - q_1 = 0$$

$$\frac{\partial \Pi}{\partial y_2} = p \frac{\partial x}{\partial y_2} - q_2 = 0$$

となるから，直ちに次の関係式が導かれる。

$$p \frac{\partial x}{\partial y_1} (= p \cdot MP_1) = q_1, \quad p \frac{\partial x}{\partial y_2} (= p \cdot MP_2) = q_2$$

この関係式を図示すると図4-13のようになる。完全競争の下では価格 $p$ は一定であるから，価値限界生産力 $VMP$ を表す曲線は専ら限界生産力 $MP$ によって決まる。利潤最大化をもたらすのは限界費用曲線 $MC$ が右上がりで，費用逓増がしたがって収穫逓減が働く部分であるから，それに対応して限界生産力曲線 $MP$ の右下がりの部分が意味を持つ。よって価値限界生産力曲線 $VMP$ も右下がりになる。いま要素1の要素価格が要素市場で $q_1$ に与えられる

図4-13　要素需要曲線

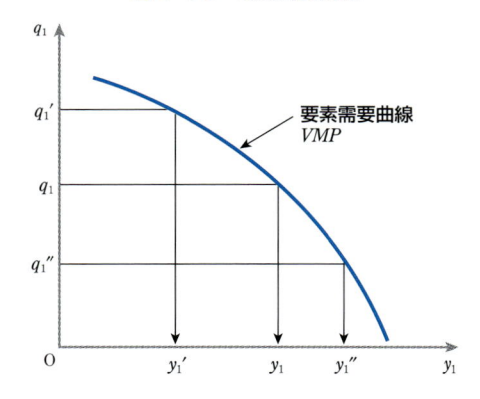

と，その要素への需要量は $y_1$ に決定する。同様に要素価格が $q_1'$ や $q_1''$ に変化すれば，それぞれ要素需要量は $y_1'$, $y_1''$ に決まる。したがって価値限界生産力曲線 $VMP$ は，**要素需要曲線**（factor demand curve）に他ならず，上の関係式が要素需要関数を表す。

　こうして完全競争下の企業は，経済原則に則って費用最小化と利潤最大化を達成するように，生産量，費用，要素需要量のすべてを合理的に決定できる。

## 11. 結合生産

　1種類の生産要素を投入する生産過程から，灯油とガソリンのように2種類以上の異なる生産物が生産される場合もある。このような生産を**結合生産**（joint production）という。異なる生産物であっても，それらが技術的に一定の比率で生産される場合には，それらを一つの合成生産物と見なすことができる。問題は異なる生産物が技術的に異なる比率で生産され得る場合であって，利潤最大化のために生産物の組合せをどうするかという選択が必要となる。

　そこで最も単純なケースとして，1種類の生産要素を投入して2種類の生産物を結合生産するケースを考えよう。1種類の生産要素の投入量を $y$ とし，2種類の生産物の生産量を $x_1$, $x_2$ とすれば，この投入・産出関係は，

$$y = y(x_1, x_2)$$

という生産関数で表される。一定量 $y$ の要素投入によって最も効率的に生産可能な生産物の組合せは，図4-14のような**生産可能性曲線**（production

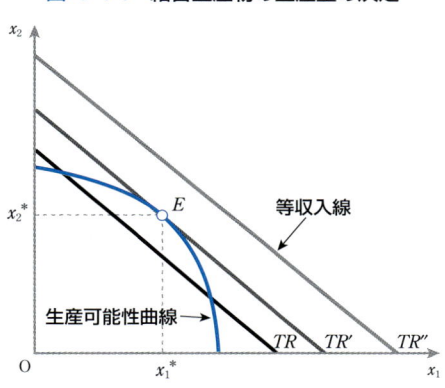

**図4-14　結合生産物の生産量の決定**

possibility curve）あるいは**変形曲線**（transformation curve）によって示される。

この曲線上の任意の 1 点における接線の勾配の絶対値は，上の生産関数を $y = \overline{y}$（一定）として微分し，

$$\frac{\partial y}{\partial x_1} dx_1 + \frac{\partial y}{\partial x_2} dx_2 = 0$$

となることから，以下のように表せる。

$$-\frac{dx_2}{dx_1} = \frac{\partial y/\partial x_1}{\partial y/\partial x_2}$$

これをその点における**限界変形率**（marginal rate of transformation：MRT）という。これは一定量 $y$ の要素投入の下で，一方の生産物を増やす代わりに，他方の生産物をどれだけ犠牲にしなければならないかという比率を示すので，ゴットフリート・フォン・ハーバラーはこれを**機会費用**（opportunity cost）と呼んだ。

生産可能性曲線が原点に対して凹，つまり限界変形率ないし機会費用が遞増するのは，一定量 $y$ の要素投入の下では，一方の生産物を増やしていくほど他方の生産物を犠牲にする量が増えていくことを意味している。

結合生産をする企業の総収入 $TR$ は，生産物価格 $p_1$，$p_2$ が完全競争市場で与えられると，両生産物の販売額の和（$p_1 x_1 + p_2 x_2$）になり，それから要素投入の費用（$qy$）を差し引いた利潤は，

$$\Pi = p_1 x_1 + p_2 x_2 - qy$$

となる。要素価格 $q$ は市場で所与とされ，投入量 $y$ も一定だから，利潤最大化は**収入最大化**（revenue maximization）と一致する。そこでさまざまな一定の総収入 $TR$，$TR'$，$TR''$ をもたらす生産物の販売量 $x_1$ と $x_2$ の組合せを，図 4-14 のような**等収入線**（iso-revenue line）で表せば，生産可能性曲線上にあって，しかも最も高い等収入線の上にくる生産物の組合せを選べばよいことになる。そのような組合せは，生産可能性曲線が原点に対して凹である限り，$E$ 点のようにただ一つに定まり，生産物の組合せは $x_1^*$ と $x_2^*$ に決まる。この $E$ 点では生産可能性曲線の接線の勾配＝限界変形率 $MRT$ は，等収入線の勾配つまり生産物の価格比に等しい。

$$\text{限界変形率 } MRT = -\frac{dx_2}{dx_1} = \frac{\partial y/\partial x_1}{\partial y/\partial x_2} = \frac{p_1}{p_2} = \text{生産物価格比}$$

これが収入最大化の条件である。これと同じ条件は利潤最大化によっても求め

られる。先の利潤を表す式の $y$ に生産関数 $y=y(x_1, x_2)$ を代入し，各生産物について偏微分した限界利潤をゼロとおけば，

$$\frac{\partial \Pi}{\partial x_1} = p_1 - q \frac{\partial y}{\partial x_1} = 0$$

$$\frac{\partial \Pi}{\partial x_2} = p_2 - q \frac{\partial y}{\partial x_2} = 0$$

となるから，上式を下式で除すと直ちに収入最大化と同じ条件が得られる。

さらにこれらの式を書き換えると，以下のようになる。

$$p_1 \frac{\partial x_1}{\partial y} = p_2 \frac{\partial x_2}{\partial y} = q$$

$\partial x_i / \partial y$ $(i=1, 2)$ は各生産物に対する生産要素の限界生産力 $MP_i$ であるから，この条件は生産要素の価値限界生産力 $VMP_i$ がどの生産物についても均等で，生産要素価格 $q$ に等しいこと，つまり限界生産力均等の法則を示している。

## 12. 長期の規模に関する収穫

固定的生産要素には機械や工場などの固定資本設備のほか，土地や経営管理能力などがあり，短期ではこれらの投入量を自由に変えることは難しい。しかし長期ではこうした生産要素の投入規模を望ましい水準に調整することは可能であり，そのためどの生産要素も費用も可変的と見なすことができる。マーシャルは資本設備の規模を調整できないで不変と見なせる期間を**短期**（short-run），それが調整できて可変的と見なせる期間を**長期**（long-run）と区別した。

長期ではどの生産要素も可変的なので，投入・産出関係ないし生産関数における生産要素はすべて調整可能である。そこで生産関数 $x=x(y_1, y_2)$ において，すべての生産要素の投入量を一律に $\alpha(>0)$ 倍した時に，生産量 $x$ が次式のように $\alpha^k$ 倍 $(k>0)$ になったとする。

$$x(\alpha y_1, \alpha y_2) = \alpha^k x(y_1, y_2) = \alpha^k x$$

この生産関数を **$k$ 次の同次関数**（homogeneous function of $k$ degree）という。

$k>1$ である場合，要素投入量の増加に対して比例するより多く生産量が増えるので，この生産技術は**規模に関して収穫逓増**（increasing returns to scale），逆に $k<1$ である場合，比例する未満にしか生産量が増えないから，**規模に関して収穫逓減**（decreasing returns to scale），また $k=1$ である場合，つまり 1 次同次の生産関数である場合には，要素投入量とまったく比例して生産量が増

えるので，**規模に関して収穫不変**（constant returns to scale）という。

　収穫逓増を起こす原因としては，「分業の利益」や「専門化の利益」が古くから知られている。さらには生産要素の「不可分性」がある。生産規模が小さいうちは過剰設備となる部分が多いものの，生産規模が増大するにつれて，過剰設備の部分は減少し，生産が効率化してくる。このため収穫逓増は**大規模生産の利益**とか**規模の経済性**（economy of scale；scale merit）ともいわれる。

　収穫逓減が働く原因としては，大規模化に伴う煩雑化があげられる。生産規模の拡大につれて規模の経済性が働くが，煩雑化によりいずれは収穫逓減ないし**規模の不経済性**（diseconomy of scale）が作用する。

　収穫不変は，収穫逓増と収穫逓減をもたらす諸要因がちょうど相殺し合った中間的な場合である。するとあたかもすべての要素が完全に分割可能で，常に比例的に増減できるので，生産量もそれと比例的に増減すると見なせる。実際に1次同次の**コブ=ダグラス生産関数**（Cobb-Douglas production function），

$$x = kAy_1^b y_2^{1-b} \quad (A, b は定数, 0<b<1)$$

がマクロ的にしばしば有効に推計されている事実は，たとえ個別企業の生産技術が収穫不変でなくても，全体としては収穫不変となり得ることを示唆している。

## 13. 長期費用曲線

　費用についても固定要素や固定費用が存在する場合の**短期費用曲線**（short-run cost curve：$SC$）と，すべての生産要素が可変的で固定費用が存在しない場合の**長期費用曲線**（long-run cost curve：$LC$）とを区別できる。長期では資本設備の規模が$k$，$k'$，$k''$へと変化し，固定費用が$a$，$a'$，$a''$と増えていくのに対応して，短期総費用曲線は図4-15（1）のように$STC$，$STC'$，$STC''$へと推移する。すると同じ生産量$x$を生産するのに，資本設備の規模が$k$の時には総費用$xR$がかかり，$k'$及び$k''$の時にはそれぞれ総費用は$xR'$，$xR''$となる。企業は費用を最小化するために，最小の総費用$xR$を達成する資本設備の規模$k$を選択する。同様にそれぞれの生産量の下で総費用を最小化する資本設備の規模を選ぶとすれば，図のようにさまざまな短期総費用曲線の最低点を連ねた**包絡線**（envelop）が長期総費用曲線$LTC$になる。長期ではどの費用も可変的なので，$LTC$は原点から出発する。

　長期総費用曲線$LTC$から図4-15（2）のように長期平均費用曲線$LAC$と

図 4-15 長期費用曲線

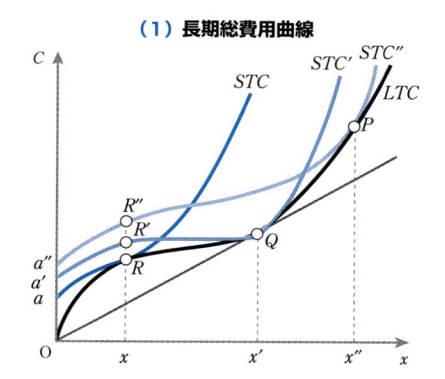

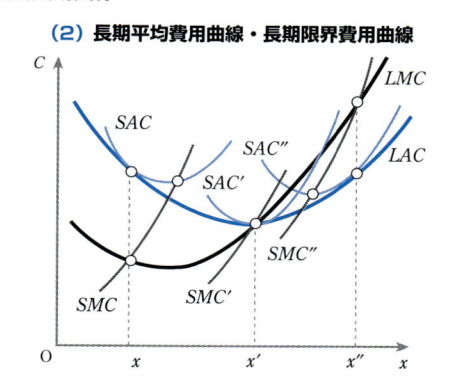

**(1) 長期総費用曲線**

**(2) 長期平均費用曲線・長期限界費用曲線**

長期限界費用曲線 $LMC$ を描くことができる。図 4-15 (1) の点 $R$, $Q$, $P$ を見れば明らかなように，原点からの半直線 $OR$, $OQ$, $OP$ などの勾配で示される平均費用は，短期・長期ともにこれらの点で一致している。よって図 4-15 (2) に描かれているように，長期平均費用曲線 $LAC$ はこれらに対応する点で短期平均費用曲線 $SAC$ と接し，しかもその包絡線になることがわかる。ただし短期と長期の平均費用曲線の最低点が一致するのは，点 $Q$ に対応する点だけである。また長期では固定費用がないから，可変費用と固定費用を区別する必要もない。さらに図 4-15 (1) の点 $R$, $Q$, $P$ では短期と長期の総費用曲線の接線の勾配が一致するから，図 4-15 (2) のこれらに対応する点では短期と長期の限界費用曲線が交わる。

　生産規模を増大していくと収穫逓増が働くのに対応して，費用逓減が生じて長期平均費用曲線 $LAC$ は右下がりとなる。しかしさらに生産規模を拡大していくとやがて収穫逓減に転じるのに対応して，費用逓増に転じて長期平均費用曲線 $LAC$ は右上がりとなる。規模に関する収穫不変が成り立つ場合には，長期平均費用曲線 $LAC$ は水平になり，長期限界費用曲線 $LMC$ も水平になる。

## 14. 長期供給曲線と正常利潤

　長期においても，図 4-16 のように完全競争下の需要曲線 $p$ は水平であり，平均収入曲線 $LAR$ および限界収入曲線 $LMR$ と一致する。利潤＝収入－費用だから，利潤を最大化する生産量は，限界利潤＝0，すなわち $p$（$= LMR$）$=$

第 4 章　企業の行動　　67

**図 4-16　長期供給曲線と正常利潤**

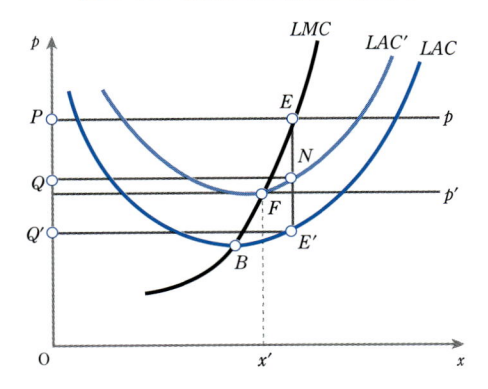

$LMC$ となるところに決定される。それが長期需要曲線 $p$ と長期限界費用曲線 $LMC$ が交わる $E$ 点であり，均衡生産量は $x^*$ となる。この時長方形 $EE'Q'P$ の面積に等しい利潤が発生する。いま市場価格 $p$ が変動すると，この均衡点 $E$ は長期限界費用曲線 $LMC$ に沿って移動する。しかし価格 $p$ が長期平均費用曲線 $LAC$ の最低点 $B$ 未満になると，マイナスの利潤つまり損失が発生するので，この損益分岐点 $B$ が長期の企業閉鎖点になる。よって**長期供給曲線**（long-run supply curve）は $B$ 点から上の長期限界費用曲線 $LMC$ の右上がり部分となる。

　完全競争においては**自由参入・自由退出**（free entry and retirement）というビジネス・デモクラシの条件が満たされるので，他の産業と比べて過剰の利潤が発生していれば潜在的な企業が参入し，逆に過少の利潤しか得られなければ既存企業の退出が起こる。その過剰・過少の判断基準になる概念が，**正常利潤率**（rate of normal profits）である。長期の正常利潤率とは，既存の資本設備の規模を拡大も縮小もせず一定に維持するのに必要な資本利潤率（＝利潤額／投下資本額）をいう。これは資本をその産業に投下することにより，もし他産業に投下したならば得られたはずの利潤を犠牲にするという意味で，**機会費用**としての利潤率である。

　これを長期平均費用曲線 $LAC$ に上乗せしたのが曲線 $LAC'$ である。この企業の**正常利潤**は長方形 $NE'Q'Q$ の面積で示されるから，正常利潤を上回る**超過利潤**（excess profits）は長方形 $ENQP$ の面積に等しい。超過利潤が存在している限り，潜在的な競争企業の参入が起こり，価格 $p$ が低下する。この過程

は価格 $p$ が $p'$ にまで低下し，$LAC'$ の最低点 $F$ を通るようになるまで続く。この $F$ 点で超過利潤は消滅し，他企業の参入が止んで，既存企業の均衡生産量は $x'$ に確定する。したがって正常利潤を費用のうちに含めて考えると，長期平均費用曲線 $LAC'$ の最低点 $F$ が企業閉鎖点となり，長期供給曲線は長期限界費用曲線 $LMC$ で $F$ 点より上の部分になる。この $F$ 点で長期利潤は最大化され，しかも正常利潤を除いて利潤はゼロである。

# 第5章
# 市場均衡

　第3章では消費者が自らの選好と予算制約に基づいて効用最大化をする結果として需要曲線を導き，第4章では企業が生産技術や費用，収入に関する情報に基づいて利潤最大化をする結果として供給曲線を導いた。こうした需要曲線と供給曲線は，それぞれ社会的需要曲線と社会的供給曲線に合成され，市場で出会う。市場では需要量が供給量より多い場合には価格が上昇し，逆の場合には価格が下落して，両者が相等しくなるように調整される。この時成立する価格を均衡価格，相等しい需給の取引量を均衡取引量，その調和した状態を**市場均衡**という。

　この章では市場が完全競争である場合に，市場均衡がどのように達成され，またどのような性格を持つかを説明する。完全競争の第1の特徴は**純粋競争**（pure competition）の条件である。売り手も買い手も非常に多数いて競争が激しい上に，品質が同質的で製品分化がないために，どの経済主体も市場での価格を所与として行動し，単独では価格を動かす力を持たない。第2の特徴は完全無摩擦性と完全情報を兼ね備えた**完全市場**の条件である。この第1と第2の条件が満たされるならば，同一の時期，同一の市場において，同質の商品には必ずただ一つの価格が成立し，それを**一物一価の法則**ないし**無差別の法則**（the law of indifference）と呼んでいる。さらに完全競争の第3の特徴は**自由参入・退出の条件**である。

　こうした完全競争は現実の市場形態としてはまれにしか観察されない。しかしあえて完全競争を仮定する理由は，その下での経済主体の行動や市場均衡のメカニズムが純粋な理念型として明らかにされれば，市場機構の本質的機能が明澄に把握されるからであり，それとの対比において競争が不完全な場合の経済主体の行動や市場についても一層深く理解されるからである。

## 1. 社会的需要曲線・供給曲線

　第3章の消費者行動の分析では，2財モデルを用いて，ある消費者 $h$ のある財 $i$ に対する需要は，その財 $i$ と別の財 $j$ の価格 $p_i$, $p_j$ および所得 $m$ の関数で

あることを明らかにした。当該の財 $i$ の価格以外の $p_j$ と $m$ が所与であるとすれば、この需要関数は $p_i$ のみの関数として、

$$d_i^h = d_i^h(p_i)$$

と表せる。これは個別の消費者の需要を表すから、特に**個別需要関数**（individual demand function）と呼ばれる。これに対して財 $i$ の市場全体としての需要は、これら個別の需要を $h$ について集計したものであり、

$$D_i = \sum_h d_i^h = \sum_h d_i^h(p_i)$$

と表される。これを財 $i$ の**社会的需要関数**（social demand function）あるいは**市場需要関数**（market demand function）という。

これを図形により説明しよう。いま添字の $i$ を省略して消費者1の個別需要曲線が図5-1 (1) のように、消費者2の個別需要曲線が図5-1 (2) のように表されるならば、価格 $p$ の下での需要は消費者1が $d^1$、消費者2が $d^2$ であり、それらを合計した社会的需要は図5-1 (3) のように $d^1+d^2$ となる。異なる価格の下でも同様に個別需要を横軸に沿って水平に足し合わせれば、$DD$ 線のような社会的需要曲線が得られる。

企業 $k$ の生産物 $i$ の供給についても、これと同様にして個別供給関数

$$s_i^k = s_i^k(p_i)$$

を $k$ について集計すれば、**社会的供給関数**あるいは**市場供給関数**

$$S_i = \sum_k s_i^k = \sum_k s_i^k(p_i)$$

が得られる。幾何的にも同様に、個別供給曲線を水平に集計して社会的供給曲線を描くことができる。

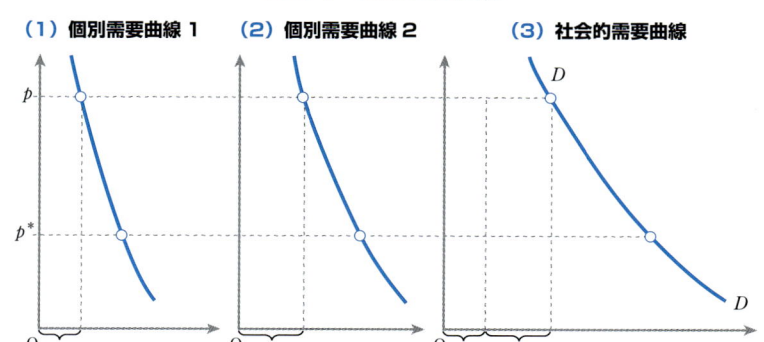

図5-1　社会的需要曲線

**(1) 個別需要曲線1**　**(2) 個別需要曲線2**　**(3) 社会的需要曲線**

同じ市場に集まる経済主体が非常に多数いる場合には、その市場の社会的需要曲線・供給曲線は水平線によって近似される。前章の企業行動の分析で、各企業の個別供給曲線は右上がりである一方、各企業が直面する需要曲線は水平であるとしたのは、後者がすべての消費者の需要曲線を集計した社会的需要曲線であり、完全競争の下では各企業は価格支配力を持たないからである。消費者も企業も多数であれば、市場全体の需要曲線と供給曲線はともに水平に近くなる。すると各曲線を識別しづらくなるので、横の数量軸の目盛りを適当に縮尺すればよい。

## 2. 市場均衡の決定

ある財 $i$ の社会的な需要 $D_i = D_i(p_i)$ と供給 $S_i = S_i(p_i)$ とが集計されれば、それらが競争市場で出会って達成される均衡は、添字の $i$ を省略して、

$$D = S \quad \text{あるいは} \quad D(p) = S(p)$$

と需給が一致するところで得られる。これは図 5-2 で社会的な需要曲線 $DD$ と供給曲線 $SS$ とが交差する点 $E$ で表され、**市場均衡**（market equilibrium）あるいは単に均衡と呼ばれる。この点で決まる価格 $p^*$ が**均衡価格**（equilibrium price）であり、この価格の下での需給の取引量 $x^*$ が**均衡取引量**（equilibrium quantity of transaction）である。ただしここでの需給は当該市場の価格のみの関数であって、「他の事情にして等しければ（ceteris paribus）」という条件が付くので、こうした一つの市場に限定した均衡は**部分均衡**（partial equilibrium）と呼ばれる。

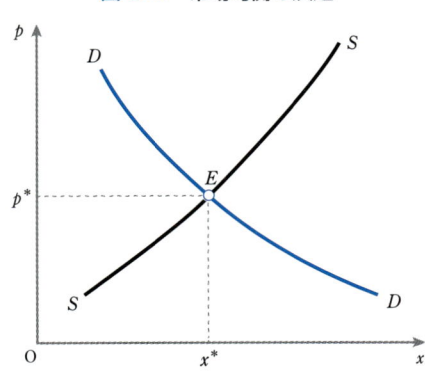

図 5-2 市場均衡の決定

需要と供給が価格の関数ということは，各経済主体が価格をシグナルとしてそれぞれの需給を決めることを意味する。個別の需要と供給は社会的に集計されて市場に参集し，その需給バランスによって価格が調整され，均衡が達成される。価格は言わば**媒介変数**（パラメーター，parameter）として需給の均衡化に介在するので，この機能をオスカー・ランゲは**価格のパラメーター機能**（parametric function of prices）と呼んだ。

　需要曲線上の点は消費者の主体的均衡を満たし，供給曲線上の点は企業の主体的均衡を満たすから，社会的な需給両曲線の交点すなわち市場均衡点 $E$ では，社会のすべての消費者及び企業の主体的均衡が満たされている。よって $E$ 点では，各主体がその状態を変更しようとする誘因は市場内部からは生まれず，価格も変化しなくなる。このような状態は，広義の均衡と呼ばれる。

　需要曲線 $D$ 上の点は消費者が支払ってよいという価格であり，均衡価格は実際に支払う価格であるから，消費者は均衡点での取引により図 5-3 の $AEp^*$ の面積だけ得をする。マーシャルはこれを**消費者余剰**（consumer's surplus）と呼んだ。また供給曲線 $S$ 上の点は企業が売ってもよいという価格であり，均衡価格は実際に売る価格であるから，企業は均衡点での取引により図 5-3 の $BEp^*$ の面積だけ得をする。これを**生産者余剰**（producer's surplus）という。よって消費者も企業も価格面では等価交換をするが，価値の面では相互利得があるから交換するのである。

　こうした市場均衡が存在するためには，1つないしそれ以上の負でない価格の下で，需要量と供給量が均等になり，しかもそれらの数量が非負という条件

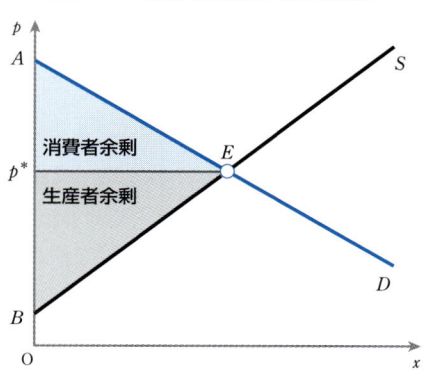

**図 5-3　消費者余剰と生産者余剰**

が必要である。つまり需要曲線と供給曲線とが図 5-2 のように第 1 象限で交差する必要がある。通常の財であればこの条件は満たされるが，図 5-4 には特殊な財についての 3 つのケースが描かれている。図 5-4 (1) は需給が一致する所でちょうど均衡価格が $p^*=0$ になるケースである。これも市場均衡ではあるが，需要が少ない一方供給が極めて低コストで行われるために，この財はタダで供給される。図 5-4 (2) は交点 $E$ が第 1 象限になく，市場均衡が存在しないケースである。しかし広義の均衡を考えると，点 $E$ では超過供給を残しながら $(S-D>0)$，価格は $p=0$ に下がったまま変化しない。これは既に説明した境界型均衡の一つであり，この財もまたタダで供給される。このように価格がゼロでもなお超過供給がある財を，**自由財**（free goods）という。図 5-4 (3) はやはり市場均衡が存在しないケースであるが，こうした財は自由財ではない。逆に供給に費用がかかりすぎる一方，需要が非常に少ないので，需給を一致できる均衡価格が成立しない財である。

さて市場均衡がただ 1 つ存在する場合を**一意均衡**（unique equilibrium）というが，需給両曲線の形状によってはその数は必ずしも 1 つとは限らず，2 つ以上存在する場合もある。労働の供給曲線は通常は右上がりであるが，賃金の上昇につれて所得効果が働き，むしろ労働供給を減らすケースもある。すると労働供給曲線は反転して，市場均衡は 2 つ成立することもある。このように市場均衡が 2 つ以上存在する場合を**多数均衡**（multiple equilibria）という。

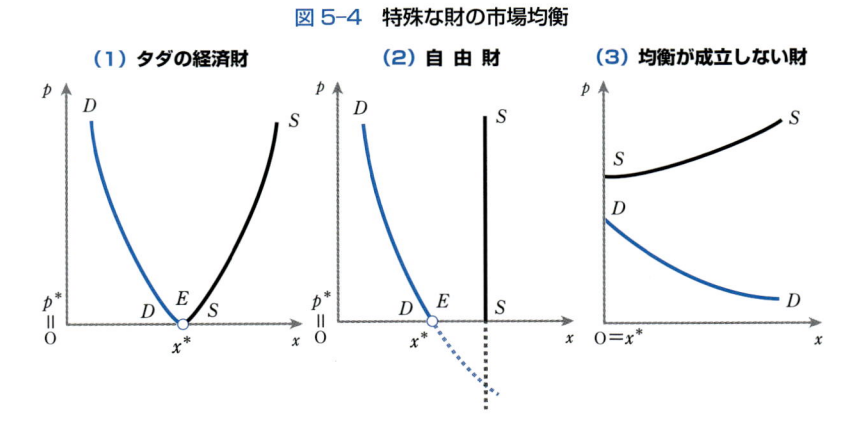

図 5-4 特殊な財の市場均衡

## 3. 市場均衡の安定性

　市場均衡では需給は過不足なく一致し，**超過需要**（excess demand, $D-S>0$）も**超過供給**（excess supply, $S-D>0$）も清算される。消費者も企業もそれぞれの望み通りの取引ができるので，その状態を変更しようとする誘因は働かない。もしどのような不均衡点から出発しても，価格や数量の需給調節作用を通じて必ず市場均衡へと向かうならば，まさにスミスが唱えた「神の見えざる手」が働いていることになる。しかし不均衡点から均衡点へは無条件に収束するのではなく，所定の条件が必要であり，これを市場均衡の**安定条件**（stability condition）という。この安定条件が満たされて均衡に収束する場合を，**安定均衡**といい，安定条件が満たされずに均衡から発散する場合を，**不安定均衡**という。また安定でも不安定でもなく，不均衡点に留まり続ける場合を，**中立均衡**という。

　不均衡点から均衡点へと安定的に収束するかどうかは，需給両曲線の形状の他に取引の調整過程にも依存している。取引過程には大別して2つの類型がある。第1は，需給が一致する市場均衡が達成されて初めて取引を実行する過程で，それに至る間の取引契約は仮のものとして再契約により更新していく。この取引過程を**模索過程**（tâtonnement process）と呼ぶ。その代表が**ワルラス的模索過程**であり，超過需要や超過供給がある場合に価格の調節を通じて均衡を達成しようとする。このタイプの取引過程のもう一つの代表は**マーシャル的調整過程**であり，需給の不均衡がある場合に数量の調節によって均衡を成立させようとする。第2の類型は，たとえ需給が不均衡であっても「先着順（first come, first served）」を原則として取引を実行する過程であり，**非模索過程**（non-tâtonnement process）と呼ばれる。需給の不均衡は価格調整または数量調整によって，取引の実行を伴いながら次第に清算されて均衡が達成される。しかし均衡の安定条件を左右するのは取引過程そのものよりも，価格または数量の調整過程であるから，ここでは模索過程について説明することとし，非模索過程についてはそれに準じて考えよう。

### (1) ワルラス的価格調整過程

　ワルラス的調整過程では，需要量が供給量より多ければ価格が上がり，逆に供給量が需要量より多ければ価格が下がるという調整原理が働く。これは極めて自然なルールであり，ワルラス的調整過程は最も標準的な調整メカニズムといえる。現実には**競売人**（auctioneer）が買い手の指し値を刻々と調整し，需

**図 5-5　安定なワルラス的調整過程**

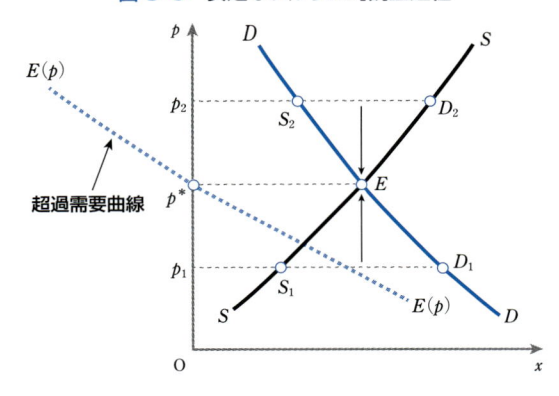

給が均等した後で取引を実行するような各種の卸売市場や商品取引所，株式市場などを思い浮かべればよい。しかし必ずしも「競売人」がいなくても，価格が需給調整の主役を演じている市場であれば，このワルラス的調整過程に該当すると考えられる。

図 5-5 において，均衡価格 $p^*$ より低い価格 $p_1$ では買い手の需要量は売り手の供給量より多いので，線分 $D_1S_1$ だけの超過需要が発生する。よって価格は上昇し，超過需要がなくなる均衡点 $E$ に至るまでその上昇は続く。均衡価格より高い価格 $p_2$ では線分 $S_2D_2$ だけの超過供給が発生するので，逆に価格は下落し，超過供給がなくなるまでその下落は続く。均衡点 $E$ に到達すると，需給は均等になり，もはや価格が変化する誘因はなくなる。よって価格の上昇に伴い超過需要が減少する時，必ず不均衡点から均衡点に向かう復元力が作用する。超過需要関数を $E(p) = D(p) - S(p)$ で定義すれば，このことは $E(p)$ の $p$ に関する 1 次微分が負，

$$\frac{dE(p)}{dp} = E'(p) = D'(p) - S'(p) < 0$$

という条件で示される。これが**ワルラスの安定条件**である。幾何的には $E'(p)$ は超過需要曲線の勾配を表すから，この条件は超過需要曲線の勾配が負であることを意味する。よって図 5-5 のように，価格が上がれば需要が減るという**需要の法則**（the law of demand）と，価格が上がれば供給が増えるという**供給の法則**（the law of supply）が満たされれば，超過需要曲線 $E(p)$ の勾配は負で，均衡はワルラス的に必ず安定になる。

**図 5-6 不安定なワルラス的調整過程**

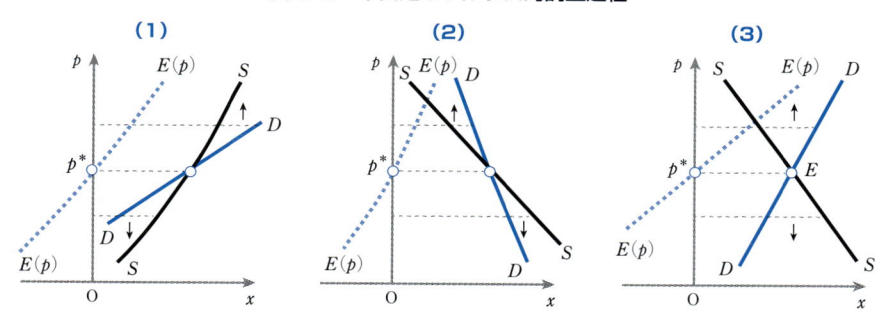

(1) (2) (3)

　逆に需要の法則か供給の法則，あるいはその両者が侵されるために，この安定条件が満たされない時には，均衡はワルラス的に必ず不安定になる。この代表的な3つのケースが図5-6に描かれている。図5-6 (1) では，供給曲線は通常のままだが，需要曲線が反転したために，超過需要曲線 $E(p)$ の勾配が正になるケースである。この事例には，ギッフェン財の場合の他，ヴェブレン効果やデモンストレーション効果が働いたり，価格期待に基づいて投機が起こる場合がある。これらの場合でしかも超過需要曲線の勾配が正になる時，価格は累積的に上昇ないし下落して，均衡からの発散が起こる。図5-6 (2) では，需要曲線は通常のままだが，供給曲線が反転したため，超過需要曲線 $E(p)$ の勾配が正になるケースである。この事例には，収穫逓増・費用逓減が働いたり，投機的取引の売り手側の場合などがある。図5-6 (3) では，需要曲線も供給曲線も反転して，超過需要曲線 $E(p)$ の勾配が正で，しかも極めて価格弾力的になるケースである。投機的取引はまさにこの事例であり，大暴騰や大暴落が発生するのもまれではない。ワルラス的調整過程として見ると投機的市場は極めて不安定であり，それゆえ大儲けも大損も可能となる。

## (2) マーシャル的数量調整過程

　もう一方の代表的な調整メカニズムであるマーシャル的調整過程では，売り手が価格をシグナルとしながらも数量を調整して需給均衡を図ろうとする。こうした調整ルールは企業の在庫調整とか生産量調整，雇用調整などに典型的に見られる。ただしマーシャル自身はワルラス的価格調整過程も認めていた。

　図5-7において，ワルラス的調整過程とは逆に数量軸から価格軸の縦方向に見ると，取引量 $x_1$ の下では需要曲線上の**需要価格**（demand price）$p_1^D$ と供

給曲線上の**供給価格**（supply price）$p_1^S$ とが読み取れる。需要価格 $p_1^D$ とは買い手がちょうど取引量 $x_1$ を買うのに支払ってもよいと考える価格であり，供給価格 $p_1^S$ とは売り手がちょうど取引量 $x_1$ を売るのに払ってもらいたいと考える価格である。買い手は需要量の代わりに需要価格を，売り手は供給量の代わりに供給価格を市場で表明する。したがって買い手と売り手の行動原理は，需要関数と供給関数の逆関数をそれぞれ $D^{-1}$，$S^{-1}$ で表せば，

$$p^D = D^{-1}(x)$$
$$p^S = S^{-1}(x)$$

という**需要価格関数**および**供給価格関数**で示される。よって図5-7の需要曲線と供給曲線はそれぞれ**需要価格曲線**及び**供給価格曲線**と名付けられる。

取引量 $x_1$ の下では需要価格が供給価格より高い（$p_1^D > p_1^S$）から，売り手は供給量を増大しようとする。この増大は需要価格と供給価格が一致して，均衡価格が成立するまで続く。また取引量 $x_2$ の下では供給価格が需要価格より高い（$p_2^S > p_2^D$）から，売り手は供給量を減少しようとする。この減少はやはり需要価格と供給価格が一致して，均衡価格が成立するまで続く。いずれの場合でも均衡価格が成立すると，買い手が支払ってもよいと考える需要価格と売り手が払ってもらいたいと考える供給価格とが一致するので，もはや売り手が供給量を変える誘因はなくなり，価格も変化しなくなる。したがって供給量の増大につれて超過需要価格 $F(x) = D^{-1}(x) - S^{-1}(x)$ が低下する時，どのような不均衡点からも均衡点に向かう復元力が働く。このことは $F(x)$ の $x$ に関する1次

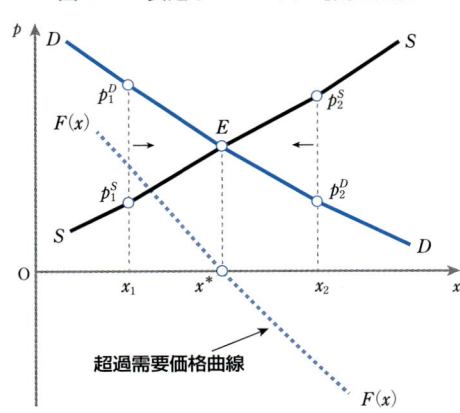

図 5-7 安定なマーシャル的調整過程

超過需要価格曲線

微分が負,

$$\frac{dF(x)}{dx} = F'(x) = D^{-1\prime}(x) - S^{-1\prime}(x) < 0$$

という条件で示される。これが**マーシャルの安定条件**である。幾何的には，$F'(x)$ は超過需要価格曲線の勾配を表すから，この条件は超過需要価格曲線 $F(x)$ が右下がりになることを意味する。図5-7のように，需要曲線が右下がりで供給曲線が右上がりである通常の場合には，均衡はワルラス的に安定となったが，マーシャル的にも必ず安定になる。

しかしこの安定条件が満たされない場合は，均衡はマーシャル的に必ず不安定になる。図5-8にはその代表的なケースが描かれている。図5-8 (1) では，需要曲線だけが反転して超過需要価格曲線 $F(x)$ が右上がりになるケースである。この事例にはギッフェン財の場合，ヴェブレン効果やデモンストレーション効果が働く場合，投機的な買いが行われる場合などがある。図5-8 (2) では，供給曲線だけが反転して超過需要価格曲線 $F(x)$ が右上がりになるケースである。この事例には収穫逓増・費用逓減が働いたり，投機的な売りが行われる場合などがある。図5-8 (3) では，需給両曲線が反転して超過需要価格曲線が右上がりで，かつ非常に価格弾力的になるケースである。これら3つのケースは図5-6の3つのケースにそれぞれ対応している。図5-6の (1) と (2) ではワルラス的に不安定である一方マーシャル的には安定となり，図5-8の (1) と (2) ではマーシャル的に不安定である一方ワルラス的に安定となることに注意すべきである。ただし買い手側も売り手側も投機的取引を

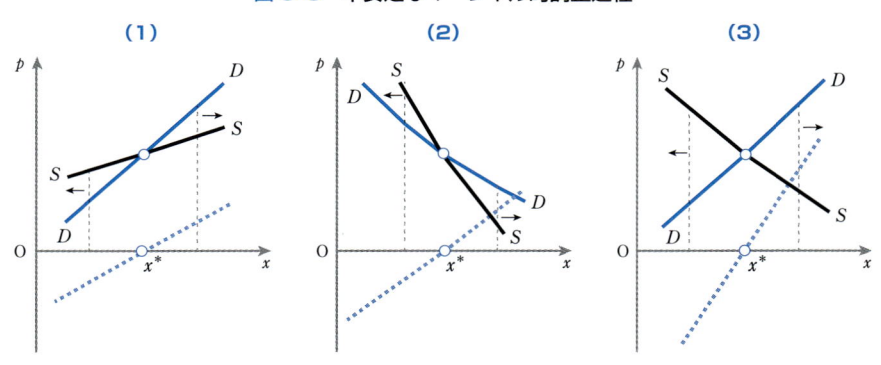

**図5-8　不安定なマーシャル的調整過程**

するような (3) のケースでは，ワルラス的にもマーシャル的にも不安定になる。

## (3) 蜘蛛の巣の調整過程

ワルラスやマーシャルの調整過程では，均衡への収束も均衡からの発散も一方向的に単調に起こるが，調整過程が**タイム・ラグ**（time lag，時間の遅れ）を伴う場合には，収束や発散は振動しながら起こることがある。前者の調整過程は需要関数にも供給関数にも時間が明示的に入ってこないので，**静学的調整過程**（static adjustment process）といわれる。ところが後者の調整過程では需給両関数の価格や数量は時間により明示的に規定された変数であり，時間とともに変化する。そこでこの調整過程は**動学的調整過程**（dynamic adjustment process）といわれる。もちろんワルラスやマーシャルの調整過程に時間を明示的に導入して動学化することも可能であるが，ここではそれらと異なる調整過程を考えよう。

例えば門松やクリスマス・ツリーなどの季節商品，七面鳥や豚などの畜産物やある種の農産物では，特定の時期に市場が開かれ，時期ごとの価格・数量調整はタイム・ラグを伴うことが多い。豚市場の調整経路がホッグ・サイクル（hog cycle）と呼ばれる循環を示すことは，よく知られた事実である。こうした動学的調整過程は蜘蛛の巣に似た形をしているので，**蜘蛛の巣循環**（cobweb cycle）と呼ばれる。

いま年末ごとに開かれる門松の市場を考えてみよう。蜘蛛の巣循環の主な調整ルールは次の3点に要約される。

1. 生産者は前期の市場で成立した価格 $p_{t-1}$ をシグナルとして今期の供給量 $S_t$ を決定する。つまり今年末の門松の供給量は前年末の売値を目安に決める。よって供給関数は，以下の差分方程式

$$S_t = S(p_{t-1}) = Ap_{t-1} + B$$

で表され，供給は価格に対して1期のタイム・ラグを持つ。

2. 一方消費者は今期の市場価格 $p_t$ をシグナルとして今期の需要量 $D_t$ を決定する。今年末の門松の需要量は今年末の価格を目安に決める。したがって需要関数は，

$$D_t = D(p_t) = ap_t + b$$

のようになり，需要と価格との間にタイム・ラグはない。

3. 今期の生産物は来期に持ち越せず，今期に売り尽くす必要がある。つまり

**図 5-9　安定な蜘蛛の巣循環**

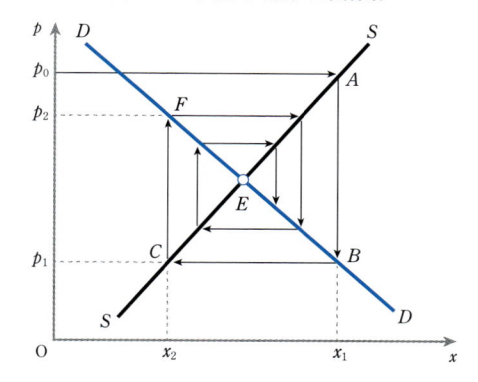

今年末の門松は今年末に売り尽くされる。このことは一時的供給曲線が垂直に立ち，今期のうちに需給が均等する（$D_t = S_t$）ように価格が調整されることを意味する。

いまこれら 3 つの式を連立して $p_t$ を求めると次の差分方程式が得られる。

$$p_t = \frac{A}{a} p_{t-1} + \frac{B-b}{a}$$

これは価格の変動経路を時間 $t$ の関数として表したもので，これを解けばどのような条件の下で蜘蛛の巣循環が起こるかを明らかにできる。

こうした調整ルールの下では，前期の価格が図 5-9 の $p_0$ であれば，今期の供給量は $x_1$ に決まる。それがすべて売り尽くされて $D_1 = S_1$ が成り立つためには，一時的供給曲線が線分 $Ax_1$ のように垂直に立ち，今期の価格が $p_1$ に調整されればよい。今期の価格 $p_1$ を目安に来期の供給量は $x_2$ に決まる。それが売り尽くされて $D_2 = S_2$ が成り立つためには，一時的供給曲線が線分 $Fx_2$ のように垂直に立ち，来期の価格が $p_2$ に調整されればよい。以下まったく同様にして価格と数量は上下に振動を繰り返しながら，市場均衡点 $E$ へと安定的に収束していく。こうした調整経路があたかも蜘蛛の巣に似ているために，蜘蛛の巣循環と名付けられた。

ところが需給両曲線の勾配が異なる場合には，図 5-10 のように調整経路は違ってくる。この図 5-10 (1) では，通常の右下がりの需要曲線と右上がりの供給曲線が描かれているが，勾配の絶対値では供給曲線より需要曲線のが急勾配である。そのため調整経路は振動をしながらも，均衡点から発散してい

図5-10 さまざまな蜘蛛の巣循環

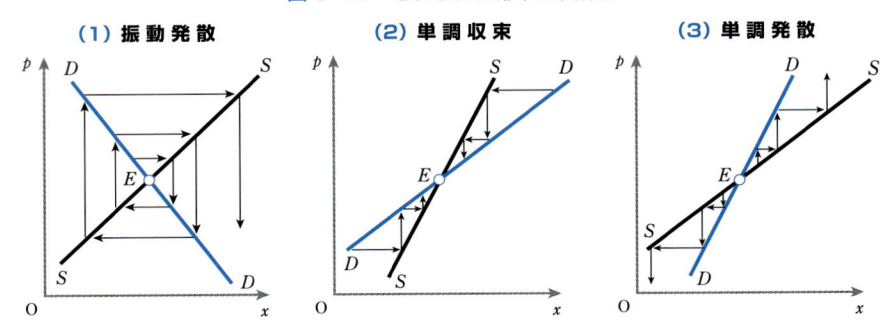

**(1) 振動発散**　　　　　**(2) 単調収束**　　　　　**(3) 単調発散**

く結果になる。図5-10 (2) と (3) には需給両曲線はともに右上がりであるが，勾配の絶対値の大きさが逆のケースがそれぞれ描かれている。図5-10 (2) では供給曲線の勾配の絶対値のが大きく，調整経路は均衡に収束するが，図5-10 (3) では需要曲線の勾配の絶対値のが大きく，調整経路は均衡から発散する。しかし両者とも価格や数量は振動しないで，単調に収束ないし発散する。以上のことから蜘蛛の巣循環の安定条件は，供給曲線の勾配の絶対値が需要曲線の勾配の絶対値よりも大きいことである。また調整経路が振動する条件は，需給両曲線の勾配の符号が異なることである。もし両曲線の勾配の符号が同じで，ともに右上がりないし右下がりであれば，調整経路は振動しない。

この理論の第1の問題点は，長期の多期間にわたって需給両関数が変わらず，その背後にある消費者の選好や企業の生産技術，費用構造が不変であると仮定していることである。ただし門松などのように伝統的な技術で生産され，その消費も慣習的に行われる財については，需給両関数を長期的に不変と見なしても差し支えない。第2の問題点は，生産者は前期の価格が今期にも成立するだろうという予想に基づいて今期の供給を決める点である。このような予想形成を**静学的期待**（static expectations）というが，この価格予想は均衡点に至るまで間違い続ける。もし生産者が従来の価格形成の情報を学習して，図5-9の$B$点や$F$点の位置から需要曲線の形状を合理的に推測するならば，均衡価格を正しく予想でき，その結果蜘蛛の巣循環は起こらないだろう。

## 4. 比較静学

この節では何らかの与件の変化に伴って需要曲線または供給曲線が変化する

場合，均衡がどのような変化をするか検討しよう。こうした均衡の変化を律する原理を**変化の法則**（the law of change）といい，それを明らかにする分析を**比較静学**（comparative statics）と呼ぶ。ただしこの分析が意味を持つためには，一つの均衡点からの調整経路が別の均衡点へと収束しなければならないので，以下では均衡の安定条件は満たされているものと仮定する。こうした比較静学と安定条件との対応関係を，サミュエルソンは**対応原理**（correspondence principle）と呼んだ。

例えば技術革新により生産費が低下する結果，図5-11（1）のように供給曲線が $SS$ から $S'S'$ に下方シフトする場合を考えよう。すると均衡点は $E$ から $E'$ に移り，均衡価格は $p^*$ から $p^{*'}$ に下落し，均衡取引量は $x^*$ から $x^{*'}$ に増える。販売収入は長方形 $Ex^*Op^*$ の面積から長方形 $E'x^{*'}Op^{*'}$ の面積に変わるが，その増減は価格下落率と販売量増加率との相対的大きさに依存する。消費者にとってはより安価でより大量に消費できるわけだから，技術革新は好ましい成果をもたらす。今日の高度大衆消費時代は，絶えざる技術革新の結果として築き上げられたといえよう。

次に原油価格が高騰し，図5-11（1）のように供給曲線が $S''S''$ へ上方シフトする場合，均衡点は $E''$ へシフトし，均衡価格は $p^{*''}$ に上がり，均衡取引量は $x^{*''}$ へ減る。これが一般物価に波及すれば費用インフレとなり，生産を低下させる。消費税増税をする場合も，同様に供給曲線が上方シフトし，価格上昇と生産低下をもたらす。

さてオリンピック開催でテレビへの需要が高まり，図5-11（2）に描かれ

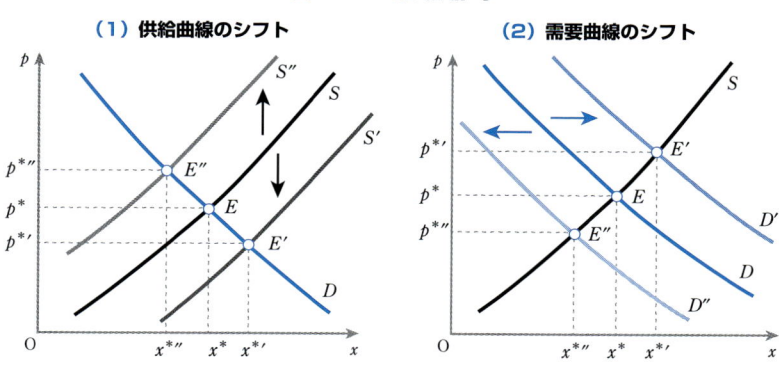

**図5-11 比較静学**

**（1）供給曲線のシフト**　　　　**（2）需要曲線のシフト**

ているように需要曲線が $DD$ から $D'D'$ へと右方シフトする場合，均衡点は $E$ から $E'$ へと移って，均衡価格は $p^*$ から $p^{*\prime}$ に上昇し，均衡取引量は $x^*$ から $x^{*\prime}$ に増大する。これが一般物価に波及すれば需要インフレとなり，生産増加をもたらす。

逆に増税や金融引締めで電気への需要が減って，図5-11（2）のように需要曲線が $DD$ から $D''D''$ へ左方シフトする場合，均衡点は $E''$ へシフトし，均衡価格は $p^{*\prime\prime}$ に下落する一方，均衡取引量は $x^{*\prime\prime}$ へ減少する。これが一般物価に波及すればデフレが起こり，生産低下をもたらす。

比較静学による部分均衡分析は，与件としての「その他の事情」の変化が，需要と供給及びそれらの均衡に対してどのような影響を及ぼすかを明らかにしてくれる。こうした需給曲線のシフトをもたらす与件を**シフト・パラメーター**（shift parameter）といい，その変化の結果，需要や供給及びそれらの均衡に起こる変化を分析する有力な手段が比較静学である。

## 5．一時的均衡・短期均衡・長期均衡

需要の変化によって需要曲線がシフトした場合，供給側の企業はこれに瞬時に対応できるわけではなく，何らかの時間の経過が必要である。そこで前章で指摘したように，マーシャルは調整にかかる時間の長さに応じて3つの期間を区別した。その調整期間の長さに応じて供給の事情は異なり，供給曲線の形状も違ってくる。したがってもたらされる均衡状態もそれぞれ異なってくる。

### (1) 一時的均衡

非常に短い調整期間では企業は生産量を増減する時間の余裕がなく，供給量は一定にならざるを得ない。よって供給曲線は価格から独立となり，個別企業でも市場全体でも供給曲線は図5-12のように垂直になる。これを**一時的供給曲線**（temporary supply curve）という。蜘蛛の巣循環の一時的な供給曲線が垂直になったのは，まさにこの理由による。すると一時的調整期間では，需要曲線が $DD$ から $D'D'$ に上方シフトしても供給量は調整できないから，市場均衡は $E$ から $E'$ に移り，価格が $p^*$ から $p^{*\prime}$ に一方的に急騰する。これを**一時的均衡**（temporary equilibrium）という。野菜や魚介類の生鮮食料品などのように在庫ストックの持ち越しが難しい財や，土地などのようにごく短期間には供給を増やせない財では，こうした傾向が顕著に見られる。ただしある程度在庫ストックの持ち越しが可能な財の場合には，在庫の取り崩しによって供給曲

図 5-12　一時的均衡　　　　　図 5-13　短期均衡

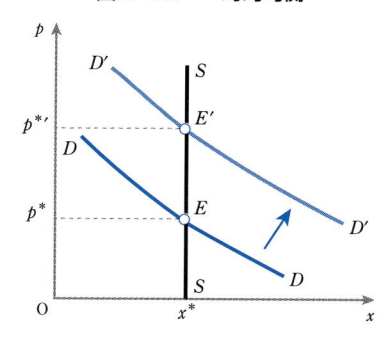

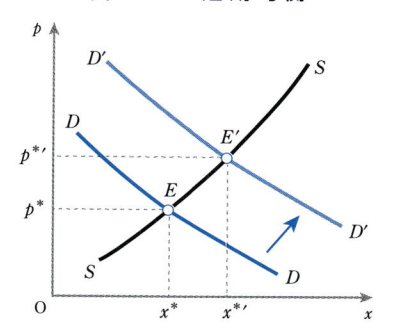

線が右上がりになり得る。

　このような一時的調整期間では，市場価格は専ら需要側の事情によって決定される。オーストリア学派のメンガーを代表とする限界効用学派は，財の価値は消費者の限界効用によって，したがってそれを反映する需要によって規定されるという**限界効用説**（marginal utility theory）を唱えた。この説が想定した状況はこうした一時的均衡の世界である。

### (2) 短 期 均 衡

　これより少し長い短期の調整期間であれば，需要の増加に対応してたとえ資本設備の拡大ができなくても，原材料の投入や雇用量を増やせば企業は生産量を増加できる。よって供給曲線は価格の関数で，右上がりとなる。資本設備などの固定的生産要素の投入量を一定としながら，可変的生産要素の投入量を増減し得る場合の供給曲線が，前章で説明した短期供給曲線であり，図 5-13 の $SS$ 線のように右上がりとなる。すると需要曲線が $DD$ から $D'D'$ へ上方シフトするに伴い，市場均衡は $E$ から $E'$ に移る。均衡価格は $p^{*\prime}$ に上がるが，均衡取引量も $x^{*\prime}$ へと一時的均衡の場合より増える。これが**短期均衡**（short-run equilibrium）である。いままで一般的なケースとして主に考察してきた市場均衡は，こうした短期均衡である。

### (3) 長 期 均 衡

　さらに長い長期の調整期間では，資本設備などの固定的生産要素も増減可能となり，生産組織としての企業それ自体さえも参入・退出が可能となる。その場合の供給曲線が前章で導いた長期供給曲線である。しかしそれは個別企業の長期供給曲線であって産業全体のものではない。

**図 5-14　長 期 均 衡**

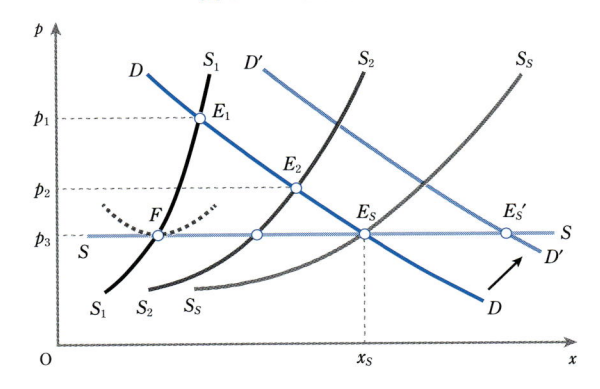

　前章の図 4–15 では個別企業が直面する社会的需要曲線が水平に描かれていたが，図 5–14 では 1 産業の企業全体が直面する社会的需要曲線 $DD$ が右下がりに描かれている。ただし横の数量軸の目盛りは適当に縮尺してある。この社会的需要曲線は各消費者の個別需要曲線をすべて集計したものである。同様に同じ生産技術と資本規模を持つすべての既存企業の個別長期供給曲線を横の数量軸に沿って集計すると，社会的長期供給曲線 $S_1S_1$ となり，その最低点 $F$ は長期正常利潤を含む場合の企業閉鎖点である。この場合長期正常利潤を上回る超過利潤が発生しているので，新規企業の参入を招くだろう。同技術の企業が 200 社参入すれば，社会的長期供給曲線は $S_2S_2$ になり，市場均衡は $E_1$ から $E_2$ に移る。均衡価格は $p_1$ から $p_2$ に下落するが，超過利潤が残っている限りさらに参入を招く結果，社会的長期供給曲線は $S_SS_S$ となり，均衡点は $E_S$ に移る。この点で超過利潤は消滅し，参入は止まるので，企業数は確定する。これが**長期の産業均衡**（long-run industry equilibrium）と呼ばれる点であり，均衡価格は $p_S$，均衡取引量は $x_S$ となる。長期均衡に至る間の $E_1$ 点や $E_2$ 点は過渡的な均衡であり，社会的供給曲線 $S_1S_1$ や $S_2S_2$ も過渡的な長期供給曲線である。真の社会的長期供給曲線は各企業の長期平均費用曲線の最低点（企業閉鎖点）$F$ を連ねた水平線 $SS$ に他ならない。

　既存企業も参入企業も同じ 1 次同次生産関数を持ち，規模に関して収穫不変の場合には，各企業の $LAC$ 曲線も $LMC$ 曲線も水平で，各 $LMC$ 曲線を横軸に沿って加えた社会的な長期供給曲線も水平になる。

　長期供給曲線が水平であれば，需要曲線の上方シフトに伴い長期均衡点は

$E_S$から$E_S'$に移り，価格を何ら上昇させずに，均衡取引量だけが増大する。この場合には財の市場価格は専ら供給側の要因により規定される。古典派のスミスやジョン・スチュアート・ミルは，財の価値は専らその生産費用，したがって供給側の事情により決定されるという**生産費説**（cost theory of value）を提唱した。彼らの説は，(1) 個別企業の長期平均費用曲線はU字型であってその最低点を連ねた社会的な長期供給曲線が水平になるか，(2) 個別企業の生産関数が規模に関して収穫不変であるために社会的供給曲線が水平になるか，この2つのケースに限って妥当する。さらに生産費説の特殊形態であるリカードやマルクスの**労働価値説**（labor theory of value）は，生産要素は労働だけであり，すべての費用が直接ないし間接に要した労働時間に還元されると主張する。この説が妥当する状況はさらに狭く，上の2つの条件に加えて(3) 生産要素は労働のみという条件も満たされる時に限られる。

以上のように生産における調整期間が一時的・短期・長期と変わるにつれて，価格または数量による需給不均衡の調整メカニズムも異なってくる。しかしいずれの場合でも，競争市場における均衡点が需給両曲線の交差により決定されることは普遍の黄金律である。マーシャルの比喩によれば，鋏の片方の刃だけでは紙を切ることはできず，その両刃が相まって初めて切れるのと同様に，需要曲線か供給曲線の片方だけでは均衡を決めることはできず，両曲線が相まって初めて決定できる。需要側と供給側の諸要因を統一的に把握し，調整期間の観点から一時的均衡・短期均衡・長期均衡を類別して，競争市場における需給均衡の決定メカニズムを体系的に解明する均衡分析の途を切り開いたのは，マーシャルの大きな貢献である。彼以前の生産費説も労働価値説も限界効用説も，つまるところ供給曲線が水平型であるか垂直型であるかの特殊ケースに過ぎず，**均衡理論**（equilibrium theory）によりその一部として包摂・止揚された。

## 6. 一般均衡

いままでの分析は「他の事情にして等しければ」という条件の下で，一つの市場における部分均衡を対象としてきた。こうした分析理論は**部分均衡理論**（partial equilibrium theory）と呼ばれている。ある財の需要と供給に最も大きな影響を与える変数がその財自身の価格であると考えられるから，もし他の変数の影響が無視できるならば，部分均衡分析はその財の需給均衡メカニズムを単刀直入に解明してくれる。そのためさまざまな特定の経済問題の分析に際し

表 5-1　交換比率の従属性

| 下の財/右の財 | 銀片 | 米 | 麦 | 牛肉 |
|---|---|---|---|---|
| 銀片 | 1/1 | — | — | — |
| 米 | 1/4 | 1/1 | — | — |
| 麦 | 1/2 | 4/2 | 1/1 | — |
| 牛肉 | 1/6 | 4/6 | 2/6 | 1/1 |

て，実際には部分均衡理論が適用されることが多い。

しかしもし他の変数の影響が無視できないほど大きければ，もはや「他の事情にして等しければ」という仮定は取り除かなければならない。ある財の需給に影響する変数はその財の価格だけでなく，他のすべての財の価格でもある場合には，すべての財の需給は相互に依存し合って決定されることになる。そうした一般的な相互依存関係を漏れなく包括して，すべての競争市場における需給均衡のメカニズムを統一的に解明する分析理論が，ローザンヌ学派のワルラスによって創始された**一般均衡理論**（general equilibrium theory）である。一般均衡理論は今日では極めて精緻に体系化されて，競争経済における価値・価格理論としては最も精巧で厳密な理論と考えられている。

いま物々交換経済で銀片，米，麦，牛肉の4財を交換するとしよう。米1単位が銀片4単位，麦1単位が銀片2単位，牛肉1単位が銀片6単位と交換されるならば，米と麦の交換比率も，麦と牛肉との交換比率も，牛肉と米との交換比率も，すべて表5-1のように確定する。ここで例えば銀片を**価値尺度財**（numéraire）に採用して，銀片1単位を1円と名付ければ，銀片は貨幣として機能する。米1単位が4円，麦1単位が2円，牛肉1単位が6円と，すべての交換比率は価格で表されることになる。物々交換経済における価値尺度財ないし貨幣経済における貨幣の価格は常に1である。よって貨幣を含めて全部で4財ある時には，3個の価格が成立する。すなわち全部で4財ある時には，任意の3個の独立な交換比率が与えられれば，残りのすべての交換比率はそれに従属して定まる。この関係を**交換比率の従属性**（dependence of exchange ratios）と呼ぼう。

いま財が全部で$n$種類ある時には，交換比率の従属性によって$n-1$個の独立な交換比率あるいは価格が成立する。一般均衡理論の観点からは，各財の需給量はすべての独立な交換比率ないし価格に依存するから，$n$個の財の市場で

の需要と供給の均衡条件は，次のような $n$ 本の方程式で表される。

$$D_1(p_1, p_2, \cdots, p_{n-1}) = S_1(p_1, p_2, \cdots, p_{n-1})$$
$$D_2(p_1, p_2, \cdots, p_{n-1}) = S_2(p_1, p_2, \cdots, p_{n-1})$$
$$\vdots$$
$$D_n(p_1, p_2, \cdots, p_{n-1}) = S_n(p_1, p_2, \cdots, p_{n-1})$$

あるいは需要と供給の差である超過需要を $E_i = D_i - S_i$ と定義して，超過供給をマイナスの超過需要と考えれば，

$$E_i(p_1, p_2, \cdots, p_{n-1}) = 0 \quad (i = 1, 2, \cdots, n)$$

と表しても同じことである。

　ここで変数 $p_i$ は物々交換経済であれば $n-1$ 個の独立な交換比率であり，また貨幣経済であれば $n-1$ 個の価格である。価値尺度財ないし貨幣の価格は常に 1 で変数ではないから省略される。$D_i$ と $S_i$ は財 $i$ の需要と供給であり，$n-1$ 個の独立な交換比率ないし価格の関数として表される。財は $n$ 個あるが，生産物だけでなく生産要素や債券及び貨幣となる財など，およそ市場で需要・供給される財はすべて含まれる。したがって上式の価格には生産物価格の他，生産要素価格，債券価格など，貨幣の価格 1 を除くすべての価格が含まれる。

　さて第 3 章の消費者行動の理論で導いた需要関数には，所得が変数として含まれていた。所得は実はさまざまな生産要素への報酬の総和であり，要素報酬は要素の初期保有量が所与であれば要素価格の関数として決まる。よって上の需要関数や供給関数の変数に要素価格が含まれていれば，所得を変数とする必要はないわけである。

　いまや部分均衡理論のように，単一の市場の需給均衡条件，$D_i(p_i) = S_i(p_i)$ から，その財の均衡価格や均衡需給量を求めることはできない。それらの解はすべての需給均衡条件式を連立して初めて同時に求められる。連立方程式の解を過不足なく求めるためには，未知数の数と方程式の数とが一致する必要がある。ところが未知数は $n-1$ 個の独立な交換比率ないし価格であるが，方程式は $n$ 本の需給均衡条件式である。よってこのままでは過不足なく均衡解を得ることはできない。

## 7. ワルラス法則

　消費者行動の理論では，消費者が予算制約に従って行動する場合にその所得を余すことなく生産物の購入に支出すると想定した。しかし所得を支出しきら

ない時には，つまり予算制約式が不等式で成り立つ場合には，余った所得は貨幣や債券の保有という形で貯蓄されることになる。貯蓄とは貨幣や債券への需要に他ならないから，貨幣や債券も $n$ 種類の財に含めて考えれば，予算制約式は必ず等式で成り立つ。よってある消費者 $h$ の財 $i$ の需要量と供給量をそれぞれ $D_i^h$, $S_i^h$ とし，財 $n$ を価値尺度財または貨幣，その価格を $p_n=1$ とすれば，彼の需要総額と供給総額との収支均等条件は，次の恒等式で表される。

$$\sum_{i=1}^{n} p_i D_i^h \equiv \sum_{i=1}^{n} p_i S_i^h$$

ただし $\equiv$ は恒等式を示す記号である。企業の収支均等条件についても同様の恒等式が成り立つから，すべての経済主体について需要総額と供給総額とをそれぞれ集計すれば，社会全体の収支均等条件が貨幣の価格を $p_n=1$ として，

$$p_1 D_1 + p_2 D_2 + \cdots\cdots + p_n D_n \equiv p_1 S_1 + p_2 S_2 + \cdots\cdots + p_n S_n$$

と導かれる。個々の主体にとって収支勘定は必ず均等するから，社会全体で集計した収支勘定も統計的脱漏がない限り必ず均等する。この収支均等条件が常に成り立つことを，その発見者にちなんで**ワルラス法則**（Walras' law）という。

財 $i$ の需要量 $D_i$ から供給量 $S_i$ を引いた超過需要を $E_i$ で示せば，この恒等式は次式のようにも書くことができる。

$$p_1 E_1 + p_2 E_2 + \cdots\cdots + p_n E_n \equiv 0$$

これは超過需要の総額が社会全体では常にゼロになることを意味する。ワルラス法則は市場が均衡していると否とに関わらず，常に成り立つ恒等式だから，たとえどの市場でも需給が均衡していなくても，社会全体の超過需要の総額は必ずゼロとなる。不況で消費財や労働などの超過供給がある場合には，債券や貨幣の超過需要が併存して，社会全体では両者の総額はバランスする。

しかしある一つの市場を除くすべての市場で需給が均衡している場合はどうなるだろうか。いま財 2 から財 $n$ までの市場で需給が均衡し，$D_2=S_2$, $D_3=S_3$, ……，$D_n=S_n$ である時には，これらの均衡条件式をワルラス法則の $D_i$ に代入すれば，

$$p_1 D_1 + p_2 S_2 + \cdots\cdots + p_n S_n \equiv p_1 S_1 + p_2 S_2 + \cdots\cdots + p_n S_n$$

となり，整理すると，$p_1 D_1 \equiv p_1 S_1$ という恒等式が得られる。財 1 の価格が正であろうとゼロであろうと，この恒等式が常に成り立つためには，必ず $p_1 D_1 = p_1 S_1$ が成り立たねばならない。すなわち任意の $n-1$ 個の市場で需給均衡が成立していれば，ワルラス法則によって残りの 1 個の市場でも必ず需給は均衡する。

このことは前節の $n$ 本の需給均衡条件式のうち独立な方程式は $n-1$ 本であり，残りの1本はそれらに従属して決まることを意味する。したがって $n-1$ 個の独立な交換比率ないし価格に対して，独立な需給均衡方程式は $n-1$ 本であるから，この連立方程式は過不足なく解を与えることができる。

## 8. 需給関数の性質とゼロ次同次性

消費者行動の理論では，消費者の効用ないし選好は連続であり，一般的に無差別曲線は原点に対して凸になると仮定した。また前章の企業行動の理論では，生産要素は連続的に分割可能であり，等量曲線はやはり一般的には凸になることを見た。こうした仮定の下では各財の需要量は価格が連続的に変化すれば，それに応じて連続的に変化する。するとそれらを集計した社会的な需要関数も価格の変化に対して連続的に変化する。これを需要関数の価格に関する**連続性**（continuity）という。供給の場合もこれと同様にして，個別供給関数の連続性から社会的供給関数の連続性を導くことができる。すると需給の差である超過需要についても，超過需要関数の連続性が成り立つ。連続性の性質は，価格が微少の変化をした時に需給量がそれに対応して微少に変化し，突然不連続に大きくなったり小さくなったりはしないことを意味する。いわゆる「衝動買い」や「衝動売り」のように合理的でない選択行動を排除するものである。この性質は一般均衡解の存在を保証する上で重要な性質である。

次にいわゆるゼロ次同次性と呼ばれている性質を考えてみよう。まず直接交換経済において，価値尺度財としての銀片の供給が増えて，米，麦，牛肉の各1単位と銀片との交換比率が，それぞれ4単位，2単位，6単位から20単位，10単位，30単位へと一律に5倍になったとする。すると銀片以外の財の需要量は減り，銀片の需要量は増えるだろう。銀片以外の財の間の交換比率は変わらないから，それらの財の需要量の相対的大きさは変わらないが，絶対的大きさは減少する。

物品貨幣から信用貨幣の段階に進化した貨幣経済では，貨幣となる財は価値尺度，交換手段，価値貯蔵手段として用いられても，それ自体が消費の対象にならないために，つまり効用関数の独立変数に含まれないために，直接交換経済とは異なる問題が発生する。いま貨幣価格を $p_n=1$ 円として超過需要関数を

$$E_i = E_i(p_1, p_2, \cdots\cdots, p_n) \qquad (i=1, 2, \cdots\cdots, n)$$

の形で表そう。貨幣価格が $p_n=1$ のまま，貨幣供給の増大によるインフレーシ

ョンのために，貨幣を除くすべての財の価格が一律5倍になったとすると，この超過需要関数は，次式のように変わる。

$$E_i' = E_i(5p_1, 5p_2, \cdots\cdots, 5p_{n-1}, p_n) \quad (i=1, 2, \cdots\cdots, n)$$

ただし価格の単位は円であり，貨幣価格は常に $p_n=1$ で変数ではないから，

$$E_i' = E_i(5p_1, 5p_2, \cdots\cdots, 5p_{n-1}) \quad (i=1, 2, \cdots\cdots, n)$$

と書いても同じである。しかし消費財や資本財の価格，賃金率や利子率など，貨幣価格を除くすべての価格が一律5倍に騰貴する場合には，貨幣の各財に対する相対的価値は一律5分の1に下がるものの，各主体の実質的経済状態は変わらない。このように主体が認識することを，**貨幣錯覚**（money illusion）がないという。貨幣錯覚がなければ，たとえ貨幣価格を除くすべての価格が5倍になっても，貨幣以外の財の需要量と供給量は相対的にも絶対的にも変わらない。よって $i=1, 2, \cdots\cdots, n-1$ に対して，$E_i = E_i'$ つまり

$$E_i(5p_1, 5p_2, \cdots\cdots, 5p_{n-1}) = E_i(p_1, p_2, \cdots\cdots, p_{n-1})$$

が成り立ち，需要関数も供給関数も超過需要関数もすべて**ゼロ次同次**（homogeneous of zero degree）の関数になる。

　ここで注意しなければならないのは，このゼロ次同次性が成り立つのは，貨幣以外の $n-1$ 個の財の価格と超過需要関数についてであり，貨幣の価格 $p_n=1$ と超過需要関数は除かれることである。実際各財の貨幣に対する相対価格比が一律上昇すれば，同量の各財を購入するための貨幣量はそれだけ増えなければならない。よって貨幣への需要量は増加するだろうし，その増加が当初の貨幣供給の増加に見合わなくてはならない。もし当初に $n-1$ 個の財の市場が均衡していれば，価格が一律5倍になった後もゼロ次同次性によってそれらの均衡は保たれる。したがってワルラス法則によって残りの貨幣についても需給均衡が成り立たねばならない。ただし貨幣の需給は増加しているから，貨幣の超過需要関数についてはゼロ次同次性は成り立たないのである。

　しかし貨幣価格を含めてもゼロ次同次性が経済的に意味を持つ場合が一つだけある。いま貨幣単位の呼称を円から新円に変えて，10円＝1新円とする**デノミネーション**（denomination）が行われる場合に，新円で表示される新価格を $p'$ で示せば，超過需要関数は

$$E_i = E_i(p_1', p_2', \cdots\cdots, p_n') \quad (i=1, 2, \cdots\cdots, n)$$

となる。新価格と旧価格との関係は，$p_i' = p_i/10 \ (i=1, 2, \cdots\cdots, n)$ だから，貨幣価格を含むすべての旧価格を10分の1倍しても実質的経済状態は変わら

ないことになる。よってすべての $i$（$= 1, 2, \cdots\cdots, n$）に対して

$$E_i(p_1, p_2, \cdots\cdots, p_n) = E_i\left(\frac{p_1}{10}, \frac{p_2}{10}, \cdots\cdots, \frac{p_{n-1}}{10}\right)$$

が成り立ち，貨幣を含むすべての財の超過需要関数はゼロ次同次になる。

　この意味でのゼロ次同次性は，直接交換経済では次の事態に対応している。前と同様に米，麦，牛肉の各1単位と銀片との交換比率が，表5-1のようにそれぞれ4単位，2単位，6単位であるとする。いま銀片1単位が2つに分割されて2単位の小銀片になったとすれば，米，麦，牛肉の各1単位と小銀片との交換比率は，それぞれ8単位，4単位，12単位になる。新しい価値尺度財である小銀片と旧銀片，米，麦，牛肉との交換比率は一律2倍になったが，それぞれの需給量は以前とまったく変わりない。この意味でのゼロ次同次性は，単に計算単位の変更によるものである。

# 第6章
# 独占市場

　いままでは完全競争市場を前提として消費者や企業の行動，及び市場均衡について分析してきた。しかし現実の市場では売り手側，買い手側，あるいはその双方が，価格を釣り上げたり，販売数量を制限したりして，何らかの独占的市場支配力を行使する場合が多い。供給側が独占的市場支配力を行使する場合は供給独占ないし売り手独占といい，需要側がそれを行使する場合は需要独占あるいは買い手独占，また労使間の団体交渉のように双方がそれを行使する合は双方独占と呼ぶ。ただし独占とはいっても文字通りの完全独占は極めてまれにしか存在せず，現実には寡占であることが多い。

　この章では独占あるいは寡占と言われる市場の構造がどのようなものか，独占・寡占企業はどのような行動をするのか，また価格や生産量，効率といった面でどれほどの経済パフォーマンスを達成し得るのか，さらには独占力の行使に対してどのような規制をすればよいか，という問題を理論的に考察していく。

## 1．独占市場の構造

　**産業**（industry）とは，密接な代替関係にある財貨・サービスを生産・供給する企業の一群をいう。乗用車には大衆車やスポーツカー，高級車などがあるが，いずれも密接な代替関係にあるので，これらの車を生産する企業は乗用車産業の分類に属すと見なされる。また乗用車の他にトラックやバスなどがあるが，これらはある程度の代替関係があるので，これらを生産する企業は自動車産業という分類に属すと見なされる。このように産業の分類は，生産する財貨・サービスの代替性に依存して決まるから，需要の交差弾力性が一つの目安として使われる。

　その産業内部における企業間の競争関係，資源配分の状態など産業構成の基本的在り方は，**産業組織**（industrial organization）という。それを特徴付ける最も重要な要素は，**市場構造**（market structure）であり，売り手や買い手の集中度，製品差別化，参入障壁などにより特徴付けられる。完全競争は集中がまったく進んでおらず，製品差別化も参入障壁もまったくない市場構造である。

完全競争の対極的な市場構造が，**完全独占**（perfect monopoly）または**単純独占**（simple monopoly）である。これは同じ生産物を供給する企業がただ1社のみで，競争企業がまったく存在しない場合であるから，売上げ集中度は100％である。ライバル企業がいないので，完全独占企業はただ買い手の反応だけを見ながら，価格と販売量とを独占的に決めることができる。ライバル企業が参入する可能性はあるが，さまざまな**参入障壁**（barriers to entry）を設けてそれを防ごうとする。

　2社以上の比較的少数の企業が同じ生産物を供給する場合は，**寡占**（oligopoly）といい，2社だけの場合は特に**複占**（duopoly）という。寡占の際立った特徴は，ライバル企業が比較的少数であるため，相互に相手企業の行動に敏感に反応して価格や販売量を決めることである。これを**寡占的相互依存性**（oligopolistic interdependence）というが，その在り方に応じて寡占の市場特性は異なってくる。

　独占力は少数企業の協定や結託など，売り手側の競争制限だけから生じるのではない。完全競争のように競争企業が多数あるとしても，品質やデザイン，ブランド，のれん，買い手からの距離など，同種の生産物でも買い手にとって同質的ではないと見られることを**製品差別化**（product differentiation）ないし**製品分化**という。それに基づいて市場支配力が行使される市場構造を，**独占的競争**（monopolistic competition）とか**不完全競争**（imperfect competition）という。これは競争的要素と独占的要素とを併せ持った市場構造といえる。

## 2．完　全　独　占

　完全競争では個別企業は市場で価格が与えられて価格を支配する力がないから，その個別需要曲線は図6-1 (1)のように水平となった。しかし完全独占の場合には1社しか存在しないので，その個別需要曲線は産業全体の社会的需要曲線に他ならず，図6-1 (2)の$p$線のように右下がりとなる。よって価格を釣り上げて販売量を減らし，市場支配力を振るうことができる。逆に販売量を増やすためには，価格を引き下げればよい。この時生産量$x$の増加に伴う収入$R$の増加分，すなわち限界収入$MR$は，総収入$R=px$を$x$で微分して，

$$MR = \frac{dR}{dx} = \frac{d(px)}{dx} = p + \frac{dp}{dx}x = p\left(1 - \frac{1}{e}\right)$$

となる。ただし$e$は需要の価格弾力性であり，次のように定義される。

### 図 6-1 需要曲線の形状

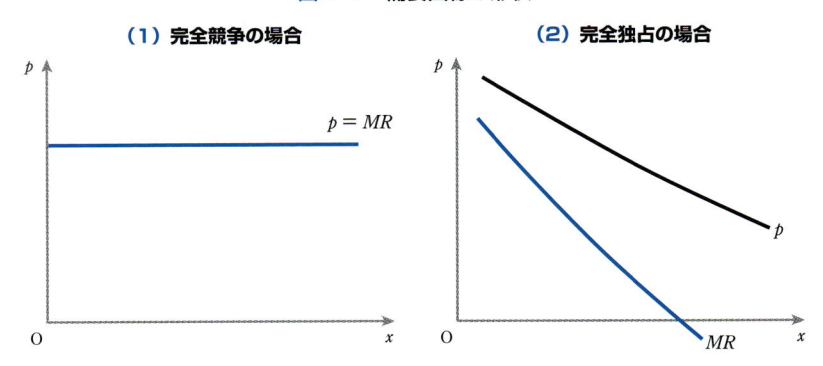

**(1) 完全競争の場合**

$p = MR$

**(2) 完全独占の場合**

$$e = -\frac{dx/x}{dp/p}$$

よって限界収入曲線 $MR$ は図 6-1 のように，完全競争の場合は水平であるが，完全独占の場合には $1/e$ の分だけ需要曲線より下で右下がりとなる。

完全独占企業も利潤最大化を追求する。利潤 $\Pi$ は総収入 $R$ マイナス総費用 $C$ であるから，利潤最大化のためには生産量 $x$ で微分して，限界利潤がゼロ，

$$\frac{d\Pi}{dx} = \frac{dR}{dx} - \frac{dC}{dx} = MR - MC = 0$$

すなわち限界収入 $MR$ ＝限界費用 $MC$ という限界原理に従う。

完全独占企業が利潤を最大化できるのは，図 6-2 の $E$ 点であり，最適生産量は $x^*$ に決まる。それに対応して最適な価格は需要曲線上の $p^*$ に決定する。利潤を最大化する生産量 $x^*$ と価格 $p^*$ の組合せは，**独占均衡**（monopolistic equilibrium）という。それを表す需要曲線上の点 $P$ は，その発見者であるオーギュスタン・クールノーにちなんで**クールノーの点**（Cournot's point）と呼ばれる。

限界収入 $MR$ 曲線と限界費用 $MC$ 曲線との縦軸方向の差は，限界利潤であり，横軸に沿って生産量がゼロから $x^*$ まで積分すれば，独占均衡点 $E$ での総利潤が求められる。またクールノーの点 $P$ と平均費用 $AC$ 曲線上の点 $Q$ との差 $PQ$ は，生産量が $x^*$ の時の平均利潤であるから，これに $x^*$ をかければ，独占均衡点 $E$ での総利潤となり，長方形 $PQqp^*$ の面積で表される。これが完全独占企業の**独占利潤**（monopolistic profit）である。

**図 6-2　独占均衡と独占利潤**

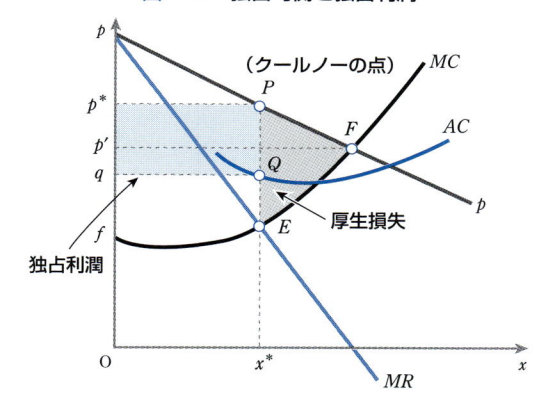

独占均衡における価格 $p$ と限界費用 $MC$ との差を価格で割った $(p-MC)/p$ を，アバ・ラーナーは**独占度**（degree of monopoly）と呼んだ。

$$\frac{p-MC}{p} = \frac{p-MR}{p} = 1 - \frac{MR}{p} = \frac{1}{e}$$

であるから，この指標は需要の価格弾力性 $e$ の逆数である。需要の価格弾力性 $e$ が小さいほど，その逆数 $1/e$ は大きくなり，限界収入曲線は需要曲線より下方に位置し，その勾配も大きくなる。すると独占企業はそれだけ価格支配がやりやすくなる。逆に完全競争企業の場合には価格支配力がまったくないから，需要の価格弾力性 $e$ が無限大になり，独占度 $1/e$ はゼロとなる。よって限界収入 $MR$ は価格 $p$ に等しく，限界収入曲線と需要曲線とは一致する。

独占均衡 $P$ では完全競争均衡 $F$ と比べ，価格は高くて生産量は少ないから，消費者にとっては不利益である。また完全競争では消費者余剰は $pp'F$ の面積で，生産者余剰は $fp'F$ の面積であるのに，独占では消費者余剰は $pp^*P$ の面積で，生産者余剰は $p^*PEf$ の面積であるから，社会全体で見ても差し引き $PEF$ の面積に等しい**厚生損失**（welfare loss）が生じる。

## 3. 差別独占

前節では独占企業が同じ生産物を同じ価格で同じ市場に供給する場合を考察した。しかし同じ生産物を違う価格で異なる部分市場に販売することによって，利潤の増大を図る場合もある。これを**差別独占**（discriminative monopoly）と

いい，異なる価格付けをすることを**価格差別**（price discrimination）という。

ただし買い手がある市場で購入した生産物を，他の市場に転売できないという条件が必要である。例えば水道や電気，ガスなどは，個人による管理が困難で，供給設備が生産者から各消費者に直結しているので，他の消費者に転売できない。通常の商品であっても，国内市場と海外市場との間で転売が不可能であれば，価格差別が成立しやすい。

価格差別が成立するためのもう一つの条件は，部分市場間で需要の価格弾力性が異なることである。いまある独占企業がA市場とB市場で同じ生産物を販売するとしよう。両市場での価格は $p_A$, $p_B$ とし，限界収入は $MR_A$, $MR_B$ とする。また消費者は両市場で転売が不可能で，需要の価格弾力性はそれぞれ $e_A$, $e_B$ であるとする。限界収入は，$MR_A = p_A(1 - 1/e_A)$, $MR_B = p_B(1 - 1/e_B)$ であるから，両市場で限界収入と限界費用を均等にして，利潤を最大化するには，次式が成り立てばよい。

$$p_A\left(1 - \frac{1}{e_A}\right) = p_B\left(1 - \frac{1}{e_B}\right) = MC$$

もしA市場のがB市場より需要の価格弾力性が低く，$e_A < e_B$ であれば，利潤を最大化するにはA市場のがB市場より価格を高く設定する（$p_A > p_B$）必要がある。例えば国内市場のが海外市場より $e$ が低ければ，海外価格を下げてダンピングをすることは，利潤最大化のためにはむしろ必要ともなる。ただし生産費を割るほどの行き過ぎたダンピングは，相手国の反発を招く。また劇場の入場券などで，需要の価格弾力性は学生のが一般より高い傾向があり，学生証の転売が不可能であるため，安い学割料金が設定される。これは価格差別の一例である。

## 4. 独占企業の生産要素需要

生産物市場も生産要素市場も完全競争的である場合には，企業が費用最小化・利潤最大化をするための条件は，各生産要素の限界生産力 $MP$ を価格 $p$ で評価した価値限界生産力 $p \cdot MP$ が，それぞれの生産要素価格 $q$ に等しくなるように要素需要量 $y$ を決めることであった。すなわち次式のように $y$ を決めればよい。

$$p \cdot MP = q$$

生産要素が労働の場合は，労働の価値限界生産力に賃金が等しくなるように雇

図 6-3 独占企業の生産要素需要

(1) 両市場が完全競争

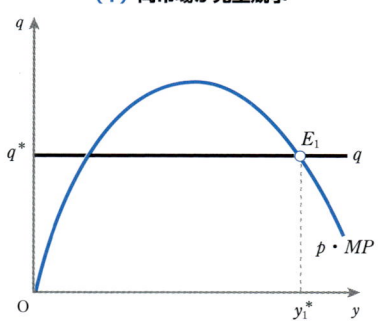

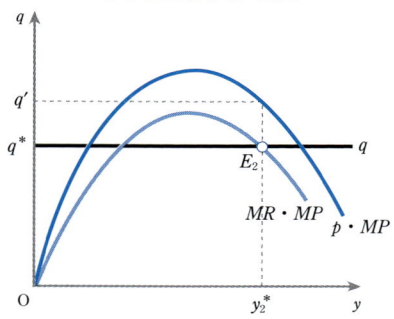

(2) 生産物市場が独占

用量を決めればよい。この企業の直面する要素の供給曲線 $q$ は，完全競争の場合には図6-3(1)のように水平で，均衡点は $E_1$，均衡雇用量は $y_1^*$ に決まる。

ところがたとえ生産要素市場が完全競争的であっても，生産物市場が独占の状態にある場合には，生産物価格 $p$ の代わりに限界収入 $MR$ で評価した限界生産力の価値 $MR \cdot MP$ を，要素価格 $q$ と等しくする必要がある。

$$MR = p\left(1 - \frac{1}{e}\right)$$

であるから，図6-3(2)のように $MR \cdot MP$ 曲線は $p \cdot MP$ 曲線より $1/e$ の分だけ下に描かれる。すると均衡点は $E_2$ で，均衡雇用量は $y_2^*$ へと減少する。

完全競争の下で生産要素を $y_2^*$ だけ雇用するには，$q'$ の要素価格を支払う必要があるが，独占企業が実際に支払うのは $q^*$ だけである。そこでその差額 ($q' - q^*$) をジョーン・ロビンソンは**独占的搾取**（monopolistic exploitation）と呼んだ。

## 5. 需 要 独 占

ここまでは生産物の供給で企業が独占力を行使する**売り手独占**の場合を考えてきた。他方，生産要素の需要で独占力を行使する場合は，**買い手独占**あるいは**需要独占**（monopsony）と呼ぶ。例えばある地域で求職者が多数いて完全競争的であるのに，求人をする企業が少なくて独占力を振るう場合がある。このように要素市場が買い手独占である一方，生産物市場は完全競争である場合を考えよう。

第 6 章 独 占 市 場

### 図6-4 需要独占

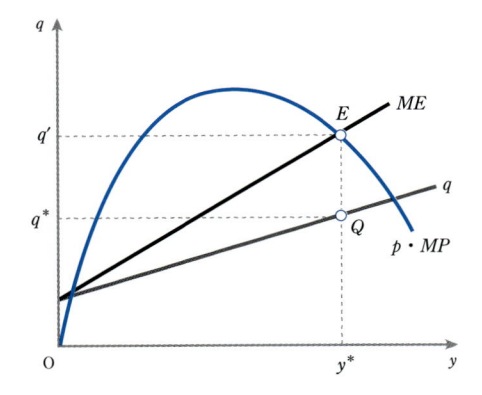

この企業が直面する要素の供給曲線 $q$ は，図6-4のように右上がりとなる。つまり要素需要を減らして要素価格を引き下げたり，要素需要を増やすために要素価格を引き上げたりできる。すると生産要素をもう1単位追加するためにかかる追加的支出，つまり**限界支出**（marginal expenditure）$ME$ は，総支出 $q \cdot y$ を要素量 $y$ で微分して，

$$ME = \frac{d(qy)}{dy} = q\left(1 + \frac{dq}{dy} \cdot \frac{y}{q}\right) = q\left(1 + \frac{1}{\eta}\right)$$

となる。ただし $\eta$ は生産要素の供給の弾力性である。よって限界支出 $ME$ 曲線は図6-4のように，$1/\eta$ の分だけ要素供給曲線 $q$ より上に描かれる。

この場合の費用最小化の条件は，各生産要素の価値限界生産力 $p \cdot MP$ がそれぞれの生産要素の限界支出 $ME$ に等しくなることだから，両者の交点 $E$ において均衡購入量は $y^*$，均衡要素価格は $q^*$ に決まる。$y^*$ と $q^*$ の組合せから成る点 $Q$ は**需要独占均衡**（monopsonistic equilibrium）を表す。この点では，

$$p \cdot MP = ME = q\left(1 + \frac{1}{\eta}\right)$$

が成り立つから，

$$q = p \cdot MP \cdot \frac{\eta}{\eta + 1}$$

となり，生産要素価格 $p$ は価値限界生産力 $p \cdot MP$ のうち $\eta/(\eta+1)$ の割合しか報酬として受け取らないことになる。つまり図の $EQ$ の長さで示される分は，買い手企業の独占力のために要素供給者に支払われない分であり，ロビンソン

はこれを**需要独占的搾取**（monopsonistic exploitation）と名付けた。

またこの要素独占企業が，生産物市場でも価格支配力を振るう売り手独占企業である場合には，独占的搾取が加わるから，さらに要素価格は下落する。

## 6. 独占的競争

完全競争と完全独占は両極端を成すケースであるが，実際の市場構造はそれらの中間の形態に属すことが多い。いま密接な代替財を供給する企業が多数存在し，潜在的競争者の参入も自由である点で，完全競争的な市場を考えよう。しかし同時にこの市場では，品質やデザイン，ブランド，のれん，買い手からの距離など，同種の生産物でも買い手にとって同質的ではなく，売り手は何らかの独占力を行使できるものとしよう。同種の生産物でも買い手にとって同質的と見られない現象を，**製品差別化**ないし**製品分化**という。製品差別化は消費者の主体的な嗜好の違いに根ざす場合もあるし，企業の宣伝・広告によって巧みに影響される場合もある。いずれにせよそれに基づいて市場配力が行使される市場構造は，エドワード・チェンバリンに従って**独占的競争**あるいはロビンソンに従って**不完全競争**と呼ばれる。

独占的競争では，企業の直面する個別需要曲線は完全独占の場合と同じく右下がりである。利潤最大化のために，限界収入 $MR$ を限界費用 $MC$ と均等化するという条件も同じである。異なるのは，個別企業の独占均衡において独占的な超過利潤が存在する限り，潜在的競争企業の参入が続いて，結局は超過利潤がゼロとなる**産業均衡**が成立することである。図 6-5 において，$MR = MC$

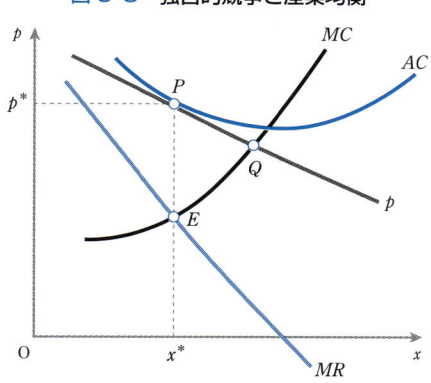

図 6-5　独占的競争と産業均衡

第 6 章　独占市場　101

となる $E$ 点の真上に，独占均衡であるクールノーの点 $P$ が存在し，均衡価格は $p^*$，均衡取引量は $x^*$ に決まる。しかし参入が続いて産業均衡が成立した暁には，超過利潤はゼロであるから，$P$ 点では価格 $p$ と平均費用 $AC$ とが一致していなければならない。

完全競争の場合の均衡点 $Q$ と比べると，独占的競争の場合の均衡点 $P$ では価格が高く，しかも生産量が少ないから，市場成果は明らかに劣るといえよう。

## 7. 寡　　占

2社以上の比較的少数の企業が同じ生産物を供給している**寡占**の場合には，各企業の市場占有率がかなり大きいので，その供給政策や価格設定，製品差別化の度合いなどは市場に対して無視し得ない影響を及ぼす。そこで各企業はライバル企業の行動を考慮に入れて，自らの価格や販売量を決めざるを得ない。こうした特徴は「少数者間の競争」といわれる寡占に特有なもので，**寡占的相互依存性**という。

その在り方に応じて，寡占の市場特性はまったく対照的になる。カルテル（企業連合，cartel）やトラスト（企業合同，trust）のように，企業間の協定や結託により価格や販売量を操作し，市場支配力を及ぼす場合は，**協調的寡占**（cooperative oligopoly）と呼ばれ，独占的性格が強くなる。他方企業間の協定や結託をせずに，相互に価格競争や販売競争をする場合には，**競争的寡占**（competitive oligopoly）と呼ばれ，競争的性格が強くなる。競争的寡占では，規模の経済性が発揮できる上，安価で良質な商品を大量に供給するという**市場成果**（market performance）が達成され得る。ところが協調的寡占では，規模の経済性は活かされても，独占利潤を得るために市場成果が犠牲にされることが多い。そこで独占禁止法などによって不当な協定や結託を取り締まり，公正な取引を確保する必要がある。

寡占の最も単純な形態として，同じ市場に2社だけ存在する場合は特に**複占**という。以下ではこの複占のケースを代表として，寡占のさまざまな形態を分析していこう。

## 8. クールノーの複占均衡

クールノーは既に1832年に，鉱泉を例にして複占下の均衡を初めて明確に分析していた。彼の行動仮説によれば，複占企業はライバル企業の生産量を所

与と見なして，自らの利潤を最大化するように生産量を決定する。いま同質的な生産物を供給する企業1と企業2の生産量をそれぞれ $x_1$, $x_2$ とすれば，その生産物の市場価格 $p$ は両社の生産量に応じて決まり，

$$p = D(x_1 + x_2)$$

と表される。これは実は両社が直面する市場需要関数の逆関数に他ならない。すると各社の総収入は，

$$R_1 = px_1 = D(x_1 + x_2)x_1$$
$$R_2 = px_2 = D(x_1 + x_2)x_2$$

となる。複占企業1が利潤を最大化するには，限界収入 $MR$ と限界費用 $MC$ を均等にする必要があり，相手企業2の生産量 $x_2$ は所与だから，

$$MR_1 = \frac{dR_1}{dx_1} = D(x_1 + x_2) + \frac{dD(x_1 + x_2)}{dx_1} \cdot x_1 = MC_1$$

とならなければならない。これより企業1の生産量を決める方程式として，

$$x_1 = F(x_2)$$

が得られる。企業2についても同様に，次の方程式が得られる。

$$x_2 = G(x_1)$$

これらの式は互いに相手企業の生産量を所与として自社の生産量を決める関係を表すから，**反応関数**（reaction function）と呼ばれている。

両社の反応関数を図示すると，図6-6 (1) や (2) のような**反応曲線**（reaction curve）になる。ただし簡単化のために，直線で描いてある。横軸には企業1の生産量 $x_1$，縦軸には企業2の生産量 $x_2$ が測られている。図6-6 (1) で上方に凸の曲線群は**等利潤曲線**（iso-profit curve）であり，企業1に等しい利潤をもたらす生産量 $x_1$ と $x_2$ との組合せを示す。企業1の生産量が $x_1^0$ の水準にあれば，企業2の生産量 $x_2$ が小さくなるほど企業1の市場占有率は大きくなる。よって横軸に近い等利潤曲線ほど，利潤水準が高いことを示す。いま企業2の生産量が $x_2^0$ である時，等利潤曲線 $\Pi_1'$ 上の点 $Q$ や $R$ に対応して企業1の生産量が決められるわけではない。この時企業1の利潤が最大となるのは，$x_2^0$ から引いた水平線と等利潤曲線 $\Pi_1$ との接点 $P$ であり，生産量は $x_1^0$ に決まる。よって反応曲線は等利潤曲線の各頂点を通る。企業2についても同様に図6-6 (2) のように，反応曲線と等利潤曲線とが描ける。

各複占企業がそれぞれライバルの生産量を所与として，自社の利潤を最大にする生産量を決めるプロセスは，図6-6 (3) のように2つの反応曲線の交点

図6-6 クールノーの複占均衡

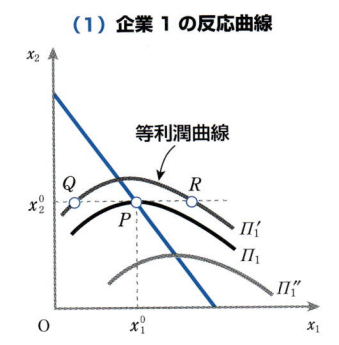

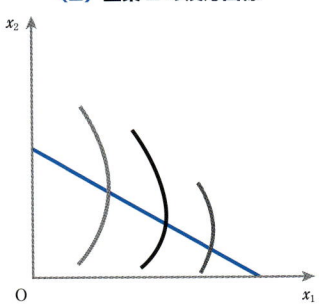

**(1) 企業1の反応曲線**

等利潤曲線

**(2) 企業2の反応曲線**

**(3) 複占均衡**

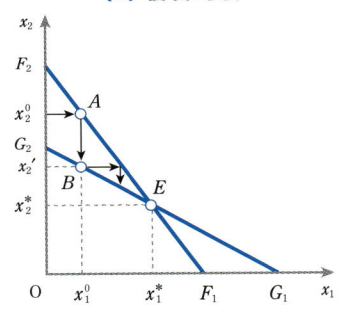

$E$ に至るまで反復される。企業2の生産量が $x_2^0$ の場合、これを所与として企業1は反応曲線上の点 $A$ に対応する生産量 $x_1^0$ を決める。すると企業2はこれを所与として、反応曲線上の点 $B$ に対応する $x_2'$ に生産量を調整する。こうした調整プロセスは反応曲線が交わる点で終了し、この交点 $E$ がクールノーの**複占均衡**（duopolistic equilibrium）となる。そこで両社の均衡生産量は $x_1^*$, $x_2^*$ に定まる。

この調整プロセスが複占均衡 $E$ に収束するためには、企業1の反応曲線 $F_1F_2$ が企業2の反応曲線 $G_1G_2$ より急勾配をもって、正象限で交わる必要がある。図6-6 (3) において、$OF_1$ は企業2が生産をまったくしない時に、企業1が独占利潤を最大にする生産量である。また $OG_1$ の生産量は、企業1が既にこれだけ市場に供給していれば、企業2が生産をする必要はまったくないことを意味する。よって明らかに $OG_1$ が $OF_1$ より大きい。同様に企業2の生産量 $x_2$ についても、$OF_2 > OG_2$ であることがわかる。結局2つの反応曲線は図6

-6 (3) のような交わり方をするのであり，こうした調整プロセスはクールノーの複占均衡に収束する。

クールノーは価格は一物一価の法則に従って競争的に決まり，企業は生産量ないし販売量を調整する「数量政策」をとるものと想定した。しかし製品差別化などに基づいて，企業が価格を調整する「価格政策」をとることも可能である。図6-7には，相手が設定した価格に反応して自社の利潤を最大にする価格を決める場合が描かれている。図6-7（1）は複占均衡が成立するケースであり，図6-7（2）は複占均衡が成立せず，価格引下げ競争が続くケースである。後者は，ジョセフ・ベルトランやエッジワースによって指摘された事態である。

クールノーの複占モデルは，反応曲線によって寡占的相互依存性を捉えた点で，複占・寡占理論の先駆的業績と考えられている。しかし複占・寡占の本質を十分に明らかにしたわけではなく，次のような2つの批判がなされている。

第1の批判は，調整プロセスの非現実性である。彼のモデルでは，互いに相手企業は決定した生産量を変更しないものと推測し，それを所与として自社の利潤を最大にする生産量を決定する。しかし均衡に至るまではその推測は外れ続けるので，いつも推測が間違うにも関わらず，その経験から何も学習しないで，同じ間違いを反復すると仮定することは不合理である。

第2の批判は，複占均衡の一時性である。反応曲線の形状からして調整プロセスは交点に収束するので，クールノーの複占均衡は確かに安定である。しかしそれは一時的均衡に過ぎず，最終的均衡ではない。なぜなら双方の複占企業

図6-7 価格調整による複占

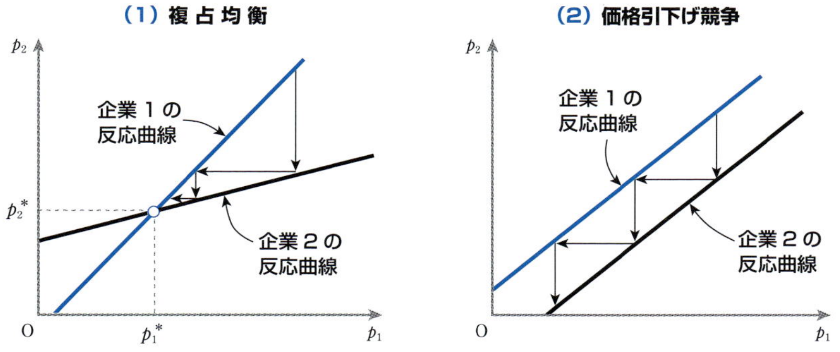

(1) 複占均衡

(2) 価格引下げ競争

がクールノーの複占均衡とは別の生産量を選ぶことによって、ともに利潤を増やす余地があるからである。この点を次節で説明しよう。

## 9. シュタッケルベルクの複占理論

こうした批判に立脚して、ハインリッヒ・フォン・シュタッケルベルクはクールノーの行動仮説をより現実的に修正した。彼は、複占企業は互いに相手の生産量を所与と受け取るのではなくて、相対的に有力な企業は相手企業が必ず追随するだろうと見越して、自らの利潤を最大化する生産量を能動的に決めると想定した。いま企業1が**主導者**（leader）として生産量を決めると、企業2は**追随者**（follower）として反応曲線に沿って生産量を決めるとしよう。この時企業1は、その等利潤曲線が企業2の反応曲線に接するように生産量を決めれば、企業2の反応のいかんに関わらず必ず利潤最大化を達成できる。

図6-8には両社の反応曲線と企業1の等利潤曲線が描いてある。企業2の反応曲線 $G_1G_2$ と交わる企業1の等利潤曲線は無数にあるが、そのうちで企業1に最大の利潤をもたらすのは反応曲線 $G_1G_2$ と接する等利潤曲線 $\Pi_1^*$ である。よってその接点 $S$ に対応して企業1が生産量を $x_1^*$ に決めれば、企業2はそれを所与として自社の利潤を最大化する生産量 $x_2^*$ を選ぶだろう。このように一方が主導者であって他方が追随者であるような市場構造を、シュタッケルベルクは**非対称的複占**（asymmetrical duopoly）と名付けた。また接点 $S$ はこの**非対称的複占均衡**を表す。逆に企業2が主導者で、企業1が追随者の場合には、企業1の反応曲線 $F_1F_2$ と企業2の等利潤曲線とが接する $Q$ 点が非対称的な複

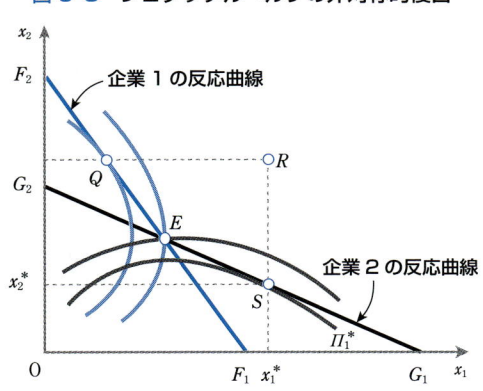

**図6-8　シュタッケルベルクの非対称的複占**

占均衡となる。いずれにせよこうした均衡では，主導企業も追随企業もともにそれぞれの利潤を最大化しているから，これは安定均衡である。

さてクールノーの複占均衡 $E$ 点と比べると，非対称的複占均衡 $S$ では企業1の利潤が大きい一方，企業2の利潤は小さい。生産量も同様に企業1は大きい一方，企業2は小さい。つまりクールノー的複占均衡の場合には，2つの複占企業がどんぐりの背比べで，ともに受動的行動をするが，非対称的複占均衡の場合には，いずれかの企業が優位に立って主導者になり，他方が追随者となる。

企業が数量政策ではなく価格政策をとる場合にも，同様に一方の企業が価格先導者，他方が価格追随者となって，非対称的複占均衡が成立する。いわゆる**価格先導制**あるいは**プライス・リーダーシップ**（price leadership）はこの事例である。

このような非対称的複占均衡が成立するのは，先導企業の推測通りに相手企業が追随者となる場合である。しかしシュタッケルベルク自身はこうした場合は実際にはむしろ例外的であり，いずれの企業も先導者たらんと能動的に行動するのが通例であると想定した。例えば企業1は接点 $S$ で最大利潤が得られるものと期待し，また企業2は接点 $Q$ で最大利潤が得られるものと期待して，それぞれ生産量を決めれば，生産量の組合せは図6-8の $R$ 点になる。この点では $S$ 点や $Q$ 点など非対称的均衡の場合に比べて過剰供給となり，利潤は逆に減少する。つまり双方の期待は裏切られる結果になり，$R$ 点は均衡点にはならない。企業が数量政策ではなく価格政策をとる場合にも，双方が価格先導者たらんと張り合う結果，一方的な値上げ競争ないし値下げ競争が起こって，やはり均衡は成立しない。こうした不均衡状態は，**シュタッケルベルクの不均衡**と呼ばれる。

しかし複占企業がいつも期待を裏切られて減益になるにも関わらず，張り合って増産とか値下げの競争を続けると想定することは，クールノーの複占均衡の場合と同様に不合理である。そこでマーケット・シェア目標がある程度達成されたり，あるいは双方の出血が耐えがたい程度にまでなれば，双方が歩み寄って何らかの妥協を行い，出血的闘争に終止符を打つであろう。

## 10. 協調的寡占

寡占企業が損失を余儀なくさせる競争を回避し，相互に協調・結託して行動すれば，それだけ市場支配力は強まり，利潤も増える。そうした協調が成立す

るのは，一方の利潤を減らさないではもはや他方の利潤を増加させ得ない状態のはずである。一般に「一方の利益を害さずに他方の利益を増加させ得ない状態」を，**パレート最適**（Pareto optimum）というが，この状態もそれに該当する。これは図6-9で，2つの等利潤曲線群が接する点の軌跡 $F_1KG_2$ によって表される。シュタッケルベルクの非対称的複占均衡 $S$ と比べると，$K$ 点では企業1は同じ等利潤曲線上にあるが，企業2はより上位の等利潤曲線に移る。よって両社が協調する限り，$S$ 点より $K$ 点を選択するはずである。またクールノーの複占均衡 $E$ と比べると，$L$ 点では企業2は同じ等利潤曲線上にあるが，企業1はより上位の等利潤曲線に移る。よってやはり両社が協調する限り，$E$ 点より $L$ 点を選択することになる。つまり曲線 $F_1KG_2$ 上の点は他のいかなる点よりも，一方の企業あるいは双方の企業に大きな利益を約束する。そこでこのような曲線 $F_1KG_2$ を，エッジワースは**契約曲線**（contract curve）と呼んだ。

クールノーの複占均衡 $E$ も，シュタッケルベルクの非対称的複占均衡 $S$ や不均衡 $R$ も，いずれも契約曲線 $F_1KG_2$ 上にないから，両社が協調する限りそうした状態に留まるのは一時的であり，いずれはより有利な状態へ改善していく。寡占企業がある協力・結託関係によりいずれの利潤も減らすことなく，少なくとも一方の利潤を増やせるならば，当初の状態は改善できる。そしていかなる協力や結託によってももはや改善できない状態を，当初の状態の**コア**（core）と呼ぶ。クールノーの複占均衡 $E$ のコアは，契約曲線 $F_1KG_2$ 上で $L$ 点と $L'$ 点とで挟まれる部分である。こうした協力・結託関係にある寡占は**協調的寡占**（cooperative oligopoly）といわれ，契約曲線上のコアに属す点は協調

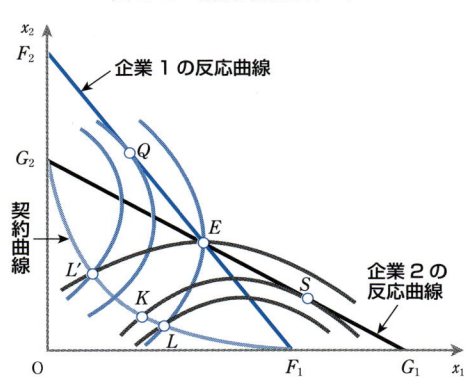

**図6-9 協調的寡占とコア**

的寡占均衡といえる。寡占企業が価格政策をとる場合でも，同様の議論ができる。

協調的寡占均衡は，一方の利潤を減らさないでは他方の利潤を増やせないという意味で，ウィリアム・フェルナーの言う**共同利潤最大化**（joint profit maximization）の事態に相当する。寡占企業は相互に一定の独立性を保ちながら，相互の利潤を最大にするように生産・販売数量や価格，設備投資などについて協力し合う。しかし企業としての独立性を保持しており，品質競争など何らかの競争関係は残っているので，完全独占の場合とまったく同じわけではない。また利潤合計を最大化したとしても，完全独占企業ではないから利潤の分け前を巡ってなお対立・交渉の余地がある。契約曲線上のコアは，その余地を表している。コアのうちどこで実際の利潤分配が行われるかは，結局寡占企業間の力関係によって決まる。

## 11．参入障壁と参入阻止価格

既存の寡占企業が協調・結託により市場支配を狙うとしても，新規企業が市場に参入する潜在的可能性があれば，競争圧力として作用する。よって新規企業の参入の難易は市場の競争状態を規定する重要な要素の一つであり，**参入障壁**（barriers to entry）は市場構造を構成する一大要因と考えられている。参入障壁を形成する原因には，まず規模の経済性があげられる。自動車産業など大規模生産の利益が著しい産業では，平均生産費を低めるため通例は相当程度の大量生産を行っている。すると平均生産費が最低となる「最小最適規模」は相当大きいので，新規企業が同効率の生産設備を建設するには相当巨額の投資が必要となり，簡単には参入できない。また「最小最適規模」での生産量は相当に多く，市場需要全体のかなりの割合を占めるから，たとえ新規企業が同規模の生産設備を建設して参入しても，供給過剰となって値崩れが生じるので，やはり参入をためらう。

次に費用格差による参入障壁がある。参入を企てる新規企業にとって，費用曲線が既存企業のそれよりも高ければ，既存企業との競争に勝てないから，参入を諦めざるを得ない。まず既存企業が生産技術を特許とかノウハウの形で排他的に所有している場合，参入企業は特許使用料を支払わねばならず，その分費用は高くなる。重要な生産要素を既存企業が有利に入手している場合，例えば優良な埋蔵資源を既存企業が既に支配下に治めている場合など，参入企業の

第6章 独占市場

入手コストは著しく高くなる。さらに消費者の嗜好や既存企業の販売促進活動によって製品差別化が進んでいる場合には，新規企業は参入のために相当の支出を余儀なくされる。これは特に製品差別化による参入障壁ともいう。

　他には法的・制度的参入障壁がある。例えば官庁は公共的見地から事業免許制により企業数を制限したり，「行政指導」を通じて介入することがある。また関税障壁や非関税障壁を設けて，外国からの参入に制限を加えたりする。

　こうした参入障壁がある場合でも，既存企業が価格を過度に釣り上げたり，行き過ぎた生産制限をして，超過利潤を得ている場合には，新規企業は参入障壁を乗り越えて参入に成功し得るだろう。しかし既存企業がそうした目先の超過利潤を放棄して，参入を招かない価格を設定すれば，参入は防がれる。このような価格を**参入阻止価格**（entry-forestalling price）という。この概念は最初ジョー・ベインやパオロ・シロス・ラビーニにより開拓され，後にフランコ・モジリアーニによって明確に理論化された。

　いま参入障壁の原因は規模の経済性だけであり，新規企業は既存企業と同じ費用曲線，つまり同じ効率を達成できるものとする。図6-10にはこの長期平均費用曲線 LAC が描いてあり，それが右下がりの部分は規模の経済性が働くことを意味する。この産業全体の市場需要曲線は曲線 DD′ で表される。長期平均費用曲線 LAC を縦軸とともに右へ平行移動して，A 点で市場需要曲線 DD′ と接するようにする。すると移動された縦軸の原点は O′ となり，この新しい縦軸と市場需要曲線 DD′ との交点 B で，実は参入阻止価格 $p_B$ と参入阻止生産量 OO′ が決定される。

　その理由を次に説明しよう。既存企業が価格 $p_B$ で生産量 OO′ を供給すると，市場需要曲線のうち B 点より左の DB に相当する需要はその供給だけで賄われる。新規企業に「おこぼれ」として残された需要は，B 点より右の BD′ の部分だけで，この部分をモジリアーニは「限界需要曲線」と呼んだ。この上のどの価格も新規企業の長期平均費用曲線 LAC′ より上にはないから，新規企業がどのような生産量を選んでも利潤はプラスにならず，参入の余地は残されていない。したがって既存企業は価格を $p_B$ に設定することによって，新規企業の参入を阻止できる。

　規模の経済性の他に費用格差や法的・制度的規制による参入障壁が存在する場合には，参入阻止価格は $p_B$ よりさらに高くなり得る。逆に新規企業が既存企業より効率のよい技術を持っている場合などは，参入阻止価格は $p_B$ より低

**図6-10 参入阻止価格の決定**

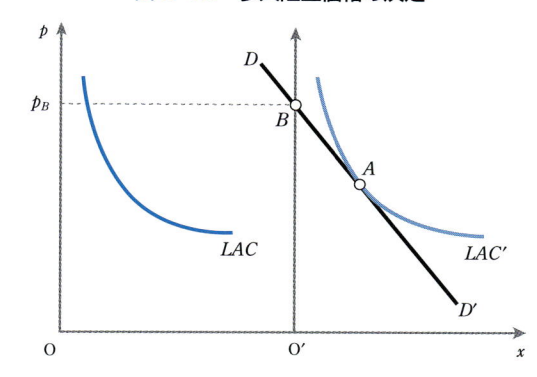

く設定されるだろう。ともあれこの理論では，新規企業は参入するか否かを決断する際に，既存企業が価格 $p_B$ と生産量 OO′ をともに一定に保つであろうという推測に立つと仮定している。これを「シロスの仮定」というが，実際には寡占的相互依存関係はもっと複雑で，既存企業は新規企業が参入しなかった場合には値上げや減産に走ることがあるし，参入した場合には値下げや増産の攻勢をかけてくるであろう。

## 12. 寡占価格の硬直性と屈折需要曲線

　生鮮食糧品あるいは市況性1次産品など競争市場で決まる価格は，需給を敏感に反映して変動するが，一般に寡占価格は需給状態に関わらず，一定である傾向がある。これを寡占価格の**硬直性**（rigidity；stickiness）とか**非伸縮性**（inflexibility）と呼ぶ。ただし同じ寡占であってもパソコンや携帯電話など競争的寡占の場合には，市場価格は頻繁に変動して硬直性はないから，厳密には「協調的」寡占価格の硬直性というべきであろう。既に1930年代にガードナー・ミーンズは，「管理的行動によって設定され，かなりの期間不変に保たれる」価格として**管理価格**（administered price）を定義し，その硬直性を指摘していた。管理価格は，プライス・メイカーが単独でないしは協調して市場支配力を行使し，自らに有利なように設定する価格と解釈できる。したがって完全独占の場合を除けば，彼が指摘した管理価格の硬直性は今日の「協調的」寡占価格の硬直性の問題と符合する。

　協調的寡占の場合，価格が硬直的となる理由として，超過需要に対して在庫

量や生産量などの数量調整をするよりは，価格を改定する価格調整をする方が，大きな費用がかかるという説明がある。実際寡占企業の場合，需給不均衡があるたびにすべての製品の値札を付け替えるとしたら，膨大な費用がかかる。

これに対し，ある特定の寡占的相互依存関係を想定してこの問題に別の解答を与えたのが，ロバート・ホールとチャールズ・ヒッチ及びポール・スウィージーがほぼ同時に提起した**屈折需要曲線**（kinky demand curve）の理論である。ある寡占企業が現行の価格を引き上げた場合には，ライバルの寡占企業は価格を据え置いたままで自ずと新しい買い手を増やせるから，値上げに追随しないと考えられる。逆にある寡占企業が現行価格を引き下げた場合には，ライバルの寡占企業はそのままでは顧客を奪われるから，値下げに追随せざるを得ない。すると寡占企業の個別需要曲線は，現行価格の引上げには弾力的であるが，引下げには非弾力的となる。

こうした状況は図6-11によって表される。現行価格 $p_0$ から値上げする場合の需要曲線は $AP$ と弾力的であるが，値下げする場合の需要曲線は $PB$ と非弾力的である。よって全体の需要曲線 $APB$ は，現行価格の $P$ 点で**屈折点**（kink）を持ち，屈折需要曲線と呼ばれる。それに対応する限界収入（$MR$）曲線も，現行価格 $p_0$ から値上げする場合は $SQ$ と緩やかな勾配であるが，値下げする場合は $RT$ と急勾配になる。全体の限界収入曲線はそれらから合成されるが，$QR$ の区間では不連続になる。利潤最大化の条件は限界収入 $MR=$ 限界費用 $MC$ だから，$MC$ 曲線が図のようにこの不連続区間 $QR$ を通る限り，独占均衡は $P$ 点で変わらず，現行価格 $p_0$ と現行生産量 $x_0$ とが維持される。原材料

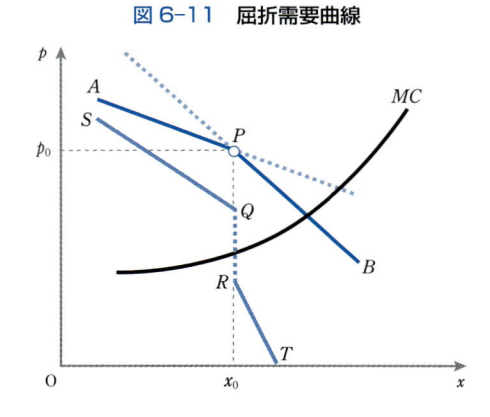

**図6-11　屈折需要曲線**

価格や賃金コストの上昇があっても，また生産性上昇による費用節減があっても，ともかく MC 曲線が不連続区間 QR を通過するならば，現行の独占均衡が維持される。また需要側に変化があっても，需要曲線の横方向の平行シフトであれば，現行価格は維持される。

ただしこの屈折需要曲線の理論には，2つの大きな制約がある。まずある企業の値上げと値下げに対して，ライバル企業がいつもこうした非対称的行動に出るとは限らない。例えばプライス・リーダーシップ（価格先導制）が確立している産業では，追随企業は値下げのみならず値上げの場合でも追随するだろう。特に各企業に共通する原材料費やエネルギー・コスト，人件費などが値上がりする場合には，各企業は協調して製品価格に転嫁するのが通例である。すると個別需要曲線はキンクを持たないから，この理論では説明できなくなる。

もう一つの制約として，この理論は寡占価格が現行水準で硬直的になることを確かに説明するものの，なぜその水準に決定されたかを解明するわけではない。価格水準それ自体の決定は，限界原理や参入阻止価格理論など他の理論に頼らざるを得ないが，中でも次に説明するフル・コスト原理は有力である。

## 13. フル・コスト原理

利潤最大化のためには，限界収入 $MR$ ＝ 限界費用 $MC$ という限界原理に従って価格と生産量を決める必要がある。ところが1934年のオックスフォード経済調査以降行われてきた幾多の実態調査によると，多くの企業には積み上げ計算に基づいて価格を形成する慣行があり，**フル・コスト原理**（full-cost principle）と呼ばれる。それは，原材料費や燃料・動力費，賃金などの直接費から算定した製品原価を基礎に，管理費や原価償却費など間接費のコスト・マージンを加算し，さらには一定の利潤マージン分の「割り増し」（mark-up）を付加して単価を算出する方法をいう。そのため**マーク・アップ原理**（mark-up principle）とも呼ばれる。

オックスフォード調査に基づくホールとヒッチの分析では，フル・コスト原理による企業の価格設定はほぼ次の3つに大別される。

第1は最も単純なタイプで，平均費用 $AC$ に一定の利潤付加率 $m$ をかけて，次式のように価格を算定する。

$$p = (1+m)AC$$

第2のタイプは，平均直接費用（平均可変費用）$AVC$ に一定のマーク・ア

ップ率 $m$ をかけて，次のように価格を定める．

$p = (1+m)AVC$

第3のタイプは，平均直接費用 $AVC$ に間接費（固定費）$AFC$ を賄うマーク・アップ率 $m'$ と利潤付加率 $m''$ をかけて，次式のように価格を形成する．

$p = (1+m'+m'')AVC$

この式は $m'+m''=m$ と置くと第2のタイプと同形になる

このような価格決定方式は，一見して供給側の費用条件だけを考慮しているように見受けられ，古典派の生産費説が復権したものと考えられがちである．そこでフル・コスト原理は需要側の事情を無視し，利潤最大化の限界原理とも矛盾するという批判がある．しかしフル・コスト原理は需要側の状況を決して無視しているわけではない．まず第1のタイプでは平均費用 $AC$ 曲線が水平でない限り，また第2・第3のタイプでは平均可変費用 $AVC$ 曲線が水平でない限り，$AC$ や $AVC$ の大きさを決めるためには，「標準」生産量を設定する必要がある．その設定には当然需要状況が考慮される．さらに利潤付加率 $m$ を何％とするかの決定には，需要動向や参入障壁についての見通しが影響する．

またフル・コスト原理は限界原理と必ずしも対立するわけではない．今日の寡占企業の多くは，ジョージ・マクシーとオーブリー・シルバーストンが自動車産業で発見したような平均費用曲線（**マクシー=シルバーストン曲線**）を持っている．図6-12にはそれを $AC$ 曲線として描いてあり，それに対応する限界費用 $MC$ 曲線も図示してある．平均費用が最低となる $SR$ の部分は水平であり，$x_S$ は最小最適規模，$x_R$ 最大最適規模を表す．この寡占企業の個別需要曲線 $DD$ に対応する限界収入 $MR$ 曲線が，最適規模 $SR$ の区間で限界費用 $MC$ 曲線と交わっているならば，$MR=MC$ の限界原理で決まる均衡点は $P$ 点となり，均衡価格は $p^*$ で均衡生産量は $x^*$ である．しかしこの企業は限界原理ではなくフル・コスト原理に従って，$Oq$ の平均費用に $PQ$ のマーク・アップ分を付加して価格を $p^*$ に決めているものとする．すると実はこの場合には，フル・コスト原理に従いながら，同時に限界原理に適う利潤最大化行動をとっていることになる．実際の企業経営者が限界収入とか限界費用，限界原理といった専門概念を考慮しないからといって，経済学がそうした概念で企業行動を分析できないということは意味しない．

図6-12 フル・コスト原理と限界原理

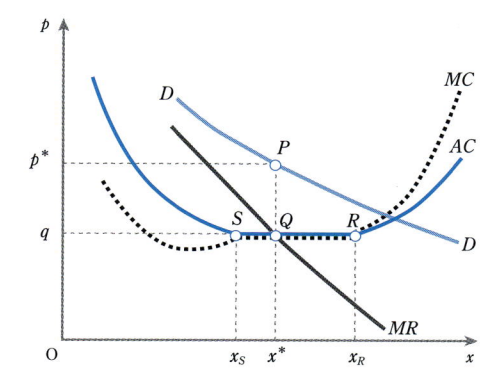

## 14. 双方独占

同じ市場の供給側でも需要側でも独占力が存在するような市場構造は，**双方独占**（bilateral monopoly）と呼ばれる。つまり**売り手独占者**（monopolist）と**買い手独占者**（monopsonist）とが，ともに同じ市場で対峙している場合である。例えば労働市場では，企業は寡占化が進むにつれて買い手独占者として市場支配力を振るうようになるが，労働組合が組織されるにつれて供給側でも売り手独占力が行使されるようになる。原材料など他の生産要素市場で，売り手と買い手がとも独占力を持つ寡占企業の場合もある。また生産物市場では，売り手独占者としての寡占企業に対し，消費者組合などが対抗して市場支配力を発揮する場合がある。このようにある独占力に対抗して生まれたもう一つの独占力を，ガルブレイスは**対抗力**（countervailing power）と呼んだ。独占力とその対抗力からなる双方独占では，相互の市場支配力を牽制し合う結果，かえって競争的性質が強まる。

いま労使間の団体交渉を例に考えてみよう。図6-13 (1) の横軸には労働時間，縦軸には貨幣金額が測ってある。労働者は1日24時間のうち一部を労働供給に充て，残りを自分の余暇（レジャー）に充てる。余暇時間には睡眠や食事の他通勤・読書など，労働以外の活動の時間が含まれる。こうした余暇時間への需要は**留保需要**（reserved demand）と呼ばれる。24時間は $L$ 点で示され，直線 $LW_1$, $LW_2$, …… などの勾配は貨幣金額/労働時間だから，時間当たりの賃金率を表す。原点 $O_S$ に対して凸の曲線群は，労働と貨幣金額の組合せについての無差別曲線群である。$LW_1$ の勾配で与えられる賃金率の下で，最高

**図6-13 労働のオッファー・カーブ**

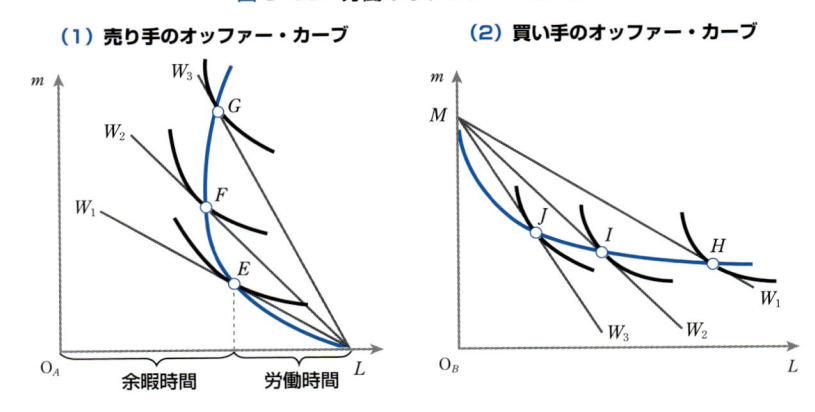

**(1) 売り手のオッファー・カーブ**

**(2) 買い手のオッファー・カーブ**

の効用水準をもたらすのは無差別曲線との接点 $E$ であり，そうした接点の軌跡 $LEFG$ が労働の**オッファー・カーブ**（offer curve）ないし**提供曲線**と呼ばれるものである。縦軸に時間当たりの賃金率をとって労働の提供曲線を描き換えると，図6-13 (2) のような労働の供給曲線が導かれる。

一方労働用役の買い手である企業は，図6-13 (2) のように一定額の貨幣 $O_B M$ を予算制約とし，賃金率の変化に応じて労働需要量を決める。賃金率はやはり直線 $MW_1$, $MW_2$, ……などの勾配で表され，それらと無差別曲線との接点を連ねた軌跡 $MJIH$ が，労働の需要を示すオッファー・カーブである。これは消費者行動の所で説明した価格・消費曲線に相当する。

そこで図6-13 (2) を180度回転させて，$M$ 点を図6-13 (1) の $L$ 点に重ねると，図6-14のようにエッジワースのボックス・ダイアグラムが描かれる。供給側と需要側の無差別曲線群は背中合わせになって接点を持ち，それらを連ねた軌跡 $CC$ 曲線は，先に等利潤曲線の所で説明した契約曲線である。$L$ 点 $=M$ 点を始点とするコアは，契約曲線 $CC$ 上の $QR$ の部分である。したがって相手の利益を損なわずに自分の利益を改善するよう両者が交渉すれば，その交渉解はパレート最適を保証する契約曲線 $CC$ の上のコア $QR$ のどこかになる。2つのオッファー・カーブの交点 $E$ は，供給側と需要側双方がプライス・テイカーとして行動する場合の主体的均衡点である。この点では同じ価格の下で無差別曲線が接し合うから，この点は契約曲線上にある。したがって双方が独占的市場支配力を行使しないで交渉するならば，交渉解は競争均衡と同じ $E$

#### 図6-14 双方独占

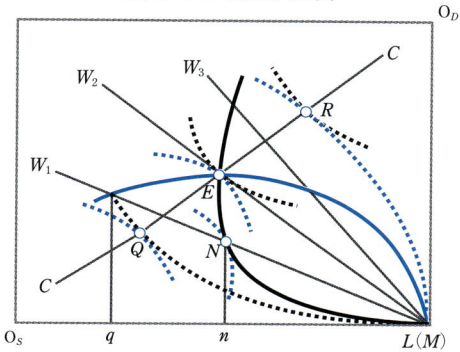

点となる。

しかし供給側はプライス・テイカーのままであるとしても，需要側がプライス・リーダーとして積極的に行動する場合には，シュタッケルベルクの非対称的複占均衡に相当する事態になる。需要側は供給側のオファー・カーブ上で自分にとって最高の無差別曲線と接する $N$ 点を選び，価格を $LW_1$ の傾きに等しく設定するだろう。するとこの価格の下では買い手の需要量は $qL$ であるのに，売り手の供給量は $nL$ に過ぎないので，結局ショートサイドの供給量 $nL$ が実際の取引量となって，超過需要が残る。これは需要側にとって不満足な状態であるから $N$ 点は一時的均衡に過ぎず，双方を有利にする余地がなくなる契約曲線にたどり着くまで，交渉が重ねられるだろう。

需要側がプライス・テイカーのままで，供給側がプライス・リーダーになる場合にも，同様に非対称的複占均衡に相当する事態となるが，超過供給が残って供給側に不満足な状態であるから，やはり交渉をやり直して契約曲線にまで到達するだろう。いずれの場合でも最終的に安定な均衡は契約曲線上のコアに納まるであろうが，どの点に均衡がくるのかは双方の**交渉力**（bargaining power）の相対的強弱によっている。

# 第7章
# 所得分配

　生産物を生み出すのに貢献した経済主体の手に，その生産物を分け配ることを **分配**（distribution）と言う。自給自足の時代に狩猟部族が狩りで獲物を捕らえた後，それを各人に分配したのは直接的な分配であった。この時代には生産→分配→消費という経済過程が支配的であった。しかし貨幣経済の現代では，分配は貨幣を媒介として間接的な形態をとる。企業は生産した財貨・サービスを市場で販売して貨幣収入を稼得し，それを原材料費用などの支払に充てた後，生産に貢献した各生産要素に対して要素報酬として分配する。そして各経済主体はその貨幣所得との交換を通じて，生産物を購入する。したがって分配は現物給付ではなく **所得分配**（income distribution）という形態をとり，経済過程は生産→分配→交換→消費と多段階化している。

　生産に貢献した各生産要素への要素報酬として分配が行われる場合，これを **機能的分配**（functional distribution）という。例えば企業の経営者や労働者の精神的・肉体的労働の提供に対しては，俸給や賃金が支払われる。資本用役や土地用役の提供に対しては，それぞれ利子と地代が支払われる。また残りは企業に利潤として帰属する。これらは同時に賃金や利子，地代など，各生産要素価格を決定するプロセスでもある。そこで本章では要素市場が完全競争の場合と独占的な場合とに分けて，要素価格形成としての機能的分配を説明する。

　また各個人は労働の供給によって賃金・俸給の分配を受けつつ，銀行預金や社債の保有で利子を得たり，株式の所有で配当を受け取ったり，土地用役の提供により地代も受け取る。よってその所得はさまざまな要素報酬の合成からなり，それらの各個人への所得分配を **人的分配**（personal distribution）という。

　各個人の所得は市場機構を通じて分配された要素報酬だけでなく，一旦税金や社会保障料として政府に収めた中から支払われる恩給や年金，社会保障給付なども含んでいる。このように市場による分配を政府が介入して調整し直すことを，**再分配**（redistribution）という。市場の分配過程は市場原理に従うが，政府による再分配過程は「平等」とか「公平」といった何らかの価値基準に従うので，後者については後の章で触れる。

## 1. 完全競争下での限界生産力説

完全競争の下では，生産物の価格がその需要・供給の関係から決まるように，生産要素の価格もその需要・供給の関係から決まる。図7-1のように縦軸に生産要素の価格 $q$，横軸にその数量 $y$ をとると，要素の社会的需要曲線は $DD$，社会的供給曲線は $SS$ で表される。この時両曲線の交点 $E$ で，要素の均衡価格 $q^*$ と均衡需給量 $y^*$ とが決まる。もし要素価格が $q'$ と高ければ，超過供給が発生するから価格は低下し，逆に価格が $q''$ と低ければ，超過需要が生じて価格は上昇する。生産物市場の場合と同様に，ワルラス的安定条件が満たされる限り，均衡点 $E$ に向かって安定的に収束する。需要曲線または供給曲線がシフトする場合も，生産物市場における比較静学の法則が同様に成り立つ。

既に第4章の企業の行動で見たように，費用最小化ないし生産量最大化を目指して要素需要量を決めようとすれば，各要素の限界生産力とその要素価格との比は要素ごとに等しくなり，限界生産力均等の法則が成り立つ。

$$\frac{要素1の限界生産力\ MP_1}{要素1の価格\ p_1} = \frac{要素2の限界生産力\ MP_2}{要素2の価格\ p_2} = \frac{1}{限界費用の\ MC}$$

しかも完全競争の下で利潤最大化を目指せば，限界費用 $MC$ と生産物価格 $p$ とは等しくなるから，各要素の限界生産力 $MP$ に生産物価格 $p$ をかけた価値限界生産力 $p \cdot MP$ は，その要素価格 $q$ に等しくなる。よって生産要素の需要曲線は，その要素の価値限界生産力曲線に他ならない。

要素1の価値限界生産力 $p_1 \cdot MP_1 =$ 要素1の価格 $q_1$

要素2の価値限界生産力 $p_2 \cdot MP_2 =$ 要素2の価格 $q_2$

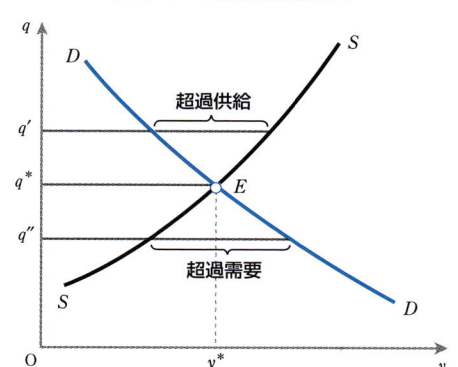

**図7-1 要素価格の決定**

図7-1の需給均衡点 $E$ は必ず生産要素の価値限界生産力曲線の上にあるから，この点では上の関係式が成り立っている。つまり完全競争下で利潤最大化を目指す結果，各生産要素はその限界生産力の価値に等しい報酬を受け取る。この理論を，**限界生産力説**（theory of marginal productivity）という。各要素の限界生産力は生産へのその貢献度を表すから，限界生産力に基づく分配は，生産への貢献度に応じた分配という意味で**公正**（fair；just）である。

限界生産力説が主張するように，各生産要素がその価値限界生産力に等しい報酬を受け取るならば，生産物の純価値額は余すところなく各生産要素に分配され尽くす。つまり生産物の純価値額は，各生産要素の価値限界生産力の総和に等しくなる。これを**完全分配**（exhaustion）という。完全分配の命題は，生産要素の価値はそれが産み出す生産物の価値に帰属するという考え方に立脚している。これがオーストリア学派の**帰属説**（imputation theory）である。帰属説によれば，生産要素への需要は生産物への需要から派生して出てくる**派生需要**（induced demand）である。

いまある生産物の生産量 $x$ が2種類の要素の投入量 $y_1$ と $y_2$ によって生産される関係を，

$$x = f(y_1, y_2)$$

という生産関数で表し，生産物価格を $p$，要素価格を $q_1$, $q_2$ とすれば，各要素報酬はその価値限界生産力に等しいから，

$$q_1 = p\frac{\partial f}{\partial y_1}, \quad q_2 = p\frac{\partial f}{\partial y_2}$$

となる。このとき完全分配の命題が成り立つためには，

$$px = p\frac{\partial f}{\partial y_1} \cdot y_1 + p\frac{\partial f}{\partial y_2} \cdot y_2 = q_1 y_1 + q_2 y_2$$

という等式が成り立つことを示せばよい。

完全分配の命題は無条件で成り立つのではなく，一定の条件の下で証明される。そこでワルラスとクヌート・ヴィクセルに従って，平均費用曲線がU字型であり，競争的企業の自由参入によりこの平均費用曲線の最低点に生産物価格が一致するという条件を考えよう。この条件は完全競争の下では通常のものである。総費用 $TC$ と平均費用 $AC$ との間には，

$$TC = AC \cdot x = q_1 y_1 + q_2 y_2$$

という関係があるから，要素価格は価値限界生産力に等しいことを考慮して，

**図 7-2　完 全 分 配**

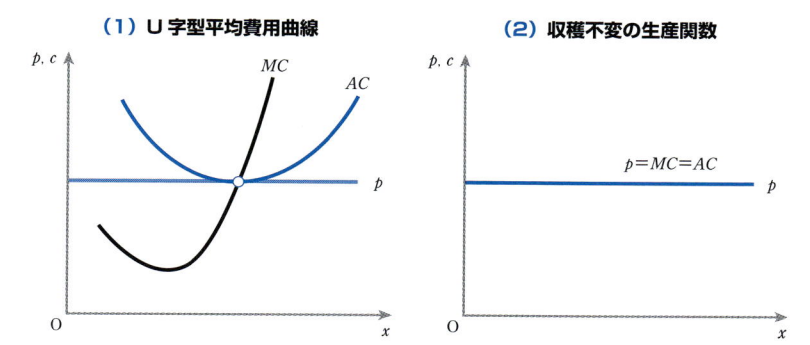

**(1) U 字型平均費用曲線**　　　**(2) 収穫不変の生産関数**

$$AC \cdot x = p\frac{\partial f}{\partial y_1} \cdot y_1 + p\frac{\partial f}{\partial y_2} \cdot y_2$$

となる。完全競争下での自由参入の結果，図7-2 (1) のように価格は平均費用の最低点にまで下がり，$p = AC$ が成り立つから，

$$px = p\frac{\partial f}{\partial y_1} \cdot y_1 + p\frac{\partial f}{\partial y_2} \cdot y_2$$

となって完全分配が証明される。

さらにフィリップ・ヘンリー・ウィックスティードに従って，生産関数 $f$ が1次同次すなわち規模に関して収穫不変であり，図7-2 (2) のように平均費用曲線が水平であるという条件を想定しよう。このとき**オイラーの定理**（Euler's theorem）によって，

$$x = \frac{\partial f}{\partial y_1}y_1 + \frac{\partial f}{\partial y_2}y_2$$

が成り立つから，両辺に $p$ をかければ直ちに完全分配が証明される。1次同次生産関数の代表的な事例には，

$$x = y_1^{\beta} + y_2^{1-\beta}$$

という**コブ=ダグラス生産関数**（Cobb-Douglas production function）があり，やはり完全分配が示される。そしてべき乗の $\beta$ と $1-\beta$ とが，それぞれの要素の分配率を表す。

## 2. 独占下での分配

完全競争下での限界生産力説は，独占の下では修正される。まず生産物市場において企業が独占的である**供給独占**（monopoly）の場合を取り上げよう。完全競争下では既に見たように，生産物価格 $p$ ＝平均収入 $AR$ ＝限界収入 $MR$ という関係が成立したが，供給独占があると，$MR$ は $p$ に一致せず，

$$限界収入\ MR = 生産物価格\ p \times \left(1 - \frac{1}{需要の弾力性\ e}\right)$$

となる。よって要素価格＝要素の価値限界生産力という限界生産力説の命題は，

$$要素価格\ q = 生産物価格\ p \times \left(1 - \frac{1}{需要の弾力性\ e}\right) \times 限界生産力\ MP$$

と修正される。1/需要の弾力性 $e$ は独占度を表すもので，この分だけ要素に支払われる報酬は少なくなる。図 7-3（1）では $PE$ に相当する部分だけ報酬が少なくなる。これは企業の独占力に起因するので，**独占的搾取**といわれる。

これとは反対に生産物市場は完全競争的であるが，生産要素市場で企業が市場支配力を振るう**需要独占**（monopsony）の場合を考えよう。前章で既に説明したように，要素需要を 1 単位増やすために企業が支払う限界支出 $ME$ は，要素価格 $q$ に等しくなく，

$$限界支出\ ME = 要素価格\ q \times \left(1 + \frac{1}{要素の供給弾力性\ \eta}\right)$$

となる。よって要素価格＝要素の価値限界生産力という限界生産力説の命題は，

図 7-3　独占下での分配

**（1）独占的搾取**　　　　　　　　　　**（2）需要独占的搾取**

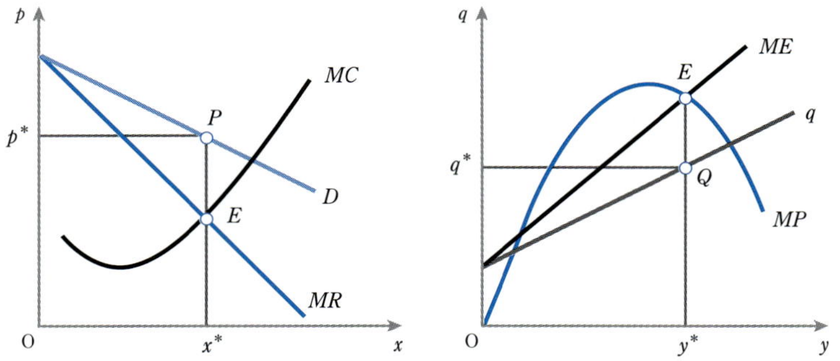

$$\text{要素価格 } q \times \left(1 + \frac{1}{\text{要素の供給弾力性 } \eta}\right) = \text{生産物価格 } p \times \text{限界生産力 } MP$$

と修正され，要素価格 $q$ は完全競争の場合より 1/要素の供給弾力性の分だけ低くなる。図7-3（2）では $QE$ に相当する部分だけ報酬が少なくなる。これは要素需要者としての企業の独占力に起因するので，**需要独占的搾取**という。

さらに生産物市場でも要素市場でも企業が独占力を行使する場合には，要素価格＝要素の価値限界生産力という限界生産力説の命題は，

$$\text{要素価格 } q \times \left(1 + \frac{1}{\text{要素の供給弾力性 } \eta}\right)$$
$$= \text{生産物価格 } p \times \left(1 - \frac{1}{\text{需要の弾力性 } e}\right) \times \text{限界生産力 } MP$$

と修正される。したがって独占的搾取と需要独占的搾取との二重の搾取が行われて，その分要素への報酬は減らされることになる。

## 3. 労働の需給と賃金

労働は最も代表的な生産要素である。労働者あるいは家計による労働の供給は，どのように行われるのだろうか。人間が利用できる時間は1日に24時間であるから，睡眠や食事，読書など自分が使うための**余暇**（レジャー，leisure）時間を16時間とるとすれば，労働用役を提供できる時間は8時間となる。この余暇時間のように，自分の手持ちのうち自分が消費するためにとっておく部分を**留保需要**（reserved demand）といい，これを決めれば残りが労働供給を決める。他にも農家が生産した米や野菜のうち自家消費のためにとっておく部分は留保需要であり，それを差し引いた残りが市場に供給される。

一般に自分が使うための余暇時間が増えれば効用は増加し，労働に供する時間が増えれば効用は減少する。なぜなら，余暇時間は自分の欲望を満足させるために使えるのに対して，労働時間は欲望充足の手段を獲得するために犠牲にするからである。したがって労働には苦痛を伴い，これを**不効用**（disutility）という。労働により満足感を得ることもあるが，それは労働の目的を達成することによる充足感が得られるからであり，苦痛を伴わないということではない。

そこで余暇時間への需要は，労働用役への報酬である**賃金**（wages）に依存して決まる。賃金を時間当たりで測る場合は，特に**賃金率**（wage rate）という。図7-4 の縦軸には時間当たりの名目賃金率 $w$，横軸には24時間をとり，

図 7-4 賃金の決定

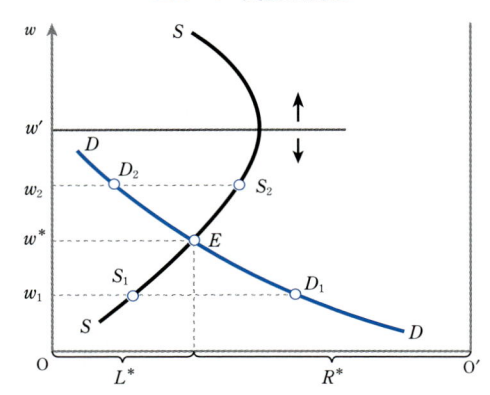

労働時間 $L$ は原点 $O$ から余暇時間 $R$ は点 $O'$ から測る。賃金率 $w$ が低いうちは余暇時間 $R$ が多く，労働時間 $L$ は少ないが，賃金率 $w$ が高くなると代替効果が働くので，余暇時間 $R$ は減り，労働時間 $L$ が増える。よって労働供給曲線 $SS$ は右上がりになる。しかし賃金率が $w'$ のようにある程度まで上がると所得効果が働き，余暇が劣等財でない限り，労働時間を減らして余暇時間をより増やそうとする。この所得効果が代替効果を凌駕すれば，労働供給曲線は反転して左上がりとなる。これを**反転型**（backward bending）の供給曲線という。

さて完全競争の下では生産要素への需要は要素価格が価値限界生産力に等しくなるように決まるから，価値限界生産力曲線が企業の要素需要曲線に他ならない。生産要素が労働の場合も同様で，要素価格＝賃金率 $w$ は労働の価値限界生産力に等しくなるように決められ，労働需要曲線は図 7-4 の $DD$ 線のように右下がりになる。

よって労働市場の需給均衡は両曲線の交点 $E$ で達成され，均衡賃金率 $w^*$ と均衡雇用量 $L^*$ とが決まる。もし市場の賃金率が $w^*$ より低い $w_1$ であれば，労働の超過需要 $S_1D_1$ が発生して賃金率は上がる。逆に賃金率が $w^*$ より高い $w_2$ であれば，労働の超過供給 $S_2D_2$ つまり失業が生じて賃金率は下がる。賃金率が伸縮的で，需給両曲線が図のような交わり方をしている限り，超過需給は清算されて均衡点 $E$ に向かう。この時均衡はワルラス的に安定であるという。

これに対して定期的賃金交渉制度の下では，短期的には労働者は実質賃金率 $w/p$ ではなく，貨幣賃金率 $w$ を目安として労働供給をする傾向がある。この

**図 7-5 非自発的失業と不完全雇用均衡**

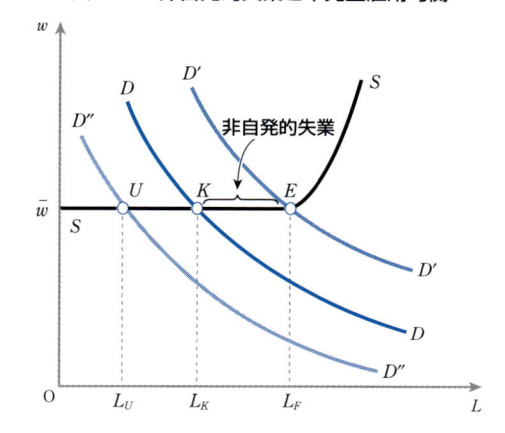

時**貨幣錯覚**（money illusion）があるという。いま貨幣錯覚があって，しかも図 7-5 のように短期的に一定の貨幣賃金率 $\overline{w}$ の下で働きたいと思う労働者は $L_F$ だけいるが，労働需要は $L_K$ しかないので，結局雇われる労働者は $L_K$ である。すると現行の貨幣賃金率 $\overline{w}$ の下で働きたいと思いながらも雇用されない労働者が，$L_F - L_K$（＝線分 $KE$ の長さ）だけ発生する。こうした失業をジョン・メイナード・ケインズは**非自発的失業**（involuntary unemployment）と名付けた。

　非自発的失業の分だけ労働の超過供給があっても，貨幣賃金率は硬直的だからそれを調整するようには変化しない。よって需給不一致を残したまま，経済は $K$ 点で動かなくなる。この $K$ 点を，完全雇用均衡と区別して，**不完全雇用均衡**（under-employment equilibrium）とか**ケインズ均衡**（Keynesian equilibrium）という。この時貨幣賃金率 $\overline{w}$ は一定であるが，このように価格変数が不変のまま数量だけが変化する調整を，**数量調整**（quantity adjustment）と呼ぶ。しかし現行の貨幣賃金率 $\overline{w}$ の下で働きたい労働者は，無限にいるわけではなく，$L_F$ のように有限である。$L_F$ を越える労働者は，賃金上昇につれて労働供給を増やすから，労働供給曲線は右上がりに変わる。

　企業が価格の変化に反応して労働需要量を決定できるとすれば，価格下落に応じて労働需要曲線は $D'$ のように上方シフトする。それに応じて均衡点は $K$ 点から $E$ 点へと移り，均衡雇用量は $L_K$ から $L_F$ に移る。この新しい均衡点 $E$ では非自発的失業は存在せず，現行賃金率で働きたい労働者はすべて雇われる。

第 7 章　所得分配

よって $E$ 点は**完全雇用均衡**（full-employment equilibrium）に他ならない。

ここまで名目的な貨幣賃金率 $w$ を目安に労働需給が行われると想定してきた。ところが長期では企業も家計も価格の変化分を調整し，実質賃金率 $w/p$ を目安に労働需給をすると考えられる。家計は労働の限界不効用が実質賃金率に等しくなるように，労働供給を決める。他方で企業は労働の限界生産力が実質賃金率に等しくなるように，労働を需要する。すると図7-4の縦軸には貨幣賃金率 $w$ ではなく実質賃金率 $w/p$ をとらねばならず，労働需要曲線 $DD$ は労働の限界生産力曲線を意味する。均衡点 $E$ では均衡実質賃金率 $(w/p)^*$ と均衡雇用量 $L^*$ とが決定されるが，価格 $p$ は生産物市場で与えられるから，結局労働市場で決まるのは均衡名目賃金率 $w^*$ と均衡雇用量 $L^*$ である。この時均衡点では労働の限界不効用と限界生産力及び実質賃金率のすべてが等しく，労働者も企業も物価の変化分を完全に調整して労働需給を行う。したがって貨幣錯覚も非自発的失業も存在しない。こうした賃金理論は古典派のピグウなどにより展開されたので，**古典派理論**（classical theory）という。

また既に見たように，企業が労働市場で需要独占力を振るう場合には，その分賃金率は低くなって，需要独占的搾取が発生する。さらに労働の供給側も市場支配力を行使する場合には，双方独占と呼ばれる事態が成立する。

## 4. 地価・地代の決定

賃金は労働用役の価格であり，労働力の賃貸料という性格を持っている。土地を一定時点で売買する価格は**地価**（price of land），土地を一定期間にわたって賃貸借する場合の賃貸料は**地代**（rent）という。地代は土地用役の価格と考えてもよい。よって地価はストック概念で，地代はフロー概念である。注意しなければならないのは，土地ストックの売買は必ず所有権の移転を伴うが，フローの土地用役の賃貸借では所有権が移転しないということである。

土地は他の生産要素と異なり，天賦一定で再生産不可能と考えられてきた。開墾によって荒れ地を耕地に変えたり，造成によって山林を宅地に変えても，土地利用の形態が変わるだけで，面積が増えるわけではない。よってこのように土地利用の形態を変えることは，既に存在する土地への資本投下であり，新たな土地の生産とは考えられてこなかった。もっとも海や湖沼を干拓して埋め立て地を造成する場合には，土地面積は増えるので，新たに土地が生産されたと言える。この埋め立て地の場合を除けば，一般に土地の供給は限られており，

図7-6 地価の決定

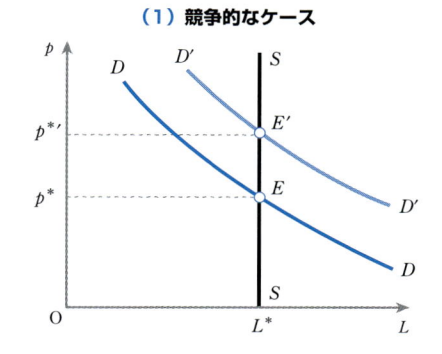

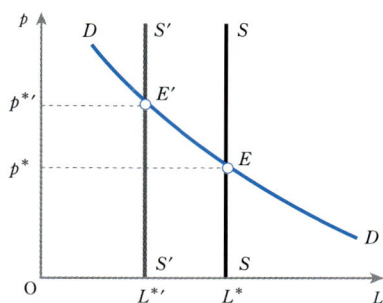

**（1）競争的なケース**

**（2）供給制限のケース**

非常に非弾力的であるから，土地がすべて同質的であるとすれば，土地の供給曲線は図7-6（1）のSS線のようにほぼ垂直となる。これに対して土地の需要は土地の価格すなわち地価の減少関数と見なされるから，その需要曲線はDD線のように右下がりに描かれる。よって土地市場が完全競争的である限り，均衡点は需給両曲線の交点Eとなり，均衡地価は$p^*$，均衡取引量は$L^*$となる。

いま住宅ブームなどの理由で土地への需要が増えて，需要曲線がDDから$D'D'$へと上方シフトしたとしよう。すると均衡点はEから$E'$へと移る。土地の供給は非弾力的であるから，取引量は$L^*$のまま増えずに，地価だけが$p^*$から$p^{*\prime}$へと高騰する。この場合には地価の高低を左右するのは，専ら需要側の要因である。しかし土地市場が完全競争的ではなく，供給側が市場支配力を振るう場合にはどうであろうか。例えば図7-6（2）のように，供給制限によって供給曲線がDDから$S'S'$にシフトすれば，均衡点はEから$E'$へと移り，土地の取引量が減少するとともに，地価が騰貴する。この場合には需要側に何らの変化もないから，地価の騰貴は供給側の独占的行為によって起こる。

では土地が同質的でない場合はどうであろうか。土地の品質や形状，地理的位置の便宜などによって等級が異なる場合には，それぞれの等級ごとに上の分析を適用すればよい。あるいは各等級が連続的に異なっているならば，スムーズな需要曲線や供給曲線を描くことができるから，上と同様にすべての土地を一括して分析してもよい。

需給の対象となる土地が売買用ではなく，賃貸借用の場合でも，これと同様にして均衡地代$r^*$と均衡取引量$L^*$とを決定することができる。すなわち図7

第7章 所得分配　　127

-6の縦軸を地価 $p$ の代わりに地代 $r$ と読み，横軸の土地取引量 $L$ を賃貸借用のそれと読み替えればよい。

地代について経済学上明確な分析を初めて行ったのはリカードであり，彼は「本源的で破壊し得ない地力」に対する報酬を地代と考えた。リカードは（1）土地の供給量に制限があること，（2）土地の品質や位置の便宜に差異があること，（3）人口増加に伴ってより劣等な土地が耕作されることを前提にして，**差額地代説**（differential rent theory）を唱えた。まず人口が少なく，最も優等な一等地だけを耕作すれば十分扶養できる場合に，その一等地には地代は発生しないと考える。ところが一等地の供給量は無限ではないから，人口が増加すれば二等地を耕作する必要が生じる。すると一等地には二等地より優秀な分だけ生産費がかからないから，その差額分として地代が発生する。さらに人口が増加して三等地まで耕作するようになると，二等地にも地代が発生し，一等地の地代はさらに大きくなる。しかし三等地には最劣等地だから地代は発生しない。

リカードの差額地代説は「本源的で破壊し得ない地力」を地代の源泉と見る点で，限界生産力説の萌芽と考えられる。しかし各等級の土地が持つ地力の差によって，地代の差を説明し得たものの，限界地には地代が成立しないと見た所に難点がある。限界生産力説の立場からは，一等地や二等地はもちろん三等地といえども，生産に貢献する以上は限界生産力を持つわけだから，その賃貸借の報酬として地代が成立しなければならない。

差額地代説の難点を批判したのが，マルクスの**絶対地代説**（absolute rent theory）である。マルクスによれば，（1）農業部門では資本の有機的構成（賃金支払額と資本財購入額との比）が低いこと，（2）競争の結果平均利潤率はどの部門でも均等化すること，という2つの仮定から，農業部門では同額の資本に対する剰余価値の比率が他部門より高くなり，その差額分が絶対地代だという。よって最劣等地でも剰余価値が生産されている限り，地代が発生するという。しかしこの説では，部門間で資本の有機的構成が均等化すれば，同額の資本に対する剰余価値の差額もなくなるから，地代も消滅する。しかも地代は単に搾取の結果であって，搾取が行われなかったならば，土地の利用が生産にどれほど貢献したとしても，地代は消滅することになる。よってマルクスの絶対地代説は労働価値説という特殊仮説とともに立ち，ともに倒れる難点がある。

## 5. 利　　潤

　利潤（profits）とは，収入 $R$ から費用 $C$ を引いた差額として定義される。よって収入が費用を上回れば，プラスの利潤が発生し，収入が費用を下回れば，マイナスの利潤つまり損失が発生する。また収入を最大化して同時に費用を最小化すれば，利潤は最大化される。利潤は一般に企業の生産活動に対する報酬と考えられ，経営効率を測る指標と見られているが，その源泉は多様である。

　利潤がなぜ発生するかについては，従来から多くの学説があった。まず第 1 は，フランク・ナイトなどの**危険負担論**（theory of risk bearing）である。企業がその生産物を社会に送り出しても，常に十分な需要があるとは限らず，時には買い手があまりに少ないために売れ残りが出て，損失を生じることさえある。このように現実の生産活動には危険や不確実性が付きまとう。とりわけ新製品を開発して市場に送り出す場合には，販売の実績がないだけにリスクは大きい。失敗をすれば，販売収入が得られないばかりか，投下した資本も回収できずに賃金も支払えないまま，倒産する危険もある。したがって企業は，その製品がもし消費者の需要に的確に応えたものであるならば，その報酬として多額の販売収入ないし利潤が得られると期待しないでは，そのようなリスクをあえて負担することはしないであろう。報酬として利潤を得られると期待するからこそ，企業はそのような危険をあえて負担しても生産活動を行うのである。

　第 2 の利潤源泉論には，ヨーゼフ・シュンペーターの**革新利潤論**（theory of innovative profit）がある。資本を所有する資本家と経営を担当する企業家との最大の違いは，企業家が古い生産方式を改廃して新機軸を導入するところにある。新生産方式の採択，新製品の開発，新市場の開拓など，広い意味での技術革新を絶えず導入して利潤を追求するのが，企業家の職能であるという。この見方からすれば，利潤は新機軸を導入した創造的な企業家への褒 賞に他ならない。新機軸ないし技術革新は生産性の向上により供給曲線を下方に押し下げるから，市場価格が従来通りであれば，図 7–7 のように下方シフトの分 $ER$ だけ革新利潤を生む。しかし競争の結果，他企業も同様の技術革新に成功すれば，均衡点が $E$ から $E'$ に移ってこの革新利潤は消滅し，技術革新の成果は消費者に帰属する。よって革新利潤が発生するのは，あくまで不断に新機軸が導入される動態的過程においてである。費用を節約し，販売収入の増大を図る革新的な企業努力により利潤が増える場合は，革新利潤のケースに分類できる。

　第 3 の利潤源泉論は，ケインズの**意外の利潤論**（theory of windfall profit）で

図 7-7　革新利潤　　　　　　　　　図 7-8　意外の利潤

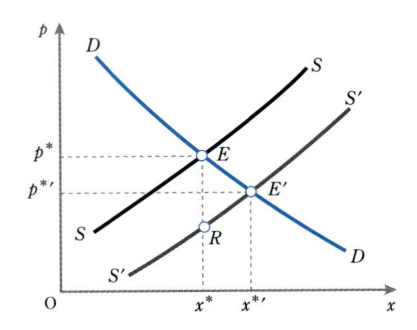

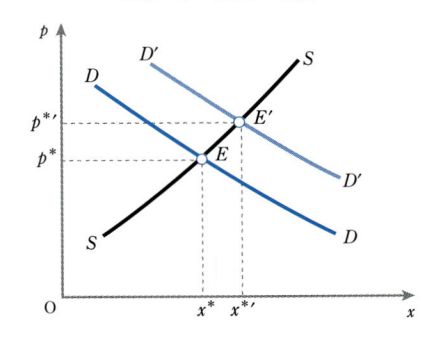

ある。供給側に何らの変化がなくても，図 7-8 のように何かの原因で需要曲線が上方シフトすれば，販売価格は上がって販売量は増えるから，利潤も増える。専ら販売収入の増加による利潤の増加である。風が吹けば桶屋が儲かる事例が，これに該当するだろう。テレビ放映に伴う地域ブームで，地域の名産がよく売れるようになったり，観光収入が増えるのも，この適例である。

第 4 の利潤源泉論は，ロビンソンなどの**独占利潤論**（theory of monopolistic profit）である。独占的企業の個別需要曲線は右下がりであるから，独占均衡では完全競争に比べて価格は高く，生産量は少なくなる。よってそこでは独占利潤が発生し，独占的搾取が行われる。しかし参入の自由が保証され，潜在的企業の参入が続く限り，平均費用が上昇して価格に等しくなるから，結局産業均衡では独占利潤は消滅する。独占禁止法によって不公正取引や競争制限行為を禁止するのは，不当な独占利潤を抑制して市場成果を高める目的である。

他にマルクスの搾取論ないし剰余価値説があるが，これは完全競争や独占ないし寡占の区別もなく，常に労働者は資本家に剰余労働の分だけ搾取され，それが剰余価値ないし利潤であると主張する。搾取論は労働のみが価値を生むという特殊な労働価値説に立脚しており，したがってそれとともに立ち倒れる。現実には利潤はいつもプラスであるとは限らず，収入と費用との相対的大きさいかんによって，ゼロである時もマイナスである時もある。仮に剰余労働の搾取の結果が剰余価値（＝利潤）であるとすれば，ゼロの利潤の時には搾取もゼロでなければならず，マイナスの利潤の時には労働者が資本家を搾取することになる。しかしこれは搾取論自身に矛盾する。そもそも搾取論は，利潤の源泉を単純に搾取のみに求め，利潤＝収入－費用という定義式を無視しているので，

利潤の説明としては失敗している。

## 6. 人的分配と平等度

　各生産要素への要素報酬の分配を機能的分配と呼ぶのに対して，各個人への分配は人的分配と呼んでいる。労働者は賃金所得の他に，預貯金など金融資産の保有によって利子所得を得たり，株式の所有に対して配当所得を得たり，あるいは土地を賃貸して地代を得たり，家屋を貸して家賃を稼いだりする。こうして得られるすべての収入がその個人の所得を構成する。しかし各個人の所得は同一ではなく，稼得能力がなくて政府からの生活扶助だけしか収入がない人から，平均的な収入がある人，さらには数十億円という収入を得るごく僅かの大資産家まで，いろいろな所得格差がある。累進的な所得税制をとる国では，この所得格差は比較的に小さいが，累進的でない所得税制や逆進的な間接税制をとる国では，所得格差は相対的に大きいであろう。つまり税制による再分配効果が大きい国では，市場による所得分配が修正されて，所得格差は小さくなる。こうした国民の間での所得格差を測る**平等度**（degree of equality）ないし**不平等度**（degree of inequality）には，著名な尺度としてローレンツ曲線があるが，他にもパレート係数やジニ係数，ジブラ係数などがある。

　まずよく用いられるのは**ローレンツ曲線**（Lorenz curve）である。図 7–9 のように，横軸には低所得者から人数の累積百分率をとり，縦軸にはそれに対応する所得額の累積百分率をとる。例えば 100 人の社会で年収が皆 100 万円の場合，最初の 20 人の所得総額は 2,000 万円で 20％に当たるから，$A$ 点で表される。50 人の所得総額は 5,000 万円で 50％に当たるから，$B$ 点で表される。同様にして 100 人まで調べると，その軌跡は対角線 $OABC$ になる。これが完全平等の場合のローレンツ曲線である。しかし実際には所得格差があって，低い方から 20％の人数の所得総額が社会の全所得の 15％であれば，それは $A'$ 点で表される。低い方から 50％の人数の所得総額が社会の全所得の 35％であれば，それは $B'$ 点で表される。よって実際のローレンツ曲線は，完全平等の対角線より下に凸の形になる。これが完全平等線より下に離れれば離れるほど，不平等度は高くなり，完全平等線に近付くほど，不平等度は低くなる。また低い累積百分率の所で完全平等線からの乖離が著しい場合には，低所得階層での不平等が大きいことを意味する。このようにローレンツ曲線の位置と形状によって，不平等度ないし平等度の判定ができる。さらに実際のローレンツ曲線と

第 7 章　所得分配

**図 7-9　ローレンツ曲線**

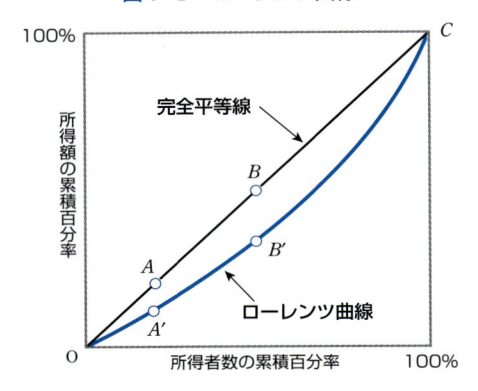

完全平等線との間の面積 λ をもって，不平等度の尺度とすることもできる。ただし面積が同じでも，ローレンツ曲線の形状が違う場合は，その違いを捉えられないという難点がある。特にこの面積 λ と対角線下の面積との比率は，ジニ係数（Gini coefficient）と呼ばれ，不平等度の尺度として用いられている。

次はパレートが所得分布の統計を観察して導いた**パレート係数**（Pareto's coefficient）である。いま最低所得額を $x$ とし，それ以上の所得を得る所得者数を $N$ とすると，パレートは経験法則として近似的に，

$$N = Ax^{-\alpha}$$

という式が成り立つという。両辺の対数をとると，

$$\log N = \log A - \alpha \log x$$

となる。$A$ と $\alpha$ とは統計的に計測される定数であり，これを図示すれば図7-10 となる。$\alpha$ は勾配を表す係数で，パレート係数と言う。$x$ 以上の所得を持つ人数に比べて，$x$ 以下の所得しかない人数が少ないほど，所得分布は平等であると考えられるから，パレート係数 $\alpha$ が小さいほど，分配は平等であるといえる。

パレートはヨーロッパ諸国の統計資料から，$\alpha$ はほぼ 1.5 の近くであって，どの国でもまたどの時代でも所得分布は安定していると推察した。しかし別の資料によれば，$\alpha$ は約 1.5 とは限らず，国により時代により異なる値をとるから，所得分布は安定だとはいえない。さらに最低所得額がゼロに近付けば（$x \to 0$），累積所得者数は無限大に近づき（$N \to \infty$），逆に最低所得額が無限大に近付けば（$x \to \infty$），累積所得者数はゼロに近付くから（$N \to 0$），パレート

図 7-10　パレート係数

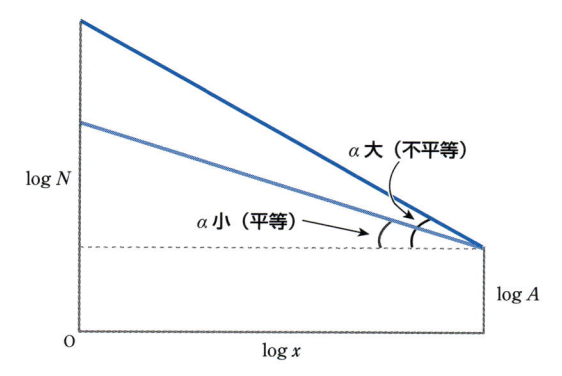

の経験法則は定額所得層や高額所得層では当てはまらない。よってローレンツ曲線に比べると，パレート係数の信頼性は低いと考えられている。

# 第8章
# 資本と利子

　労働と土地は再生産が比較的に困難という意味で，本源的生産要素と呼ばれる。これに対して資本は同じ生産要素でも**生産された生産手段**といえる。一般に道具や機械などは，消費財を生産するための**資本財**（capital goods）ないし**生産財**（production goods）と呼ばれる。またそれらが購入の対象となっている場合には，投資需要の対象という意味で**投資財**（investment goods）ともいう。ある生産過程の生産物は消費財とも資本財ともなるが，資本財となるためにはそれが別の生産過程に投入される必要がある。スプーンや食器は家庭で使えば消費財であり，レストランで営業用に使用すれば資本財である。乗用車も家庭で使えば耐久消費財であるが，会社で事業用に使えば資本財である。道具や機械，工場，建物など物理的実態を持つ資本を，特に**実物資本**（real capital）とか**有形固定資本**（tangible capital）という。他方のれんやブランドのように生産に無形の貢献をするものを**無形資本**（intangible capital）という。

　人類を動物と分かつ最大の違いは，道具の利用であった。土地と労働だけを用いて直接に消費財を生産する代わりに，まず消費財を生産するための時間を割いて道具を生産し，それを生産手段として用いれば，さらに多くの生産物を獲得できる。このように道具＝資本を用いた間接的な生産方法は，オイゲン・フォン・ベーム・バヴェルクによって**迂回生産**（roundabout production）と名付けられた。資本財は将来の消費財をより多く作るために生産される。したがって現在の資源を用いて消費財と資本財とをどれだけ作るかは，現在の消費財と将来の消費財とをどれだけ作るかという異時点間の資源配分の問題でもある。

　利子はもともと資金の貸借の賃貸料として支払われるもので，賃貸借という債権・債務契約に伴って発生する。貸借された資金は契約満了時には返済されなければならず，通常の売買と違ってその所有権は移転しない。その意味で利子は資金ないし流動性を一定期間手放すことに対する報酬である。こうした利子を**貨幣的利子**（monetary interest）と呼ぶ。これに対して，生産のために機械などの実物資本を提供すれば，その貢献に応じて要素報酬の分配に授かるが，それは**実物的利子**（real interest）と呼ばれる。

## 1. 迂回生産と資本の需要

　道具や資本をまったく用いないで生産するよりも、それらを用いて生産するほうが、より多くの生産物を獲得し、より多くの収益を得ることができる。これが迂回生産の利益である。資本を生産するためには、現在生産に投入できる本源的生産要素のうち消費財の生産にすべてを振り向けるのではなく、一部を資本財の生産用に割かなければならない。漁民が素手で毎日漁に出かけるのではなく、何日か漁を休んで銛や釣り道具や網の生産に振り向け、その後それらの道具を使って漁をした方がはるかに多くの漁獲高が得られる。それらの道具を生産するには現在の魚の生産を犠牲にしなければならないが、道具の使用によって将来の魚の生産は増える。よって資本の生産にどれだけの本源的生産要素を振り向けるかの判断は、現在の消費財生産と将来の消費財生産との間の選択である。あるいは直接生産と迂回生産との間の選択といってもよい。

　そこで生産可能性曲線を用いて、この問題を考えてみよう。単純化のために期間は現在と将来の2期間とし、図8-1の横軸に現在の消費財生産 $x_1$ を、縦軸に将来の消費財生産 $x_2$ をとる。すると一定量の本源的生産要素を投入して得られる現在の生産量と将来の生産量との組合せは、$QR$ のような生産可能性曲線として描かれる。もし現在の生産のためにすべての生産要素を投入し、将来の生産をまったく行わないとすれば、現在の可能な生産量は $OQ$ になる。逆に現在の生産をまったく行わずに、すべての生産要素を将来の生産に振り向けると、将来の可能な生産量は $OR$ になる。資本財を利用した迂回生産の利益があるならば、現在の生産量 $OQ$ より将来の生産量 $OR$ の方が大きい。

　いま $A$ 点で生産を行っている場合、$AH$ だけ現在の生産を減らし、その分の

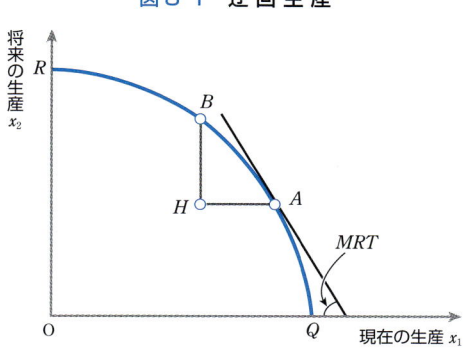

**図8-1　迂回生産**

生産要素を将来の生産に振り向ければ，$BH$ だけ将来の生産は増える。よって $BH/AH$ で表される $AB$ の勾配が 1 よりどれだけ大きいかに応じて，迂回生産による資本の収益率が示される。変化を微小にとると $A$ 点の勾配は $dx_2/dx_1$ で示され，**限界変形率**（marginal rate of transformation：$MRT$）と呼ばれる。するとそれから 1 を引いた $MRT-1$ が，**資本の限界収益率**（marginal rate of return on capital）$\rho$ を表す。

## 2. 時間選好と異時点間の消費配分

人々は生産したもののうち，どれだけを現在消費し，どれだけを貯蓄に回すのであろうか。貯蓄は現在の消費の抑制であるとともに，将来の消費の源泉でもある。したがって消費と貯蓄との間の選択は，現在の消費と将来の消費との選択ともいえる。同じ属性の消費財でも，異なる期間に属すのであれば，異なる種類の消費財として取り扱うことができる。そこで現在の消費 $C_1$ と将来の消費 $C_2$ という異なる 2 財の選択について，無差別曲線を用いて分析してみよう。図 8-2 の横軸に現在の消費 $C_1$，縦軸には将来の消費 $C_2$ を測ると，この 2 財に対するある個人の選好は，図の $U$，$U'$，$U''$ などのような無差別曲線群として描かれる。無差別曲線上の任意の点 $U$ における接線の勾配は，2 財間の限界代替率 $MRS$ を表す。つまり現在消費を 1 単位減らす場合に，同じ効用水準を保つには，どれだけ将来消費を増やせばよいかの比率を示す。

現在の消費と将来の消費とを比較すると，人間は通常は現在の消費を将来の消費より高く評価する傾向がある。これを**時間選好**（time preference）と呼んでいる。例えば，ある人が指輪をくれるという場合，今もらうのか 5 年後にも

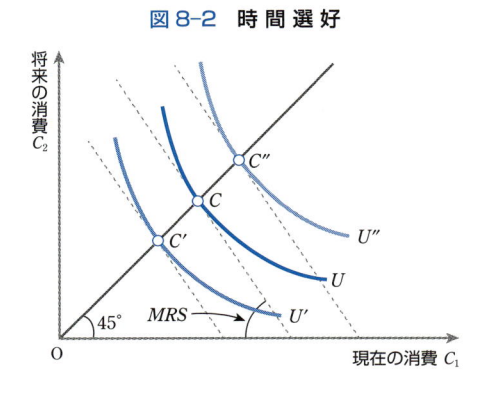

図 8-2　時間選好

らうのかの選択を迫られたならば，今もらうという人がほとんどであろう。その理由としては第1に，今もらえばすぐ指輪をはめられるが，5年後にもらえば5年間はそれをはめられず，消費を待忍（たいにん）しなければならない。第2に，5年後にその人がくれる意志を持ち続けているか不確実であり，自分もその時生きているかどうか不確実である。こうした消費の待忍や不確実性のために，同じ消費財であっても，将来のものより現在のものを選好する。

時間選好があれば，図8-2で原点からの45度線と，無差別曲線 $U$ との交点 $C$ における接線の勾配つまり限界代替率 $MRS$ は，1より大きくなる。なぜならば，原点からの45度線上では現在消費の量 $C_1$ と将来消費の量 $C_2$ とが等しく，現在消費を1単位減らすのに対して，将来消費をそれ以上に増やさなければ，同じ効用水準を保てないからである。そこでその交点 $C$ における限界代替率から1を引いた $MRS-1$ を，**限界時間選好率**（marginal rate of time preference）と定義する。現在消費と将来消費との限界代替率から1を引いたものは，一般に**限界時差割引率**（marginal rate of time discounting）とも呼ばれるが，限界時間選好率は $C$ 点におけるその特殊な概念といえよう。

## 3. 資本の最適水準の決定

現在と将来という2期間において，生産可能性曲線と無差別曲線とが与えられれば，現在の消費財と将来の消費財すなわち資本財との最適な組合せを決定できる。図8-3の生産可能性曲線上の任意の点は，生産資源を最も有効に使

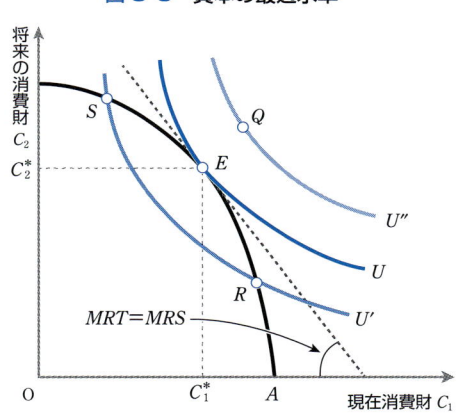

図8-3 **資本の最適水準**

って生産できる最大限可能な現在消費財と将来消費財との組合せを表す。それらの点の中で、ある個人にとって最適となるのは、その無差別曲線 $U$ との接点 $E$ である。$R$ 点や $S$ 点は生産可能性曲線上にあるが、$U$ より効用水準が低い無差別曲線 $U'$ の上にあるので、$E$ 点より明らかに劣る。また $Q$ 点は $U$ より効用水準が高い無差別曲線 $U''$ の上にあるが、生産可能性曲線の外にあるので、実現できない。よって効用最大化をもたらす最適点は $E$ 点となり、最適な現在消費と将来消費の組合せは $(C_1^*, C_2^*)$ に決定する。この将来消費 $C_2^*$ を産み出す資本財の量が、資本の最適水準である。それは $AC_1^*$ だけの現在消費を犠牲にして、それに振り向けられたはずの生産資源から作られる資本財の量である。

## 4. 金融市場の役割

　道具ないし広い意味での資本の使用は、人類を動物と分かつ最大のメルクマールであり、それから 400 万年以上も経てから貨幣の使用が始まった。貨幣経済では、貨幣が他の財との間接交換に使われるだけでなく、貨幣それ自体が貸借される。その賃貸借料が**利子**（interest）であり、貸借される貨幣額に対する利子の割合は**利子率**（rate of interest ; interest rate）という。また貸借期間や利子率などの貸借条件を記した借用証書は、証券とか債券といわれる。貨幣の貸借は債権契約であって、通常の売買契約と異なり、貨幣の所有権は移転しない。したがって契約期間が満了する際には、借りた貨幣を返済する必要がある。貨幣を賃貸借する市場は**貨幣市場**（money market）または**金融市場**（financial market）という。これらの市場での価格の役割は利子率が果たすが、それは賃貸借料であって、決して売買価格ではない。

　貨幣を媒介とする貨幣経済では、人々が生産したものは所得 $Y$ として表され、現在消費財と将来消費財の生産額は、現在所得 $Y_1$ と将来所得 $Y_2$ としてそれぞれ表される。図 8-4 (1) の横軸には現在所得 $Y_1$ が、縦軸には将来所得 $Y_2$ が測ってある。現在所得は現在使いきり、将来所得は将来期間に使うとすれば、消費可能な予算集合は図の四角形 $Y_1AY_2O$ となる。しかし現在所得を貯蓄して将来消費財の購入に振り向ける場合には、予算集合は図の台形 $Y_1ABO$ になる。$B$ 点は現在所得をすべて貯蓄して将来消費に回す場合であり、$Y_2B$ の長さは現在所得 $Y_1$ に等しい。この時消費者の無差別曲線が図のような位置にあれば、効用最大化をもたらす最適点は接点 $E$ である。

### 図8-4 金融市場の役割

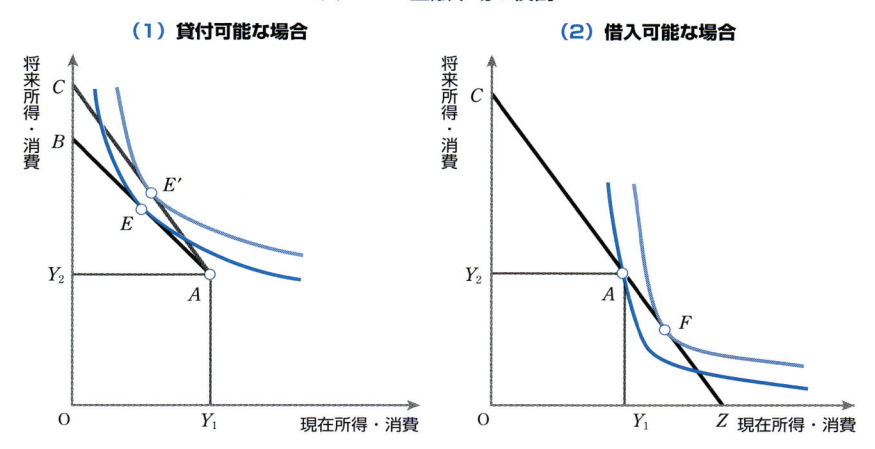

**(1) 貸付可能な場合**　　**(2) 借入可能な場合**

　ところが金融市場が存在して，貯蓄した貨幣を利子率 $i$ で賃貸しできれば，予算集合は図の台形 $Y_1ACO$ に拡がる。$Y_2C$ の長さは現在所得に利子を加えた $Y_1(1+i)$ に等しく，斜辺 $AC$ の勾配は $(1+i)$ である。よって効用最大化をもたらす最適点は接点 $E'$ にシフトし，無差別曲線は上位に移るから，効用水準も上がる。このように消費可能な予算集合を拡大し，効用水準を引き上げることにより，経済厚生を向上させることにこそ，金融市場の存在意義がある。

　他方消費者の無差別曲線が**図8-4 (2)** のような位置にある場合には，効用を最大化する最適点は $A$ 点のようなコーナー均衡点となる。この時金融市場から利子率 $i$ で貨幣を賃借りすることもできるならば，予算集合は三角形 $ZCO$ に拡大する。$ZY_1$ の長さは将来所得を利子率で割り引いて**現在価値**（present value）を評価したものであり，**割引現在価値**（discounted present value）といい，$Y_2/(1+i)$ に等しい。斜辺 $A$ の勾配は斜辺 $AC$ の勾配と同じく $(1+i)$ である。よって効用最大化をもたらす最適点は $A$ 点から $F$ 点にシフトし，無差別曲線は上方に移るから，効用レベルも上がる。この場合もやはり金融市場が存在するために，経済厚生が向上する。

　金融市場で資金を貸借できれば，予算集合が三角形 $ZCO$ に広がり，予算線は $ZC$ と上方に移る。よって消費可能な領域が広がり，経済厚生が増大する。この金融市場での貸借は，貨幣経済を普及させる一つの原因となった。

第8章　資本と利子

## 5. 古典派の資金需給と自然利子率

現在所得 $Y_1$ は利子率 $i$ の下で金融市場で貸し付けて運用すれば，利子を生むから，将来には $Y_1(1+i)$ の価値になる。逆に将来所得 $Y_2$ を現在の価値に評価し直すと，利子率で割り引いて $Y_2/(1+i)$ になる。よって2期間の所得 $Y_1$，$Y_2$ の**現在価値**（present value）ないし**割引現在価値**（discounted present value）は，

$$V = Y_1 + \frac{Y_2}{1+i}$$

と表すことができる。図8-5 (1) でこれを示すと，$(1+i)$ の勾配を持つ $V$ 線のようになる。生産者にとって，所与の投入資源の下でこの現在価値 $V$ を最大化する現在生産と将来生産との組合せは，図において生産可能性曲線と現在価値線 $V$ との接点 $E$ で決定される。$R$ 点や $S$ 点は同じ生産可能性曲線上にあるものの，$V$ より低い現在価値線 $V'$ の上にあるので，$E$ 点よりは劣る。また $Q$ 点は $V$ より高い現在価値線 $V''$ の上にあるものの，生産可能性曲線の外にあるので，実現できない。よって $E$ 点が最適点となる。

生産可能性曲線が原点に対して凹だから，生産資源を現在消費から資本に振り向けると，資本の限界収益率は低下する。しかし市場で与えられる利子率 $i$ が下がれば，低い収益率でも投資が引き合うようになる。利子率の下落は $V$ 線の勾配を緩やかにして，最適点を生産可能性曲線の上部へとシフトさせる。資本の限界収益率は低下し，投資は増加する。したがって投資をするための資金の需要は，利子率の減少関数に他ならない。図8-5 (2) に描かれた右下が

**図8-5 資本の需要**

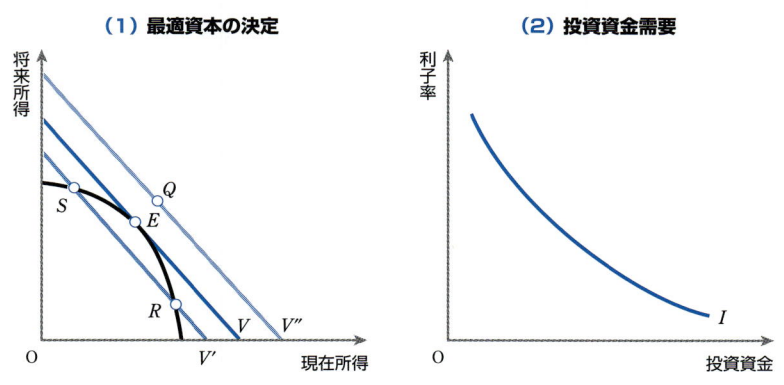

**(1) 最適資本の決定**

**(2) 投資資金需要**

140 第Ⅱ部 ミクロ経済学

りの曲線は，投資資金の需要曲線 $I$ である。

さて消費者としては，2期間の生産から得られる所得 $Y_1$, $Y_2$ の割引現在価値 $V$ の範囲内で，現在消費と将来消費の選択を行わなければならない。したがって消費者にとってこの現在価値 $V$ は，次式のように予算制約を意味する。

$$V = C_1 + \frac{C_2}{1+i}$$

これを図示したのが，図8-6（1）の予算制約線 $V$ である。所与の予算制約の下で効用を最大化する現在消費と将来消費の組合せは，予算制約線と無差別曲線とが接する $E$ 点に決まる。$R$ 点や $S$ 点は同じ予算制約線上にあるが，$U$ より低い無差別曲線 $U'$ の上にあるので，$E$ 点よりは劣る。また $Q$ 点は $U$ より高い無差別曲線 $U''$ の上にあるが，予算制約線の外にあるので，実現できない。

無差別曲線は原点に対して凸だから，現在消費を諦めて将来消費を増やすにつれ，消費者の限界時間選好率は高まる。よって市場利子率 $i$ がそれに対応して高くならなければ，現在消費を断念しようとはしない。実際市場利子率 $i$ が上昇すれば，予算制約線の勾配は急になって，将来消費を増やせる余地が出る。現在消費が劣等財でない限り，所得効果は代替効果と同方向に働くから，利子率上昇は必ず将来消費を増やす。それは貯蓄を増やすことに他ならず，それにより資本を購入するための資金，すなわち投資資金が供給される。よって貯蓄の供給，あるいは投資資金の供給は，利子率の増加関数である。これを投資資金の供給曲線として描くと，図8-6（2）の右上がりの曲線 $S$ になる。

よって競争的な資金市場では，図8-7のように投資資金の供給曲線と需要

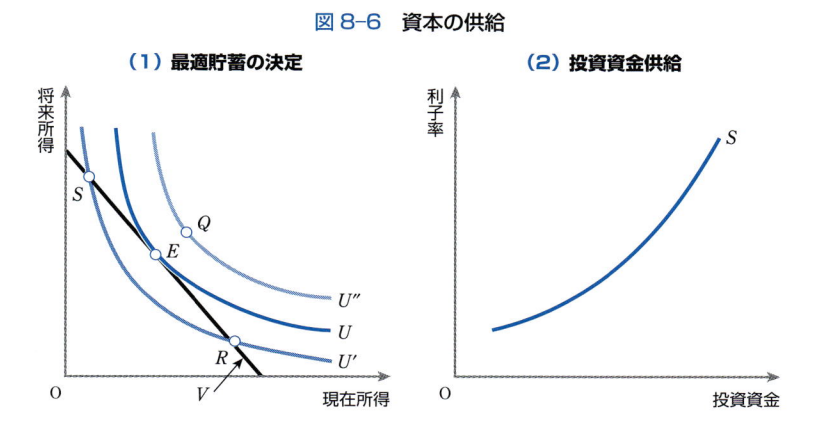

**図8-6　資本の供給**

**（1）最適貯蓄の決定**

**（2）投資資金供給**

図 8-7 古典派の自然利子率

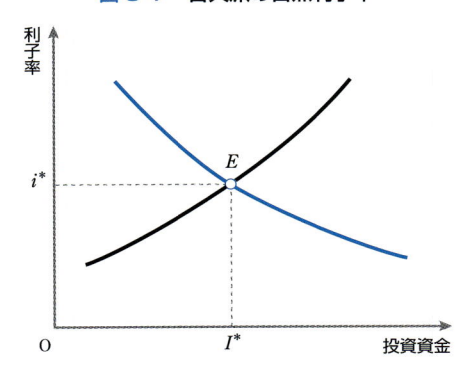

曲線の交点 $E$ で均衡点が定まり，均衡資金量 $I^*$ と均衡利子率 $i^*$ が決定する。この均衡利子率をストックホルム学派のヴィクセルは**自然利子率**（natural rate of interest）と名付けた。市場利子率 $i$ は，生産物市場の需給調節を担う価格と同様に，投資資金市場の需要と供給の需給整を担う役割を持ち，したがって貯蓄と投資を均等化させる調整作用を行う。その調整の結果に達成される均衡では，自然利子率 $i_N$ が成立する。資金供給の背景には，限界時間選好率で表される消費者の待忍があり，資金需要の背景には資本の限界収益率で表される迂回生産の利益がある。よって貨幣の賃借料としての利子率が，実物資本の限界収益率に一致することから，こうした利子理論は**実物的利子論**（theory of real interest）と呼ばれる。したがって政府ないし中央銀行による貨幣供給 $M$ は，自然利子率 $i_N$ にはまったく影響を与えることなく，専ら物価水準 $P$ を決定する。実物的利子率の決定と物価水準の決定は古典派の二分法に従う。

ただし物価 $P$ が上昇してインフレ率 $\pi$ がプラスになれば，名目利子率 $i$ は実物的な自然利子率 $i_N$ にインフレ率 $\pi$ （$=dP/P$）を加えたものになる。

$$i = i_N + \pi$$

物価 $P$ が下落してデフレが起きる場合には，インフレ率 $\pi$ はマイナスとなるが，この式は依然と成立する。こうした効果は，提唱者にちなんで，**フィッシャー効果**（Fisherian effect）といい，この式を**利子率のフィッシャー方程式**（Fisherian equation of interest rate）という。よって名目の市場利子率 $i$ は，実物的均衡利子率である自然利子率 $i_N$ の回りを短期的には上下して変動する。

## 6. 貸付資金説の資金需給と貨幣利子率

　貸付資金市場における資金の需要は，投資資金需要だけでなく，手元現金の保蔵などのための資金需要もある。そうした投資資金以外の資金需要を $L$ とすれば，資金需要曲線は図8-8で $I+L$ 曲線として描かれる。また貸付資金の供給は，貯蓄からのみ行われるのではなく，貯蓄を元に銀行組織を通じて信用創造された預金通貨からも行われる。そうした貯蓄以外の資金供給を $M$ とすれば，資金供給曲線は図8-8で $S+M$ 曲線として描かれる。こうした貸付資金の需要と供給によって，交点 $F$ で均衡利子率と均衡資金量が決定するという理論が，マーシャル門下のデニス・ロバートソンやストックホルム学派のバーティル・オリーンが提唱した**貸付資金説**（loanable funds theory）である。この均衡利子率 $i_M$ は，貨幣的要因を加味して決められるので，ヴィクセルが**貨幣利子率**（money rate of interest）と名付けたものである。

　この説では，利子率は貯蓄 $S$ ＝投資 $I$ の均衡を達成するように調整作用をするのではなく，貸付資金市場において，$S+L=I+M$ の貸付資金需給を均衡させるように調整作用をする。

　それでは均衡利子率は資本の限界収益率を反映した実物的な自然利子率とまったく関係ないかというと，そうではない。ヴィクセルは，市場利子率 $i$ が自然利子率 $i_N$ より低い時（$i<i_N$）には貨幣供給が多いのでインフレが生じ，市場利子率 $i$ が上がって自然利子率 $i_N$ に収束すると考えた。逆に市場利子率 $i$ が自然利子率 $i_N$ より高い時（$i>i_N$）には貨幣供給が少ないのでデフレが生じ，市場利子率 $i$ が下がって自然利子率 $i_N$ に収束すると考えた。この収束プロセ

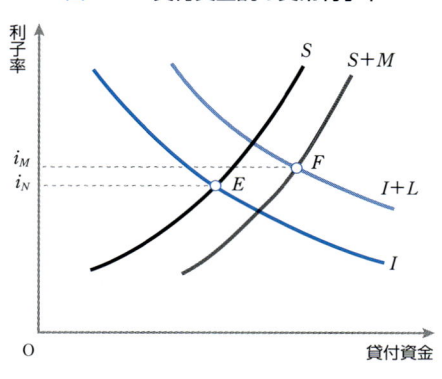

**図8-8　貸付資金説の貨幣利子率**

スを，ヴィクセルの累積過程（Wicksell's accumulative process）と呼ぶ。

確かに短期的には貯蓄$S$＝投資$I$以外のさまざまな要因を含む資金需給によって，市場利子率は変動し，自然利子率から上下に乖離する。つまり短期的には貨幣的な利子論が説明力を持つといえる。しかしマーティン・フェルドシュタインなどの実証研究によって，長期においては長期の均衡利子率は資本の限界収益率とほぼ一致することが観察されている。つまり長期では自然利子率の理論が妥当し，ヴィクセルの累積過程が支持されるといえる。

## 7. 流動性選好説以降の資金需給と利子率

ケインズは『一般理論』において，「利子は流動性を手放すことへの報酬である」という流動性選好説を提唱した。債券価格が下がって利子率$i$ないし収益率が上昇すると，資産保有が有利となるので，貨幣を手放して資産を購入する。逆に債券価格が上がって利子率$i$ないし収益率が下落すると，資産保有が有利でなくなるので，資産を手放して貨幣保有を増やす。こうした貨幣・債券市場における資産選択の過程で，貨幣は投機的動機ないし資産動機に基づいて需要され，利子率が決まる。それが$L(i)$という流動性選好関数で表される。この動機で保有される貨幣は，ある時点で保有される残高つまりストック量である。

他方でケインズは古典派の取引動機や予備的動機に基づく貨幣需要を認め，$M^D=kPY$ないし実質値では$M^D/P=kY$というケンブリッジの現金残高数量説を維持する。この貨幣量は一定期間に取引される国民所得$Y$のフローに基づいて決まるので，フロー量である。よって貨幣市場の均衡では，

$$\frac{M}{P} = kY + L(i)$$

が成り立つが，この均衡条件式は取引動機や予備的動機だけでなく投機的動機に基づく貨幣需要を表し，数量説の側面だけでなく流動性選好説を合わせて定式化し，フロー面だけでなくストック面も包摂する。

古典派の貨幣数量説や貸付資金説では，資金市場における需給均衡が利子率$i$の関数として，その調整作用によりもたらされると考えたのに対して，ケインズの需給均衡式では国民所得$Y$と利子率$i$がともに独立変数であるので，生産物市場と貨幣市場ないし債券市場の連立方程式体系によって，相互連関的に均衡が決定される。さらにケインズ理論を継承したアメリカ・ケインジアンの

ジェームズ・トービンは，**資産選択論**（portfolio selection theory）の立場から金融市場を貨幣市場，債券市場，株式市場などに細分化して，それらすべての市場の需給均衡を相互連関的に分析する『金融理論の一般均衡分析』を展開した。他方で古典派の貨幣数量説や新古典派一般均衡理論を統合的に継承したミルトン・フリードマンは，**新貨幣数量説**（new quantity theory of money）を提唱し，やはり複数市場の相互連関を考慮した一般均衡論的な分析を展開した。

## 8. 資本の測定と評価

　個々の資本財は異質的であるから，ロビンソンが批判したように，それらを集計的に評価することには実はかなりの困難が伴う。自動車の部品を作る場合，溝を掘るためには旋盤を使ったり，面を削るためにはフライス盤を用いたり，穴を開けるためにはボール盤を利用したり，また面や角を磨くためにはグラインダーやヤスリをかけたりする。このようにそれぞれの工程に応じてさまざまな資本財を使うのであるが，それらはどのように測定したり，評価するのであろうか。旋盤を4台，フライス盤を3台，ボール盤を5台，ヤスリを7本使うとすれば，個々の資本財や道具の個数を数えることは意味があるけれども，全体では合計で19個あると数えてもあまり意味はない。それぞれの資本財は物理的な形状も機能も違うから，物理的な共通尺度を設定することはできない。あえて物理的尺度に固執するならば，旋盤からヤスリまで4つの要素からなるベクトルで表現する方法もある。しかし資本財の数が数千とか数万に及ぶ場合には，この方法は非常に煩雑となるし，また資本全体の大きさを把握できるわけでもない。そもそも資本財の物理的な機能や性能はそれ自体のためにあるのではなく，企業の生産活動のためにある。したがって資本財の評価や測定は物理的にだけではなく，経済的な観点からも行う必要がある。経済的な共通尺度とは，ドルや円などの貨幣単位である。これで個々の資本財の経済的価値を測定し，それらを集計すれば全体としての資本が評価できる。

　その一つの方法が，前述の**現在価値法**である。これまでは2期間モデルで説明してきたが，3期間以上の多期間モデルに一般化してみよう。金融市場が存在して利子率 $i$ で資金の貸借ができるならば，今期の1円は1期後の $(1+i)$ 円に，2期後の $(1+i)^2$ 円に，$T$ 期後の $(1+i)^T$ 円に等しい。逆に1期後の1円は今期の $1/(1+i)$ 円に，2期後の1円は今期の $1/(1+i)^2$ 円に，$T$ 期後の1円は今期の $1/(1+i)^T$ 円に等しい。この場合の利子率 $i$ は，将来の価値を現在

の価値に割り引くために使われるので，**割引率**（discount rate）とも呼ばれる。

さて資本財は多かれ少なかれ耐久的であって，一度生産過程に投入されると，多期間にわたり生産能力として稼働する。溝を掘るとか，面を削るとか，穴を開けるといった資本財が提供するサービスを，**資本用役**（capital services）という。ある資本財，例えば旋盤の耐久期間が $T$ 年である場合，その資本用役の活用によって得られると予想される1期目の収益を $Q_1$，2期目の予想収益を $Q_2$，以下同様にして $T$ 期目の予想収益を $Q_T$ とすれば，それらの現在価値の総和は割引率 $i$ を用いて，

$$V = \frac{Q_1}{1+i} + \frac{Q_2}{(1+i)^2} + \cdots\cdots + \frac{Q_T}{(1+i)^T}$$

と表すことができる。これがその資本財の経済的な価値である。

いま市場でこの資本財の購入価格が $P$ 円であれば，それは投資費用を表す。もし現在価値が市場価格を上回るならば，投資の純利益＝投資収益－投資費用＝$(V-P)$ 円となるから，投資が行われるだろう。逆に市場価格が現在価値を上回るならば，$(P-V)$ 円の純損失が生じて，投資は控えられるだろう。つまり現在価値と市場価格の大小関係で純利益が生じる限りにおいて，投資が行われる。図8-9の縦軸には資本財の現在価値 $V$ と市場価格 $P$ が，横軸には投資量 $I$ が測られている。同じ資本財でも投資量が多くなるほど，予想される収益は減少するから，現在価値も低下する。よって限界的な現在価値の曲線は，図の $GG$ 線のように右下がりとなる。他方で資本財の市場は競争的であるとすれば，市場価格 $P$ は水平線で表される。企業が利潤最大化を目指して行動す

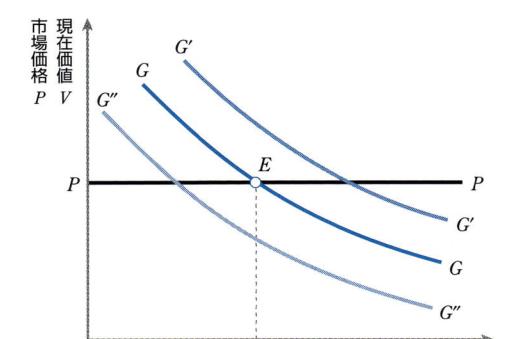

**図8-9　最適投資量の決定**

ると，限界収入＝限界費用が成り立つから，最適点は $E$ 点になり，最適投資量は $I^*$ に決定する。この時限界的現在価値＝市場価格である。

現在価値法による資本の測定・評価については，予想収益の算定が主観的期待に基づいていて曖昧なので，客観的妥当性がないという批判がある。例えば楽観的な企業は予想収益を大きめに見積もる傾向があるから，その限界現在価値曲線は図の $G'G'$ 線のように $GG$ 線より上方に位置するであろう。逆に悲観的な企業は予想収益を控えめに見込むから，$G''G''$ 線のように下方に位置するであろう。主体的な均衡点ではいずれも限界現在価値＝市場価格が成り立つものの，投資量は違ってくる。まったく同じ資本財でも，各企業の楽観・悲観によって違った価値評価を受けるのは，合理的とはいえない。

これに対して評価時点の市場価格で資本財の再取得費用を算出し，それから既使用期間に応じて減価償却分を差し引くという時価方式がある。取得時点の帳簿価格（＝簿価）を使う簿価方式では，まったく同じ機械でも後に買ったものの方が，インフレのために高く評価されるという欠点がある。これを避けるために，評価時点の市場価格（＝時価）を使うのである。現在価値法は資本財の未使用期間について価値評価をするので，減価償却分は予め除外していると見なされる。したがって既使用で耐久期間が残存している資本財の市場価格というのは，中古市場での価格である。しかし実際にはどんな既使用の資本財についても中古市場があるわけではないから，現在価値法の適用可能な範囲は狭くならざるを得ない。ところが上の時価方式では，市場価格というのは新品市場での価格であるから，再取得費用の算出は比較的に容易である。わが国でも国富調査などでは，この方式が利用されている。

## 9. 資本蓄積と成長経路

資本財の購入は投資と呼ばれ，需要を構成する。しかし資本財は一度設置されると，生産能力を形成する。前者はある期間で測定されるフロー量であるのに対して，後者はある時点で測定されるストック量である。貯水池に毎月水がフローとして流れ込むと，月末時点では貯水ストックは増えていく。同様に，フローとしての投資 $I$ が既存資本ストック $K$ に追加されると，その追加分 $\Delta K$ だけ $K + \Delta K$ と増える。これを**資本形成**（capital formation）とか**資本蓄積**（capital accumulation）と呼ぶ。通常は有利な投資プロジェクトから順に実施されるから，労働人口の増加や技術革新がない限り，投資の増加につれて投資

**図 8-10 定 常 状 態**

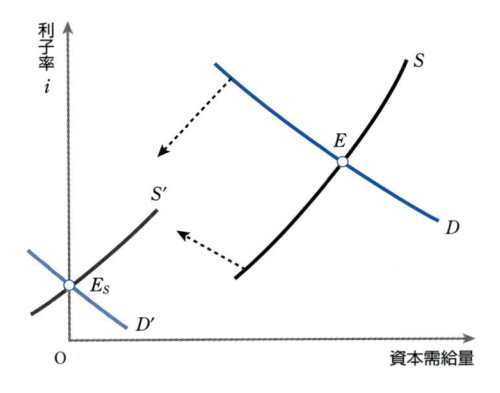

の収益率は低下していく。資本の限界生産力あるいは限界収益率が低下していく傾向は，古くより収穫逓減の法則として知られている。その結果，資本の需給を一致させる均衡利子率も低下していく。そしてやがては何らの貯蓄も誘発しないほど，よって何らの資本供給も引き起こさないほどに，利子率は低下し，図 8-10 の $E_S$ 点のような均衡点がもたらされるだろう。この時貯蓄はゼロ，投資もゼロで，資本の成長は停止し，同じ生産水準を繰り返す状態になるが，ピグウはこれを**定常状態**（stationary state）と呼んだ。$E$ 点のような均衡が短期的均衡であるのに対して，$E_S$ 点のような定常状態は長期の均衡である。

これに対して，労働人口や自然資源の増加が一定率 $n$ で起こり，それに照応して資本や所得も成長率 $n$ で増加していく状態は，どの生産要素も生産物も不変のバランスを保ちながら成長していくので，**均斉成長**（balanced growth）といわれる。雇用の増加率と資本蓄積率と経済成長率がすべて $n$ に等しいわけで，いわば「黄金時代（golden age）」の成長経路といえる。上述の定常状態はこの成長率 $n$ がゼロに等しい状態であり，雇用も資本も所得もまったく成長しない特殊ケースである。現実の経済ではそれぞれの成長率が異なるのが常態であって，それらがすべて一致するのはむしろ極めてまれな事態である。

# 第9章
# 厚生経済学と社会的選択

　前章まではさまざまな経済現象を存在するがままに捉え，その背後にある経済法則を析出する客観的分析を展開してきた。これが経済理論あるいは理論経済学の主要な仕事であり，このように事実判断を主体とする経済学はしばしば**実証経済学**（positive economics）と呼ばれている。

　これに対して本章では，市場メカニズムは万能であろうか，果たして規範的な意味で効率や公正の基準を満たすであろうか，公共財はどのような原則に従って供給されるべきか，外部性をどのように解決するべきか，市民主権や非独裁制の条件を満たす社会的意思決定は可能であろうか，政府はどんな役割を果たすべきであろうか，というような何らかの価値判断を伴う**規範的分析**（normative analysis）を行う。効率や公正，あるいは成長や安定，平等などの厚生に関わる経済学は，ピグウにより**厚生経済学**（welfare economics）として創設された。厚生経済学は**経済政策論**（economic policy）の理論的基礎をなすものであり，科学としての経済学の範囲内で経済社会の望ましい姿を理論的に探究する。

## 1.「見えざる手」：価格機構の役割

　市場は，諸個人が売り手あるいは買い手として，自発的な意思に基づいて参画する場所である。供給に関する情報は売り手が，需要に関する情報は買い手が持ち寄り，それらが市場に一堂に会することを通じて，超過需要のものは価格が上がり，超過供給のものは価格が下がる。こうした価格のパラメーター機能ないしバロメーター機能により，需給の不一致が調整され，均衡がもたらされる。売り手も買い手もそれぞれの自発的意思に基づいて，自らの利益を追求するが，その結果として市場の均衡が達成される。スミスは，主著『国富論』の中で，「各個人はそのような利己的な行動をとることによって，あたかも見えざる手に導かれるように，彼の思いもかけない目的を達成するのに役立つ」と述べた。彼は，自由競争の下では各個人が自己の利益を最大化するように行動する結果，社会全体としても好ましい「予定調和」の状態に行き着くことを

説いた。こうしたスミスの説をそのまま信奉し，**自由放任**（laissez-faire）を唱えることは，確かにアナクロニズムの謗りを免れないが，それを過去の遺物と断じることも，早計な誤謬といわねばならない。完全競争の下では，価格機構の働きによって，市場均衡はパレートの意味で最適状態をもたらすことが証明されている。この科学的命題は，厚生経済学の基本定理として知られている。スミスの言う「見えざる手（invisible hands）」を非人格的な価格機構を指すものと考え，それが導く好ましい状態をパレート最適の状態と解釈すれば，厚生経済学の基本定理はまさにスミスが捉えていた直観的真理を現代の科学的表現に翻訳したものといえるだろう。

パレートの意味での最適状態は，かつて空想家たちが夢見たユートピア（理想郷）などでは決してなく，むしろ主観性を排除した価値基準である。この価値基準に照らして最適状態になることが証明されたのは，現在のところ完全競争の市場だけである。いかなる種類の独占的市場も計画経済制度も，最適状態になることは証明されていない。したがって独占的要素や計画的要素を持つ現実の経済が，完全競争の最適状態から乖離する度合いを判定することができるといえる。

## 2. パレート最適

経済学において明確に定義され，しかも恣意的な主観性を排除した価値基準は，非常に数少ない。その一つがローザンヌ学派のパレートにより初めて定義された**パレート最適**（Pareto optimum）という価値基準である。それは，「ある主体の効用を損なわずには，どんな他の主体の効用をも高めることができない状態」と定義される。もしある主体の効用を損なわずに，誰か一人でも効用を高める余地があったならば，まだ資源が効率的に利用されていない証拠である。そのような余地がまったくなくなる場合にのみ，資源は最も効率的に利用される。パレート最適の状態では，最も効率的な資源配分が行われるので，**パレート効率性**（Pareto efficiency）が満たされるともいう。最適性あるいは効率性といった規範的な価値基準でありながら，その定義から恣意的な主観性を排除している点で，この概念は極めて科学的であると言える。そのためさまざまな価値基準の中で，最もよく用いられている重要な概念である。

### (1) 消費のパレート最適

この概念は，エッジワースが初めて考案したボックス・ダイアグラムを用い

て、幾何学的に説明するとわかりやすい。いま単純化のために、社会の構成員は2人で、財は2種類の消費財であるとしよう。財の総量は所与であり、図9-1の横軸に消費財1が、縦軸に消費財2が測られている。個人1が消費する財の数量は原点 $O_1$ から測り、個人2が消費する財の数量は原点 $O_2$ から測る。よって原点 $O_1$ ではいずれの財も個人2がすべて消費し、個人1の消費量はゼロである。逆に原点 $O_2$ ではいずれの財も個人1がすべて消費し、個人2の消費量はゼロである。またボックスの中の任意の点は、2人の個人に2財がどのように配分されるかを示す。

個人1の選好を表す無差別曲線は、原点 $O_1$ から右上の方向へ描かれ、逆に個人2の無差別曲線は、原点 $O_2$ から左下の方向へ描かれる。すると個人1の無差別曲線は原点 $O_1$ に対して凸であり、個人2のそれは原点 $O_2$ に対して凸であるから、双方は背中合わせに接する。その接点の軌跡は2つの原点を結ぶ曲線 $O_1O_2$ となり、エッジワースはこれを**契約曲線**(contract curve)と呼んだ。

この契約曲線 $O_1O_2$ の上にない点 $A$ を初期の配分として、そこから契約曲線上の点 $B$ に移るとしよう。個人1は $A$ 点より $B$ 点の方が上位の無差別曲線に移れるから、効用は高まる。ところが個人2にとっては $A$ 点も $B$ 点も同じ無差別曲線上にあるから、効用は変わらない。つまり個人2の効用を損なうことなく、個人1の効用を高めることができるので、$A$ 点はパレート最適ではない。また $A$ 点から $B$ 点への移行はパレートの意味で効率を改善するので、**パレート改善的**(Pareto improving)といわれる。同様に $A$ 点から $C$ 点に移る場合は、個人1の効用を損なうことなく、個人2の効用を高めることができる。また $A$

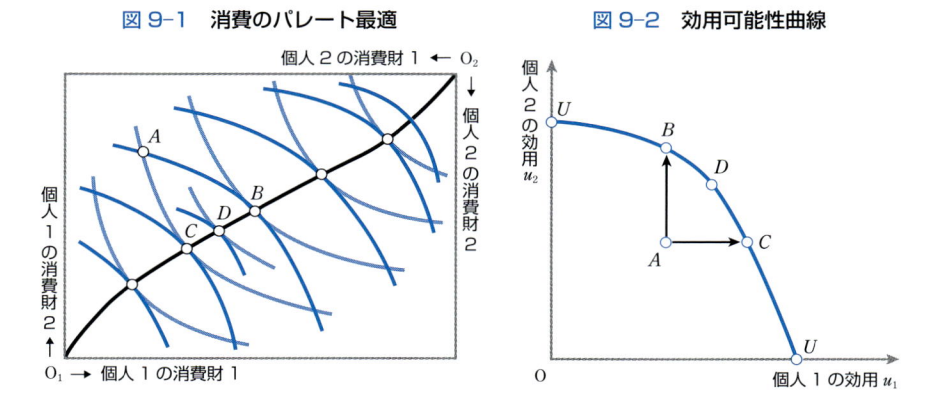

図9-1 消費のパレート最適

図9-2 効用可能性曲線

第9章 厚生経済学と社会的選択

点から $D$ 点に移る場合には，個人1も個人2もともに効用を高めることができる。したがってどのケースでも $A$ 点はパレート最適ではなく，$C$ 点や $D$ 点への移行はパレート改善的である。しかも $A$ 点から契約曲線上の $B$ 点，$C$ 点，$D$ 点に移ると，無差別曲線が接し合うから，どちらかの個人の効用を損なうことなく，他の個人の効用を高める余地はまったく存在しない。よって契約曲線 $O_1O_2$ 上の点はパレート最適である。

この時各無差別曲線は背中合わせになっており，2財間の限界代替率 $MRS$ は個人1と個人2とで等しい。限界代替率は限界効用の比率でもあるから，この条件は次のように表せる。

個人1の限界代替率 $MRS_1$ = 個人2の限界代替率 $MRS_2$

または $\dfrac{個人1の財1の限界効用}{個人1の財2の限界効用} = \dfrac{個人2の財1の限界効用}{個人2の財2の限界効用}$ (1)

この条件が，パレート最適の第1の条件である。

パレート最適の状態は，別の方法でも図示できる。図9-2には横軸に個人1の効用，縦軸に個人2の効用をとり，所与の2財の総量から2個人の最大可能な効用をもたらす組合せを，$UU$ 線として描いてある。生産可能性曲線と同様に，$UU$ 線は**効用可能性曲線**（utility possibility curve）あるいは**効用フロンティア**（utility frontier）と呼ばれる。効用可能性曲線の内側の $A$ 点と比べ，効用可能性曲線上の $B$ 点では，個人1の効用を損なわずに個人2の効用を高められる。同様に $C$ 点では，個人2の効用を損なわずに個人1の効用を高められる。また $D$ 点では，個人1も個人2も効用を高めることができる。したがって明らかに $A$ 点はパレート最適ではなく，$B$ 点，$C$ 点，$D$ 点に移ることはパレート改善的である。また $UU$ 線の外側の点は実現が不可能である。よって $UU$ 線上の $B$ 点，$C$ 点，$D$ 点などは実現可能で，最大の効用をもたらすから，まさにパレート最適に他ならない。この $UU$ 線が先のボックス・ダイアグラムの契約曲線に対応する。

### (2) 生産のパレート最適

次に2つの消費財の総量が，生産によって変化する場合を考察しよう。労働や資本など利用可能な生産要素が所与であっても，それらの利用の仕方により，効率よく利用すれば消費財の生産量は増え，効率が悪ければ生産量は減る。生産要素の総量は一定で，図9-3のボックス図の横軸には生産要素1（労働）が，縦軸には生産要素2（資本）がそれぞれ測られている。企業1が投入する

要素の量は原点 $O_1$ から測り,企業 2 が投入する要素の量は原点 $O_2$ から測る。よって原点 $O_1$ では企業 2 がすべての要素を利用し,企業 1 の投入量はゼロである。逆に原点 $O_2$ では企業 1 がすべての要素を利用し,企業 2 の投入量はゼロである。またボックスの中の任意の点は,2 つの生産要素が 2 企業の間にどう配分されるかを示す。

　生産量を一定に保つ等量曲線は,企業 1 では原点 $O_1$ から右上の方向へ描かれ,企業 2 では原点 $O_2$ から左下の方向へ描かれる。すると各企業の等量曲線はそれぞれの原点に対して凸であるから,互いに背中合わせに接し,その接点の軌跡は右上がりの曲線 $O_1O_2$ となる。この曲線は生産におけるエッジワースの契約曲線であり,生産の**効率性軌跡**(efficiency locus)とも呼ばれる。

　効率性軌跡の上にない $A$ 点から出発して,効率性軌跡の上の点 $B$ に移るとしよう。企業 1 は $A$ 点より $B$ 点のが高い等量曲線に移れるから,生産量は増える。他方で企業 2 は $A$ 点でも $B$ 点でも同じ等量曲線の上にあるから,生産量は不変である。そこで $A$ 点では生産量の増加の余地がまだ残っているので,生産は**効率的**(efficient)でないという。ところが $B$ 点では等量曲線が背中合わせに接しているので,生産量を増やせる余地はまったくない。$B$ 点におけるように,「ある企業の生産量を損なわずには,どの企業の生産量をも増やすことができない状態」は,生産におけるパレート最適の状態であって,この時生産は効率的である。したがって効率性軌跡は,生産が効率的な点を連ねたものに他ならない。

　効率性軌跡の上では等量曲線は互いに背中合わせに接し合っているから,2

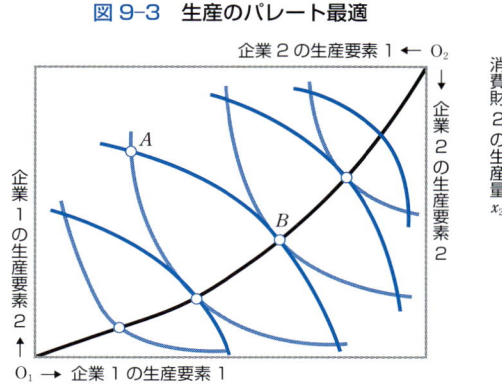

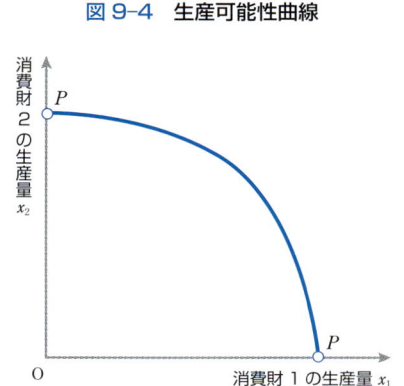

図 9-3　生産のパレート最適

図 9-4　生産可能性曲線

要素間の技術的な限界代替率 MRS はどちらの企業にとっても等しい。生産の技術的な限界代替率は限界生産力の比率でもあるから，この条件は次のように表せる。

　　企業1限界代替率 $MRS_1$ = 企業2の限界代替率 $MRS_2$

$$\text{または} \quad \frac{\text{企業1の要素1の限界生産力}}{\text{企業1の要素2の限界生産力}} = \frac{\text{企業2の要素1の限界生産力}}{\text{企業2の要素2の限界生産力}} \quad (2)$$

この条件が，パレート最適の第2の条件である。

　消費の契約曲線が効用可能性曲線として描けたように，生産の効率性軌跡は生産可能性曲線として描くことができる。図9-4の横軸には消費財1の生産量，縦軸には消費財2の生産量を測り，生産可能性曲線を PP 線として示してある。PP 線は，2つの生産要素の総量が所与の場合に，それらを最もうまく配分して2つの消費財の生産量を最大にする組合せであるから，まさに生産におけるパレート最適を表す。この PP 線が図9-3の効率性軌跡に相当し，PP 線の内側の点が効率性軌跡上にない点に，PP 線の外側の点がボックス図の外の点に対応している。

### (3) 総合的なパレート最適

　次に消費と生産におけるパレート最適の条件を総合して考えよう。図9-1の消費のボックス・ダイアグラムと図9-4の生産可能性曲線とを重ね合わせて描いたものが，図9-5である。前者の原点 $O_1$ と後者の原点 O とが重ね合わせてある。生産可能性曲線 PP 線上の個人2の原点は $O_2$ で，この点における接線の勾配は**限界変形率 MRT** である。MRT は財1の生産を増やすのに財2の生産をどれだけ犠牲にすればよいかの比率を表す。

　この MRT が，契約曲線上の A 点での限界代替率 $MRS_A$ よりも大きいとしよう。この時財1の生産量を1単位減らせば，財2の生産量を MRT の大きさだけ増やせる。よって消費者1の配分を，財1は1単位減らし，財2は MRT の大きさだけ増やすことができる。消費者1は，財2が1単位減っても財2が $MRS_A$ の大きさだけ増えれば，効用水準は不変である。ところが財2を $MRS_A$ より大きい MRT だけ消費できるから，効用水準は高まる。よってこの A 点はパレート最適ではない。

　次に限界変形率 MRT が，契約曲線上の B 点における限界代替率 $MRS_B$ よりも小さい場合を見よう。財2の生産量を1単位減らせば，財1の生産量を 1/MRT の大きさだけ増やせる。消費者1は，財2が1単位減っても財1が 1/

図9-5 総合的なパレート最適

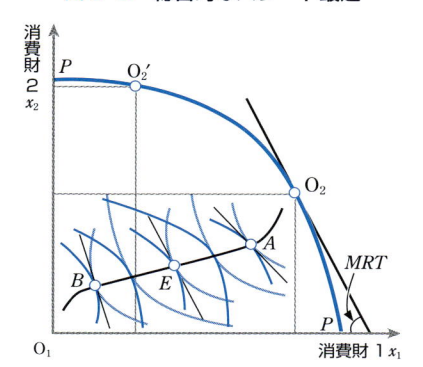

図9-6 最終的効用フロンティア

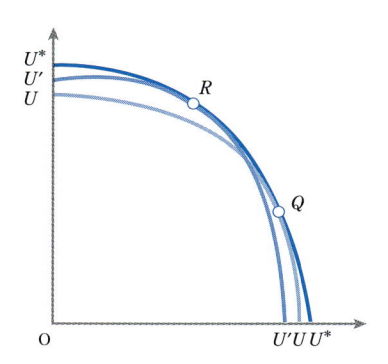

$MRS_B$ の大きさだけ増えれば，効用を一定に保てる．ところが財1を $1/MRS_B$ より大きい $1/MRT$ だけ消費できるから，効用は高まる．よって $B$ 点はパレート最適ではない．

以上のことから，生産が行われる場合のパレート最適の状態では，どの個人の限界代替率 $MRS$ も等しいだけでなく，それが生産の限界変形率 $MRT$ に等しくなければならない．$MRT$ に等しい $MRS$ を持つ契約曲線上の点は，図では $E$ 点として示されている．この点では，

個人1の限界代替率 $MRS_1$ = 個人2の限界代替率 $MRS_2$

= 限界変形率 $MRT$ (3)

が成り立つが，限界変形率は2財の限界費用の比率でもあるから，この条件は，

$$\frac{個人1の財1の限界効用}{個人1の財2の限界効用} = \frac{個人2の財1の限界効用}{個人2の財2の限界効用} = \frac{財1の限界費用}{財2の限界費用}$$

と書き直すことができる．この条件が，消費と生産を総合したパレート最適の最終的な条件である．

さて労働と資本の2生産要素は所与として，消費財1の生産量を減らしながら，消費財2の生産量を増やすと，図9-5 で生産フロンティア $PP$ 線上の個人2の原点は $O_2$ から $O_2'$ へと移る．それに対応してボックス・ダイアグラムも移動する．このことから，2つの消費財の総量を一定とした消費のパレート最適は，実は生産フロンティア $PP$ 線上の1点を $O_2$ に固定し，生産量を不変とした特殊ケースであることがわかる．ボックス・ダイアグラムの移動に伴って，契約曲線も $O_1O_2$ から $O_1O_2'$ へと移る．契約曲線は効用可能性曲線として

第9章 厚生経済学と社会的選択 155

描けるから，それに対応して効用可能性曲線も図9-6のように$UU$線から$U'U'$線へとシフトする。生産が連続的に変化すれば，生産フロンティア$PP$線上の個人2の原点もボックス・ダイアグラムも契約曲線も連続的にシフトし，その一つひとつに対応して効用可能性曲線も無数に描ける。それらの一番外側のものを**包絡線**（envelop）として連ねた曲線が，最終的な効用フロンティア$U^*U^*$線である。

生産がある場合の消費のパレート最適は契約曲線上の$E$点だけであるように，効用可能性曲線上のパレート最適な点は，$UU$線では$Q$点だけであり，$U'U'$線では$R$点だけである。したがって生産がある場合の消費のパレート最適は，これら$Q$点や$R$点を包絡線として連ねた効用フロンティア$U^*U^*$線であることがわかる。

## 3. 競争均衡のパレート最適性

完全競争の下では各主体は価格を所与として行動する。消費者は自分の効用最大化を，企業は自らの利潤最大化を目指して行動する。彼らの需要と供給は市場で出会い，価格機構のパラメーター機能によって市場均衡がもたらされる。完全競争の下での市場均衡は，実はパレートの意味で最適な資源配分を達成する。この命題は，**厚生経済学の基本定理**（the fundamental theorem of welfare economics）と呼ばれ，厳密に証明されている。以下ではその骨子を示そう。

まず各消費者は，各自の効用最大化を求める結果，主体的な均衡条件として，2財間の限界代替率$MRS$がどの個人でも等しく，しかもそれらの財の価格比$p_1/p_2$に等しくならなければならない。

$$\text{個人1の限界代替率 } MRS_1 = \text{個人2の限界代替率 } MRS_1 = \text{価格比}\frac{p_1}{p_2} \quad (1)$$

限界代替率は限界効用の比率に等しいから，

$$\frac{\text{個人1の財1の限界効用}}{\text{個人1の財2の限界効用}} = \frac{\text{個人2の財1の限界効用}}{\text{個人2の財2の限界効用}} = \frac{\text{財1の価格}}{\text{財2の価格}}$$

とも表せる。この条件は，前述のパレート最適の第1の条件（1）を満たしている。

次に企業の側では，自己の利潤を最大化するためまず費用を最小化する。その結果主体的な均衡条件として，2要素間の技術的な限界代替率$MRS$がどの企業でも等しく，しかもそれらの要素価格比$q_1/q_2$に等しくならなければならない。

企業 1 の限界代替率 $MRS_1$ ＝ 企業 2 の限界代替率 $MRS_2$
$$= 要素価格比 \frac{q_1}{q_2} \qquad (2)$$

技術的な限界代替率は限界生産力の比率に等しいから，

$$\frac{企業1の要素1の限界生産力}{企業1の要素2の限界生産力} = \frac{企業2の要素1の限界生産力}{企業2の要素2の限界生産力} = \frac{要素1の価格}{要素2の価格}$$

と表せる。この条件は前述のパレート最適の第 2 の条件（2）を満たしている。

　企業の利潤最大化条件は，限界収入 $MR$ ＝ 限界費用 $MC$ という限界原理である。完全競争の下では個別企業の需要曲線は水平となり，限界収入 $MR$ は平均収入 $AR$ に等しく，平均収入 $AR$ は財 1 単位の価格 $p$ に他ならないから，結局，

　　財 1 の価格 $p_1$ ＝ 財 1 の限界費用 $MC_1$

　　財 2 の価格 $p_2$ ＝ 財 2 の限界費用 $MC_2$

が成り立つ。これから直ちに，

$$\frac{財1の価格 p_1}{財2の価格 p_2} = \frac{財1の限界費用 MC_1}{財2の限界費用 MC_2}$$

が成り立つ。消費者の主体的均衡条件により，2 財の限界代替率 $MRS$ はそれらの価格比に等しく，限界費用の比率は生産の限界変形率 $MRT$ に他ならないから，

　　個人 1 の限界代替率 $MRS_1$ ＝ 個人 2 の限界代替率 $MRS_2$
$$= 限界変形率 MRT \qquad (3)$$

という条件が成立する。これはまさしく生産がある場合のパレート最適の第 3 の条件（3）である。

　以上によって，完全競争の市場均衡はパレート最適の条件をすべて満たすことが証明された。「完全競争均衡はパレート最適である」。この定理は**厚生経済学の基本定理**と呼ばれるが，正確にいうと第 1 基本定理である。この定理こそ，各個人の自利心に基づく行動が「見えざる手」を通じて望ましい「予定調和」の状態をもたらすというスミスの古典的命題を，科学的定理として蘇生させたものである。実は，「パレート最適は完全競争均衡として実現される」という逆命題も，同じように成り立つことが知られている。これが第 2 基本定理であり，両者が合わさって厚生経済学の基本定理を構成する。

　この定理は，完全競争市場の価格機構が，独占市場や計画経済機構より資源

配分上優れた効率性を発揮することを主張する。しかしそれは無限定の主張ではなく，市場機構の持ついくつかの欠陥を制約条件として認めた上でのものである。

## 4. 市場の失敗と公共財

　市場機構は万能ではない。市場機構がどれほど有効に機能したとしても，なお解決のできない重要な問題が存在する。そうした問題は一般に**市場の失敗**（market failure）とか**市場の欠陥**と呼ばれている。これには大別して2つの類型が区別される。第1の類型は，財の持つ特性のためにその財については通常の市場が形成されない場合であり，第2の類型は，たとえ市場が形成されたとしても完全競争の条件が満たされない場合である。

　まず前者の典型が**公共財**（public goods）である。スミスも指摘したように，どのような自由放任の経済でも国防や警察などの安全・治安サービスは民間の私的市場では提供されない。道路や橋，公園，街灯，下水道施設，港湾，灯台などは，私的には非常に提供されにくい。このように民間の私的市場では提供されないので，代わって国家や地方公共団体などが提供する財やサービスを公共財と呼ぶ。

　衣服や靴，カメラ，冷蔵庫など通常の**私的財**（private goods）に対して公共財が区別される第1の特徴は，共同消費とか等量消費あるいは**消費の非排他性**（non-exclusiveness of consumption）と呼ばれる性質である。衣服や靴など私的所有権の対象となる財は，個人の絶対的かつ排他的な支配権が及ぶから，ある個人が消費すると他の個人は同時にそれを消費することはできない。ところが国防や警察の安全・治安サービスなどの公共財は，特定の個人だけではなく，誰もがその便益を享受できる。ある個人が消費したからといって，他の個人の消費量が減るわけではない。このように公共財は，共同して等量ずつ消費され，特定の個人が排他的に消費することはできない。つまり国防にしても道路にしても下水道にしても，公共財は私的に排他的に所有することが難しい財であり，そのため公共的に所有され，消費される。

　公共財の第2の特徴は，結合供給とか**供給の排除不能性**（non-eliminability of supply）といわれる性質である。国防や警察，あるいは道路や橋のサービスは特定の個人だけに供給されるわけではなく，誰かれの区別なしに供給される。したがってある個人が料金ないし税金を払わずに，いわゆる**只乗り**（free rider）をしたからといって，彼を消費から排除することは非常に難しい。このように供給が結合して行われ，特定の個人を排除できない財は，料金徴収が著しく困難であるから，民間の私企業では供給できない。そこで政府や公企業が税金ないし料金を徴収して，公共的に供給する。

　消費における共同性・非排他性，供給における結合性・排除不能性は，密接に関連した性質であり，両者の性質を完全に備えた財は**純粋公共財**（pure public goods）という。国防サービスはそれに近い財である。しかし現実の公共財の多くは純粋公共財ではなく，消費の一部を排他的にできたり，供給も一部は排除可能であったりする。例えば公立の美術館で観覧者が多過ぎて混雑すると，入場制限をする。これは美術鑑賞サービスを供給する相手を一部排除することであり，既に入場した者だけが排他的にそれを消費できる。高速道路でも混雑現象が起こる時には，同様に入場制限が行われて消費の排除がなされる。どのような公共財も無限に供給されるわけではなく，供給能力には限界がある。純粋公共財に近いと見られる国防サービスでさえ，国家予算の制約のために充分には提供されない地域が生じ，そこが敵の侵略を受ける可能性もある。警察の治安サービスも，ある区域は充分に提供されないために，そこだけ犯罪が多発することもある。同じ税金を払っても，どこでも同じ公共サービスを受けられるとは限らない。

　そこで公共財の本質を明らかにするために，純粋公共財について考えよう。個人A，Bの消費量を$x_A$，$x_B$とし，総消費量を$x$とすれば，公共財の共同消費・等量消費という性質によって，

$$x_A = x_B = x$$

という関係が成り立つ。逆に私的財の場合には，排他的な消費が行われるから，

$$x_A + x_B = x$$

という加法の関係が成立する。これらの関係が公共財と私的財との決定的違いを示しており，実はこのために市場機構は公共財の最適供給に失敗するのである。このことをサミュエルソンに従って以下で証明しよう。

　いま財1を公共財，財2を私的財とし，図9-7，図9-8，図9-9の横軸に公共財を，縦軸に私的財を測り，それぞれ個人Aの無差別曲線，個人Bの無差別曲線，社会全体の生産可能性曲線を描く。パレート最適の状態は，「ある個人の効用を低めずには，どの個人の効用をも高めることができない状態」であり，個人Aの効用をある任意の水準，例えば$u_A$に維持しながら，個人Bの

効用を最大にすれば求められる。そこでこれら3つの図は同じ目盛りで測られているから，図9-7の個人Aの無差別曲線$\overline{u}_A$をそのまま図9-9に描き込んでみよう。すると個人Aの効用を$\overline{u}_A$に保ちながら個人Bに与え得る公共財と私的財との組合せは，生産可能性曲線$PP$から無差別曲線$\overline{u}_A$を縦軸に沿って差し引いた部分になる。次に固定した無差別曲線$\overline{u}_A$の上に，図9-8の個人Bの無差別曲線群を縦軸方向に加えて描き込む。縦軸に沿ってのみ加える理由は，加法の関係が成り立つのは私的財だけだからである。すると個人Aの効用を$\overline{u}_A$に維持しながら，個人Bの効用を最大化するパレート最適点は，$\overline{u}_A + u_B$という曲線と接する$E$点に定まる。$E$点では社会全体の公共財の最適供給量は$x_1^*$に決まり，私的財の最適供給量は$x_2^*$に定まる。そして私的財$x_2^*$のうち個人

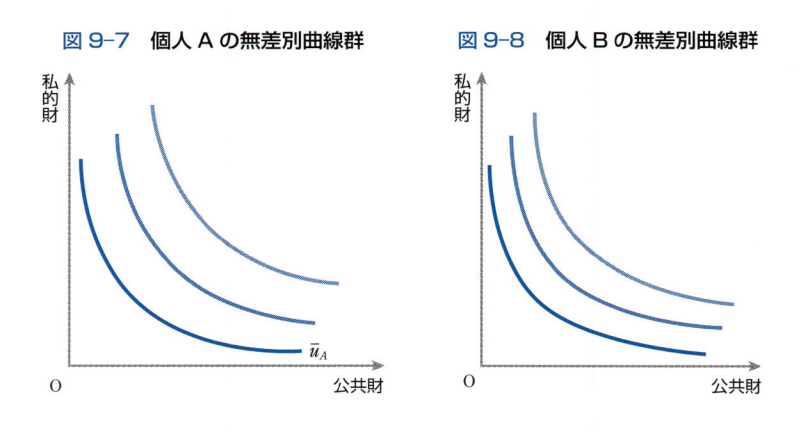

**図9-7 個人Aの無差別曲線群**

**図9-8 個人Bの無差別曲線群**

**図9-9 公共財のパレート最適配分**

Aは$x_2$を消費し,残りの$x_2^* - x_2$を個人Bが消費する。

図9-9の$\overline{u}_A + u_B$線は2個人の無差別曲線を縦方向に加えたものであるから,その勾配は2つの無差別曲線$\overline{u}_A$と$u_B$の限界代替率を加えたものに等しい。よってパレート最適点$E$における限界代替率は,個人Aの限界代替率$MRS_A$と個人Bの限界代替率$MRS_B$の和に等しい。しかもそれはこの点における2財間の限界変形率$MRT$にも等しくなければならない。したがって,

$$個人Aの限界代替率 MRS_A + 個人Bの限界代替率 MRS_B = 限界変形率 MRT$$

という条件が公共財のパレート最適の条件になる。あるいはこの条件は,

$$\frac{個人Aの公共財の限界効用}{個人Aの私的財の限界効用} + \frac{個人Bの公共財の限界効用}{個人Bの私的財の限界効用} = \frac{公共財の限界費用}{私的財の限界費用}$$

とも表せる。すなわち公共財と私的財との間の限界代替率の和が限界変形率に等しくなければならない。この公共財のパレート最適の条件は発見者の名にちなんで,**サミュエルソンの条件**(Samuelson's condition)と呼ばれている。

私的財のみの完全競争市場では,各個人が利己的に行動する限り,各人の限界代替率の和ではなく,それぞれを価格比に等しくしようとする。また各企業は自らの利潤最大化を求めて,それぞれの技術的限界代替率を限界変形率に等しくしようとする。その結果,完全競争均衡は,各個人の限界代替率及び各企業の技術的限界代替率がそれぞれ限界変形率に等しいというパレート最適の条件を満たすことになる。よって完全競争市場は,限界代替率の和を限界変形率に一致させるようなサミュエルソンの条件を満たさないので,公共財の最適資源配分に失敗する。これが完全競争市場の第1の失敗である。

そこで公共財の供給は政府に任せ,その費用は租税により調達する方法がある。エリック・リンダールは政府が人々の選好に応じて公共財の供給量と費用分担を決める方法を考案した。政府はまず各人の費用分担率を提示し需要を調べる。例えば個人Aのそれを$z$($0<z<1$),個人Bのそれを$1-z$としよう。各人はそれぞれの費用分担率に応じて,公共財に対する需要$D_A(z)$,$D_B(z)$を表明する。個人Aの費用分担$z$が増えればその需要$D_A(z)$は減るから,その公共財需要関数は図9-10のように右下がりになる。逆に個人Aの費用分担$z$が増えれば個人Bの需要$D_B(z)$は増えるから,個人Bの公共財需要関数は右上がりになる。政府は公共財需要が2人とも等しくなるように費用分担率を調整する結果,均衡点は$L$に定まり,公共財の均衡供給量は$x_1^*$,均衡費用分担率は$z^*$に決まる。この$L$点を**リンダール均衡**(Lindahl equilibrium)という。

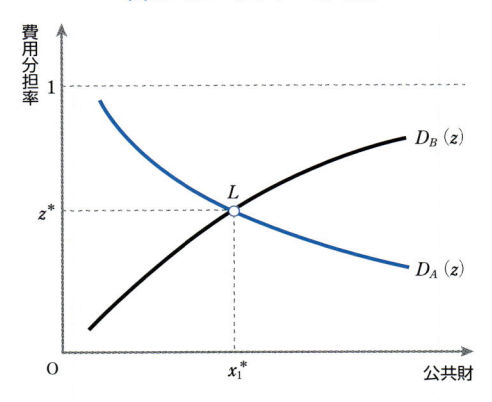

**図 9-10　リンダール均衡**

　リンダール均衡における費用分担は，各個人の公共財需要を反映しており，公共財に対する選好の強さに応じているから，**受益者負担の原則**（benefit principle）ないし**応益原則**に適う。高速道路で長距離を運転する者，あるいは回数多く乗る者など，受益が大きい者ほど高い料金負担をする。受益に応じた負担という意味で，これは公正な負担原則である。

　しかし異なる費用をそれぞれから徴収する事務手続は非常に煩雑となり，徴収費用がかさむという欠点がある。さらに問題なのは，各人が選好に応じて需要を正しく表明することを前提にしているが，この前提は満たされない場合が多い。公共財は一度供給されると，誰でも等しく消費できる。したがって自分だけ需要を表明しないで費用負担を免れ，しかも消費だけは他人と同様に行うという**只乗り**が生じる。フリーライダーが無視できない数に増えてくると，全体の公共財需要は少なく表明されるから，公共財の供給は過少にならざるを得ない。フリーライダーを阻止する条件が保証されない限り，リンダール均衡は実現されず，公共財の最適供給は達成し得ない。

## 5. 外部効果

　市場の欠落を原因として起こるもう一つのタイプの問題は，**外部効果**である。外部効果とは，ある経済主体の経済状態が，市場機構を経由せずに市場の外部を通って他の経済主体の経済状態に影響を及ぼすことをいう。単に**外部性**（externalities）ともいう。外部効果のうち，好ましいプラスの影響を及ぼす場

合は**外部経済**（external economies）といい，好ましくないマイナスの影響を与える場合は**外部不経済**（external diseconomies）という。

外部経済の消費面での例には，隣の家が明るい外灯を設置したためにわが家の家族の夜の帰宅が安全になったり，ある企業が大きな時計塔を建てたので住民が時刻を知る上で便利になったりする例がある。しかしわが家は隣家に外灯料金の一部を払うわけではなく，住民は企業に時報サービスの代価を支払うわけではない。生産面ではジェームズ・ミードの有名な例によれば，養蜂園が果樹園と隣接している場合，蜂は果樹園のリンゴの花から蜜を吸ってくるので果樹園が隣にないよりは蜂蜜の生産は増える。しかし養蜂園は果樹園に吸蜜代として料金を払うわけではない。なぜならその代価は容易に計算できないからである。

外灯の設置，時計塔の建設，果樹園や養蜂園の営業などの経済活動から得られる便益のうち，当該の経済主体に帰属するものを**私的便益**（private benefit）といい，他の経済主体に及ぶ便益まで含めたものは**社会的便益**（social benefit）という。実はこの社会的便益が私的便益より大きいにも関わらず，市場取引によってその差額を代金徴収しないために，外部経済が発生する。その理由は，他の主体に及ぼす外灯サービス，時報サービス，吸蜜サービスなどの代価は容易に計算できず，そもそも自発的交換として行われる経済行為ではないからである。

いま果樹園を例にとり，図9-11の横軸にリンゴの生産量，縦軸に便益ないし価格を測ると，**私的限界便益曲線** $PMB$ より上方に**社会的限界便益曲線** $SMB$ が描かれる。もし蜜を提供するサービスにも正当な代価が支払われると仮定すると，効率的資源配分のためには，社会的限界便益 $SMB$ を限界費用に均等化させなければならず，価格は $p^\#$ に，生産量は $x^\#$ に決まる。しかしこの果樹園が私的利潤最大化のために，私的限界便益 $PMB$ を限界費用 $MC$ に均等化させようとすれば，価格は $p^*$ に，生産量は $x^*$ に決まり，$x^\# - x^*$ の分だけ最適生産量より過少になる。つまり外部経済がある場合には，市場機構は最適生産量を達成できないのである。

これに対して悪い影響を与える外部不経済の例には，ある家のピアノの音が隣接の家人を悩ませたり，喫煙者が喫煙しない人の健康を害したり，乗用車の排気ガスが沿道住民の健康を損ねたりすることがある。しかしピアノを弾く家は騒音料を払うわけではなく，喫煙者は迷惑料を払うわけではなく，ドライバ

図9-11 外部経済の場合の均衡

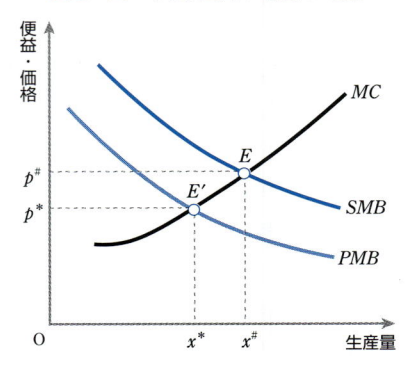

図9-12 外部不経済の場合の均衡

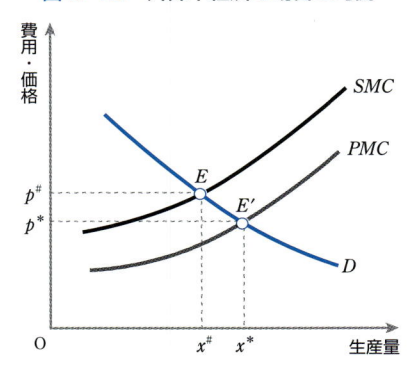

ーは沿道住民に医療補償料を払うわけではない。これらは消費面の例だが，生産面では例えば河川の上流の工場が廃液を垂れ流したために，下流の漁場が汚染されて漁民が損害を被ったり，汚染された魚を食べた流域住民が病気になったりするケースがある。しかしその工場は漁民に損害賠償料を払ったり，流域住民に医療補償料を払ったりはしない。こうした外部不経済のうちで被害が相当な広範囲に及ぶ場合には，**公害**（public nuisances）と呼ばれる。

喫煙，乗用車の運転，工場の操業など，ある経済活動にかかる費用のうち，当該の経済主体が負担するものを**私的費用**（private cost）といい，他の主体にまで負担が及ぶ費用を含めたものを**社会的費用**（social cost）という。外部不経済が発生するのは，外部経済の場合と同様に，この社会的費用が私的費用を上回るにも関わらず，市場取引によってその差額を負担しないためである。というのはやはり社会的費用の算定が非常に困難だからである。

そこで汚染工場を例にとり，図9-12 の横軸にその生産量，縦軸に費用及び価格を測ると，**私的限界費用曲線** $PMC$ より上方に**社会的限界費用曲線** $SMC$ が描かれる。もし汚染工場が漁民や流域住民に与えた損害を負担すると仮定すると，効率的資源配分のためには，社会的限界費用 $SMC$ を需要曲線に均等化させなければならず，価格は $p^{\#}$ に，生産量は $x^{\#}$ に決まる。しかしこの工場が私的利潤最大化のために，私的限界費用 $MBC$ を需要曲線に均等化させようとすれば，価格は $p^{*}$ に，生産量は $x^{*}$ に決まり，$x^{*}-x^{\#}$ の分だけ最適生産量より過大になる。つまり外部不経済がある場合にも，市場機構は最適生産量を達成できない。

このように外部効果が存在する場合には，私的便益と社会的便益，私的費用と社会的費用とが乖離するため，市場機構に任せておくと資源配分は歪んでしまい，パレート最適を達成できない。そこで養蜂園のように社会的便益を受けながらその代価を払っていない受益者に，図9-11の$p^{\#}-p^{*}$だけの価格を支払わせたり，汚染工場のように社会的費用を生みながらそれを負担していない加害者に，図9-12の$p^{\#}-p^{*}$だけの費用を負担させる必要がある。このことを外部効果の**内部化**（internalization）とか**市場化**という。しかし当事者だけで自発的に交渉して内部化を行うことは，外部効果がもともと自発的交換でないだけに非常に難しい。

　そこで政府あるいは公共部門が，こうした市場の失敗を解決する責任を受け持つことになる。「厚生経済学」の創始者ピグウは，養蜂園のような受益者から代価を徴収する代わりに，政府が果樹園のような便益の発生者に補助金を与えたり，汚染工場のような費用の発生者に税金を課すなど，**課税・補助金政策**（tax and subsidy policy）をもって外部性による歪みを適正化することを提唱した。これは外部効果の発生者にその責任を求め，その私的価格を正しい社会的価格に調整するという意味で，価格規制策といえる。これに対して外部効果の発生量を直接に規制する数量規制策もある。工場からの廃液量や煤煙量，自動車の排気に含まれる有害物質の量，これらに越えてはならない一定の基準値を設け，越えた場合には減産を強制したり，罰金を課したりする。アメリカのマスキー法は自動車の排気ガス規制として有名だが，わが国の排気ガス規制もそれに劣らず厳しい。人間の健康や快適な生活を守るために必要なこれらの基準値は，市場均衡で自然に達成されることはむしろまれである。したがって企業活動への制約が大きいとはいえ数量規制策によって，政府が直接的に規制することが必要である。

　外部効果特に外部不経済に伴うもう一つの問題は，因果関係の確定が難しい点である。四日市ぜんそく，富山イタイイタイ病，熊本と新潟の水俣病などの4大公害裁判に見られるように，工場の煤煙や廃液の垂れ流しと地域住民の被害との因果関係は立証が非常に難しく，そのため救済が甚だしく遅れた。そこで因果関係の立証責任を罪もない地域住民に負わせるのではなく，煤煙や廃液を出した汚染者自身に負わせ，その汚染者が因果関係は完全に存在しないと証明できない限り，責任を免れないものとする原則が生まれた。これを**汚染者負担原則**（polluter pays principle，PPP原則）という。

## 6. 費用逓減産業

次にたとえ市場は存在するにしても，財や生産技術の特性のために完全競争の条件が欠落する典型例として費用逓減産業がある。自動車や鉄道，道路建設，大規模装置産業では，規模の経済性が働くために平均費用が下がり続け，かなりの生産規模になって初めて最低値をとる。こうした平均費用曲線は**マクシー=シルバーストン曲線**として知られ，図9-13のような形状を持っている。社会全体の需要がまだそれに見合うほど大きくなく，限界収入 $MR$ 曲線が図のような位置にあるとしよう。すると私企業が限界原理に従って利潤最大化を目指しても，限界収入 $MR$ ＝限界費用 $MC$ となる点では平均費用曲線は右下がりであるから，限界費用 $MC$ より平均費用 $AC$ の方が大きい。よって価格 $p$ を限界費用 $MC$ に等しく付けると，平均費用をカバーできない分だけ損失が発生する。この生産水準が社会的に望ましいとしても，利潤動機の私企業が赤字を覚悟で参入することはできない。よって完全競争市場は形成されず，生産も行われないという事態になる。

ただし将来の需要増加による黒字転化を期待して，大資本を投下できる巨大な私企業が参入することはあり得る。しかし黒字に転化するほど需要が増加するまでは，赤字を甘受しなければならず，仮に忍耐を続けたとしても，黒字に転化しない場合には倒産の憂き目に遭うだろう。よって費用逓減産業では，完全競争均衡におけるような最適生産量は到底実現されない。そこで政府がそのような企業に補助金を与えて赤字を補填するか，あるいは政府自身がその企業を経営して，社会が需要する生産量を確保する必要がある。つまり公益事業あ

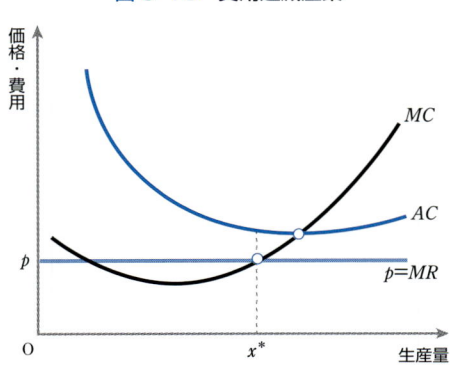

**図9-13 費用逓減産業**

るいは公企業として社会的に必要な生産物を供給するわけであり，民間の私企業ではないからそれ相応の公的規制にも服さなければならない。工業化社会への離陸期におけるいわゆる「幼稚産業」の育成・保護についても，これと同様の議論が成り立つ。

## 7. 理想的な分配

次にたとえ完全競争市場が成立したとしても，なお市場機構が解決できない問題として，理想的な分配がある。完全競争均衡はパレート最適であると言っても，パレート最適な点は図9-14の効用フロンティア $UU$ 上で無数にあり，実際に実現する最適点はそのどこか1点である。どの1点が実現するかは，個人の選好や企業の生産技術が一定であれば，個人1と個人2が最初に保有していた所得や資産の量に依存して決まる。所得や資産の初期の分配状態が個人1と個人2とでほぼ平等であったとすれば，完全競争均衡で達成される最終的なパレート最適点は，効用フロンティア $UU$ 上でほぼ真ん中の $Z$ 点にくるであろう。しかし初期の分配状態で個人1が個人2に比べて非常に裕福であったならば，最終的なパレート最適点はやはり個人1に有利となり，効用フロンティア $UU$ 上で右下の $R$ 点にくるであろう。反対に個人1の初期分配が相対的に貧しかったならば，最終的パレート最適点は $UU$ 上で左上の $S$ 点にくるであろう。

このように競争均衡における所得分配は初期の所得・資産配分に依存して決まるから，たとえそれがパレート最適であっても，無数にあるパレート最適な点の一つに過ぎない。よってそれが，社会が理想と判断する最終的パレート最

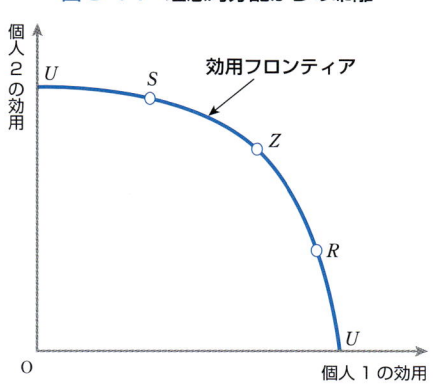

**図9-14 理想的分配からの乖離**

第9章 厚生経済学と社会的選択

適の状態になる保証はない。平等や公正といった何らかの社会的価値基準に基づいて，社会がある分配状態を理想と判断するとしよう。例えばすべての個人の所得や資産が均等化する絶対平等ではないにせよ，極端な富裕と貧困を排除したある程度の平等な分配をもたらす$Z$点を，理想的な分配であると社会が判断した場合でも，競争均衡はそうした分配を達成するとは限らない。

よって社会全体の福祉を最大化するために$Z$点の分配を実現しようとするならば，競争均衡の結果生じた$R$点や$S$点での分配を$Z$点に近付ける政策が必要になる。これを**再分配政策**（redistribution policy）という。それにはまず市場機構を通じて分配された所得を配り直す「**結果の再分配**」がある。累進所得税により高額所得者からは高い税金をとり，低額所得者からは低い税金をとる一方，社会保障支出により弱者に給付をするのは，まさに結果の再分配である。もう一つは「**原因の再分配**」といって，源泉となる初期の資産保有それ自体を再分配する政策がある。土地や家屋などの不動産，預貯金や株式などの金融資産，これらの贈与や相続に累進的な課税をするのは，原因の再分配である。こうして理想的な分配を達成するためには，自由放任に任せるのではなく，政府の役割が期待される。

限界生産力説の立場からは，分配は生産への貢献度すなわち限界生産力に応じて行われなければならない。完全競争市場における分配は，限界生産力に応じた分配を保証するから，その意味で**公正**（equity；fairness）である。しかしそもそも労働能力は初期保有資産の大小にも依存するから，出発点において資産家の子供は有利であり，貧乏人の子供は不利になる。そこで「原因の再分配」により資産格差をなくし，同じ能力を持つものが同じ労働をすれば同じ貢献度を達成できるように「同じ土俵」に乗せてやれば，初めて「公正」だといい得る。もともと「公正」とは，対等な立場で契約したルールに従って行動すること及びその結果をいう。完全競争における貢献に応じた分配が「公正」といえるのは，資産格差のない対等な原子的個人を想定する場合である。

しかし労働の貢献度をまったく無視して，一生懸命に働いたものも怠けて働かなかったものも，格差のない一律に平等な分配を受けるべきだとするのはどうであろうか。これは**絶対平等**といわれるが，この下では正直者は馬鹿を見るから，結局みんなが怠けて働かず，「貧困の平等」が生じる。絶対平等は「悪平等」と呼ばれるように，悪しき平等主義に他ならない。「貢献に応じた分配」と「格差の少ない分配」の適切な調和を図ることによって，理想的な分配の

「公正」を実現していくというのが，現代福祉国家の原則的立場である。

## 8. 社会的厚生関数

どのような状態が理想的分配なのかは，個人1人の判断で決めることはできない。分配の問題も含めて市場では解決できない問題に対しては，社会が全体として何らかの集合的な意思決定をしなければならない。社会のさまざまな経済状態に対してよし悪しを順序付けるシステムは，エイブラム・バーグソンによって**経済的厚生関数**（economic welfare function）と名付けられたが，後にサミュエルソンは**社会的厚生関数**（social welfare function）として一般化した。ある2財に対する個人Aと個人Bの選好は，次のような効用関数で表される。

$u_A = u_A(x_1, x_2), \quad u_B = u_B(x_1, x_2)$

よって2個人から成る社会全体の選好は，両者の選好を合成することによって次のように表すことができる。

$W = W(u_A, u_B)$

これがバーグソン=サミュエルソン流の社会的厚生関数である。

図9-15の横軸には個人Aの効用，縦軸には個人Bの効用が測ってあり，$UU$線が効用フロンティアを，$W$線の一群が社会的厚生関数のマップを表す。個人の無差別曲線と同様に，右上方の社会的厚生曲線ほど社会的厚生が大きくなる。社会的厚生を最大化するためには，効用フロンティアとの接点$Z$が最適点として選択される。なぜならば$R$点や$S$点や$Q$点では，社会的厚生曲線

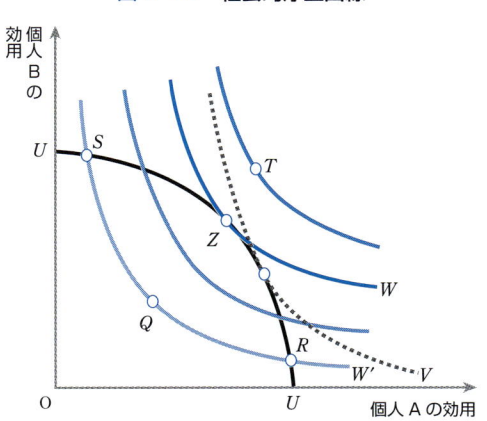

**図9-15 社会的厚生曲線**

第9章 厚生経済学と社会的選択

$W'$ が $Z$ 点を通る $W$ 線より下方にあるからである。また $T$ 点では，効用フロンティアの外側にあるので実現不可能である。よって効用フロンティア $UU$ 線上の無数のパレート最適の点のうち，接点 $Z$ が理想的分配をもたらす最適点として一義的に選択される。

　ところで問題は，個々人の効用ないし選好からいかにして社会全体の厚生を合成するかである。サミュエルソンによれば，それは個々人が考える社会の厚生であってもよく，専制君主が考える社会の厚生であってもよく，要するに合成の仕方を問わない。例えば政党は個人 A の意見も個人 B の意見も同じように評価するとすれば，その政党の社会的厚生曲線は図 9-15 の $W$ 線のような形状になるであろう。しかし個人 A の意見を相対的に重視する別の政党の社会的厚生曲線は，破線の $V$ 線で表したような形状になり，個人 A に有利な分配をもたらすであろう。どちらが国家の意思として採用されるかは，選挙の結果次第である。したがって社会的厚生関数は価値判断をする主体の数だけあるというのが，サミュエルソンの立場である。しかしその合成の方法については，結局不問に付した。

## 9. 多数決原理と投票のパラドックス

　個々人の選好順序からただ一つの集合的な選好順序を合成する意思決定ルールとして，古来から多数決原理がある。**多数決原理**（majority principle）は，1 人 1 票ずつの投票によって，過半数とか 3 分の 2 以上とかの多数の賛成を得たものを，その社会の意思として採択する意思決定原理である。古代ギリシアのデモクラシでは，奴隷を除くポリスの市民だけに投票権を認めたが，今日の民主主義国家ではすべての成人に投票権を認め，多数決原理は民主主義の必要条件とされている。ただし民主主義が守られるためには，多数派の意思が少数派の構成員の基本的人権を著しく損なってはならない。もし損なうならば，少数派は多数派の意思に従わず，抵抗するであろうから，社会自体が分裂してしまう。多数決原理による意思決定が少数派の犠牲を伴うにも関わらず，彼らの基本的人権を著しく損なわない限り，長期的には社会全体の円滑な発展に資することから，この原理は民主社会の運営に欠くべからざる原理と考えられるようになった。

　しかし実は多数決原理では意思決定が不可能となる場合がある。いま 3 つの選択肢 $a$, $b$, $c$ があって，例えば $a$ は民生費を増額で国防費を減額，$b$ は現状

維持，$c$ は民生費を減額で国防費を増額としよう。ある個人が合理的な選択をできるためには，3つの選択対象のどれを比べてもよいとか悪いとかあるいは同等とかの判断ができなければならない。$a$ が $b$ より好ましいというのを $a > b$，$a$ と $b$ が無差別というのを $a \sim b$，$a$ は $b$ より好ましいかまたは無差別というのを $a \gtrsim b$ で表そう。するとこの完全な判断が付くという条件は，任意の選択対象 $a, b$ について $a \gtrsim b$ または $b \gtrsim a$ が成立することといえる。この条件を**完全律**（completeness）と呼ぶ。もう一つの条件は，$a$ が $b$ より選好され（$a > b$），$b$ が $c$ より選好される（$b > c$）ならば，必ず $a$ が $c$ より選好される（$a > c$）という条件である。これは**推移律**（transitivity）と呼ばれる。

個人の場合には完全律と推移律が満たされても，社会の合成された選好では推移律は必ずしも満たされない。いま3人の社会を考え，表9-1のように個人 X は $a, b, c$ の順序で，個人 Y は $b, c, a$ の順序で，個人 Z は $c, a, b$ の順序で選好するとしよう。$a$ と $b$ を比較すると，$a$ の方を好むのが個人 X と Z の2人だから多数決では $a > b$，$b$ と $c$ を比較すると，$b$ の方を好むのが個人 Y と X の2人だから多数決では $b > c$，$c$ と $a$ を比較すると，$c$ の方を好むのが個人 Z と Y の2人だから多数決では $c > a$ となる。よって $a$ は $b$ よりもよく，$b$ は $c$ よりもよく，$c$ は $a$ よりもよいという三すくみが生じて，推移律は満たされない。これがニコラ・ド・コンドルセによって**投票のパラドックス**（paradox of voting）と呼ばれた事態である。

多数決原理はこのように意思決定が不可となる事態を内包しているが，それは特殊な事例であって発生する確率は少ない。それに個々人の選好にある種の

表9-1 投票のパラドックス

| 個人＼順位 | 1 | 2 | 3 |
|---|---|---|---|
| X | a | b | c |
| Y | b | c | a |
| Z | c | a | b |

図9-16 選好パターンの無差別曲線

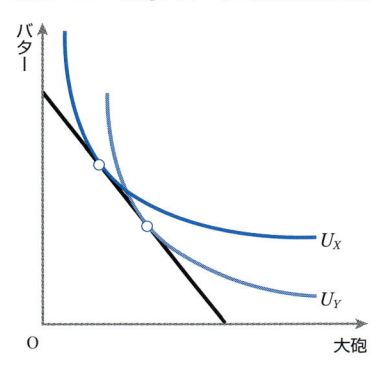

限定を課せば，こうした事態は回避できる。上の例で個人Xは大砲よりもバターを増やせというハト派（穏健派）である。個人Yは現状維持派で，次善の選択としてバターより大砲を増やせという。それぞれの選好パターンは，図9-16の無差別曲線 $U_X$, $U_Y$ のように表される。これに対して個人Zは，バターより大砲を増やせというタカ派（強硬派）であるにも関わらず，次善の選択として大砲よりバターを増やせと言い，第3の選択として現状維持を支持する。これでは意思の食い違いがあり，右下がりのスムーズな無差別曲線は描けない。

この3人の選好順位を縦軸に，民生費の増減額を横軸にとって示すと，図9-17のようになる。個人Xの場合民生費増額の所がもっとも選好されるピークになり，個人Yでは現状維持の所がピークとなるので，彼らの選好は**単峰型**（single peaked）と言う。ところが個人Zの場合は現状維持の所がボトムになって，単峰型を示さない。つまりスムーズな無差別曲線が描けず，選好順序が単峰型にならないような個人がいる場合に，投票のパラドックスは起こることがわかる。

そこで個人Zの選好を図の破線のように，$c > b > a$ の順序に修正して，単峰型に直してみよう。まず $a$ と $b$ を比較すると，$b$ の方を好むのが個人YとZの2人だから多数決では $b > a$，$b$ と $c$ を比較すると，$b$ の方を好むのが個人YとXの2人だから多数決では $b > c$，$c$ と $a$ を比較すると，$c$ の方を好むのが個人ZとYの2人だから多数決では $c > a$ となる。よって $b > c > a$ という推移律が満たされて，投票のパラドックスは解決される。このことはダンカン・ブラックにより初めて明らかにされた。ただこうした修正ができるのは，国防費や民

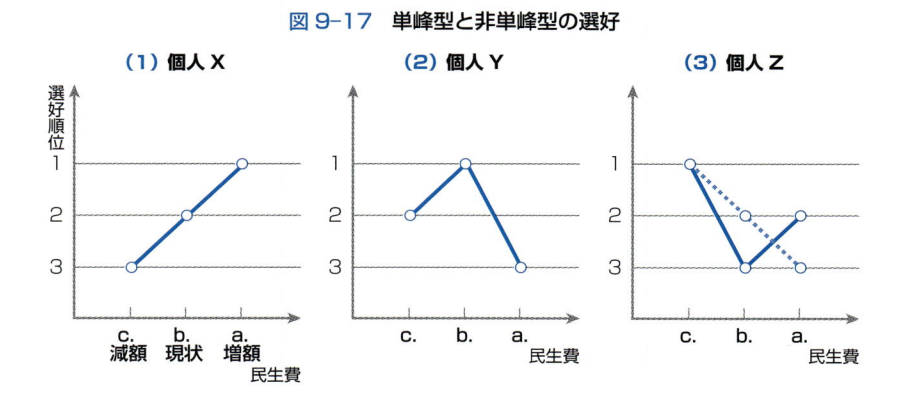

**図9-17　単峰型と非単峰型の選好**

(1) 個人 X　　　　(2) 個人 Y　　　　(3) 個人 Z

生費のように量的な大小比較ができる場合であって，国花として桜，菊，牡丹のうちどれにするかという選択では，やはり三竦みの状態は起こり得る。よって投票のパラドックスを完全に排除することはできない。

社会的厚生関数の議論を進めて，個々人の選好順序からただ一つの集合的な選好順序を合成する意思決定ルールとして**社会的選択関数**（social choice function）を定義し，その厳密な理論的解明に初めてメスを入れたのはケネス・アローである。アローは，民主主義社会が満たすべき市民主権や非独裁制など5つの条件をあげ，それらをすべて満たす社会的選択関数は論理的には存在しないことを証明した。これは**アローの不可能性定理**（Arrow's impossibility theorem）と呼ばれる。

アローは，議会における審議により説得や交渉を通じて異なる意見を持つ人が歩み寄る可能性や，少数意見のグループが協調・結託をして多数派工作をする可能性を前提としていない。しかし，実際の議会制民主主義ではこうしたさまざまな説得，交渉，協調，結託などが行われるので，集合的な意思決定がいつも不可能なわけではない。

# 第10章
# 情報と不確実性の経済学

　前章までは，もろもろの経済現象が現在でも将来でも確実に起こり，経済主体が行動する上で必要な情報は，確実に入手できるという前提で分析をしてきた。しかし現実の経済では，今日のトマトの市場価格が何円かは，すべての八百屋の店頭価格を調べない限りは確実にはわからないし，来期の売上高が何％増えるかは予め決定しているわけでもない。現在及び将来の経済現象の発現は不確実であり，それらに関する私たちの知識や情報あるいは予想も不確実である。それらが確実であると想定しても本質的な変わりはない場合には，前章までのような分析でも充分に有益であり得る。しかしそれらが不確実であるために，私たちの経済行動に重要な変化が生じる場合には，不確実性を明示的に取り入れて分析しなければならない。その典型が資産選択や保険，先物取引などである。そこで本章では，確率の理論を用いて不確実な世界における経済現象の考察を行う。

## 1. 知識と情報，予想

　人間が事象や状態について知覚し思索して得た無形の認識を，**知識**（knowledge）という。例えばある商品の定価や機能，品質，デザイン，重量などについて得た無形の認識は，その商品に関する知識である。超高速のスーパー・コンピューターを生産するためにその性能や構造及び設計などについて得た認識も，やはり知識である。知識にはさまざまな種類があるが，経済現象に関する知識は**経済的知識**（economic knowledge）という。

　人間は獲得した知識を，自分の頭に仕舞っておくだけではなく，それを他の人間に伝達しようとする。商品知識は，価格を書いた値札，機能や品質を記載したカタログ，商品イメージを訴えるテレビ広告などの媒体を通じて，企業が消費者に伝えてこそ意味がある。技術者はコンピューターの設計に関する科学的知識を，設計図やスライドなどの媒体によって生産現場に伝えようとする。このように相手に伝達するために，事象や状態に関する知識を記号や信号，言語，図形，画像などで表現したものを，**情報**（information）という。記号や信

号により伝えられる情報は**シンボリック情報**（symbolic information），言語によるものは**言語情報**（language information），図形や画像によるものは**グラフィック情報**（graphic information）と分類され，情報を伝達する媒体を**メディア**（media）という。

シンボリック情報の代表には，敵の攻撃を知らせる烽火や太鼓の音，値段を知らせる値札，交通整理をする信号，目覚まし時計のベル音など種々あり，メディアとしては煙，太鼓，値札，信号機，時計のベルなど，聴覚と視覚に訴えるものがある。言語情報の代表には，口頭や電話による会話，手紙や文書，商品カタログ，新聞，雑誌，本，ラジオ，テレビなどがあり，現代の情報の主要な部分を占め，それらのメディアは聴覚と視覚に訴えるものである。グラフィック情報の代表には，看板や案内図，ネオンサイン，写真などがあり，メディアとしては視覚に訴えるものである。またテレビやビデオや映画などの音声と映像は，言語情報とグラフィック情報を同時に伝達するもので，聴覚と視覚に同時に訴えるのが特徴である。

人間は過去や現在の事態について知識を得るが，将来その事態がどうなるかについては推測をし，それを**予想**（anticipation）とか**期待**（expectation）という。明日の天気は，来週の株価は，来月の物価は，来四半期の設備投資は，来年の景気は，といった将来の事態に関する認識が予想または期待である。ただし期待という言葉は通常はよいことを指すが，経済学ではよし悪しの区別は特にしない。

## 2．不確実性と確率及び危険

人間がもろもろの事態に関して認識する知識は，必ずしも正確で確実なものではない。しかしより正確により多くの観察情報を得るほど，事態の認識はより正確により詳細になり，不確実な認識は減少していく。仮にその事態に関係するすべての情報を正確に収集できたならば，不確実な認識はなくなる。正確な認識によって100％確実に得られ，不確実な部分がまったくない知識ないし情報は，**完全情報**（perfect information）という。前章までの議論では，いかなる経済現象も確実に起こり，それに関する情報も確実に入手できるものと考えて，完全情報を仮定してきた。また将来に起こる経済現象も確実に起こると予想し，その予想が100％正しいものと仮定してきた。このような予想を**完全予見**（perfect foresight）と呼んだ。このようにもろもろの事象が現在も将来

も確実に起こると見なす理論を，**決定論的理論**（deterministic theory）という。決定論的理論では，すべての事象は確率が 1（100％）で起こるとされ，完全情報と完全予見が前提とされる。

しかし残念ながら人間は全知全能ではないから，ありとあらゆる情報を獲得することはできず，認識にも不確実な部分が残る。不確からしさが残っている情報は，**不完全情報**（imperfect information）と呼ぶ。ある商品情報が価格と機能の情報から成る場合，定価が 2 万円であるのに，1 万 9,000 円～2 万 1,000 円の間であるという情報を得たとすれば，それは間違いではないが不確実である。また価格情報は確実でも，機能情報が不確実であれば，商品情報としてはやはり不確実である。

現実の事象は常に100％の確率で起こるとは限らず，その情報も常に100％の確率で入手できるとは限らない。いままでの観察で999回ともすべて黒いカラスを見たからといって，1,000回目も同じとは限らず，白いカラスを見るかもしれない。現にその存在は確認されている。その場合「カラスは黒い」という命題は，99.9％の確率で正しいと言えるが，0.1％の正しくない確率が残っている。そこである事象の起こる確からしさないし確実性の程度を，**確率**（probability）という概念を用いて表す。確率は0から1，あるいは0％から100％までの間の値をとる。明日の降水確率は 1（100％）というのは，確実に雨が降ることを意味し，降水確率は 0（0％）というのは，確実に雨が降らないことであるから，決定論的世界と同じである。つまり確率1と0が**確実性**（certainty）の世界であり，確率1と0を除いたその中間の世界が，**不確実性**（uncertainty）の世界である。

確率を付与された変数は，**確率変数**（random variable）という。例えばある商品の価格上昇率 $x$ は，**図10-1**のように1％となる確率は 0.01，2％となる確率は 0.05，3％となる確率は 0.1，4％となる確率は 0.2，という具合にそれぞれに確率を付けて扱えば，確率変数となる。この時確率変数 $x$ の値と確率 $P$ とを対応付ける規則を，**確率分布**（probability distribution）といい，図のような曲線で示される。それを関数 $f(x)$ で表したものを，$x$ の**確率密度関数**（probability density function）という。物価上昇率 $x$ は必ず1％と10％の間に納まるとすれば，それが1％と10％の間のどれかの数値になる確率は1である。

$$P\{1 \leq x \leq 10\} = 1$$

また確率分布を表す曲線 $f(x)$ の下の面積を，物価上昇率 $x$ が1％から10％

**図 10-1　確率変数と確率分布**

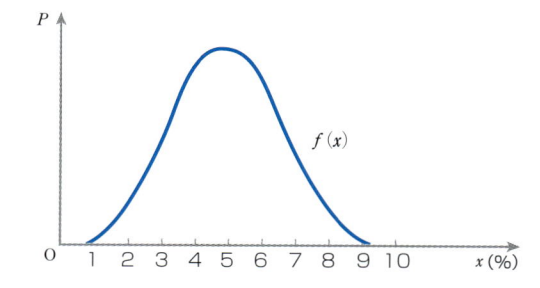

の範囲で積分により求めると，やはり確率 1 に等しくなる。

$$\int_1^{10} f(x)\,dx = P\{1 \leq x \leq 10\} = 1$$

あらゆる事象の確率ないし確率分布を正確に算定できるわけではない。しかし過去の物価上昇の数多くの経験に基づいて，$x$ が 1％となる確率は 0.01，2％となる確率は 0.05，3％となる確率は 0.1，4％となる確率は 0.2，という具合に算定することができるだろう。このように不確実な事象の生起に確率ないし確率分布を付与して考える理論を，**確率論的理論**（probabilistic theory）という。

経済変数は，経済モデルの内部で決定される内生変数と，外部から与えられる外生変数とから成る。そこで価格，需要量，供給量などの内生変数に関する不確実性を，**内生的不確実性**（endogenous uncertainty）とか**市場不確実性**（market uncertainty）と言う。他方で，気象条件，地震，津波，国際政治情勢など外生的与件に関する不確実性は，**外生的不確実性**（exogenous uncertainty）ないし**環境的不確実性**（environmental uncertainty）と呼ばれる。

不確実な事象であれば，それが生起した時に人間に利益を与えるか損失を被らせるかは，予め断言できない。例えばある投資プロジェクトを実施して新製品を市場に送り出しても，販売好調でどれだけの利益が上がるか，また販売不調でどれだけの損失が発生するかは，明確に予想できるわけではない。不確実ではあるが利益が予想される時には**プロフィッタビリティ**（profitability，**収益性**）があり，損失が予想される時には**リスク**（risk，**危険**）があるという。そこで投資プロジェクトの内容や新製品の性能・品質，市場の景況，ライバル企業の動向などについて，何らかの情報を収集できれば，このプロジェクトは儲かるのか損するのか，次第にはっきりしてくる。するとその収益性や危険の確

からしさに対して，確率を付与することもできる。確率の算定は，情報の質と量との関数である。仮にこのプロジェクトに関するすべての情報を正確に収集できたならば，利益率が例えば7%になると確率100%で予想すること，つまり完全予見が可能となる。

## 3. 条件付き財

ヴェニスの商人アントーニオに金貸しのシャイロックが3,000ダカットを貸した際に，全額を返済できる場合は無利息でよいが，返済できない場合は身体の肉1ポンドを切り取るという条件付きの契約をした。この金銭貸借契約は倫理的には問題があるが，経済的に見ると不確実な事態に応じて返済条件が異なる条件付きの金銭貸与である。このように，将来起こり得る不確実な状態に応じて取引条件が違う契約を，**条件付き契約**（contingent contract）といい，その契約の対象となる財を，**条件付き財**（contingent goods）という。

条件付き財の例には他にもさまざまある。1等の番号が当たれば3億円を，その前後の番号が当たれば1億円を，2等の番号が当たれば1,000万円を，3等の番号が当たれば100万円を賞金として提供する宝くじは，まさに条件付き財である。各種の保険も条件付き財の代表である。例えば向こう1年間に2,000万円の保険金額に対して2万円の保険料を払い込んでもらい，家屋の焼けた程度に応じて保険金を支払う火災保険もそれである。

将来起こり得る $n$ 個の**状態**（state）を $s_1, s_2, \ldots, s_n$ とし，それらの全体を集合 $S$ とすれば，そのうちの特定な状態 $s_i$ が発生した場合に取引をするという契約が条件付き契約であり，その取引対象が条件付き財である。各状態 $s_1, s_2, \ldots, s_n$ に対しては，それぞれ発生する確率 $P_1, P_2, \ldots, P_n$ を対応付けることができ，その確率分布や確率密度関数が特定される。こうした条件付き財は，確率論的理論により分析できる。

## 4. 期待効用理論と危険への態度

いま条件付き財の典型として宝くじを取り上げ，賞金 $x_1$ が当たる確率が $P$ で，賞金 $x_2$ が当たる確率が $1-P$ であるとしよう。ただし $0<P<1$ である。不確実性の下でも消費者の選好順序について，完全律とか推移律，連続性，独立性などの性質が仮定されれば，当たった賞金から得られる効用は，

$$u = u(x)$$

という効用関数で表すことができる。賞金 $x_1$ が当たる時の効用の期待値は，この効用に確率 $P$ をかけて $Pu(x_1)$ となり，賞金 $x_2$ が当たる時の効用の期待値は，同様にして $(1-P)u(x_2)$ であるから，賞金 $x_1$ または賞金 $x_2$ が当たるこの宝くじ $X$ から得られる効用の期待値は，両者の効用の加重平均値として，次式で表される。

$$v(X) = Pu(x_1) + (1-P)u(x_2)$$

このように各状態 $x_1$，$x_2$ の効用をそれぞれの確率で加重平均した期待値のことを，**期待効用**（expected utility）と呼ぶ。この期待効用は，順番だけが意味を持つ序数的効用と違って，数値のすべての演算が意味を持つ基数的効用である。フォン・ノイマンとモルゲンシュテルンは，不確実性の下では，各個人は効用それ自体ではなく，効用を確率で加重平均した期待効用を最大化するように行動するという理論を確立した。それが**期待効用理論**（expected utility theory）である。

さて横軸に賞金の額をとり縦軸に効用水準をとった図10-2では，ある個人の効用関数が上に凸に描かれている。賞金 $x_1$ が当たる時の効用は $A$ 点で示され，その効用水準は $u(x_1)$ である。また賞金 $x_2$ が当たる時の効用は $B$ 点で示され，その効用水準は $u(x_2)$ である。それぞれが当たる確率は $P$ と $1-P$ であるから，それらをこの確率で加重平均した点は $V$ 点で示される。この点が期待効用を表し，その水準は $v(X)$ である。ところで $V$ 点に対応する賞金額は $\hat{x}$ であり，これは賞金額 $x_1$ と $x_2$ を確率 $P$ と $1-P$ で加重平均した額である。この $\hat{x}$ が確実に得られる時の効用は $U$ 点で示され，その効用水準は $u(\hat{x})$ である。そこで $V$ 点の期待効用 $v(X)$ と $U$ 点の効用 $u(\hat{x})$ とを比較すると，

$$u(\hat{x}) > v(X)$$

であるから，この個人は $U$ 点を選択する。つまり不確実な賞金が当たる宝くじ $X$ よりも，同じ期待値の賞金が確実に得られる方を選択するので，**危険回避者**（risk averter）と呼ぶ。あるいは**確実性愛好者**（certainty lover）と呼んでも同じである。

さて賞金額 $\hat{x}$ を次第に減らしていけば，連続性の仮定によって，確実に $\hat{x}-\gamma$ を得られる時の効用 $u(\hat{x}-\gamma)$ が，この宝くじ $X$ の期待効用 $v(X)$ と等しくなる点 $R$ が存在する。すなわち次式を満たす $R$ 点および $\gamma$ が必ず存在する。

$$u(\hat{x}-\gamma) = v(X) = Pu(x_1) + (1-P)u(x_2)$$

危険回避者にとってこの $\gamma$ は $RV$ の長さで示され，宝くじ $X$ から得られる期待

**図 10-2 危険回避者の効用曲線**

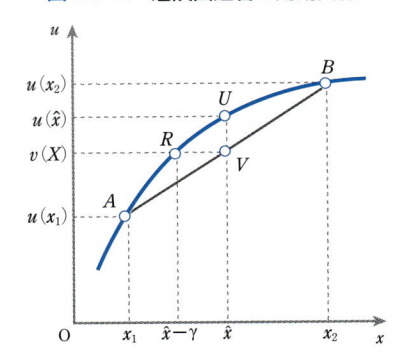

**図 10-3 危険愛好者の効用曲線**

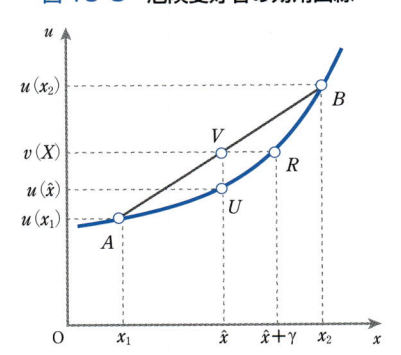

効用と同じ効用が確実に得られるならば，不確実な宝くじに参加しない代わりに，プレミアムとして支払ってもよいと思う金額である．そこでこれは**保険プレミアム**（insurance premium）というが，負の危険プレミアムともいえる．

他方図 10-3 には，別の類型の個人の効用関数が下に凸に描いてある．賞金 $x_1$ と $x_2$ が当たる時の効用は $A$ 点と $B$ 点で示され，宝くじ $X$ から得られる期待効用は $V$ 点で示される．そこで $V$ 点の期待効用 $v(X)$ と $U$ 点の効用 $u(\hat{x})$ とを比べると，

$$u(\hat{x}) < v(X)$$

であるから，この個人は明らかに $V$ 点を選択する．つまりこの個人は，不確実な賞金が当たる宝くじ $X$ を，同じ期待値の賞金が確実に得られる方よりも選好するので，**危険愛好者**（risk lover）と呼ばれる．

さて賞金額 $\hat{x}$ を次第に増やしていけば，確実に $\hat{x} + \gamma$ を得られる時の効用 $u(\hat{x}+\gamma)$ が，この宝くじ $X$ の期待効用 $v(X)$ と等しくなる点 $R$ が存在する．つまり，次式を満たす $R$ 点や $\gamma$ が必ず存在する．

$$u(\hat{x}+\gamma) = v(X) = Pu(x_1) + (1-P)u(x_2)$$

ギャンブル好きな危険愛好者にとってこの $\gamma$ は，確実な賞金を得る代わりに，宝くじに参加できるならば，プレミアムとして支払ってもよいと思う金額であり，**危険プレミアム**（risk premium）と呼ぶ．

図 10-4 には，不確実性や危険の存在を意に介さない個人の効用関数が，直線で描かれている．賞金 $x_1$ と $x_1$ が当たる時の効用は $A$ 点と $B$ 点で示され，宝くじ $X$ から得られる期待効用は $V$ 点で示される．効用関数は直線で描かれ

**図 10-4　危険中立者の効用曲線**

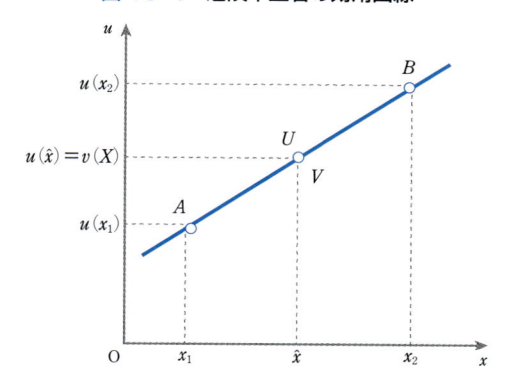

るから，$x$ の効用を示す $U$ 点と $V$ 点は一致し，$u(\hat{x}) = v(X)$ であるから，この個人は $U$ 点と $V$ 点で無差別である。つまりこの個人は，**危険中立的**（risk neutral）である。よってこの場合には，保険プレミアムも危険プレミアムもゼロとなる。

　図 10-2 で危険回避者の効用曲線が弓なりに大きく曲がっているほど，$RV$ の長さで示される保険プレミアムは大きくなり，危険回避の程度も大きくなる。効用曲線の曲率が大きい時，限界効用 $u'(x)$ の逓減は激しいから，それをさらに微分した $u''(x)$，つまり効用の 2 次微分係数は，大きな負値になる。そこで限界効用の相対的な変化率の絶対値をとった $|u''(x)/u'(x)|$ は，危険回避の一つの尺度であり，ジョン・プラットとアローはこれを**絶対的危険回避度**（degree of absolute risk aversion）と呼んだ。またこれに $x$ をかけた $|xu''(x)/u'(x)|$ を**相対的危険回避度**（degree of relative risk aversion）と呼んだ。

　社会には有り金をすべて競馬や競輪，株などに注ぎ込むギャンブル好きな人も確かにいる。しかしこうした危険愛好者は全体から見れば数少なく，むしろ堅実な危険回避者が圧倒的多数を占めている。そこで以下では，危険回避者の行動を中心に分析していこう。

## 5．資産選択の平均・分散接近

　不確実性の下での経済行動としては，資産選択や保険契約などが最も典型的と見られており，いずれも期待効用理論を用いて説明できる。しかしその前に，平均と分散という概念を用いて，資産選択の基礎的な学習をしておこう。

確率変数 $x$ の**観察値**（observations）ないし**標本**（samples）$x_i$ が $n$ 個ある場合（$i=1, 2, \ldots, n$），それぞれが生じる確率を $P_i$ とすればその**平均**（mean）$\mu$ は，

$$\mu = \sum_{i=1}^{n} P_i x_i$$

で表され，**数学的期待値**（mathematical expected value）ともいう。$P_i = 1/n$ の時は，非確率変数の平均と同じく，

$$\mu = \sum_{i=1}^{n} \frac{x_i}{n}$$

となる。**分散**（variance）$\sigma^2$ は，変数 $x$ の平均からの偏差の 2 乗の平均であり，

$$\sigma^2 = \sum_{i=1}^{n} P_i (x_i - \mu)^2$$

で表されるが，$P_i = 1/n$ の時は，非確率変数の分散と同じく，

$$\sigma^2 = \sum_{i=1}^{n} \frac{(x_i - \mu)^2}{n}$$

となる。分散 $\sigma^2$ の平方根 $\sigma$ は，**標準偏差**（standard deviation）という。

預貯金，投資信託，公社債，株式など種々の資産を保有する場合，収益率が高いのは株式であるが，変動が激しくリスクも大きいので，**危険資産**（risky asset）と呼ぶ。逆に預貯金は収益率は低いが，確定利付きでリスクはないので，**安全資産**（safe asset）という。種々の資産のうち安全資産と危険資産とを混ぜて**資産構成**（ポートフォリオ，portfolio）を決めることを，**資産選択**（portfolio selection）という。

資産 $W$ の収益率 $x$ が確率変数であれば，その収益性は $x$ の平均 $\mu$ で，その

図 10-5 平均・分散接近による危険への態度

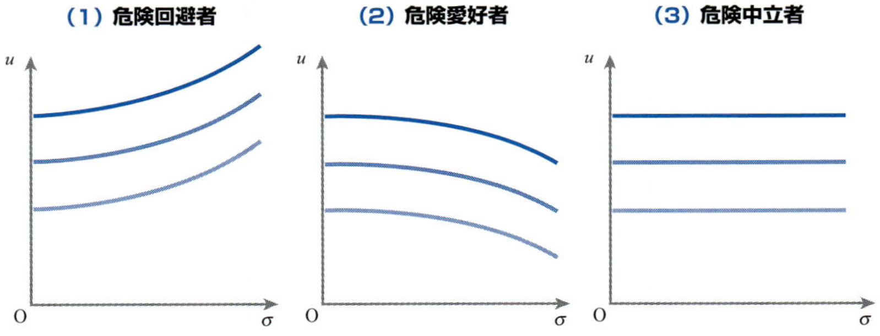

(1) 危険回避者　　(2) 危険愛好者　　(3) 危険中立者

危険は $x$ の分散 $\sigma^2$（ないし標準偏差 $\sigma$）で示すことができる。そこでこの2つの**母数**（parameter）を独立変数として資産 $W$ の効用関数を定義すると，次式で表せる。

$$u(W) = u(\mu, \sigma)$$

これを無差別曲線として図示したものが図 10-5 である。縦軸には収益率の平均 $\mu$，横軸にはその標準偏差 $\sigma$ が測ってある。図 10-5 (1) では，$\sigma$ で示される危険が増大する時に効用水準が一定に保たれるためには，$\mu$ が上昇するから，危険回避者の無差別曲線を表す。図 10-5 (2) では，危険が増大する時に効用水準が一定に保たれるためには，$\mu$ が下落するから，危険愛好者の無差別曲線を表す。図 10-5 (3) では，危険の増大と関わりなく，$\mu$ は一定であるから，危険中立者の無差別曲線を表す。

いま平均収益率が $\mu_S$ で標準偏差が 0 の安全資産 $S(\mu_S, 0)$ と比べ，平均収益率 $\mu_R$ も標準偏差 $\sigma_R$ も大きい危険資産 $R(\mu_R, \sigma_R)$ があるとする。両者を単独で保有する場合の収益性と危険は，それぞれ図 10-6 (1) の $S$ 点と $R$ 点で示さる。両者を合わせ持つ場合，全資金の $P$ の割合を安全資産 $S$ に，$1-P$ の割合を危険資産 $R$ に投入する時の平均収益率と標準偏差は，それぞれの加重平均であって，$P\mu_S + (1-P)\mu_R$ 及び $(1-P)\sigma_R$ となる。$P$ を 0 から 1 まで変えると，両者を混合保有する場合は，$S$ 点と $R$ 点を結ぶ直線で表される。これに危険回避者の無差別曲線を重ねて描くと，最適な資産選択は両者の接点 $E$ に定まる。

図 10-6 (2) には無差別曲線が直線 $SR$ の延長上の点線で接する場合が描

**図 10-6　平均・分散接近による資産選択**

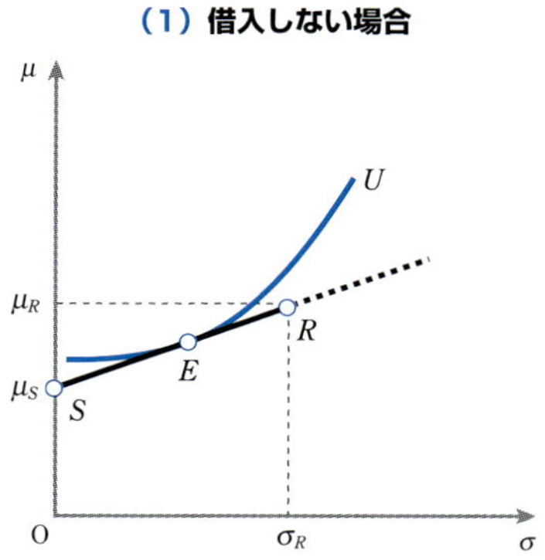

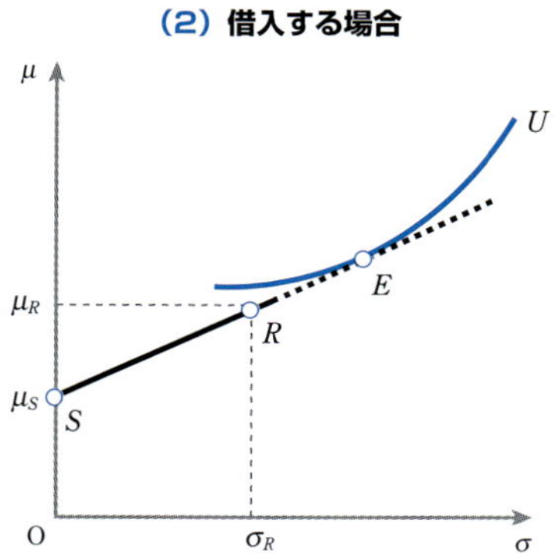

**(1) 借入しない場合**　　　　**(2) 借入する場合**

**図 10-7 利子率変化の効果**

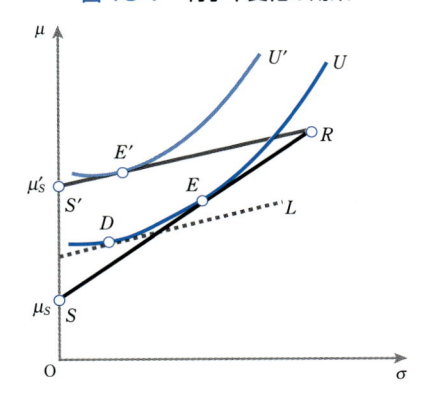

かれている。これは，安全資産と同じ利子率で金融市場から借入が可能な場合には，借入をしてでも 1 以上の比率で危険資産を保有すべきことを意味する。ただし借入が不可能な場合には，$R$ 点が最も有利なコーナー均衡となる。

いま安全資産の利子率が $\mu_S'$ に上がる場合，図 10-7 の $S$ 点は $S'$ 点に移り，危険資産 $R$ と混合保有し得るポートフォリオは直線 $S'R$ にシフトする。すると無差別曲線と接する最適な資産選択の点は，$E'$ 点にシフトする。そこで直線 $S'R$ に平行で元の無差別曲線に接するように補助線 $L$ を引くと，元の均衡点 $E$ から接点 $D$ へのシフトが代替効果に基づき，接点 $D$ から新しい均衡点 $E'$ へのシフトが所得効果に基づくことがわかる。通常は安全資産の利子率が上昇すると，新均衡点 $E$ では安全資産の保有割合が増えるが，所得効果が代替効果を上回る場合には，安全資産の保有割合がかえって減ることもある。

次に危険資産が $R$ と $Q$ と 2 つある場合を分析しよう。図 10-8 の $Q$ は $R$ よりさらにハイリスク・ハイリターンであるとする。子供に卵を買いに行かせる場合，かごを 1 つ持たせるよりも 2 つ持たせた方が，リスクを分散して減らすことができる。石油の輸入先を 1 国より多国に分散した方が，有事の際のリスクを減少できる。同様にある危険資産を単独で保有するよりも，混合して保有する方が，リスクを減少できる。よって 2 つの危険資産を混合保有する時のポートフォリオは，直線 $RQ$ にならずに，リスクが減る分だけ左に曲がって曲線 $REQ$ となる。すると最適な均衡点は，無差別曲線と接する $E$ 点となる。

ただし危険分散の程度は 2 つの危険資産の確率分布に依存するので，それに応じて均衡点も変わる。両資産の収益率が完全相関であれば，危険分散はでき

図 10-8　2つの危険資産の選択　　　　図 10-9　分 離 定 理

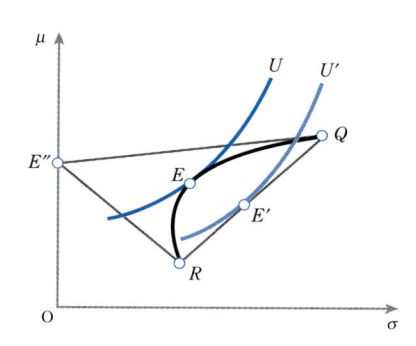

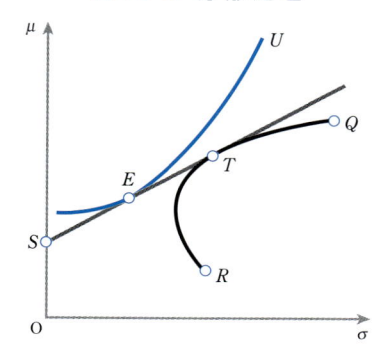

ないから，ポートフォリオは直線 $RQ$ になり，均衡点は $E'$ 点で示される。また完全逆相関であれば，$E''$ 点のように危険をまったくゼロにもできるので，ポートフォリオは直線 $RE''$ 及び直線 $QE''$ となり，均衡点は $E''$ になる。

　最後に安全資産が1つで危険資産が2つある場合を分析しよう。危険資産 $R$ と $Q$ の収益率は完全相関でも完全逆相関でもなく，その中間であるとすれば，それらを混合保有するポートフォリオは図 10-9 で曲線 $RQ$ として表される。するとそれらの危険資産と安全資産 $S$ とを混合保有するポートフォリオは，曲線 $RQ$ 上の各点と $S$ 点とを結んだ領域で示されるが，そのうち最も高い効用水準を与えるものは，曲線 $RQ$ と $T$ 点で接する直線 $ST$ である。よって直線 $ST$ と無差別曲線が接する $E$ 点で，最適資産選択の均衡が定まる。すると2つの危険資産の保有比率は，無差別曲線の形状や位置とは関係なく，2つの危険資産の収益率の確率分布と安全資産の収益率とが与えられれば，$T$ 点に決まってしまう。このように危険資産相互の保有比率の決定が，危険資産と安全資産の保有比率の決定とは独立して行われるという命題を，トービンに従って**分離定理**（separation theorem）という。

　こうした平均・分散接近による資産選択論は，実は期待効用理論の特殊ケースといえる。実際フォン・ノイマン＝モルゲンシュテルン流の効用関数が2次関数の場合には，資産の期待効用は収益率の平均と分散との関数になる。また収益率の確率分布が，平均と分散で定まる**正規分布**（normal distribution）である場合には，平均・分散アプローチは期待効用アプローチに一致する。

第 10 章　情報と不確実性の経済学

## 6. 資産選択の期待効用理論

次に期待効用理論を用いて，資産選択を分析しよう。この理論は，一定額の富 $W_0$ を所有する経済主体が，それを種々の資産に運用して，一定期間後の富の期待効用を最大化すると仮定する。資産は利子率 $i$ が確定した安全資産と収益率 $r$ が不確実な危険資産の2種類とし，確率変数 $r$ は運よく $i$ より高い収益率 $r_1$ となる確率が $P$ で，運悪く利子率 $i$ より低い収益率 $r_2$ となる確率が $1-P$ であるとしよう。危険資産の $r$ は $r_1 > i > r_2$ で，プロフィッタブルでもリスキーでもあり得る。この主体が保有しようとする危険資産の額を $R$ とすれば，安全資産の保有額は $W_0 - R$ となり，一定期間後の富 $W$ は収益率が $r_1$ か $r_2$ かになるのに応じて，

$$W_1 = (1+i)(W_0 - R) + (1+r_1)R$$
$$W_2 = (1+i)(W_0 - R) + (1+r_2)R$$

と表すことができる。両式から $R$ を消去すれば，

$$(r_2 - i)W_1 - (r_1 - i)W_2 = (1+i)(r_2 - r_1)W_0$$

という富の関係式が得られる。これは一種の予算制約式であり，横軸に $W_1$ を縦軸に $W_2$ をとった図 10-10 で $MN$ 線のように表される。この予算制約線の勾配は，金利差の比率である $(r_2 - r_1)/(r_1 - i)$ の絶対値となる。

この制約の下で危険回避者は，次の富の期待効用 $E[u(W)]$ を最大化するように資産選択を行う。

$$E[u(W)] = Pu(W_1) + (1-P)u(W_2)$$

ここで $E[\cdot]$ という演算子は，確率で加重平均した数学的期待値を示す。図

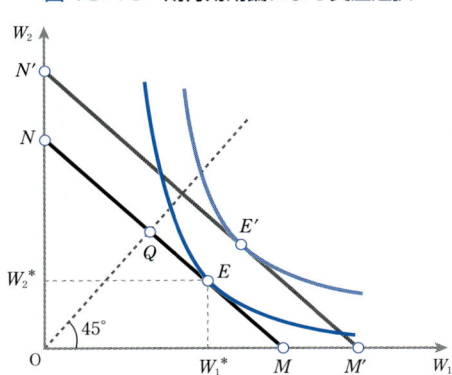

**図 10-10 期待効用論による資産選択**

10-10 に危険回避者の期待効用の無差別曲線を描くと，原点に対して凸の曲線になる。無差別曲線上では期待効用 $E[u(W)]$ は一定であるから，その微小な変化をとると，ゼロにならなければならない。

$$Pu'(W_1)dW_1 + (1-P)u'(W_2)dW_2 = 0$$

よってその接線の勾配である限界代替率は，次式のようになる。

$$-\frac{dW_2}{dW_1} = \frac{P}{1-P}\frac{u'(W_1)}{u'(W_2)}$$

原点からの45度線と無差別曲線との交点 $Q$ における限界代替率が1であれば，プロフィッタブルな場合の富 $W_1$ とリスキーな場合の富 $W_2$ とが同程度に選好されるから，富 $W_1$ を好む限り，$Q$ 点での限界代替率>1でなければならない。

すると無差別曲線と予算制約線との接点 $E$ で，最適資産選択の均衡点が決定される。この均衡点 $E$ では，前者の接線の勾配と後者の勾配が等しいから，

$$\frac{P}{1-P}\frac{u'(W_1)}{u'(W_2)} = \frac{(r_2-i)}{(r_1-i)}$$

が成り立つ。すなわち確率で加重された限界効用の比率が，金利差の比率に等しい。これは限界効用の比率は価格比に等しいという限界代替率均等の法則に相当する。この時均衡点では，

$$W_1^* = (1+i)W_0 + (r_1-i)R^*$$
$$W_2^* = (1+i)W_0 + (r_2-i)R^*$$

であるから，危険資産の均衡保有量は，

$$R^* = \frac{W_1^* - (1+i)W_0}{r_1-i} = \frac{W_2^* - (1+i)W_0}{r_2-i}$$

に決定し，安全資産の均衡保有量も，$W_0 - R^*$ と定まる。

当初の富 $W_0$ が増加した場合，富の予算制約線は $M'N'$ へと上に平行移動するが，危険資産と安全資産の保有割合はどう変化するであろうか。それは結局効用関数の形状に応じて決まる。相対的危険回避度 $|Wu''(W)/u'(W)|$ が富 $W$ の増加関数，減少関数，及び不変という3つのケースに応じて，富全体に占める危険資産の保有比率はそれぞれ減少，増加，不変となる。また絶対的危険回避度 $|u''(W)/u'(W)|$ が富の増加関数，減少関数，及び不変という3つのケースに応じて，危険資産の絶対的保有量は減少，増加，不変となる。アローは，富の増加につれて危険資産への需要量は増加するものの，その保有割合は減少する傾向があると考えた。確かに富の増加とともに危険資産への需要量

も増えるが，資産家ほど株式など危険資産の保有割合が大きくなり，保有資産が小さい人ほど預貯金など安全資産の保有割合が高いのが実情であろう。

## 7. 保険の期待効用理論

「一寸先は闇」と言われるように，私たちの日常生活では突然の怪我や病気，死亡，火災，災害，交通事故など，不測の危険が待ち受けている。**保険**（insurance）は，こうした不測の危険そのものをなくすことはできないが，それがもしも発生した場合に，大勢でプールした保険料からその損害を補填する互助的な仕組みである。そのため保険会社は相互会社の形態をとることがある。火災保険をかけても，火災をなくすことはできないが，火事になった場合の損害を補填することはできる。現実には健康保険，傷害保険，生命保険，火災保険，災害保険，自動車保険，失業保険，年金保険など，さまざまな種類がある。保険に加入すると，一定の**保険料**（insurance premium）を払い込む代償として，もしも保険で規定する事故が発生して損害を被った場合には，**保険金**（insurance money）を受け取ることができる。しかしその事故が発生しなかった場合には，保険料は掛け捨てか，あるいは一定額の満期受取金を受け取ることができる。したがって保険はまさに条件付き契約の典型である。

火災などの事故が確率 $P$ で発生した時の損害額を $D$ とし，それに備えるために保険料 $I$ を支払って保険金額 $M$ を受け取る保険契約を結ぶとする。すると事故が起こった時のネットの損害額は $D_1 = M - D - I$，事故が起こらなかった時のネットの損害額は $D_2 = -I$ であるから，保険加入時の損害の期待効用は，

$$E[u(H)] = Pu(D_1) + (1-P)u(D_2)$$
$$= Pu(M-D-I) + (1-P)u(-I)$$

となる。これに対して保険に入らない場合には，損害の期待効用は，

$$E[u(J)] = Pu(-D) + (1-P)u(0) = Pu(-D)$$

である。危険回避者がこの保険に加入するのは，前者が後者を上回る場合である。保険金 $M$ に対する保険料 $I$ の割合 $r = I/M$ は，**保険料率**（rate of insurance premium）と呼ばれる。これは，1円の保険金をもらうために支払わなければならない値段を示すので，保険サービスの価格に他ならない。

$D_1$, $D_2$, 及び $r$ の定義から，$M$ と $I$ を消去すれば，次式を得る。

$$rD_1 + (1-r)D_2 = -D$$

これは一種の予算制約式であり，この下で期待効用 $E[u(H)]$ を最大化すれば，

### 図10-11 保険の期待効用理論

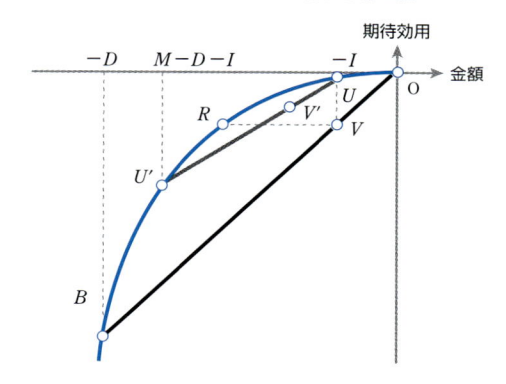

限界代替率が価格比に等しいという主体的均衡条件により次式が成り立つ。
$$\frac{P}{1-P}\frac{u'(D_1)}{u'(D_2)}=\frac{r}{1-r}$$

いま最も単純なケースとして，火災などによる見積もり損害額 $D$ にちょうど等しい保険金額 $M$ を設定するとしよう。家屋が全焼したら2,000万円の損害が出ると予想される時には，2,000万円の火災保険金をかけ，死亡により遺失所得が5,000万円になると予想される時には，5,000万円の生命保険金をかける。$M=D$ ゆえ，保険加入時の損害の期待効用は，
$$E[u(H)]=u(-I)$$
という確率 $P$ がかからない形となる。この場合には保険の役割は，不確実で多額の損害額 $D$ を確実で少額の損害である保険料支払額 $I$ に変換することといえる。

縦軸に期待効用を，横軸に金額を測った図10-11では，この点は危険回避者の効用曲線上の $U$ 点で示され，その効用水準は $u(-I)$ である。他方で保険非加入時の期待効用は，O 点での効用と $B$ 点での効用との確率による加重平均になるから，$VO/VB=P/(1-P)$ となるような $V$ 点で示される。いま保険の価格である保険料率 $r$ が，事故の発生する確率 $P$ に等しいと仮定すれば，
$$r=\frac{I}{M}=\frac{I}{D}=P$$
となるから，$V$ 点の横座標と $U$ 点のそれとは $-I$ で一致する。よって明らかに，
$$E[u(H)]=u(-I)>E[u(J)]=Pu(-D)$$

が成り立ち，期待効用理論によって確実な保険料支払のほうが不確実な損害より選好されるから，この危険回避者は保険に加入することになる。

さて先に説明したように，保険料 $I$ を次第に上げていき，$U$ 点が $V$ 点と水平な $R$ 点に至るまでは，最大限の保険プレミアム $RV$ を追加的に支払ってもなお，上式が成り立つから，保険に加入してもよいと思う。つまりこの危険回避者が保険に加入してもよいと思う最大限度の保険料は，当初の保険料 $I=PD$ にプレミアムの $RV$ を加えたものである。

次により一般的なケースとして，保険金額 $M$ が損害額 $D$ より低く設定された場合を見よう。保険加入時の損害の期待効用は，

$$E[u(H)] = Pu(M-D-I) + (1-P)u(-I)$$

であり，$U'$ 点の効用と $U$ 点の効用との加重平均になるから，$UV'/U'V' = P/(1-P)$ となるような $V'$ 点で示される。他方で保険非加入時の期待効用は，前と同様に $V$ 点で示されるから，この $V$ 点より $V'$ 点が上方にある限り，保険に加入することになる。この場合，不確実な期待効用を示す $OB$ 直線上の $V$ 点より $UU'$ 直線上の $V'$ 点の方が，確実な効用を示す効用曲線に近いので，保険は不確実性を減少させる役割を果たすといえる。しかし $M=D$ の場合に比べると，カバーされなかった損害の分 $(D-M)$ だけ，不確実性が残る。

これに対して，保険サービスの供給側，つまり保険会社の行動はどうなるであろうか。事故が発生した場合には，保険会社は保険金 $M$ を支払わねばならないから，それと保険料 $I$ との差額 $I-M$ が利潤になる。また事故が発生しなかった場合には，保険金を支払う必要はないから，保険料 $I$ がそっくり利潤となる。よって保険会社の期待利潤は，

$$P(I-M) + (1-P)I = I - PM$$

で表され，これを最大化することが目標となる。

保険加入者が1人の場合には，事故の確率 $P$ は予想される**主観的確率**（subjective probability）であるが，加入者が多数になって**大数の法則**（the law of large numbers）が作用すると，それは**客観的確率**（objective probability）に一致する。火災保険の場合には，建物が木造か鉄筋か，住宅か商店か工場か，市街地か郊外かなどに応じて，保険会社は何十年にも及ぶ統計データを調べ，完全ではないがかなりの程度に客観的確率を知ることができる。また生命保険の場合には，全人口の性別，年齢別，職業別の平均余命，それに各加入者の病歴や健康状態などを調べ，かなりの程度に客観的確率を知ることができる。す

ると保険会社は，$P$を所与として，保険料収入を最大化し，保険金支払を最小化すれば，利潤は最大となる。

さて保険市場が完全競争的であれば，利潤が生じている限り新規参入が起こり，結局長期の産業均衡においては利潤はゼロとなる。つまり$I-PM=0$であるから，

$$P=I/M$$

が成り立つ。よって長期均衡の条件は，事故の確率$P$が保険料/保険金＝保険料率$r$に等しくなることである。これを先の限界代替率均等の条件に代入すれば，均衡では，$u'(D_1)/u'(D_2)=1$，つまり$D_1=D_2$となる。よって

$$M-D-I=-I$$

が成り立つから，$M=D$でなければならない。すなわち保険金$M$が損害額$D$を過不足なくカバーしなければならない。先に見た最も単純なケースが実は長期均衡の行き着く先であり，この時保険会社の利潤はゼロであるとともに，加入者にとっても追加的な保険プレミアムはゼロであり，不確実な損害額$D$は確実な損害である保険料$I$に完全に変換される。

## 8. 逆選択と道徳的危険

保険は，同じ種類の事故に遭うリスクに直面している人々が，皆で少しずつ資金を出し合ってプールに貯めて，誰かが実際に事故に遭った場合に，そのため生じた損害を補填する互助的システムであり，リスクそれ自体をなくすものではない。保険システムに加入する多数の人々の事故率については，大数の法則によりかなりの程度客観的確率を知り得る。今年度における，市街地の木造住宅の全焼率，ある職業の50才男性の癌による入院率及び死亡率などについて，前年度までの全国統計からかなり正確な推測をすることは可能である。ところが個々の加入者の事故率については，正確な情報を得ることはなかなか難しい。個々の加入者のうち今年度に，火災で全焼するのは誰の家屋か，死亡事故に遭うのは誰か，骨折で入院するのは誰か，といった事故率を正確に推測することは非常に困難である。そもそも加入者自身にとって，今年中に火災に遭うとか，死亡事故に遭うとか，骨折で入院するとかいう確率は，正確にはわからない。したがって保険会社も加入者以上に，個々の加入者の事故率については正確には知り得ない。

もしもそれを正確に知り得たならば，保険料率$r$＝事故率$P$という均衡条件

**図 10-12　保険の逆選択**

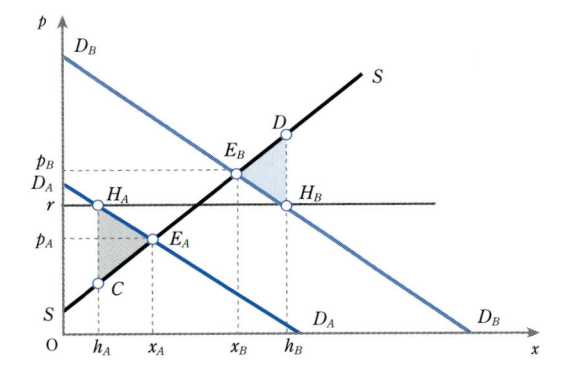

に従って，事故率の低い加入者には低い保険料率を，事故率の高い加入者には高い保険料率を課すのが原則である。しかし現実には個々の事故率は推測できないから，同一の保険料率を課す。するとどういう事態が起こるであろうか。

いま健康保険を例にとり，図 10-12 の縦軸には医療の価格や費用，横軸には医療の量を測ると，保険のない場合には，医療の供給は右上がりの $SS$ 曲線で，病気になる危険度の低い人の需要は $D_AD_A$ 曲線で，病気になる危険度の高い人の需要は $D_BD_B$ 曲線で表される。するとそれぞれの均衡点は $E_A$, $E_B$ となり，医療の均衡価格は $p_A$, $p_B$, 均衡需給量は $x_A$, $x_B$ である。ところが保険組合の側が，個々の加入者の病気になる危険度を考慮せずに，治療費はただで保険料を一律 $r$ に定めたとしよう。すると保険がある場合の均衡点は $H_A$, $H_B$ となり，医療の均衡需給量は $h_A$, $h_B$ である。よって危険度の低い人は高保険料，過少保険で，三角形 $E_AH_AC$ の分だけ損をする。逆に危険度の高い人は低保険料，過剰保険で，三角形 $E_BH_BD$ の分だけ得をする。これは公共財のフリーライダーに似た不公平な問題であり，画一保険料のために危険度の高い人が払うべき負担を，実は危険度の低い人が払わされる。すると危険度の低い人は，いつも高い保険料を払っているよりは，実際に病気になった時に実費で医療を受けた方が安上がりとなるので，保険から脱退する方が得である。このように保険組合にとって「よい」加入者が閉め出され，「悪い」加入者が優勢となる現象を**逆選択**（adverse selection）という。

健康保険に限らず，自動車保険や雇用（失業）保険，火災保険，年金保険などでも，事故歴とか失業歴がない加入者は保険料を支払うばかりであるのに，

事故や失業などの確率が高い加入者は支払った保険料をはるかに上回る多額の保険金を受け取る機会が多い。するとやはり逆選択が起こり，優良な被保険者が閉め出され，脱退せざるを得なくなる。同様の現象は中古車市場でも観察される。中古車の売り手は自分の車をできるだけ高値で売るために，欠陥を正直に告げようとしない。そのためディーラーは必ずしも正確な査定ができない。またディーラーは中古車の買い手に売る時に，できるだけ売りやすくするために欠陥を隠そうとする傾向がある。その結果品質のよい中古車は市場にあまり出回らなくなる一方，品質の悪い不良車が横行してしまう。ジョージ・アカロフはこうした逆選択の現象を最初に分析したが，不良車がアメリカの俗語で「レモン」と言われることから，**レモンの原理**（the principle of lemons）とも呼ばれる。

　そこで逆選択による不公平や資源の非効率を防ぐために，健康保険では保険料を低過ぎる水準に設定しないとか，治療費をただにしないで一定割合を患者負担にするなどの工夫が必要となる。生命保険では過去または最近に病歴のある人は，保険料を割り増しにするとか，告知義務に反した場合は保険金支払をしない，などの必要がある。火災保険では，木造か鉄筋か，住宅か商店か工場か，市街地か郊外か，などに応じてやはり保険料率に差を付ける必要がある。年金保険では保険料負担額に見合った保険金支払額とする必要がある。また中古車売買ではディーラーが重要なチェック・ポイントについてできるだけ正確な査定をし，査定価格を算出すれば，不良車の横行を抑えることができる。

　さて先の健康保険の例で，病気の危険度が低い個人 A は，保険があるために受けられる医療が減ってしまう一方，病気の危険度が高い個人 B は，保険料が割安になったために，病院に行く機会がかえって増えてしまう。それによる経済的損得が三角形 $E_A H_A C$ と三角形 $E_B H_B D$ で示された。この段階ではまだ危険度そのものは影響を受けないが，さらに進むと影響が出てくる。いままで病気にならないように気を付け，なっても自助努力で治していたものが，保険料が割安になったために，病気に対する注意が散漫になり，自助努力を怠る結果，病気になる確率そのものが高まる。こうした事態を**道徳的危険**（モラル・ハザード，moral hazard）という。図 10-13 には図 10-12 の個人 B と同じ需要曲線が描いてあるが，モラル・ハザードが起こるとその需要曲線は $D_B' D_B'$ に上方シフトする。すると均衡点は $H_B'$ 点となり，受ける医療がさらに増えてしまう。病院通いや薬づけの生活が悪循環を起こす。健康保険による経済的損

図 10-13　保険のモラル・ハザード

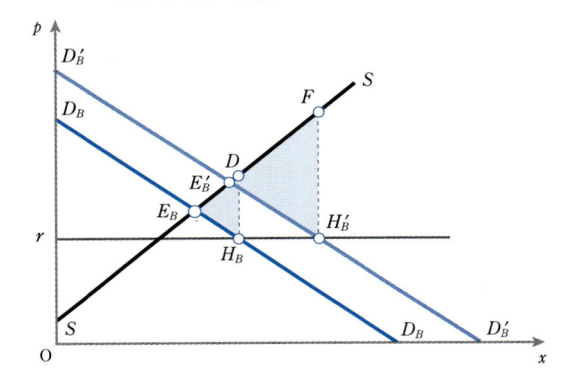

失は三角形 $E_B H_B D$ で示されたが，モラル・ハザードによる経済的損失は三角形 $E_B' H_B' F$ にまで拡大してしまう。

　保険金が欲しいために，意図的に失業するとか，酷い場合には故意に車をぶつけるとか，故意に放火して火災を起こすとか，計画的に保険金殺人を犯すとか，これらはまさにモラル・ハザードの典型である。あってはならない事故ではあるが，もしもその事故が現実に起こって損害が出た場合にのみ，保険は有効である。事故を初めから計画するようでは，それは保険の悪用でしかない。

## 9. 先物市場

　通常の市場では売買契約と商品の引渡しが同時点で行われるので，**直物市場**（spot market）といわれるが，将来時点での引渡しを条件に現時点で売買契約をする市場は**先物市場**（futures market）と呼ばれる。わが国では既に 17 世紀の元禄時代に，大阪の堂島で米市が開かれていたが，現代ではシカゴ商品取引所を初めとして世界各国で先物市場が開かれている。対象となる商品には，小麦，トウモロコシ，大豆，コーヒー，砂糖，生卵，牛肉，豚肉，生糸，ゴム，木材，銅，それに外国為替などがある。他に国際通貨，金，金融証券，株式，株式指数，オプションなど，最近では新しい金融先物市場が急発展している。

　将来の価格は上がるか下がるか不確実である。そこで現時点において一定価格で売買契約を結び，商品引渡しなど売買の実行を将来時点で行えば，将来価格が高騰する場合には利益は得られない代わりに，価格が下落する場合には損失の危険を回避できる。このようにして価格変動の危険を避けることを，「掛

図 10-14 先物取引

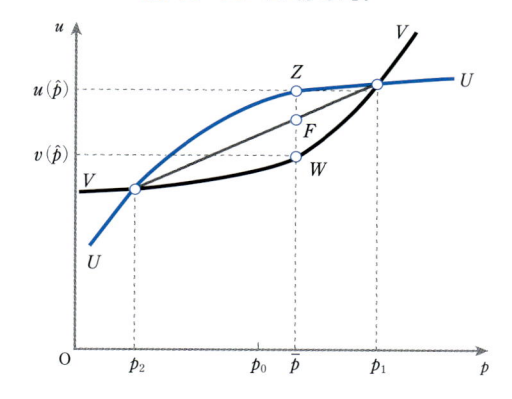

けつなぎ」とか**危険回避**（risk hedge）という。約定期間としては 1 カ月, 2 カ月, 3 カ月, 6 カ月, 1 年などがあり, 各将来期間の見通しの下に先物の需要と供給が出会ってそれぞれの先物相場が決まる。それらと現時点での直物相場との開きは, **直先スプレッド**（spread between spot and futures）と呼ばれる。先物が割高の時は先高またはプレミアム, 先物が割安の時は先安またはディスカウントという。

外国為替の先物を例にとり, 図 10-14 の縦軸に期待効用, 横軸に円建ドル相場を測る。約定期間を 6 カ月とし, 半年後には円安で 1 ドル = $p_1$ 円となる状態 $s_1$ と円高で 1 ドル = $p_2$ 円となる状態 $s_2$ とが, それぞれ確率 $P$ と $1-P$ で起こるとしよう。輸入業者にとり輸入品のドル建価格と輸入量が一定であると仮定すれば, 円高の場合には円での支払額は減るから円高差益が生じ, 円安の場合には円での支払額が増えるから円安差損が発生する。輸入量一定の仮定から, 円建ドル相場で議論しても本質的変わりはない。するとこの輸入業者が直物だけで売買をする場合は, 将来の期待効用は, $Pu(p_1)+(1-P)u(p_2)$ と表され, 図の $F$ 点で示される。

この輸入業者が危険回避者であるならば, 効用曲線 $UU$ は上方に凸となる。いま各状態の確率を市場が正しく推測し, 先物相場が $\hat{p}=Pp_1+(1-P)p_2$ に決まる場合, その効用は $u(\hat{p})$ で, 図の $Z$ 点で示される。この業者は $F$ 点と $Z$ 点を比較して $Z$ 点の方を選好するから, 直物取引よりも先物取引を選ぶであろう。もし将来円安で $p_1$ になると, 為替差損は $(p-p_1)×$ 輸入量となるが, 先物取引によりこれを回避できる。他方で将来円高で $p_2$ となる場合には,

第 10 章 情報と不確実性の経済学

($p_2-p$)×輸入量という為替差益を得られるが，この業者はそのチャンスを放棄していることにも注意する必要がある。リスクとプロフィッタビリティは表裏の関係にあり，リスクをヘッジすれば同時にプロフィッタビリティも断念することになる。

さて輸入業者が危険愛好者の場合，効用曲線 $VV$ は下方に凸となる。すると先物取引による効用は，図の $W$ 点で示される。この業者は $F$ 点と $W$ 点とを比べて $F$ 点を選好するから，先物取引より直物取引を選ぶ。すると将来円安で $p_1$ になる場合には，($p_0-p_1$)×輸入量という為替差損のリスクに晒される代わりに，円高で $p_2$ になる場合には，($p_2-p_0$)×輸入量という為替差益を得る千載一遇の好機を持つ。

先物相場と直物相場の開き（$p-p_0$）は直先スプレッドであり，この場合は円が先高でプレミアムである。ドルの側から見れば，ドル安のディスカウントである。いま日米間で金利差がないと仮定すれば，金利差を求める資金移動はなくなる。しかし円がプレミアムなので，ドルの保有者は直物で円を買い，先物で円売りの予約をしておけば，スプレッドの分だけ利益が得られる。このようにスプレッドを見て利得を得るために売買することを，**裁定取引**（arbitrage）という。すると直物の円は超過需要で円高・ドル安となり，先物の円は超過供給で円安・ドル高となるので，結局直先スプレッドは解消していく。また日米間で金利差がある場合には，裁定取引の結果直先スプレッドはその金利差に一致するようになる。日米の金利がすべて競争市場で決まる自由金利であったならば，金利裁定の結果その金利差さえもゼロとなるであろう。同じものなら安いものを買うという価格差を求める裁定取引は，一物一価の法則を成立させる原動力である。

これに対して，将来価格の予想に基づき，現在価格と将来価格の差により生じる利得を得るために行う取引は，**投機**（speculation）と呼ばれる。将来円高になるという予想が強い場合，危険愛好者は手持ちのドルで直物の円を買い急ぐが，先物で円売りの予約はしないであろう。なぜなら安い先物相場で円を売るより，将来円高になってから円を売る方が利得はずっと大きいからである。むしろ彼は先物の円を買い予約し，将来その安い先物の円を買った直後に，直物で円を高く売れば，大きな利得を手にすることができる。投機家の行動は，直先スプレッドの解消を目指す裁定取引と違って，予想価格と現実価格との差に着目した取引であるから，直物でも先物でも現実価格である限りは円高を一

方的に加速する。その結果として将来の現実価格も高騰させてしまう。逆に円安予想の場合には，円安を加速する。したがって投機は均衡に対して攪乱的に働き，投機が市場の大勢を占める場合には，超過需要曲線は右上がりとなり，市場は不安定化する。

## 10. 暗黙の賃金契約

定期的な賃金交渉制度の下では，交渉により一旦賃金が決められると，次の賃金交渉まで1年から2年くらいの間，賃金は不変とされる。これが短期的な**貨幣賃金の硬直性**（rigidity of money wages）であり，それを説明する理論もいくつか考えられてきた。その一つに期待効用理論に基づく説明がある。

労働者が所有する労働力は人的資本として危険分散が難しいから，労働者は賃金契約に際してとりわけ危険回避的であると考えられる。他方で企業は危険回避的ではなく，少なくとも危険中立的であると考えられる。企業は景気の悪い状態 $s_1$ では低い賃金率 $w_1$ と少ない雇用者数 $n_1$ を提示するが，景気がよい状態 $s_2$ では高い賃金率 $w_2$ と多い雇用者数 $n_2$ を提示するものとする（$w_1<w_2$, $n_1<n_2$）。労働者はこの提示を見てこの企業への応募を決めるが，最多の応募者数 $m$ は $n_2$ に等しくなる。なぜならば，$m>n_2$ の時は $m=n_2$ となるまで賃金率 $w$ を引き下げればよいし，$m<n_2$ の時は $m=n_2$ となるまで $w$ を引き上げればよいからである。また不況状態 $s_1$ 及び好況状態 $s_2$ になる確率は，それぞれ $P$，$1-P$ であるとする。

いま不況状態 $s_1$ になる場合，応募者のうち雇用されるのは $n_1/m=n_1/n_2$ の割合であり，$1-n_1/n_2$ の割合で失業が生じる。運よく雇用される場合の賃金の効用を $u(w_1)$ とすれば，雇用されない場合の効用 $u(z)$ は当然それより低い。よって $s_1$ での期待効用は，次式で表される。

$$E[u(s_1)] = \left(\frac{n_1}{n_2}\right)u(w_1) + \left(1-\frac{n_1}{n_2}\right)u(z)$$

縦軸に期待効用，横軸に賃金率を測った図 10-15 では，これは $Q$ 点で示される。

これに対して好況状態 $s_2$ では，応募者全員が雇われるから，期待効用は，

$$E[u(s_2)] = u(w_2)$$

で表され，$R$ 点で示される。$s_1$ と $s_2$ はそれぞれ $P$ と $1-P$ の確率で起こるから，この提示 $O_1$ への応募により得られる期待効用は，

**図 10-15　暗黙の賃金契約**

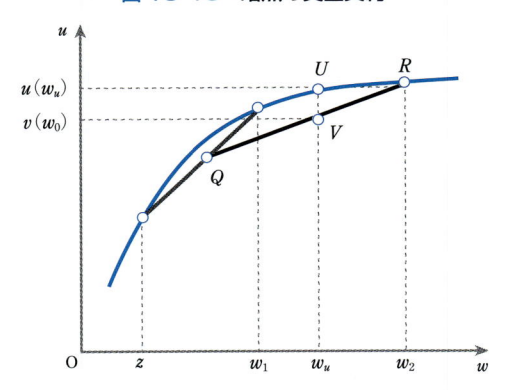

$$E[u(\mathrm{O}_1)] = P\left[\left(\frac{n_1}{n_2}\right)u(w_1) + \left(1-\frac{n_1}{n_2}\right)u(z)\right] + (1-P)u(w_2)$$

となり，$V$点で示される。

　他方でこの企業は，雇用量は上の提示と同じであるが，賃金率 $w_0$ は $s_1$ と $s_2$ に関わらず一定であるような別の提示 $\mathrm{O}_2$ をするものとする。ここで $w_0$ は，期待賃金総額を上の提示と等しくするように決める。すなわち

　　$Pw_1n_1 + (1-P)w_2n_2 = Pw_0n_1 + (1-P)w_0n_2$

であるから，

$$w_0 = \frac{Pw_1n_1 + (1-P)w_2n_2}{Pn_1 + (1-P)n_2}$$

とすればよい。したがってこの提示 $\mathrm{O}_2$ への応募により得られる期待効用は，

$$E[u(\mathrm{O}_2)] = P\left[\left(\frac{n_1}{n_2}\right)u(w_0) + \left(1-\frac{n_1}{n_2}\right)u(z)\right] + (1-P)u(w_0)$$

となり，図の $U$ 点で示される。

　2つの提示は雇用者数が同じだから生産量は等しく，期待販売総額も等しい。また期待賃金総額も等しいから，結局期待利潤は等しい。よって危険中立者である企業にとっては，どちらの提示も無差別である。しかし労働者は危険回避者であるから，同じ期待賃金総額でもリスクのない一定賃金 $w_0$ を選好し，提示 $\mathrm{O}_2$ を選択する。コスタス・アザリアデス，マーティン・ベイリー，ロバート・ゴードンたちは，こうした**暗黙の賃金契約**（implicit wage contract）の理論を展開し，貨幣賃金の硬直性を説明しようとした。労働者は危険回避的な選

択として不変賃金を採るのであり，必ずしも明示的な契約を結ばなくてもよいので，「暗黙の」契約という。ただしこの理論では，不況時でもなぜ貨幣賃金率が不変であるかを説明するものの，労働者が雇用の不安定性をなぜ受け入れるかについては不問に付されている。

# 第Ⅲ部　マクロ経済学

# 第11章
# 国民所得と国民経済計算

　一国経済全体の活動水準を測る重要な指標が，国民所得である。国民所得は，個々の家計の個人所得や個々の企業の法人所得などを一国全体で集計して測定される。それを生産面から見ると生産国民所得といい，分配面から見ると分配国民所得，支出面から見ると支出国民所得という。生産した商品やサービスを販売して得た所得の合計が，生産国民所得である。それを労働者や経営者に賃金・俸給として，また企業法人の所得として分配したものが，分配国民所得である。それをもとに生活や生産に必要なものを購入・支出した金額が，支出国民所得である。どの面から見てもそれらの金額は一致するはずであり，それを三面等価の原則と呼んでいる。そしてそれらの国民所得を測定し計算することを，**国民経済計算**（national account）という。

　ミクロ経済学は消費者や企業など個々の経済主体の経済活動を分析するので，価格が最も重要な概念となり，そのため**価格分析**（price analysis）とも呼ばれている。これに対して，マクロ経済学は一国経済全体の集計的な経済活動を分析するので，その指標である国民所得が最も重要な概念となり，そのため**所得分析**（income analysis）とも呼ばれる。したがってマクロ経済学の分析を正確にするためには，その根本となっている国民所得の概念を正確に定義し，計測することから始める必要がある。そこで本章ではそれらの基本的な説明をする。

## 1. 付加価値と国民所得

　ある企業の年間の生産活動の流れ・フローを，**損益計算書**（profit and loss statement）を用いて見てみよう。表11-1のように，まず収入側では販売収入が10億円であるが，これは消費税などの税込みの収入である。これに対して，その生産に要した費用は支出側に書いてある。原材料費は原材料の生産者に支払った購入費であり，3億円である。賃金俸給費は投入した労働用役に対する報酬であり，4億円である。減価償却費は機械設備の生産者に支払った設備購入費のうち今期の生産に使った機械設備の減耗費用であり，1億円である。これは生産物の価値に転化していると見なす。間接税は収入のうちから消費税

**表 11-1 企業の損益計算書**

(単位：億円)

| 収　　入 | | 支　　出 | |
|---|---|---|---|
| 販売収入 | 10 | 原材料費 | 3 |
| | | 賃金俸給費 | 4 |
| | | 減価償却費 | 1 |
| | | 間接税－補助金 | 1 |
| | | 利潤 | 1 |
| 総収入（総価値） | 10 | 総支出（総費用） | 10 |

など間接税を政府に支払った額であり，政府から受け取った補助金を差し引くと1億円である。よって費用の総額は9億円である。利潤は総収入10億円から総費用9億円を引いた金額で，1億円である。利潤はこの企業の生産活動への報酬に他ならず，この企業に出資した資本所有者に帰属する。

　他企業から購入した原材料や機械設備は他企業の生産物であり，この企業にとり**中間投入財**（intermediate input）ないし**中間財**（intermediate product）であるから，この企業自身が生産した生産物の純価値ではない。間接税も消費者などが支払った税額をこの企業が納税者として政府へ納めるので，この企業の生産物の純価値ではない。するとこの企業の販売収入10億円のうち，賃金俸給費4億円と利潤1億円の合計5億円が，この企業が生産した純価値であることがわかる。これを**付加価値**（value added）という。これは労働者や経営者の労働サービスと株主などが出資する資本を投入して生産活動をした結果得られた価値であり，各生産要素への報酬という性格を持つ。

　すべての生産物から原材料などの中間生産物を差し引いたものを，**最終生産物**（final products）という。よって付加価値は最終生産物の価値でもある。

　こうした個々の企業が生産した付加価値を，一国経済のすべての企業について合計した総付加価値は，**国民所得**（national income：NI）と呼ばれる。図11-1のように，これは一国経済の全企業の生産物の価値を合計した総価値から，二重計算を避けるために中間投入財と間接税を差し引いた純価値の合計であり，一国経済の全生産活動の大きさを測る尺度として使われている。これは生産要素への報酬からなるので，厳密には**要素費用表示の国民所得**（national income at factor cost）ともいう。

　それに政府の間接税を加えて補助金を控除した概念は，**市場価格表示の国民**

図11-1　国民所得の諸概念

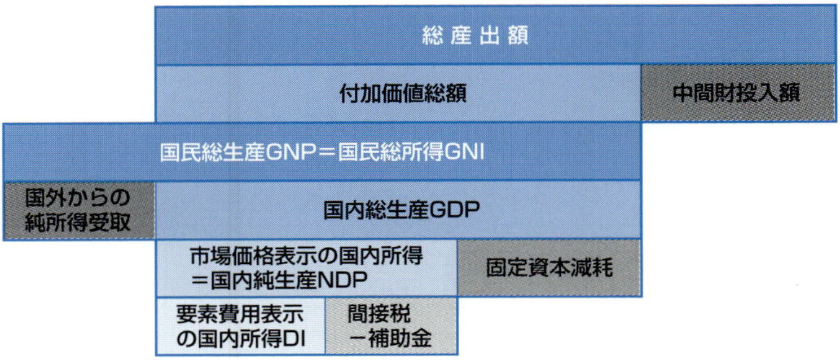

```
┌─────────────────────────────────────────────────────────┐
│                       総産出額                           │
├──────────────────────────────────────────┬──────────────┤
│                付加価値総額               │  中間財投入額 │
├──────────────┬───────────────────────────┴──────────────┤
│              │      国民総生産GNP＝国民総所得GNI         │
│   国外からの  ├──────────────────────────┬──────────────┤
│   純所得受取  │       国内総生産GDP       │              │
│              ├─────────────────┬────────┤   固定資本減耗 │
│              │ 市場価格表示の国内所得    │              │
│              │ ＝国内純生産NDP           │              │
│              ├──────────┬──────┴────────┼──────────────┤
│              │要素費用表示│  間接税       │              │
│              │の国内所得DI│  －補助金     │              │
└──────────────┴──────────┴───────────────┴──────────────┘
```

所得 (national income at market price) といい，国民純生産に等しい。つまり，

　　要素費用表示－市場価格表示＝間接税－補助金

である。これに減価償却費を加えた概念は，減価償却費を表す総 (gross) を付けて**国民総所得** (gross national income：GNI) という。また減価償却費抜きの国民所得は純 (net) を付けて**純国民所得** (net national income：NNI) ともいう。つまり，次の関係にある。

　　総概念－純概念＝減価償却費

## 2. 国民総所得と国内総生産

　国民総所得は，その国の「国民」によって生産された財貨・サービスの総付加価値であり，以前は**国民総生産** (gross national product：GNP) 呼ばれていたが，2000年以降は**国民経済計算体系** (System of National Account：SNA) の改訂により，それを**国民総所得**と呼ぶようになった。「国民」とは法律の定義とは異なり，その国に通常は6カ月以上居住する当該国籍を持つ主体及び外国籍の主体を含んでいる。外国人の出稼ぎ労働者や外国企業の在日支店などは，6カ月以上居住していれば「国民」と見なされ，6カ月未満であれば見なされない。外国への出稼ぎ労働者や日本企業の在外支店などは，6カ月以上居住していれば当該外国の「国民」と見なされ，6カ月未満であれば見なされない。ただし外国の大使館，領事館，駐留軍隊などは在日であっても「国民」には含まれない。

　これに対して，その国の「国内」で生産された財貨・サービスの総付加価値を，**国内総生産** (gross domestic product：GDP) と呼ぶ。「国内」とはその国

の領土に居住する当該国籍を持つ主体及び外国籍の主体を含んでいる。外国人の出稼ぎ労働者や外国企業の在日支店などは，6カ月未満であっても「国内」居住と見なされる。ただし外国の大使館，領事館，駐留軍隊などは在日であっても「国内」には含まれない。一国経済全体の活動水準を表す指標としては従来から国民総生産 GNP が用いられてきたが，1993 年からは国連の勧告に従って国内総生産 GDP を用いるようになり，国民総生産 GNP は国民総所得 GNI と名称が変更された。

よって国民総所得 GNI は，国内総生産 GDP に国外に居住する邦人からの所得送金を加え，国内に居住する外国人の外国への所得送金を引いたものになる。

国民総所得 GNI ＝ 国民総生産 GNP
　　　　　　　　＝ 国内総生産 GDP ＋ 国外からの所得受取
　　　　　　　　　－ 国外への所得支払

つまり，

国民概念 － 国内概念 ＝ 国外からの所得受取 － 国外への所得支払
　　　　　　　　　　＝ 国外からの純所得受取

である。日本では国外からの所得受取が国外への所得支払より大きいので，国民総生産の方が国内総生産よりもやや大きくなるが，逆になる国もある。近年は経済の国際化・グローバル化が進んでいるので，国民概念のが適切であるという意見もある。

## 3. 国内総生産の範囲と評価

国内総生産は最終生産物の付加価値の合計であり，米やテレビなど有形の消費財，機械や設備などの有形な資本財だけでなく，音楽や教育など無形のサービスも含まれる。法人企業の生産物だけでなく，個人業主の生産物も含まれる。

その集計の際に注意するべき原則は，まず第 1 に，付加価値の集計であるから，中間投入財ないし中間財を重複して集計してはならないという原則である。

第 2 は，集計の対象となるのは市場で取引される財貨・サービスだけであって，市場で取引されないものは含まれないという原則である。

ただし若干の例外はある。第 1 は，農家の自家消費や持ち家の帰属家賃などである。家庭栽培で作る農作物は，自家消費しても国内総生産には含まれない。しかし農家が生産する農産物は，農家が自家消費すると国内総生産に含まれる。というのは，農家の自家消費額は無視できないほどかなり大きく，市場価格で

の評価も容易にできるからである。また住宅は貸家であれば，その住宅サービスに対して家賃の市場価格が成立し，国内総生産に含まれる。持ち家の場合は家賃は発生しないが，貸家にすれば家賃が発生すること，その住宅サービスがかなり大きいこと，家賃の市場価格評価が容易であること，などから国内総生産に含める。この家賃を**帰属家賃**（imputed rent）という。

第2は，消防，警察，国防，国道，公共施設，行政サービスなど政府の提供する公共財は，民間の市場では取引されないが，公共財の生産は私的財の生産と並んで経済活動の重要部分を占めるので，国内総生産の範囲に計算する。政府の公共財は消費者だけでなく企業にも供給され，中間投入物としての性格を持つものもあるが，すべて最終生産物と見なして計算する。その評価は租税収入によるのではなく，費用としての政府支出の額をもって計算する。

## 4. 国民総所得の構成

国民総所得 GNI ＝ 国民総生産 GNP は，**生産国民所得**（produced national income）ともいい，国民が生産した最終生産物の付加価値の合計である。それは農林水産業や鉱業などの第1次産業，製造業や建設業など第2次産業，卸売り・小売りの流通業，サービス業，金融・保険業，運輸・通信業，不動産業，公務など第3次産業の生産物のすべての付加価値の合計である。

$$国民総生産＝全産業の最終生産物の付加価値$$
$$＝国民純生産＋減価償却費$$
$$＝国内総生産＋（海外からの所得受取－海外への所得支払）$$
$$＝国内純生産＋減価償却費$$
$$＋（海外からの所得受取－海外への所得支払）$$

生産された付加価値は，労働サービスに対する賃金俸給と株主など企業所有者に対する利潤・企業所得，利子などの財産所得とに分配される。これを**分配国民所得**（distributed national income）ないし分配面からの国民総所得という。

$$分配国民所得＝雇用者所得＋企業所得＋財産所得＋（間接税－補助金）$$

企業所得は法人企業の法人所得と個人企業所得とからなる。また雇用者所得と個人業主所得の合計は，**個人所得**（personal income）といい，それから個人所得税などの直接税や社会保障負担金などを控除して，移転所得を加えたものが，**個人可処分所得**（personal disposable income）となる。

$$企業所得＝法人所得＋個人企業所得$$

図 11-2 総需要の構成（2010 年）

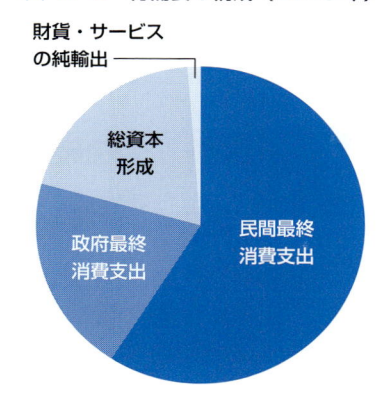

　個人所得＝雇用者所得＋個人業主所得
　個人可処分所得＝個人所得－個人直接税－社会保障負担金＋移転所得
　分配された国民所得は，図 11-2 のように，民間の消費や投資，政府の財政支出などに支出され，**国民総支出**（gross national expenditure：GNE），**支出国民所得**（expended national income）と呼ばれ，**総需要**（aggregate demand）を構成する。

　　国民総支出 GNE＝民間消費＋総資本形成(投資)＋政府支出
　　　　　　　　　＋海外経常余剰(＝輸出－輸入＝純輸出)
　　　　　　　　＝国内総支出 GDE＋海外所得の純受取

## 5. 三面等価の原則

　国民総所得 GNI＝国民総生産 GNP は，その国の全産業の企業・生産者によって年間に生産された財貨・サービスの総付加価値である。生産された付加価値は，労働サービスに対する賃金俸給と株主など資本提供者に対する利潤・企業所得とに分配されるから，分配国民所得ないし分配面からの国民総所得に等しくなる。さらにそれは消費や投資などの国民の支出の合計に等しくなるから，支出国民所得ないし**国民総支出 GNE** にも等しくなる。よって，

　　生産国民所得＝分配国民所得＝支出国民所得
　　国民総生産 GNP＝分配面の国民総所得 GNI＝国民総支出 GNE

が成り立つ。このことは，国民総所得 GNI から国外からの所得受取を差し引

図11-3　三面等価の原則

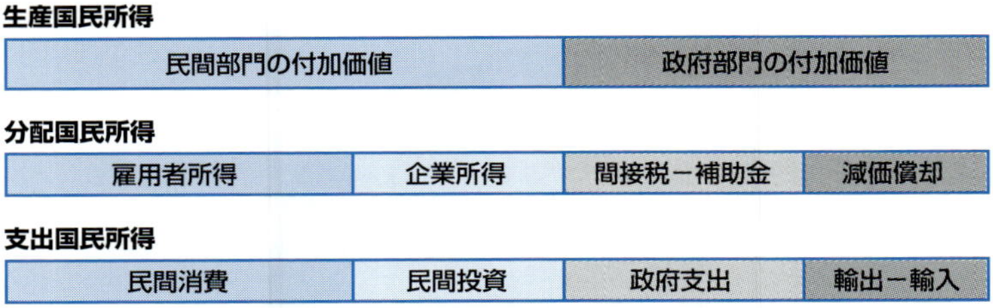

**生産国民所得**

| 民間部門の付加価値 | 政府部門の付加価値 |
|---|---|

**分配国民所得**

| 雇用者所得 | 企業所得 | 間接税－補助金 | 減価償却 |
|---|---|---|---|

**支出国民所得**

| 民間消費 | 民間投資 | 政府支出 | 輸出－輸入 |
|---|---|---|---|

き，国外への所得支払を加えた国内総所得 GDI についても成り立つ。

　　国内総生産 GDP＝分配面の国内総所得 GDI＝国内総支出 GDE

　また国内総生産 GDP から減価償却費を控除した**国内純生産**（net domestic products：NDP）についても，同様な等式が成り立つ。

　　国内純生産 NDP＝分配面の国内純所得 NDI＝国内純支出 NDE

　このように生産，分配，支出の3面で国民所得が均等することを，**国民所得の三面等価の原則**（principle of three-sided equivalence of national income）という（図11-3）。

## 6．名目値と実質値，デフレーター，物価指数

　国内総生産は，中間財を除く最終生産物の総付加価値を市場価格で集計するので，時価（current price）で評価した価値額である。これを**名目国内総生産**（nominal gross domestic products：nominal GDP）という。これは実物的な国内総生産の他に物価の上昇分を含むので，物価が持続的に上昇するインフレーションや物価が持続的に下落するデフレーションの時には，実物的な国内総生産からかなり乖離する大きさとなる。そこで物価上昇分を取り除いて実物的な国内総生産を正確に表すために，**実質国内総生産**（real gross domestic products：real GDP）を用いる。

　GDP の構成項目は，消費支出＋投資支出＋在庫投資＋財政支出＋輸出－輸入であるので，実質 GDP を計算するには，以下のように各構成項目をそれぞれの物価指数ないしデフレーターで割って求める。

$$実質GDP = \frac{名目消費}{消費財物価指数} + \frac{名目投資}{投資財物価指数} + \frac{名目在庫投資}{在庫物価指数}$$

$$+ \frac{名目財政支出}{財政支出物価指数} + \frac{名目輸出}{輸出財物価指数} - \frac{名目輸入}{輸入財物価指数}$$

いま $n$ 個の消費財の価格を $p_1, p_2, \ldots, p_n$ とし，その数量を $q_1, q_2, \ldots, q_n$ とすれば，消費財の名目総額は，次の式で表せる。

$$p_1 q_1 + p_2 q_2 + \cdots + p_n q_n = \Sigma p_i q_i$$

ある基準年を 0 年で表示すれば，基準年の名目消費財総額は，$\Sigma p_i^0 q_i^0$ と表せる。同様に比較する $t$ 年の名目消費財総額は，$\Sigma p_i^t q_i^t$ と表せる。いま $t$ 年の価格が 0 年のまま $p_i^0$ と不変であったとすれば，基準年の価格 $p_i^0$ で計算した名目消費財総額は，$\Sigma p_i^0 q_i^t$ と表せる。これは「基準年次の価格で比較時の数量を買ったらいくらになるか」を表すので，「不変価格で測った消費財総額」といわれる。よって「比較年の消費財総額」を「不変価格で測った消費財総額」で割れば，消費財物価指数（デフレーター）を求めることができる。

$$消費財デフレーター = \frac{比較年の消費財総額}{不変価格で測った消費財総額}$$

$$= \frac{\Sigma p_i^t q_i^t}{\Sigma p_i^0 q_i^t} \times 100$$

このように比較年次の数量ウェイトを使った物価指数は**パーシェ型物価指数**（Paasche index）という。投資や在庫など他の構成項目についても，それぞれパーシェ型物価指数を求めて，それで各項目の名目値を割れば実質値が計算できるので，それらの合計により実質 GDP を計算する。

実質 GDP ＝ 実質消費 ＋ 実質投資 ＋ 実質在庫 ＋ 実質財政支出
　　　　　＋ 実質輸出 － 実質輸入

よって，この実質 GDP で名目 GDP を割れば，GDP の物価指数を以下のように計算でき，**GDP デフレーター**（GDP deflator）と呼んでいる。

$$GDP デフレーター = \frac{名目 GDP}{実質 GDP} \times 100$$

このように GDP デフレーターは，各構成項目の物価指数を用いて実質 GDP を求めてから，それで名目 GDP を割って間接的に計算するので，**インプリシット・デフレーター**（implicit deflator）とも呼ばれる。

なおよく知られている**消費者物価指数**（consumers price index：CPI）や**企業物価指数**（旧卸売物価指数，corporate goods price index：CGPI）は，「基準年次に買った財貨・サービスの数量を，比較年次にもそのまま買うとすれば，

図 11-4 日本の名目 GDP と実質 GDP

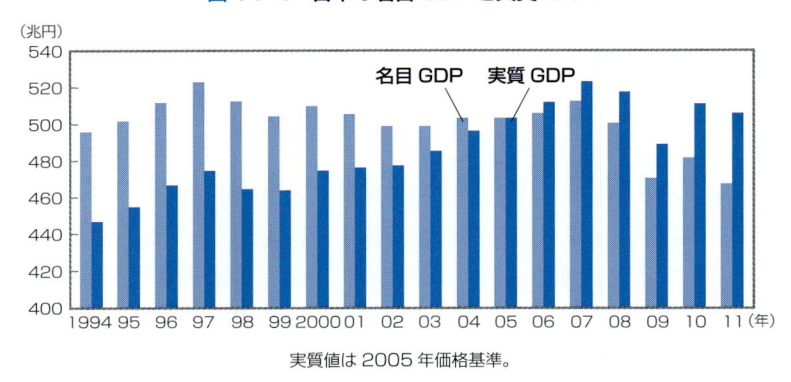

実質値は 2005 年価格基準。

比較年次の新しい価格の下ではいくら支出が増えるか」という観点から，以下のような基準年次の数量ウェイトを用いた**ラスパイレス型物価指数**（Laspeyres index）に基づいている。これらの物価指数は毎月発表するため，その都度数量ウェイトを変えることは大変な作業であるので，基準時の数量ウェイトを使っている。

$$\text{消費者物価指数} = \frac{\text{比較年価格で測った消費財総額}}{\text{基準年の消費財総額}}$$

$$= \frac{\sum p_i^t q_i^0}{\sum p_i^0 q_i^0} \times 100$$

図 11-4 を見ると，名目 GDP は 1997 年の 523 兆円から 2011 年の 468 兆円まで 55 兆円，10.5％も減少しているので，日本経済は 1 割以上も縮小しているように見える。しかし実質 GDP は 1997 年の 475 兆円から 2011 年の 507 兆円まで 32 兆円，6.7％増加しているので，日本経済は実はやや拡大していることがわかる。これはこの間にデフレーションが進行していたためであり，実質の動きを見るためには物価下落の影響を除去する必要がある。しかし通常の経済活動はすべて名目値で行われ，GDP デフレーターは 3 カ月遅れて公表されるので，実質値を知るのは 3 カ月後である。また税収や予算など国家財政も名目値で行われるので，名目値の動きにも十分な注意を払う必要がある。

## 7．原数値と季節調整値

国内総生産や GDP デフレーターなどの国民所得統計は，統計の集計作業が

膨大になるため，毎月ではなく，3カ月ごと＝四半期ごとに公表している。個別の統計データをそのまま集計したデータを，**原数値**（original data）という。

　国民経済の活動は月により四半期によりさまざまな特徴のある動きをする。例えば日本では給与支払において，賞与（ボーナス）が7月と12月に年2回支払われる慣習がある。するとこれらの月には雇用者所得が急激に増え，またボーナスを当てにした消費支出も増える傾向がある。しかしそのために景気が好況に向かったという判断はしない。なぜならこうした変化は経済活動の傾向的な変化を表すのではなく，あくまでも特定の季節に特徴的なものだからある。そこで経済活動の傾向的な変化を正確に把握するためには，季節に特徴的な変化を調整する必要がある。それを**季節調整**（seasonal adjustment）といい，季節調整をしたデータを**季節調整値**（seasonally adjusted data）という。

　内閣府の国民所得統計では，原数値と季節調整値をともに公表している。季節調整の方法にはさまざまある。アメリカ合衆国商務省センサス局で開発されたセンサス局法（X-11）が官庁などで用いられ，1995年にはそれを改良したX-12-ARIMAが開発された。しかしこの方法は日本の季節変動要因を十分に考慮しているわけではないので，変化率を見る場合には前期比ではなく前年同期比を用いる方法のが，経済活動の実態を正確に把握する上で優れている。ただし原数値と季節調整値の前年同期比は，ともに等しくなる。

　図11-5では内閣府の国民経済計算（GDP統計）から，実質GDP（四半期データ）の季節調整値の前期比成長率と前年同期比成長率を図示してある。黒いグラフの前期比成長率では，季節変動が十分に調整されていないために，好況不況の循環的変動が明瞭に表されておらず，1980年代前半と後半（バブル期）の中成長期，1990年バブル崩壊以降の低成長期の成長トレンドも十分明確には捉えられていない。しかし青いグラフの前年同期比成長率では，季節変動がほぼ十分に調整されており，こうした循環的変動や成長トレンドが明確に捉えられている。

　図11-6では，内閣府の景気動向指数の**コンポジット・インデックス**（composite index：CI）の一致系列（月次データ）をグラフで表してある。これはいくつかの代表的な経済指標の変化方向を合成して，景気循環や成長トレンドを総合的に把握するために毎月作成されている統計である。GDP統計は，ほぼすべての構成項目を集計するため，作成に3カ月を要するので，速報性に問題がある。これに対して景気動向指数は，数少ない代表的経済指数だけを合

図 11-5　実質 GDP 成長率（四半期データの前期比と前年同期比）

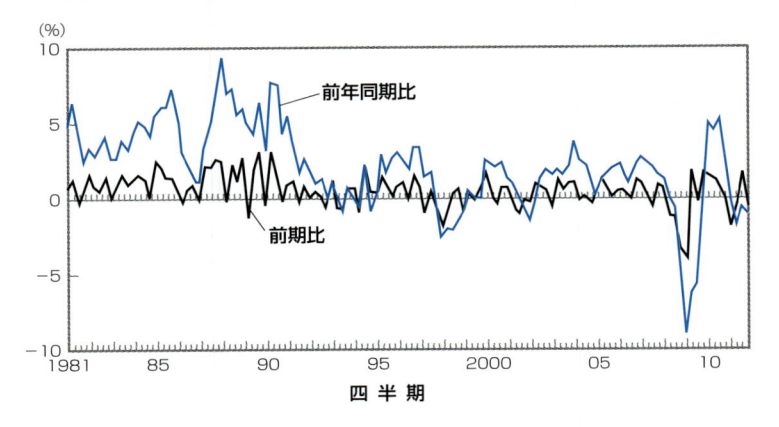

図 11-6　景気動向指数 CI 一致系列（月次データ）

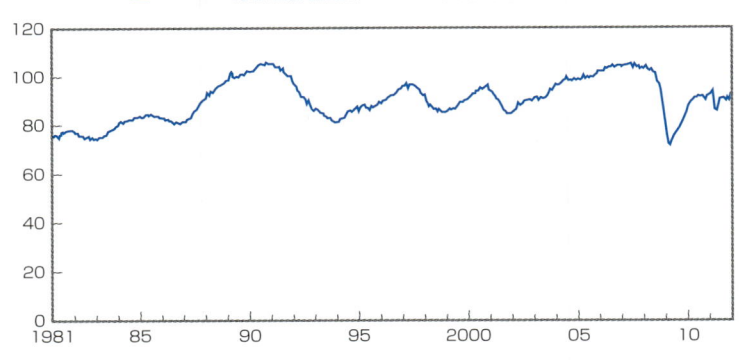

成するので，1カ月で作成できて，総合性や厳密性を犠牲にしながらも速報性に優れている。実質 GDP 成長率のグラフと比べると，前期比成長率よりも前年同期比成長率のグラフとよく似ていることがわかる。

　実際，関連性を示す両者の相関係数をこの期間の四半期データで計測すると，景気動向指数の CI は，前期比実質 GDP 成長率とわずかに 2.5％の相関係数を持つに過ぎず，ほとんど関連性がない。これに対して，前年同期比実質 GDP 成長率とは 18％の相関係数を持ち，約 7 倍の強い関連性がある。よって前期比データに基づく判断は，間違える危険性が大きいことがしばしばある。

## 8. 国民総福祉

　国民総生産GNPや国内総生産GDPは，生産，分配，消費された最終生産物の経済的付加価値を合計した金額であるが，金額計算ができないものは含まれていない。例えば経済成長によって労働時間が12時間労働から10時間労働，8時間労働へと短縮し，週休1日制から週休1.5日制，週休2日制へと休暇が増えてきた結果，私たちの余暇時間が増え，生活のゆとりが拡大してきた。賃金・俸給の上昇は経済計算ができ，GNPやGDPに計上されるが，余暇やゆとりの増加は金額計算ができないので，計上されない。

　また経済成長に伴って発生した大気汚染や工場排水による水質汚濁，交通の混雑や騒音，地盤沈下，森林乱開発などによる自然環境の破壊，生態系の破壊，原発事故による放射能汚染など，いわゆる**公害**（public nuisance）と呼ばれる問題が国民生活に対する深刻な悪影響を及ぼしたが，これらは金額計算が困難であり，GNPやGDPに計上されていない。

　しかしこうしたプラス面とマイナス面の問題が，国民生活の**厚生・福祉**（welfare）に影響を与えていることは，紛れもない事実である。そこで国民の本当の厚生や福祉を表す指標としては，GNPやGDPは不十分であり，余暇やゆとりなどプラス面を加え，公害などマイナス面を差し引いて評価する新しい指標として**国民総福祉**（gross national welfare）ないし**国民純福祉**（net national welfare）が提唱されるようになった。

　トービンとウィリアム・ノードハウスはアメリカの**経済的福祉指標**（measure of economic welfare：MEW）を試算し，その成長率がGNPの成長率よりもはるかに低いという試算結果を警告した。しかし公害など非市場的な影響を金額計算することは非常に困難であり，また金額評価するにも主観的評価が混入する懸念がある。こうした試みはあくまで試算に留まっていて，国民所得統計のように四半期ごとに計算・報告できる段階には到底達していない。

## 9. 国民所得と国富

　年々生産される国民所得は，一定期間（暦年なら1月1日から12月31日まで）の経済流量であって，**フロー**（flow）という経済量に分類される。その構成要素である民間消費，民間投資，在庫投資，政府支出，輸出，輸入などもすべてフローである。企業会計ではこうしたフローの経済流量は**損益計算書**（profit and loss statement：PL）によって記述されるが，国では**国民所得勘定**

で把握される。貯水池で喩えれば，1月1日から12月31日までに流れ込んだ水の量がフローである。

　これに対して，年々の国民所得が蓄積されて建物や道路，新幹線，港，空港などの資産を形成すると，これを**国富**（national wealth）ないし**国民純資産**（net national assets）という。これは一時点（例えば12月31日）における**ストック**（stock）の経済量である。企業会計ではこうしたストックの経済量は**貸借対照表**（balance sheet：BS）で記載されるが，国では**国民資産・負債残高表**で把握される。貯水池で喩えれば，12月31日における貯水量がストックである。よって今年末のストック貯水量から前年末のストック水量を引いた値が，その間に流れ込んだフロー水量である。

　国富には，住宅，工場，耐久消費財などの再生産可能な実物資産の他に，土地や森林など再生産不能な自然の有形資産，それに対外純資産が含まれる。国内の現金や株式などの金融資産は，国内の債権債務関係で相殺されるので含まれない。日本の国富の約4割は土地などの自然の有形資産で占められるため，地価の変動により国富も大きく変動する。バブル期には地価が急騰したのに伴い，国富も急増した。2010年の国民総所得は約492兆円，国内総生産は約480兆円であったが，国富は**正味資産**（net wealth）で見て約3,036兆円で，約6倍であった。

# 第12章
# 消費と貯蓄

　国内総支出＝総需要の中で，消費（民間最終消費）の割合は現在の日本では約6割を占め，経済活動の中心的な役割を果たしている。第Ⅱ部ミクロ経済学の第3章で勉強したように，生産物を生産し，流通・販売し，分配するという経済活動は，最終的にはその生産物を消費するためである。消費こそが，経済活動の最終目的である。よってマクロ経済学でも，消費の分析から始めると理解しやすい。

　ミクロ経済学の第3章では，個々の消費者が個別の価格を所与として各消費財をどのように需要するかを分析した。各ミクロの主体に焦点を当てて分析したので，こうした分析方法をミクロ経済学と呼んでおり，各主体の行動を決定する重要な変数が価格であることから，**価格分析**ともいわれる。

　本章では，一国全体の集団としての消費者が，**集計量**（aggregates）としての所得を予算制約とし，諸価格の集計量としての物価を所与として，集計量としての消費財全体をどのように需要するかを分析する。したがってこうした経済分析の分野をマクロ経済学と呼んでおり，集団としての主体の行動を決定する重要な変数が所得であることから，**所得分析**ともいわれる。

　ミクロの合理的な消費者がそのままマクロで集計されて，あたかも1人の合理的消費者が全体を代表して行動するかのように見なすことができる場合，それを**代表的主体**（representative subject）と呼ぶ。しかしマクロの消費者全体の行動は，ミクロの合理的な消費者の行動と必ずしも同一でない場合もあるので，代表的主体の仮定は必ずしも妥当しない。サミュエルソンが**合成の誤謬**（fallacy of composition）と呼んだケースは，この場合に相当する。そこでマクロ経済学では，集団としての消費者の行動仮説をミクロ経済学とは別途の理論として設定することが多い。マクロの消費理論では絶対所得仮説など種々の理論があり，これらはミクロの消費者行動の理論と必ずしも同一ではないが，似ている部分もある。そこで近年ではマクロの行動仮説をより厳密に考察するために，ミクロ理論の基礎付けが試みられて，**マクロ経済学のミクロ的基礎付け**（microeconomic foundations of macroeconomics）と呼ばれる。本章では専門

的な分析は最小限に抑えて，代表的なマクロの消費理論を説明する。

## 1. 消費・貯蓄と所得：絶対所得仮説

第3章で学んだように，消費者は市場で与えられた価格の下で自らの所得の制約に従って，効用を最大化するように各消費財への消費支出額を決める。所得が減れば消費支出は減り，所得が増えれば消費支出は増える。こうした合理的な消費者の行動が，マクロ全体でも優勢であるならば，消費者全体の集計量としての消費 $C$ （consumption）は，消費者全体の集計量としての所得 $Y$ （income）の関数として決定される。このように消費 $C$ が所得 $Y$ の関数として決まる関係を，**消費関数**（consumption function）という。

$$C = C(Y)$$

代表的主体の仮定は置かないが，個々の消費者の全部ではないにせよ大多数が，合理的に行動すれば，上式の消費関数は成り立つ。

所得 $Y$ が増えれば，消費 $C$ もそれに比例して増えると考え，その比例定数を小文字で $c$ と書けば，上の消費関数は次のように具体的に書くことができる。

$$C = a + cY \quad (a>0,\ 0<c<1)$$

こうした1次式のように関数形を具体的に特定化して表すことを，関数の**特定化**（specification）という。これを図で表すと，図12-1のような**消費曲線**（consumption curve）になる。

所得 $Y$ がゼロの時でも，生きていくためには最低限 $a$ だけの消費は必要となる。この定数項 $a$ は図12-1では縦軸の切片 $a$ で表され，**基礎消費**（basic consumption）と呼ばれる。例えば所得がゼロでも1カ月に最低4万円ないと消費生活ができない場合，月4万円，年48万円が基礎消費となる。

係数 $c$ は，所得が1単位増えると $c$ の割合だけ消費が増えることを意味し，消費曲線の傾きを表す。例えば $c$ が 0.6 の場合，所得が1万円増えると消費は 6,000 円増えることを意味する。そこでこの $c$ を**限界消費性向**（marginal propensity to consume；marginal propensity of consumption：*MPC*）という。所得 $Y$ が増える時に，一般にはその全額を消費だけに回すとか，貯蓄だけに回すことはないので，$0<c<1$ となる。このように消費 $C$ が基礎消費 $a$ と所得の絶対水準 $Y$ に依存して決まるという仮説は，**絶対所得仮説**（absolute income hypothesis）と呼ばれ，マクロ経済学の創始者といわれるケインズが提唱した。

図 12-1 消費関数

消費関数
$C = a + cY$

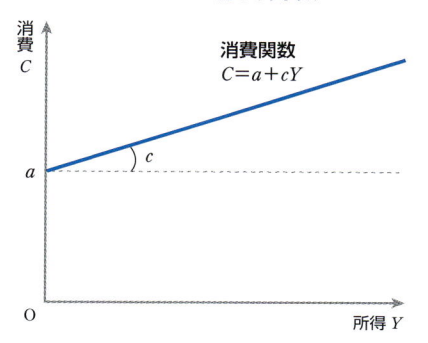

図 12-2 貯蓄関数

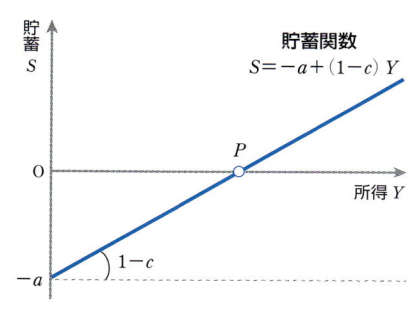

貯蓄関数
$S = -a + (1-c)Y$

さて所得のうち消費に使わないで手もとに残したものを**貯蓄 S**（savings）という。つまり，次の関係が成り立つ。

所得＝消費＋貯蓄

$Y = C + S$

貯蓄 $S$ も所得 $Y$ の関数として以下のように表すことができ，**貯蓄関数**（savings function）という。

$S = S(Y)$

絶対所得仮説に基づく貯蓄関数は，$Y = C + S$ の関係より以下のようになる。

$S = -a + (1-c)Y \quad (a>0,\ 0<c<1)$

これを図示したのが，図 12-2 である。所得 $Y$ がゼロでも，生きていくためには最低限 $a$ だけの消費は必要となるので，この縦軸の切片の $-a$ は，基礎消費の分だけマイナスの貯蓄をする，つまり貯蓄を取り崩すことを意味する。$P$ 点では貯蓄がゼロ，$S=0$ であり，消費と所得が一致する。貯蓄関数の傾きは $1-c$ であり，1 から限界消費性向を引いた値に等しく，これが**限界貯蓄性向**（marginal propensity to save；marginal propensity of saving：*MPS*）である。

いま上の図の消費曲線に対して，原点からの 45 度線を引くと，図 12-3 のように $P$ 点で交わる。$P$ 点では消費 $C$ ＝所得 $Y$ が成り立ち，図 12-2 の $P$ 点に相当する。所得の全額が消費に使われ，貯蓄はゼロであることを意味する。$P$ 点より左の $PA$ の部分では，消費 $C$ ＞所得 $Y$ であり，所得を上回る消費がされるので，貯蓄 $S$ の取り崩しによってそれが賄われることを意味する。逆に $P$ 点より右の $PB$ の部分では，消費 $C$ ＜所得 $Y$ であり，所得を下回る消費がされ

**図12-3　消費と貯蓄**

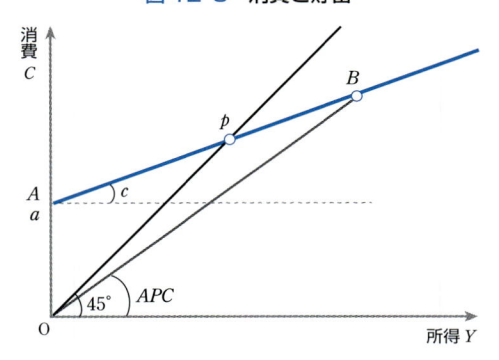

るので，貯蓄 $S$ が積み増されることを意味する。

## 2. 平均消費性向と限界消費性向，平均貯蓄性向と限界貯蓄性向

消費 $C$ を所得 $Y$ で除した $C/Y$ は，平均すると所得のうちどれだけを消費に使うかを表すので，**平均消費性向**（average propensity to consume；average propensity of consumption：$APC$）という。絶対所得仮説では，平均消費性向は次のようになる。

$$\frac{C}{Y} = \frac{a}{Y} + c$$

所得 $Y$ の増加につれて，$a/Y$ は低下するので，平均消費性向は低下する。つまり所得水準が豊かになると，消費する割合は減ってくる。

貯蓄 $S$ を所得 $Y$ で除した $S/Y$ は，平均すると所得のうちどれだけを貯蓄に回すかを表すので，**平均貯蓄性向**（average propensity to save；average propensity of saving：$APS$）という。絶対所得仮説では，平均貯蓄性向は次のようになる。

$$\frac{S}{Y} = 1 - \left(\frac{a}{Y} + c\right)$$

所得 $Y$ の増加につれて，$a/Y$ は低下するので，平均貯蓄性向は上昇する。つまり所得水準が豊かになると，貯蓄する割合は増える。

さて $C+S=Y$ の両辺を所得 $Y$ で割ると，

$$\frac{C}{Y} + \frac{S}{Y} = \frac{Y}{Y} = 1$$

となる。つまり

　　　平均消費性向＋平均貯蓄性向＝1

が成り立つことがわかる。

　所得 $Y$ が増えれば，予算制約が拡大するので，消費財がギッフェン財でない限り消費 $C$ も増える。所得の増加分 $\Delta Y$ に対する消費の増加分 $\Delta C$ の比率は，$\Delta C/\Delta Y$ と書くことができるが，微少量をとれば $Y$ に関する1次微分係数 $dC/dY$ で表すことができる。これを**限界消費性向**と呼ぶ。

　絶対所得仮説の消費関数 $C$ を所得 $Y$ で微分すると，

$$\frac{dC}{dY} = C'(Y) = c > 0$$

となり，限界消費性向は $c$ であることが確認できる。また通常はこの値はプラスである。貯蓄 $S$ を所得 $Y$ で微分した $dS/dY$ は，所得が1単位増えると貯蓄がどれだけ増えるかを表すので，**限界貯蓄性向**という。絶対所得仮説では，限界貯蓄性向は次のようになる。

$$\frac{dS}{dY} = \frac{d(Y-a-cY)}{dY} = 1-c$$

　また $C+S=Y$ の両辺を所得 $Y$ で微分すると，

$$\frac{dC}{dY} + \frac{dS}{dY} = \frac{dY}{dY} = 1$$

となる。つまり

　　　限界消費性向＋限界貯蓄性向＝1

が成り立つことがわかる。限界消費性向も限界貯蓄性向も，所得の変化に関わらず一定とする。

## 3. 短期と長期の消費関数

　サイモン・クズネッツは，第2次世界大戦以前からのアメリカの時系列データを用いて，絶対所得仮説の消費関数を計測した。

　短期の消費関数では，基礎消費 $a$ は正の切片を持ち，限界消費性向 $c$ は緩い傾きを持つので，平均消費性向は所得 $Y$ が増えると低下し，所得 $Y$ が減ると上昇するという実証結果であった。よって絶対所得仮説が妥当するといえる。

**図12-4 短期と長期の消費関数**

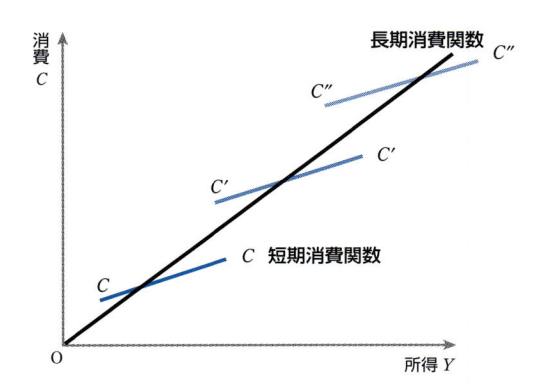

ところが図12-4のように，長期の消費関数では，基礎消費 $a$ はほぼゼロで原点となること，長期の限界消費性向 $c$ は短期のそれより大きく，0.9に近い値になって，平均消費性向と一致することを発見した。つまり絶対所得仮説は短期の消費関数については妥当するが，長期の消費関数では妥当しないのではないか，という疑問が生じた。そこでこの違いを整合的に説明できる新しい理論が次々と提唱され，**消費関数論争**（controversy over consumption functions）が起こった。

## 4. クロスセクションの短期消費関数

そこで次に，日本の統計データを用いて短期と長期の消費関数を実際に計測してみよう。統計データには大別して2種類がある。ある変数を一時点でさまざまな場所とか主体について記録したデータを，**横断面データ**（クロスセクション・データ，cross-section data）といい，ある変数が時間の経過に沿って変化する量を記録したデータを，**時系列データ**（タイムシリーズ・データ，time series data）という。例えば2010年の時点での100人の身長を測定して記録したデータは，クロスセクション・データであり，ある人の身長を2000年から2010年まで毎年何センチか測定して記録したデータは，タイムシリーズ・データである。

総務省の『家計調査年報』から，所得データとして世帯の十分位階級の年間

### 図 12-5　クロスセクションの短期消費関数

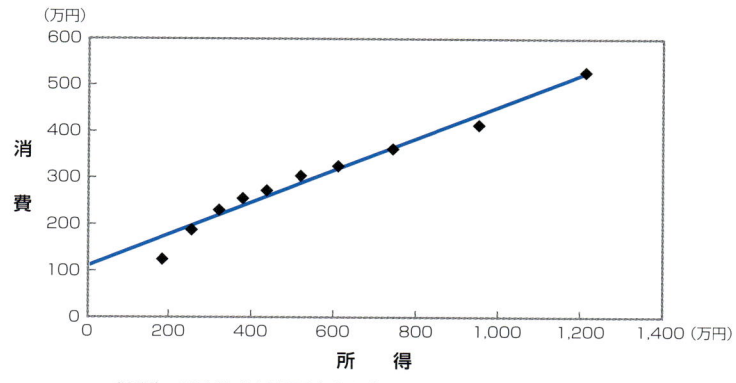

（資料）　総務省『家計調査年報』（2010 年版）のデータから計測

　収入をとり，消費データとして世帯の年間消費支出（生計費）をとると，2010年度のその関係を表す**散布図**（scattered graph）は図 12-5 の黒い点になる。これら 10 個の点は実際の**観測値**（observed value）を表すが，それらに最も近い直線を**最小自乗法**（least squared method）によって計測すると，次式となり，これがケインズ流の絶対所得仮説を横断面で計測した消費関数である。横軸に所得（単位：万円），縦軸に消費支出（単位：万円）をとった図 12-5 では，青い直線で描いてある。

$$C = 108 + 0.35Y \qquad (R^2 = 0.95)$$

　この直線上の点は，計測によって求められた**計測値**（estimated value）ないし**理論値**（theoretical value）という。観測値とこれら青い直線上の理論値との差を，**偏差**（deviation）という。偏差を自乗した偏差平方の総和を最小にすれば，偏差がもっとも小さい**回帰式**（regression equation）を計測することができるので，この手法を最小自乗法と呼んでいる。

　定数項で示される基礎消費は 1 世帯平均で年間約 108 万円であり，限界消費性向は 0.35 である。2010 年の平均世帯人数は 2.47 人なので，1 人当たりの基礎消費は年間約 43 万 7,000 円となる。ただし横軸の所得には各十分位階級の最高所得をとってあるので，平均所得をとれば消費関数はこれよりやや上へシフトする。日本の所得税では，「国民は健康で文化的な最低限度の生活を営む権利を有する」という憲法第 25 条が保障する非課税の最低所得として，基礎

控除などの所得控除を設け，現在は年38万円（月約3万2,000円）としているが，これは計測された基礎消費よりやや少ないことになる。

$R^2 = 0.95$ というのは，10個の点の位置をこの回帰式で説明できる統計的確率が95％であることを意味し，$R^2$ を**決定係数**（coefficient of determination）という。よって絶対所得仮説は，日本のクロスセクションの消費関数をかなり高い確率で説明できるといえる。

## 5. タイムシリーズの短期消費関数

次に内閣府の『国民経済計算（GDP統計）』から，所得データとして季節調整済みの名目国内総生産GDP（名目国内総支出GDE）をとり，消費データとして季節調整済みの民間最終消費支出をとると，その関係を表す散布図は図12-6の黒い点になる。四半期データではあるが，金額は年額換算してある。**標本期間**（sample period）は2007年第3四半期Q3から2011年第4四半期Q4までの短期である。これら観測点に最も近い直線を最小自乗法によって計測すると，次式となり，これがケインズ流の絶対所得仮説を時系列で計測した短期の消費関数である。横軸に所得（単位：兆円），縦軸に消費（単位：兆円）をとった図12-6では，青い直線で描いてある。

$$C = 146 + 0.29Y \qquad (R^2 = 0.94)$$

定数項で示される基礎消費は国内全体で年間約146兆円であり，限界消費性

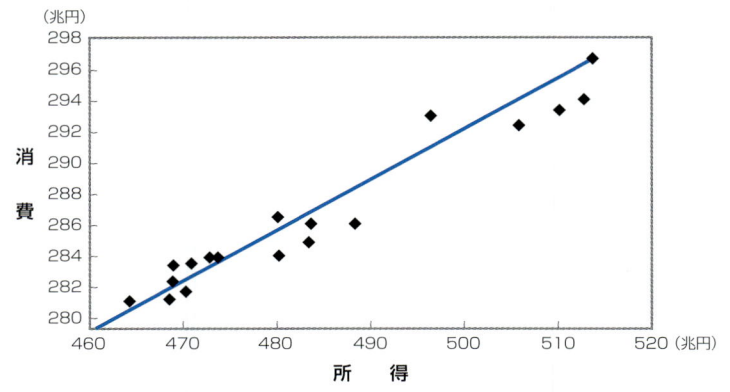

**図12-6　タイムシリーズの短期消費関数（2007Q3〜2011Q4）**

（資料）　内閣府『国民経済計算（GDP統計）』のデータから計測

向は 0.29 である。2010 年の日本の総人口は 1 億 2,750 万人なので，1 人当たりの基礎消費は年間約 114 万円となる。これは『家計調査年報』のデータから計測された基礎消費に比べると，かなり高い数値である。『家計調査年報』の世帯収入に比べて，『国民経済計算・GDP 統計』の国内総生産は家計世帯だけでなく企業や学校，病院，政府などすべての経済主体の所得を含んでいるので，それで民間最終消費を説明できない部分が定数項の高めの数値となっていると見られる。

さて $R^2 = 0.94$ というのは，決定係数が 94% であり，この回帰式で説明できる統計的確率が 94% であることを意味するので，絶対所得仮説は，日本のタイムシリーズの短期の消費関数もやはりかなり高い確率で説明できるといえる。

## 6. タイムシリーズの長期消費関数

次に標本期間を 1955 年第 2 四半期 Q2 から 2011 年第 4 四半期 Q4 までの 56 年間にわたる長期にとり，所得データと消費データとの関係を散布図で描いたものが，図 12-7 である。これら観測点に最も近い直線を最小自乗法によって計測すると，次式となり，これがケインズ流の絶対所得仮説を時系列で計測した長期の消費関数である。横軸に所得（単位：兆円），縦軸に消費（単位：兆円）をとった図 12-7 では，青い直線で描いてある。

$C = -3.8 + 0.57Y \quad (R^2 = 0.99)$

定数項で示される基礎消費 $a$ は国内全体で年間約 −3 兆 8,000 億円であり，

**図 12-7 タイムシリーズの長期消費関数（1955Q2〜2011Q4）**

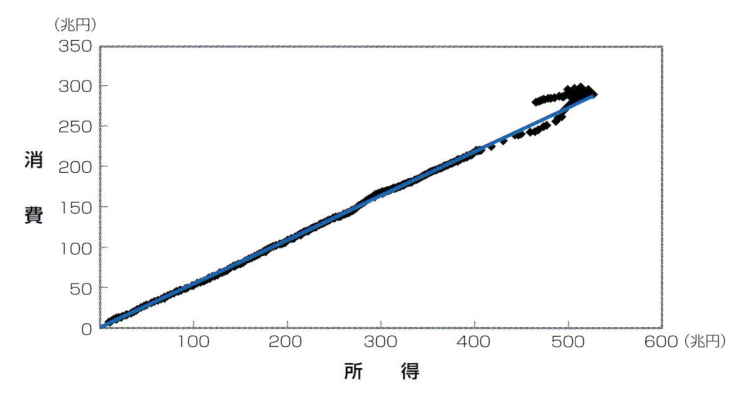

（資料）内閣府『国民経済計算（GDP 統計）』のデータから計測

2010年の人口で割ると1人当たり月額約 $-2,500$ 円となるので，ほぼゼロに近いといえる。また限界消費性向は 0.57 と短期のそれよりも高い。基礎消費 $a$ は所得水準 $Y$ の上昇とともに増加するので，長期で見ると定数ではなく，$a = a(Y)$ と $Y$ の関数になって可変となる。そこで $a = a(Y) = bY$ と特定化すれば，絶対所得仮説の長期の消費関数は，

$$C = bY + cY = (b+c)Y$$

と書き直すことができる。よって定数項がゼロになり，限界消費性向は $b+c$ となるので $c$ より $b$ の分だけ大きくなる。この時限界消費性向と平均消費性向は $b+c$ で一致し，所得 $Y$ に関わらず一定となる。つまり図12-4のように，消費関数は短期では正の切片 $a$ を持ち傾斜 $c$ が緩い $CC$ 線で表され，所得 $Y$ の増加とともに $C'C'$ 線や $C''C''$ 線のように上方シフトしていく結果，長期では原点を通り傾斜 $c$ が急な消費関数となる。このように考えれば，短期と長期の消費関数の性質の違いを，矛盾なく整合的に説明することができる。

## 7. 消費・貯蓄と相対所得：相対所得仮説

　消費が所得の絶対水準だけでなく相対所得にも依存して決まるという考え方を，**相対所得仮説**（relative income hypothesis）という。モジリアーニは，消費者は過去に得た最高所得 $Y_{max}$ の時の生活水準を維持したいと思うので，消費や貯蓄は絶対所得 $Y$ だけでなく過去の最高所得 $Y_{max}$ にも依存して決まると考えた。そこで消費者は次式のように，絶対所得 $Y$ から限界貯蓄性向 $(1-c)$ の割合を貯蓄するだけでなく，$Y_{max}$ より所得 $Y$ が多い時には貯蓄をし，$Y_{max}$ より小さい時には貯蓄を取り崩して消費を増やすと考えた。

$$S = (1-c)Y + \alpha(Y - Y_{max})$$

すると消費関数では，次式のようになる。

$$C = cY - \alpha(Y - Y_{max})$$

つまり $Y_{max}$ より所得 $Y$ が多い時には消費を抑え，$Y_{max}$ より $Y$ が小さい時には貯蓄を取り崩して消費を増やす。

　両辺を所得 $Y$ で割ると，平均貯蓄性向や平均消費性向を表す次式が得られる。

$$\frac{S}{Y} = (1-c) + \frac{\alpha(Y - Y_{max})}{Y}$$

$$\frac{C}{Y} = c - \frac{\alpha(Y - Y_{\max})}{Y}$$

よって景気回復期に $Y_{\max}$ より所得 $Y$ が多い時には平均消費性向は下がり，景気後退期に $Y_{\max}$ より $Y$ が小さい時には平均消費性向が上がる。

いま最高所得 $Y_{\max}$ が，長期的にずっと維持されている定常状態にある場合には，$Y = Y_{\max}$ であるから，$S/Y = (1-c)$，$C/Y = c$ となって平均貯蓄性向も平均消費性向も一定で，それぞれ限界貯蓄性向と限界消費性向に一致する。

よってこの理論は，短期と長期における消費関数の違いを説明できる。これを**時間的な相対所得仮説**という。このように景気後退期に過去の最高所得 $Y_{\max}$ が消費の減少を食い止める効果を，ジェームズ・デューゼンベリーは**歯止め効果**（ratchet effect）と呼んだ。

またデューゼンベリーは，他の消費者の行動がある消費者に影響することを**デモンストレーション効果**（demonstration effect）と呼び，次式のように $i$ 番目の消費者はその絶対所得 $Y_i$ だけでなく，どの所得階級に属するかを示す**相対所得**（relative income）$RY_i$ にも影響を受けると考えた。

$$C_i = cY_i + \beta RY_i$$

両辺を $Y_i$ で割ると，平均消費性向を表す次式のようになる。

$$\frac{C_i}{Y_i} = c + \frac{\beta RY_i}{Y_i}$$

自分が属する所得階級の消費行動に合わせるために，相対所得 $RY_i$ より所得 $Y_i$ が多い時は消費を控え，相対所得 $RY_i$ より $Y_i$ が少ない時は消費を増やそうとする。よって平均消費性向は前者の時は下がり，後者の時は上がる。

しかし長期的には自分の所得 $Y_i$ も自分が属する所得階級の相対所得 $RY_i$ も同じように増えるので，$RY_i = Y_i$ となり，平均消費性向は，

$$\frac{C_i}{Y_i} = c + \beta$$

と一定になる。よって短期と長期における消費関数の違いを説明できる。これを**空間的な相対所得仮説**という。

## 8. 消費・貯蓄と流動資産：流動資産仮説

消費 $C$ は所得 $Y$ が増えれば増えるが，保有する資産 $A$ が増えても増える。資産のうち土地や住宅などの固定資産はすぐには現金化できないが，現金，預

金，債券，株式などの流動資産 $M$ は換金が容易なので消費に影響を与える。そこでトービンは，次式のように消費が絶対所得 $Y$ だけでなく，流動資産 $M$ の関数であると考えた。

$$C = a + cY + \gamma M$$

両辺を $Y$ で割ると，平均消費性向を表す次式となる。

$$\frac{C}{Y} = \frac{a}{Y} + c + \frac{\gamma M}{Y}$$

短期的には所得 $Y$ が増えると，$a/Y$ も $M/Y$ も下がるので，平均消費性向も下がり，所得 $Y$ が減ると，$a/Y$ も $M/Y$ も上がるので，平均消費性向も上がる。

これに対して長期では，所得 $Y$ が増えると，$a/Y$ は下がるが，流動資産 $M$ がそれ以上に増えて $M/Y =$ マーシャルの $k$ は上昇する傾向があるので，相殺し合って $C/Y$ は一定となる。よって短期と長期における消費関数の違いを説明できる。これを**流動資産仮説**（liquid asset hypothesis）という。

消費関数の名目変数 $C$，$Y$，$M$ を物価水準 $P$ で割ると，実質値の消費関数が求められる。

$$\frac{C}{P} = a + \frac{cY}{P} + \frac{\gamma M}{P}$$

消費者が物価 $P$ の変動を敏感にしかも正確に把握できず，消費行動に正確に織り込むことができない場合は，**貨幣錯覚**（money illusion）があるといい，逆に敏感に正確に把握して，消費行動に正確に織り込むことができる場合は，貨幣錯覚がないという。上記の場合は貨幣錯覚がない状態である。景気後退時には実質所得 $Y/P$ は減り，実質消費 $C/P$ も減るが，$M$ はほぼ一定のまま $P$ が下落するので実質流動資産残高 $M/P$ は増える。すると実質消費の減少は一部相殺される。逆に景気回復時には実質所得 $Y/P$ は増え，実質消費 $C/P$ も増えるが，$M$ はほぼ一定のまま $P$ が上昇するので実質流動資産残高 $M/P$ は減る。すると実質消費の増加は一部相殺される。このように物価 $P$ の変化によって実質流動資産残高 $M/P$ が変化し，それが消費などに影響を与える効果を**実質現金残高効果**（real cash balance effect）といい，またその発見者にちなんで**ピグウ効果**（Pigovian effect）とも呼んでいる。

## 9. 消費・貯蓄と恒常所得：恒常所得仮説

フリードマンは，消費は電気代や食費，教育費など毎期計画的に消費する**恒**

常消費（permanent consumption）$C_P$ と，予期せぬ出費などそれ以外の変動消費（transitory consumption）$C_T$ に分けることができると考えた。所得も給与のように毎期決まって得られる**恒常所得**（permanent income）$Y_P$ と，宝くじの賞金などそれ以外に一時的に入ってくる変動所得（transitory income）$Y_T$ に分けられると考えた。

2期間モデルでは，ある消費者の総資産 $W$ は期首の資産 $A_0$ と今期の所得 $Y_0$，及び来期の所得 $Y_1$ の割引現在価値 $Y_1/(1+i)$ の合計からなる。$i$ は市場利子率を表す。

$$W = A_0 + Y_0 + \frac{Y_1}{1+i} = A_0 + \frac{\sum_{t=0}^{1} Y_t}{(1+i)^t}$$

恒常所得は毎期に得られると期待される平均的な所得であり，次式を満たす。

$$W = Y_P + \frac{Y_P}{1+i} = \frac{\Sigma Y_P}{(1+i)^t}$$

よってこれら両式を等しくする $Y_P$ を計算すれば，$Y_P$ が求まる。それを図示したのが，図 12-8 である。

変動消費や変動所得は短期的にはプラスになることもマイナスになることもあるが，長期的にはプラス・マイナスでゼロになると考えられる。消費者が消費計画を立てる時には，予期せぬ変動消費 $C_T$ は予め考慮しないので，恒常消費 $C_P$ の消費計画を立てるものとし，それは一時的な変動所得 $Y_T$ には依存しないで，恒常所得 $Y_P$ に基づくとする。よって次の関係が成り立つ。

$$C = C_P = cY_P$$

すると平均消費性向は次式のようになる。

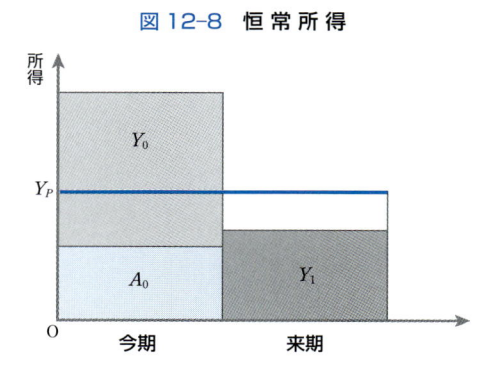

**図 12-8　恒 常 所 得**

$$\frac{C}{Y} = \frac{C_P}{Y_P + Y_T} = \frac{cY_P}{Y_P + Y_T}$$

$$= \frac{c}{1 + Y_T/Y_P}$$

景気上昇期,好況期には,変動所得 $Y_T$ は増えて,$Y_T/Y_P$ の比率は上がるので,平均消費性向 $C/Y$ は下がる。景気後退期,不況期には,変動所得 $Y_T$ は減って,$Y_T/Y_P$ の比率は下がるので,平均消費性向 $C/Y$ は上がる。

また長期的には変動所得も変動消費もプラス・マイナスでゼロとなるから,長期の平均消費性向は,

$$\frac{C}{Y} = \frac{C_p}{Y_p} = c$$

となって,限界消費性向も平均消費性向も $c$ で一定となる。このようにこの理論は,短期と長期における消費関数の違いを説明できる。これを**恒常所得仮説**(permanent income hypothesis)という。

## 10. ライフサイクル仮説

モジリアーニとリチャード・ブルンバーグは,恒常所得仮説と同じように生涯所得の割引現在価値を予算制約とするが,さらに進んで生涯にわたる効用関数を最大化することにより,ライフサイクルに応じた各期の最適消費を決定するものと考え,**ライフサイクル仮説**(life cycle hypothesis)を提唱した。

2期間モデルでは,消費者の消費の割引現在価値の総額は,次式のように今期(若年期)の消費 $C_0$ と来期(老年期)の消費 $C_1$ の割引現在価値 $C_1/(1+i)$ との合計で表される。

$$C_0 + \frac{C_1}{1+i} = \frac{\sum_{t=0}^{1} C_t}{(1+i)^t}$$

また総資産 $W$ は,次式のように期首の資産 $A_0$ と今期の所得 $Y_0$,及び来期の所得 $Y_1$ の割引現在価値 $Y_1/(1+i)$ の合計からなる。$i$ は市場利子率を表す。

$$W = A_0 + Y_0 + \frac{Y_1}{1+i} = A_0 + \frac{\sum_{t=0}^{1} Y_t}{(1+i)^t}$$

消費者はこの総資産の範囲で生涯の消費を行うので,

### 図12-9 ライフサイクル仮説と最適消費

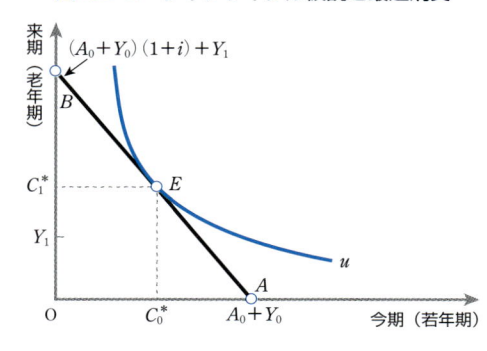

$$C_0 + \frac{C_1}{1+i} = A_0 + Y_0 + \frac{Y_1}{1+i} \quad \text{ないし} \quad \frac{\sum_{t=0}^{1} C_t}{(1+i)^t} = A_0 + \frac{\sum_{t=0}^{1} Y_t}{(1+i)^t}$$

の予算制約式を満たす必要がある。期首資産 $A_0$ がない場合には，単純に次のようになる。

$$C_0 + \frac{C_1}{1+i} = Y_0 + \frac{Y_1}{1+i}$$

この制約の下で，次の効用関数 $u$ を最大化するように，各期の最適消費 $C_0^*$ 及び $C_1^*$ を決定する。

$$u = u(C_0, C_1)$$

図12-9 には予算制約式と効用関数（無差別曲線）が図示してある。横軸には今期（若年期）の所得と消費を，縦軸には来期（老年期）の所得と消費をとる。今期の最大収入 $A$ 点は期首資産と所得の合計で，$A_0 + Y_0$ である。今期の期首資産と所得を何も消費せずにすべて貯蓄すれば，利子収入も得られるので，来期の最大収入 $B$ 点は，

$$(A_0 + Y_0)(1+i) + Y_1$$

となる。予算制約の範囲内で効用を最大化するのは両者の接点 $E$ であり，そこで最適消費量 $C_0^*$ および $C_1^*$ が決定される。利子率が上がると貯蓄が増えて，予算制約線の傾きは急になるので，最適消費点は左上の点へ移る。つまり今期の最適消費 $C_0^*$ は減り，来期の最適消費 $C_1^*$ が増える。

このようにライフサイクル仮説によれば，各期の消費 $C$ は予算制約である生涯の総資産 $W$ に依存して決まる。短期では所得 $Y$ が減っても生涯の総資産

$W$ はそれほど減らないので，消費 $C$ もそれほど減らず，平均消費性向 $C/Y$ はむしろ上がる。逆に所得 $Y$ が増えても生涯の総資産 $W$ はそれほど増えないので，消費 $C$ もそれほど増えず，平均消費性向 $C/Y$ はむしろ下がる。また長期においては所得 $Y$ が増えれば生涯の総資産 $W$ も同じように増えるので，平均消費性向 $C/Y$ は一定となる。こうしてこの理論でも，短期と長期における消費関数の違いを説明できる。

# 第13章
# 投資と資本

　投資は国民所得の約2割を占める重要な経済活動であり，民間消費に比べて変動が大きく，景気変動や経済成長に強い影響を及ぼす。そこで経済全体の運動を解明するためには，消費に次いで投資の分析を行うことが必要となる。企業は道具や機械設備，工場などの**資本**（capital）を設置し，そこに労働や原材料などを投入して，生産活動を行う。人類を他の動物と分かつ最大の分水嶺は，道具＝原始的な資本の使用であり，素手の労働だけで物を作るよりはるかに生産を高めることができる。現代社会は高度の技術を体化した資本を用いる迂回生産により，生産能力や生産性を飛躍的に高めることに成功した。その資本を増やす経済活動が**投資**（investment）であり，**資本形成**（capital formation）ともいわれる。

　道具や機械設備などを一定期間に購入し設置した量が投資であるので，投資（＝資本形成）はフローの経済概念である。年々の投資活動の結果として蓄積された道具や機械設備の量が資本であるので，資本は一時点で測定されるストックの経済概念である。一国経済を貯水池に喩えるならば，そこに流れ込む流水量が投資であり，そこに蓄積された貯水量が資本である。本章ではフローとしての投資がどのように行われるか，ストックとしての資本がどのように蓄積されるかについて，理論的な考察をする。

## 1. 投資と資本

　素手で魚を捕らえたり，植物を採集する原始的な生産方法を，**直接生産**（direct production）という。これに対して，一旦釣り針や漁網，漁船，鋤，耕運機などの生産手段を作るために労働を振り向け，それらを用いて生産物を獲得するのが，**迂回生産**（round-about production）である。迂回生産によって私たちの得る生産物は，飛躍的に増大してきた。人間は道具（資本）を使う動物であり，迂回生産の歴史はまさに人類の歴史でもあった。迂回生産のために投入されるこれらの道具，機器，機械などの生産手段を，**資本**（capital）といい，ある一時点における資本の存在量を**資本ストック**（capital stock）という。

#### 図 13-1　投資と資本ストック

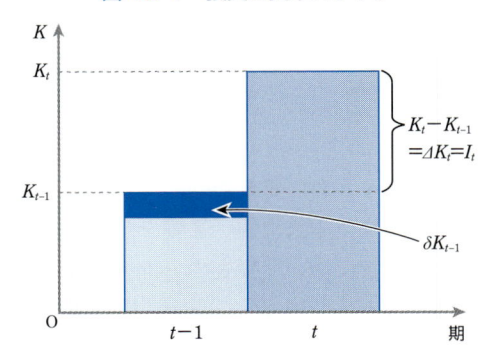

そして資本ストックを増加させる経済活動を，**投資**（investment）あるいは**資本形成**（capital formation）とか**資本蓄積**（capital accumulation）という。投資は，ある一時点から別の一時点の間，つまり一期間において行われるので，**フロー**（flow）という流量である。

図 13-1 のように，$t$ 期末の資本ストックを $K_t$ で表し，1 期前の $t-1$ 期末の資本ストックを $K_{t-1}$ で表すと，その差額 $\varDelta K_t$ が $t$ 期における投資 $I_t$ になる。

$$I_t = K_t - K_{t-1} = \varDelta K_t$$

これを図示したのが図 13-1 である。

生産過程で資本を使うと資本はすり減って価値が減耗するが，その分だけ生産物の価値に転化する。それを**資本減耗**（capital depreciation）とか**減価償却**（depreciation）といい，それを費用として積み立てる金額を**減価償却費**（depreciation expense）という。例えば 1,000 万円の資本を使って生産を行い，資本を 10 年で償却する場合，定額で償却する**定額法**では毎年 100 万円の資本が減耗し，商品価値に転化するので，商品価格に 100 万円が組み込まれる。なお定率で償却する時は，**定率法**を用いる。その減耗部分を補うために，同時に 100 万円を減価償却費として積み立てる。その資本を 10 年間生産に使えば，資本はすべて減耗し，商品価値に転化し尽くすが，減価償却費が 100 万円 × 10 年 = 1,000 万円積み立てられる。そこで 10 年経った所で，累積した減価償却費の 1,000 万円で同じ資本を新しく購入すれば，新しい資本設備に入れ替わる。こうした資本設備の更新を，**更新投資**（replacement investment）という。

定率 $\delta$ で減価償却する場合，1 期前の $t-1$ 期末の資本ストック $K_{t-1}$ は，図 13-1 のように今期には $\delta K_{t-1}$ だけ資本減耗するので，それを補うように同額

の減価償却費を積み立てる。すると今期の投資は以下のようになる。

$$I_t = K_t - K_{t-1} + \delta K_{t-1} = \Delta K_t + \delta K_{t-1} = K_t - (1-\delta)K_{t-1}$$

このように減価償却費を含めた投資を**粗投資**（gross investment），上記の資本ストックの純増分（$K_t - K_{t-1}$）を**純投資**（net investment）という。同様に国内総生産と国内純生産の違いも，この減価償却費を含めるか否かの違いである。

## 2. GDPと投資の変動

日本のGDPに占める割合では，図13-2のように2010年では，民間最終消費支出が約60％と最大であるが，粗投資を意味する**総固定資本形成**（gross fixed capital formation）は約20％である。そのうち民間部門の粗投資は約15％，公的部門の粗投資は約5％を占める。民間粗投資の内訳は，機械や設備などの**設備投資**（equipment investment）が約13％で，住宅などの**住宅投資**（housing investment）が約3％である。総固定資本形成には，機械，設備，建物などの**有形固定資本形成**とコンピューター・ソフトウェアなどの**無形固定資本形成**とがあり，近年では後者の伸び率が著しい。

総固定資本形成に**在庫投資**（inventory investment）を加えると**総資本形成**（gross capital formation）になるが，在庫投資の割合は0.3％程度に過ぎない。

図13-3には名目のGDP，民間消費，民間設備投資の1995～2010年の変化率を示してある。それぞれの標準偏差はGDPが2.2，民間消費が1.3，民間設備投資が6.8であるので，民間消費が一番安定的に推移し，GDPがその倍くらいの変化であり，民間設備投資はその5倍ほどの変化である。つまりGDP成長率の上下運動で示される景気変動に対して，民間設備投資が非常に大きな変動要因として景気変動を牽引する一方，民間消費はむしろその安定化要因であるといえる。

特にリーマン・ショック後の世界同時不況により2009年には，名目GDP

**図13-2　日本のGDPに占める投資の割合**

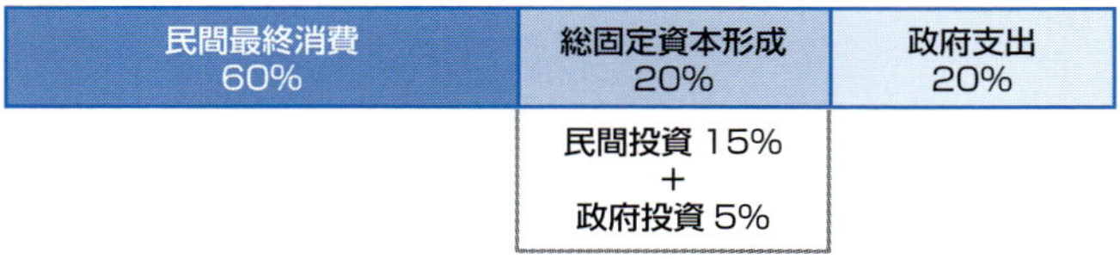

| 民間最終消費 60% | 総固定資本形成 20% | 政府支出 20% |
|---|---|---|
| | 民間投資15% ＋ 政府投資5% | |

（資料）『国民経済計算』（2010年度）より作成

図 13-3 GDP 成長率などの推移（過去 15 年間）

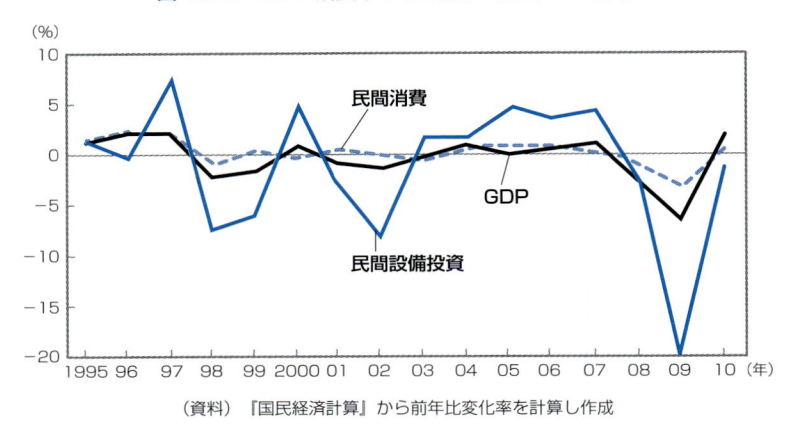

（資料）『国民経済計算』から前年比変化率を計算し作成

はデフレの影響を含め戦後最悪の−6.4％の成長率であったが，これには戦後最悪の−19.7％の成長であった民間設備投資の落ち込みが非常に大きく影響した。民間消費は−3.2％の成長に留まり，むしろ安定化の作用をした。

### 3. 1 期間モデルによる資本の最適水準の決定

生産要素として労働 $L$ と資本 $K$ を投入し，生産物 $Y$ を生産する次の関係 $F$ を，マクロの**生産関数**（production function）といい，幾何では図 13-4 のように生産曲線で表される。

$$Y = F(L, K)$$

労働を一定のまま，資本を 1 単位 $\Delta K$ 増加すると，生産能力が増えるから生産物も何単位 $\Delta Y$ か増える。その比率 $\Delta Y/\Delta K$ を**資本の限界生産力**（marginal productivity of capital）といい，**資本の限界収益率**（marginal rate of return on capital）ともいう。$\Delta$ を微小に近付ければ，それは $dY/dK$ と書くことができる。これは労働 $L$ を一定のまま，生産関数を $K$ に関して偏微分して得られる。

$$\frac{\partial Y}{\partial K} = \frac{\partial F(L, K)}{\partial K} = F_K$$

資本の限界生産力 $F_K$ は，図 13-4 のように生産曲線の接線の傾きで表される。

資本の投入量を増やしていくと，資本 1 単位当たりの生産力は減少していくので，図のように接線の傾きは次第に小さくなる。これを**限界生産力逓減の法則**（the law of diminishing marginal productivity）という。図 13-5 で図示さ

**図 13-4 生産曲線**

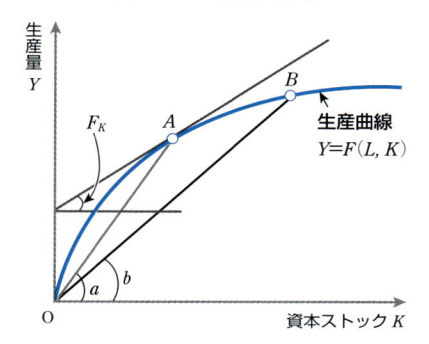

**図 13-5 資本の最適水準の決定**

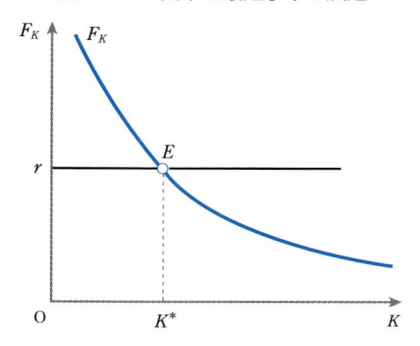

れた資本の限界生産力が右下がりであることが，限界生産力逓減を示している。

他方で生産曲線上の点 $A$ 点から原点に引いた直線の傾き $a$ は，平均生産力 $Y/K$ を表す。$B$ 点から原点に引いた直線の傾き $b$ も平均生産力を表すが，$a$ よりは小さくなる。つまり資本の投入量を増やすにつれ，平均生産力が逓減する。

生産過程に資本を投入するためには費用がかかり，これを**資本コスト**（cost of capital）とか**資本の使用者費用**（user cost of capital）という。例えば銀行借入や社債で 1,000 万円を借りて資本財を購入し，投資を行う場合，得られた利益から元本の 1,000 万円を返済するだけでなく，利子の 100 万円も支払うならば，この利子 100 万円が資本調達の費用であり，率で表した利子率 10％ が資本コスト $r$ となる。よって資本の限界生産力ないし限界収益率が 10％ 以上であれば，この投資は採算が合う。逆に 10％ 未満であれば，この投資は引き合わない。したがって資本の最適ストック $K^*$ は，図 13-5 のように $F_K = r$ となる $E$ 点で決定される。

## 4．2 期間モデルによる最適投資水準の決定

次に 2 期間モデルで考えよう。所与の生産要素を現在の消費財生産 $Y_0$ と将来の消費財生産 $Y_1$ に振り向ける場合，$Y_0$ と $Y_1$ の最大限可能な組合せは，図 13-6 の**生産可能性曲線**（production possibility curve）として表せる。生産要素のすべてを現在の消費財生産に振り向けると，$Q$ 点の生産になり，将来の消費財生産はゼロである。そこで現在の消費財生産を $A$ 点から $H$ 点に減らし，その分の生産要素を資本財の生産に振り向け，将来の消費財生産のために使うと，将来の消費財生産は線分 $BH$ の分だけ増え，現在と将来の消費財生産の組

#### 図 13-6　生産可能性曲線

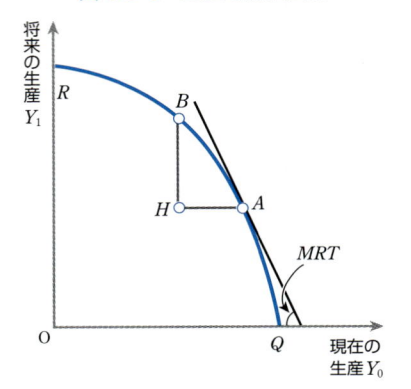

#### 図 13-7　最適投資水準の決定

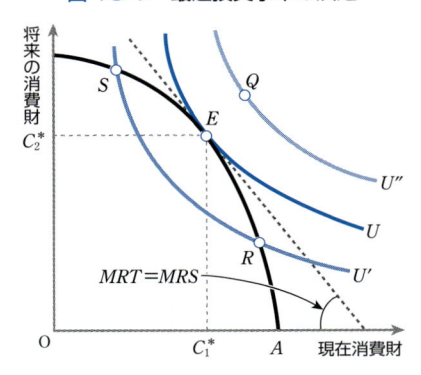

合せは $B$ 点になる。すると線分 $AB$ の傾きは，

$$\frac{BH}{AH} = -\frac{\varDelta Y_1}{\varDelta Y_0} \quad \rightarrow \quad -\frac{dY_1}{dY_0}$$

で表され，$\varDelta$ を微小に近付ければ，$A$ 点における微分係数になる。これは現在生産を減らしてどれだけ将来生産を増やすことができるかの比率を表すので，**限界変形率**（marginal rate of transformation：$MRT$）と呼ばれる。限界変形率が 1 に等しい場合は，資本財を使った迂回生産の利益がないことになる。しかしそれが 1 より大きい場合には，$MRT-1$ が迂回生産の利益を表すので，**資本の限界収益率**（marginal rate of return on capital：$MRRC$）と呼ばれる。

　現在の消費財 $C_0$ と将来の消費財 $C_1$ に対する人々の選好は，効用関数 $u=u(C_0, C_1)$ で表され，幾何では図 13-7 のように無差別曲線 $U$ で示される。無差別曲線上の任意の点における接線の傾き $-dC_1/dC_0$ は，2 財間の限界代替率 $MRS$ である。人間は通常は現在の消費を将来の消費より好む傾向があり，それを**時間選好**という。その分だけ接線の傾きは急になり，1 より大きくなる。そこで $MRS-1$ を**限界時間選好率**（marginal rate of time preference：$MRTP$）という。

　人々の効用最大化の結果，図 13-7 のように無差別曲線 $U$ と生産可能性曲線の接点で最適な現在消費 $C_0^*$ と将来消費 $C_1^*$ を選択する。この時限界代替率 $MRS$ と限界変形率 $MRT$ は等しくなるので，$MRS=MRT$ が成り立ち，両辺から 1 を引いた次式も成り立つ。

$$MRS - 1 = MRT - 1$$

よって資本の限界収益率 MRRC と限界時間選好率 MRTP も等しくなる。

　　MRRC = MRTP

　投資の限界収益率は，現在から将来にかけての生産の増加率で表すことができるから，

$$r = \frac{\Delta Y_1 - \Delta Y_0}{\Delta Y_0} = \frac{\Delta Y_1}{\Delta Y_0} - 1$$

と書けて，これを変形すれば，次式となる。

$$\Delta Y_0 = \frac{\Delta Y_1}{1+r}$$

よって $r$ は将来生産物を現在の価値に割り引く割引率でもあることがわかる。そこでこの $r$ を**限界時差割引率**（marginal rate of time discount）とも呼ぶ。

　以上のことから2期間モデルでは，資本の限界収益率と限界時間選好率及び限界時差割引率が等しくなるように，投資の最適水準が決定される。

## 5. 多期間モデルにおける投資の限界効率

　次に $n$ 期の多期間モデルで考察してみよう。いま企業が，今期に機械や工場などを購入して投資を行うことにより，来期から $n$ 期先まで $Q_1$, $Q_2$, ……, $Q_n$ の**期待収益**（expected profits）が得られるとする。この期待収益は，予想販売収入から予想生産費を引いた予想利益に，減価償却費や借入利子を加えた**粗利益**（gross profits）の予想値である。するとそれらを割引率 $r$ で割り引いた現在価値の総和は，以下のようになる。

$$V = \frac{Q_1}{(1+r)} + \frac{Q_2}{(1+r)^2} \cdots\cdots + \frac{Q_n}{(1+r)^n} = \frac{\sum_{t=1}^{n} Q_t}{(1+r)^t}$$

これを**期待収益の割引現在価値**（discounted present value of expected profits）という。このように割引現在価値を求める方法を**割引現在価値法**（method of discounted present value）という。割引率 $r$ には通常は市場利子率 $i$ を使う。

　この割引現在価値 $V$ に投資費用 $I$ を等しくさせる $r$ を**内部収益率**（internal rate of return）という。ケインズはそれを特に**資本の限界効率**（marginal efficiency of capital）と呼んだが，**投資の限界効率**とも呼ばれる。この時投資費用は賄えるが，純利益はゼロとなる。また資本の限界効率 $r$ と市場利子率 $i$ とは等しくなる。

第13章　投資と資本

$$V = I = \frac{\sum_{t=1}^{n} Q_t}{(1+r)^t}$$

$V>I$ の時には投資費用を賄った上に，プラスの純利益が得られ，$r>i$ となる。$V<I$ の時には投資費用は賄えないので，この投資は実行されず，$r<i$ となる。

いま各期の期待収益が同じで，$n$ が無限期間という単純な場合を考えると，$Q_1=Q_2=\cdots\cdots=Q_n=Q$ かつ $n=\infty$ であるので，上式は初項が $Q/(1+r)$ で公比が $1/(1+r)$ の無限等比級数になるから，

$$V = I = \frac{Q/(1+r)}{1-1/(1+r)} = \frac{Q/(1+r)}{r/(1+r)} = \frac{Q}{r}$$

と単純化される。よって次式が成り立つ。

$$r = \frac{Q}{I} = \frac{Q}{V}$$

いまいくつかの投資計画が存在し，限界効率が高い順に実行していくと，限界効率 $r$ は投資額 $I$ の減少関数になり，投資額が増えるにつれて限界効率は低下する。

$$r = r(I), \quad \frac{dr}{dI} = r'(I) < 0$$

これを図示したのが図 13-8 であり，**投資の限界効率表**（schedule of marginal efficiency of investment）という。

市場利子率 $i$ が市場で $i_0$ に与えられると，限界効率表との交点から投資の最

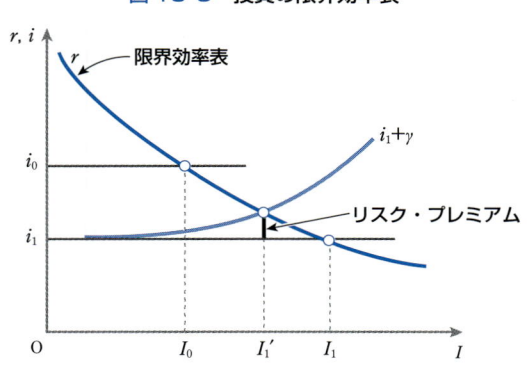

**図 13-8 投資の限界効率表**

適水準は $I_0$ に決定する。市場利子率が $i_1$ に下がると，投資は増えて $I_1$ が最適水準となる。逆に市場利子率が $i_2$ に上がると，投資は減って $I_2$ が最適水準となる。よって投資 $I$ は市場利子率 $i$ の減少関数となることがわかる。市場利子率 $i$ は借入による資本調達のコストであり，これが下がると，より低い限界効率の投資でも引き合うようになるから，投資が増える。

$$I = I(i), \quad \frac{dI}{di} = I'(i) < 0$$

これが投資の限界効率から導かれる**投資関数**（investment function）である。

投資 $I$ を増やしていくと，投資金額は増えて限界効率は下がってくるので，投資に伴うリスク（危険）も増えてくる。そこで通常は，そのリスクに見合ったリスク・プレミアム $\gamma$ を市場利子率に付加して課すことが多い。すると資本コストを表す曲線は $i_1$ ではなく，$i_1 + \gamma$ と上方へシフトする。均衡点もシフトし，最適投資水準は $I_1$ ではなく，$I_1'$ となる。

## 6. トービンの $q$

以上の分析より，投資の最適水準においては，$V = I$ または $r = i$ が成り立つので，次式が成り立つ。

$$\frac{割引現在価値\ V}{投資費用\ I} = 1 \quad \text{または} \quad \frac{投資の限界効率\ r}{市場利子率\ i} = 1$$

リスク・プレミアムがある場合は，$i$ の代わりに $i + \gamma$ と置けばよい。

$$q = \frac{V}{I} \quad \text{または} \quad q = \frac{r}{i}$$

と置くと，$q > 1$ の場合には期待収益の割引現在価値 $V$ が投資費用 $I$ を上回り，投資の限界効率 $r$ が市場利子率 $i$ を上回るので，投資を行うことは採算が合う。逆に $q < 1$ の場合には期待収益の割引現在価値 $V$ が投資費用 $I$ を下回り，投資の限界効率 $r$ が市場利子率 $i$ を下回るので，この投資は引き合わない。よってこれらの比率を表す $q$ は，投資を実施するか否かの判断基準となる。そこでこの点に着目した人にちなんで，この $q$ を**トービンの $q$**（Tobin's $q$）という。つまり $q$ の概念は，ケインズの投資の限界効率の理論を延長した概念といえる。

株式市場や証券市場が完全市場であれば，期待収益の割引現在価値 $V$ は，企業価値の市場評価額つまり株価と負債の合計額に反映される。また投資費用 $I$ は，資本を現在の市場で再取得する価格つまり現存資本の時価総額に等しい。

よって，

$$q = \frac{V}{I} = \frac{\text{企業価値}}{\text{資本の再取得価格}} = \frac{\text{株式時価総額} + \text{負債時価総額}}{\text{資産時価総額}}$$

という関係も成り立つ。$q>1$ の場合には，企業価値が資本の再取得価格つまり資産時価総額より大きいので，投資を行うことが採算に合う。逆に $q<1$ の場合は，企業価値が資本の再取得価格つまり資産時価総額より小さいので，投資を行うことは採算に合わない。

## 7. 所得の増加と投資：加速度原理

投資は長期的な生産計画に基づいて行われるが，いままでは期待収益が無限に一定の $Q$ であると仮定してきた。しかし実際には長期的に経済成長とともに総需要や国民所得 $Y$ が増加するので，売上高や期待収益 $Q$ も増加し得る。よって投資関数は単に市場利子率 $i$ の関数ではなく，所得 $Y$ の関数でもある。

いま長期的に見て利潤を最大化する最適な生産水準を $Y^*$，それに対応する最適な資本ストックを $K^*$ で表し，$Y^*$ を生産するのに必要な $K^*$ の量を**資本係数**（capital coefficient）$v$ で表すと，次の関係が成り立つ。

$$K^* = vY^* \quad (v>1)$$

企業は現実の生産水準 $Y$ を，利潤最大化する最適な水準 $Y^*$ に維持するように生産活動を行い，現実の資本ストック $K$ も最適な水準 $K^*$ を維持するように投資を行うとすれば，

$$K = vY$$

が成り立つ。そこで両辺の増分をとると，資本の増分は投資に等しいから，

$$\Delta K = I = v\Delta Y$$

となる。あるいは微少量をとると，微分を用いて次のようにも書ける。

$$dK = I = vdY$$

これは生産高ないし売上高の増分 $\Delta Y$ が，その $v$ 倍の投資 $I$（$=\Delta K$）を誘発することを意味している。そこでこの投資を**誘発投資**（induced investment）といい，この投資原理を**加速度原理**（acceleration principle），$v$ を**加速度係数**（accelerator）という。この理論は，アルベール・アフタリオンやジョン・モーリス・クラークなどによって提唱されてきた。

前期から今期にかけての生産高ないし売上高の増加を，離散型の差分を用いて表すと，以下のように書くこともできる。

$$I_t = v(Y_t - Y_{t-1})$$

$Y$ の増加と投資 $I$ の決定との間に 1 期の**時間の遅れ**（time lag）がある場合は，

$$I_t = v(Y_{t-1} - Y_{t-2})$$

となる。景気上昇期に所得が増えると（$\Delta Y > 0$）それ以上に投資が増え，景気後退期に所得が減ると（$\Delta Y < 0$）それ以上に投資が減るという，激しい投資変動を加速度原理では説明することができる。しかし景気後退期に，資本減耗分 $\delta K$ より投資減少分が大きい場合（$\delta K < v\Delta Y$）には，その分だけ資本ストックを意図的に減損させなければならないことになって，説明が難しくなる。

また利子率が低くて賃金率が相対的に高い時には労働より資本を投入する方が有利であり，逆に利子率が高くて賃金率が相対的に低い時には資本より労働を投入する方が有利であるので，資本係数 $v$ は景気状況に応じて可変的であるのが通常である。しかし加速度原理では固定的な資本係数 $v$ を仮定しているため，現実の説明としては無理がある。

さらに加速度原理では，企業は現実の生産水準 $Y$ を，利潤最大化する最適な水準 $Y^*$ に維持するように生産活動を行うと仮定したが，実際には時間の遅れなくこうした調整が行われることは難しく，調整には時間の遅れを伴うのが通常である。

## 8．資本ストックと投資：資本ストック調整原理

利潤最大化を実現する今期の最適な資本ストックを $K_t^*$ とすると，前期末の実際の資本ストック $K_{t-1}$ との差を埋めるように，今期の投資を行う場合は，

$$I_t = K_t^* - K_{t-1}$$

が成り立つ。こうした投資行動は**資本ストック調整原理**（capital stock adjustment principle）と呼ばれている。しかし差額 $K_t^* - K_{t-1}$ がすべて今期に投資されれば，期末の資本ストックは次式のように必ず最適水準になる。

$$I_{t+1} = K_{t+1}^* - K_t^*$$

よってこうした古典的な資本ストック調整原理は論理的矛盾を内包するといえる。

資本減耗の部分を加えた粗投資では，$\delta$ を減価償却率として上の2式はそれぞれ以下のように表される。

$$I_t = K_t^* - K_{t-1} + \delta K_{t-1}$$
$$I_{t+1} = K_{t+1}^* - K_t^* + \delta K_t$$

実は加速度原理の $I_t = v(Y_t - Y_{t-1})$ において，$vY_t = K_t$，$vY_{t-1} = K_{t-1}$ の関係を代入し，現実の生産高 $Y$ も資本ストック $K$ も瞬時に最適水準に維持されると仮定すると，

$$I_t = K_t^* - K_{t-1}^*$$

と表される。したがって古典的な資本ストック調整原理は，加速度原理の変形に過ぎず，加速度原理と同じ難点を持つことがわかる。

そこでデール・ジョルゲンソンは，投資活動における**時間の遅れ**（time lag）があるために差額のすべてではなく一部だけが投資されると考え，$\lambda$ を**調整係数**（adjustment coefficient）として次のような投資原理を提案した。

$$I_t = \lambda(K_t^* - K_{t-1}) \qquad (0 < \lambda < 1)$$

これは**新古典派の資本ストック調整原理**と呼ばれている。

資本減耗の部分を加えた粗投資では，$\delta$ を減価償却率として，上の式は，

$$I_t = \lambda(K_t^* - K_{t-1}) + \delta K_{t-1}$$

と表される。ジョルゲンソンは調整係数 $\lambda$ が資本ストック $K$ とは独立に決まる定数と考えたが，実際には景気状況に応じて変化する。不況期で資本ストックに遊休があって稼働率が低い場合には，差額 $(K_t^* - K_{t-1})$ があるからといってすぐには投資は増えず，$\lambda$ は小さくなるであろう。景気回復期になって資本ストックの稼働率が100％に近付いてくると，差額 $(K_t^* - K_{t-1})$ をなるべく埋めようとして投資は増え，$\lambda$ は大きくなるであろう。また売上高の増加が続く好況期には，差額 $(K_t^* - K_{t-1})$ が大きく，投資活動は積極的になるので $\lambda$ は大きくなるだろう。売上高の減少が続く不況時には，差額 $(K_t^* - K_{t-1})$ はマイナスとなり，投資もマイナスとなるが，資本の減損はすぐには難しいので $\lambda$ は小さくなるだろう。

こうして好況期に資本形成＝投資が比較的に活発になって，$\lambda$ が大きくなる一方で，景気後退期には投資が減るが，$\lambda$ が小さくなるので好況期ほど大幅ではないということを，この投資理論は説明できる。

## 9. 投資と調整費用：調整費用モデル

加速度原理や資本ストック調整原理では，投資が増えるに伴って発生する調整費用はゼロであると見なしていた。調整費用とは，生産能力には直接関係しないが，投資量の増大に伴って付加的に発生する費用である。例えば工場や機械設備などを2倍に拡張する場合，工場建設に関わる資材の需要増加で2倍以

図 13-9　ペンローズ曲線

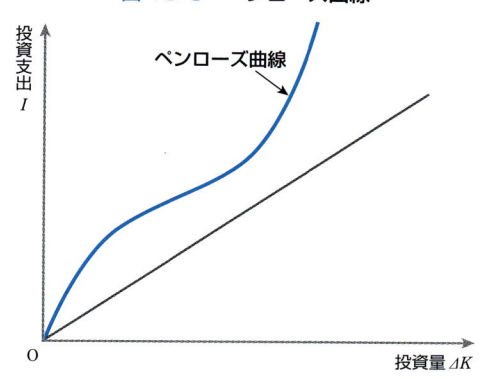

(図：縦軸「投資支出 $I$」、横軸「投資量 $\Delta K$」、原点から伸びる直線と、その上に描かれた逆S字型の「ペンローズ曲線」)

上の費用がかかったり，機械設備の需要増加で 2 倍以上の購入費用がかかることが多い。これらの費用の 2 倍を超える部分が調整費用である。

図 13-9 のように，調整費用がゼロの場合は，投資量の増大と投資支出額は比例し，直線で表される。しかし調整費用がかかると，その上の曲線のように示される。第 4 章の企業理論で学んだように，一般に費用は当初規模の経済性が効いている間は逓減するが，それが効かなくなると逆に逓増する。よって図 13-9 のように逆 S 字型の費用曲線になる。生産能力の増加 $\Delta K$ と投資支出 $I$ との間にこうした曲線のような関係があることを最初に指摘したのは，エディス・ペンローズであり，彼女は図の曲線の費用逓増の部分を**投資効果曲線**（investment effect curve）と呼んだが，**ペンローズ曲線**（Penrose curve）ともいう。ただしその具体的な形状については，あまり実証研究は進んでいない。

## 10. 住宅投資

　住宅投資は民間の居住用住宅への投資であり，名目 GDP の約 3% を占め，民間設備投資と比べると約 4.5 分の 1 の大きさである。設備投資は売上高や資本ストックの大きさに大きく依存して決定されるのに対して，住宅投資 $H$ は消費者の生活基盤をなし，主として住宅ローンによって賄われるので，長期貸出利子率 $i$ に対する感応度，すなわち利子弾力性がかなり大きい。そのため企業の売上高 $Y$ や資本ストック $K$ の大きさには，多少は影響を受けるとしても，大きいとはいえない。よって住宅投資関数の一般形は以下のようになる。

$$H = H(i, Y, K)$$

第 13 章　投資と資本

図 13-10　GDP成長率，住宅投資成長率，設備投資成長率（前年同期比変化率）

（資料）　内閣府『国民経済計算』より作成

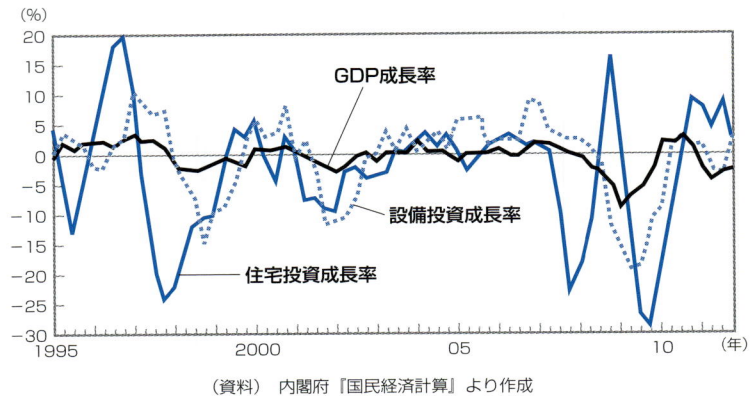

図 13-10 を見れば明らかなように，実際には設備投資の変動よりも住宅投資の変動の方が非常に大きい。住宅投資成長率は GDP 成長率や設備投資成長率よりも金利と強い相関関係を持っている。住宅投資は不況で金利が低下すると大幅に増え，好況で金融引締めにより金利が高くなると大幅に減少する傾向がある。

クズネッツにより観察された建設投資の循環は，民間住宅投資だけでなく企業や商店の事業用ビルや工場を含むものであり，建物の減価償却がかなり長いことから 20～25 年の長期循環を成すことが知られている。これは**建設循環**（construction cycle）とか**クズネッツ・サイクル**（Kuznets cycle）と呼ばれる。しかし短期的には利子率の変動に沿ってかなり大きな循環変動をしている。

## 11．在 庫 投 資

企業が生産した最終生産物は，販売されなければ**在庫**（inventory）として保有される。完成品ないし製品としての在庫であるので，**製品在庫**（product inventory）ともいう。そこで，次の関係がある。

　　　製品在庫＝生産量－販売量

在庫には他に原材料在庫と仕掛品在庫がある。**原材料在庫**（raw material inventory）は，原材料として購入されたが，まだ生産過程に投入されないで保有されているものである。**仕掛品在庫**（semi-finished goods inventory）は，生産過程の途中にあって完成品になっていないままの状態で保有されているも

のである。原材料在庫，仕掛品在庫，製品在庫の在庫に占める割合は，およそ25％，45％，30％である。

在庫は消費ではないので，国民経済計算上は投資として扱われ，**在庫投資**（inventory investment）という。GDPに占める割合は非常に小さく，日本の2009～2011年の平均では0.7％ほどである。在庫投資は，供給より需要が少なくて売れ残りが出ると積み増され，供給より需要が多くて品不足になると取り崩される。つまり需要$D$と供給$Y$の不一致，すなわち需給ギャップないし超過需要（$D-Y$）に敏感に反応するので，在庫投資関数$V$の一般形は以下のようになる。

$$V=V(D-Y)$$

在庫投資は，超過需要の**ショック・アブソーバー**（shock absorber，**緩衝財**）として需給調整や景気調整の役割を担っているので，民間設備投資や住宅投資よりも変動幅が大きく，景気変動と密接に関係している。こうした在庫投資の変動は，需給ギャップの循環変動を反映するものであり，**在庫循環**（inventory cycle）ないしは発見者にちなんで**キチン・サイクル**（Kitchin cycle）と呼ばれ，古くから観察されてきた。近年の先進諸国では，在庫管理技術の向上や景気安定政策のファイン・チューニングなどによって在庫変動の変動幅は減少する傾向にある。

# 第14章
# 均衡所得の決定と乗数機構

　消費支出と投資支出は国民生産物への総需要を構成する重要な要素であり，第12章と前章ではその分析を行ってきた。これらの需要の合計が社会の総需要であり，それと国民生産物の総供給とが生産物市場で均衡する時に，均衡国民生産物あるいは均衡国民所得が決定される。

　生産物市場での調整機構には大別して2種類があり，伸縮的な価格調整機構と，固定価格経済の下での数量調整機構がそれである。前者は古典派や新古典派において想定された調整機構であり，ワルラス的な価格調整により均衡所得と均衡物価とが同時に決定される。ワルラス的な安定条件が満たされれば，均衡へ安定的に収束する。

　後者はケインズ派によって想定された調整機構であり，マーシャル的な数量調整により所与の固定価格の下で均衡所得が決定される。マーシャル的な安定条件が満たされれば，均衡へ安定的に収束する。超過供給を残したままでも安定均衡が成立するので，それを不完全雇用均衡といい，不況時の経済を考察するのに役に立つ。また超過供給のない完全雇用で成立する均衡は完全雇用均衡といい，古典派の完全雇用均衡と符合する。需要不足の不完全雇用均衡ではサミュエルソンの発案になる45度線の分析が有効である。

　次に独立支出のような与件が変化した場合に，均衡国民所得に波及的に及ぼす効果が，乗数効果であり，独立投資，財政支出，輸出などの独立支出の変化が及ぼす効果を考察する。

## 1. 伸縮価格経済における均衡所得

　第11章で見たように，マクロの**総需要**（aggregate demand）$AD$ ないし総支出（aggregate expenditure）は，民間消費 $C$ ＋民間投資 $I$ ＋政府支出 $G$ ＋純輸出 $(X-M)$ の合計である。いま単純化のために政府部門と海外部門を捨象するか，あるいは政府部門と海外部門も消費と投資に分離すると，以下のようになる。

　　　総需要 $AD$ ＝消費 $C$ ＋投資 $I$

**図 14-1　価格調整による均衡所得**

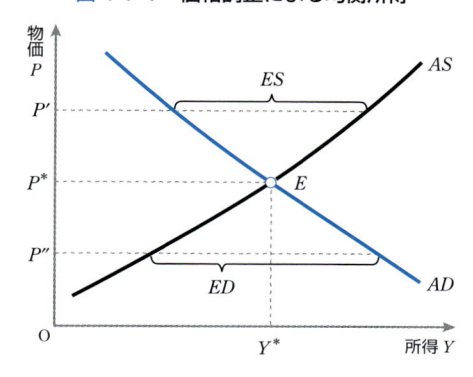

これに対してマクロの**総供給**（aggregate supply）$AS$ は国民生産物 $Y$ である。

価格が伸縮的で**価格調整**（price adjustment）が十分に働く**伸縮価格経済**（flexible price economy）では，総需要 $AD$ も総供給 $AS$ も物価 $P$ の関数として，通常は需要・供給の法則に従って物価 $P$ の変化に反応する。縦軸に物価 $P$，横軸に国民生産物 $Y$ をとった**図 14-1** において，生産物市場全体で集計された総需要 $AD$ は右下がりの総需要曲線として，また同市場で集計された総供給 $AS$ は右上がりの総供給曲線として描くことができる。

総需要 $AD$ と総供給 $AS$ とが一致する均衡点 $E$ では，$AD = C + I = Y$ が成り立ち，マクロの生産物市場での均衡が達成され，均衡物価水準 $P^*$ と均衡国民生産物（国民所得）$Y^*$ が図のように決定される。

物価が $P'$ のように均衡点 $E$ より高い水準にある時には，超過供給 $ES$ が発生するので，物価が下落することにより供給は減り，需要は増えて，均衡点 $E$ に回復する。また物価が $P''$ のように均衡点 $E$ より低い水準にある時には，超過需要 $ED$ が発生するので，物価が上昇することにより供給は増え，需要は減って，均衡点 $E$ に回復する。価格調整によるこうした均衡 $E$ を**ワルラス均衡**（Walrasian equilibrium）という。またこのように需要・供給の法則が満たされる時には，超過需要関数 $ED(P) = AD(P) - AS(P)$ は右下がりとなり，均衡点に収束する安定条件が満たされる。第 5 章で学んだように，これは**ワルラスの安定条件**と呼ばれるものである。

このように伸縮価格経済では，価格調整機構が十分に働く限り，物価が上下することにより需給不一致は必ず調整され，需給均衡が必ず達成される。そこ

で古典派のジャン・バティスト・セイは,「供給は必ず自らの需要を作り出す」という**セイの法則**（Say's Law）を唱えた。スミスなど古典派は，おおむねこうした考え方に立脚していた。

## 2. 固定価格経済における均衡所得

これに対して価格が固定的で価格調整が働かずに，**数量調整**が働く**固定価格経済**（fixed price economy）の場合を考察する。この時物価 $P$ が一定であるので，名目値と実質値の違いはない。総需要が完全雇用をもたらす水準にまで至らず，総供給に対して不足している状態では，超過供給があるので物価 $P$ は上がらずに，専ら数量調整が働くと考えられる。したがって総需要 $AD$ は需要法則に従って物価 $P$ に反応し，図 14-2 では右下がりの総需要曲線 $AD$ となるが，総供給 $AS$ は完全雇用水準 $Y_F$ に至るまでは固定価格で水平の総供給曲線 $AS$ となり，完全雇用水準 $Y_F$ に至ってから物価 $P$ が上昇するので右上がりとなる。このように名目の国民所得 $Y$ が完全雇用の国民所得 $Y_F$ 以上に増えると，価格は上方には伸縮的となり，価格調整が働くが，それ未満であれば固定価格で数量調整が働くので，完全雇用に至るまでは**価格の下方硬直性**（downward price rigidity）があるという。

総需要 $AD$ と総供給 $AS$ とが一致する均衡点 $E$ では，$AD = C + I = Y$ が成り立ち，マクロの生産物市場での均衡が達成され，均衡物価水準 $P^*$ と均衡国民生産物（国民所得）$Y^*$ が図のように決定される。

生産量が $A$ 点のように均衡点 $E$ より少ない水準にある時には，マーシャル

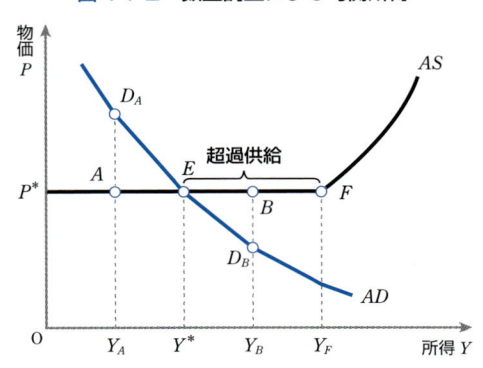

**図 14-2 数量調整による均衡所得**

流の超過需要価格 $AD_A$ が発生するので，在庫取り崩しが起こり，企業は生産量を増やす数量調整が働いて均衡点 $E$ を回復する。また生産量が $B$ 点のように均衡点 $E$ より多い水準にある時には，マーシャル流の超過供給価格 $BD_B$ が発生するので，在庫積み増しが起こり，企業は生産量を減らす数量調整が働いて，均衡点 $E$ を回復する。数量調整によるこうした均衡 $E$ は，**非ワルラス的均衡**（non-Walrasian equilibrium）といい，**ケインズ均衡**（Keynesian equilibrium）とも呼ばれる。また第 5 章で学んだように，超過需要価格が供給量 $Y$ の増大につれて低下する時には，均衡点に収束する安定条件が満たされる。これは**マーシャルの安定条件**と呼ばれるものである。

このように固定価格経済での数量調整によって，均衡点 $E$ に安定的に収束し，安定条件は満たされるが，均衡物価 $P^*$ の下での均衡国民所得 $Y^*$ は完全雇用国民所得 $Y_F$ であるとは限らない。すなわち数量調整の側面から見ると，売れ残りも品不足もなく均衡しているが，価格調整の側面から見ると，$P^*$ の下で超過供給（$Y_F - Y^*$）が残ったままで，需給は不均衡となり得る。この総需要 $AD$ を労働需要，総供給 $AS$ を労働供給と読み替えると，この超過供給は労働の超過供給＝失業を意味している。そこで価格調整の側面から見た超過供給を残したままの均衡点 $E$ を，ケインズは**不完全雇用均衡**と名付けた。これに対して総需要が増えて $F$ 点で総供給と均衡する場合は，完全雇用が達成されるので，ケインズは**完全雇用均衡**と名付けた。

## 3. 伸縮価格経済か固定価格経済か

ケインズは 1930 年代の世界大恐慌を目の前にして，伸縮価格による価格調整が十分に働かず，少なくとも短期的には価格が下方硬直性を持つために，数量調整の固定価格経済を想定した。当時の消費者物価指数などの月次のデータが入手できないので，その現実妥当性を検証することはできない。しかし戦後においては物価統計が整備されてきたので，日本の月次の消費者物価指数を調べてみよう。1971 年以降の消費者物価指数の前年同月比の変化率を図示すると，図 14-3 になる。過去 40 年間の不況と好況における消費者物価上昇率は，かなり変動をしてきており，少なくとも 1 年以内の短期において物価上昇率がゼロ％で固定価格と見なせるような時期は存在しない。消費者物価変化率が最も小さい 2004 年を調べると，12 カ月の平均物価変化率は 0.029％とほぼゼロ％に近い。しかし月ごとの変化率を図示すると，図 14-4 になり，−0.5％

図 14-3 消費者物価上昇率（前年同月比，1971〜2011年）

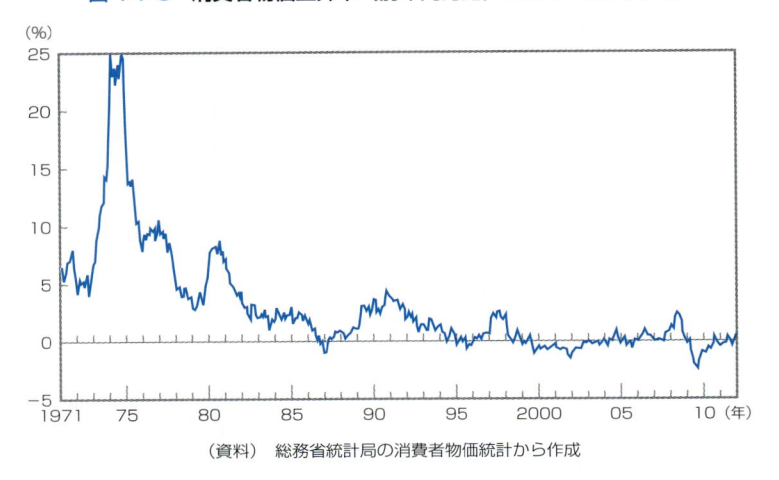

（資料）総務省統計局の消費者物価統計から作成

図 14-4 消費者物価上昇率（前年同月比，2004年）

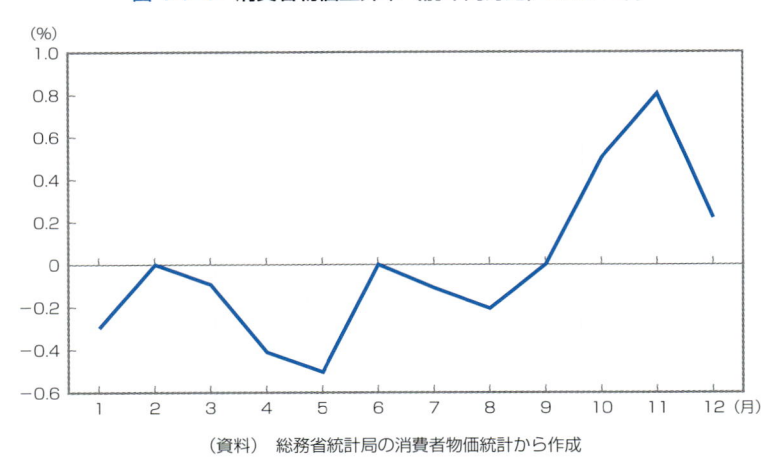

（資料）総務省統計局の消費者物価統計から作成

から0.8％の間で毎月変化をしており，1年を通じて固定価格と見なすことはできない。

　ミクロの個々の企業や産業では少なくとも1年以内の短期において価格が下方硬直性を持ち，固定価格と見なせる事例は存在するが，マクロ経済全体では少なくとも1年以内の短期において物価が下方硬直性を持ち，固定価格経済と見なせる時期は，1971年以降では存在しない。

## 4. 45度線による均衡所得の決定

マクロの総需要 $AD$ が，総需要 $AD$ = 消費 $C$ + 投資 $I$ で表され，マクロの総供給 $AS$ は国民生産物 $Y$ であるから，マクロの生産物市場における均衡は，両者が一致する時に達成される。

$$AD = C + I = Y$$

いまケインズの絶対所得仮説に従えば，消費関数は

$$C = C(Y) = a + cY$$

と書くことができ，横軸に総供給（所得）$Y$ をとり，縦軸に総需要 $AD$，消費 $C$，投資 $I$ をとった図 14-5 の消費曲線 $C$ で表される。限界消費性向 $c$ は，

$$0 < c < 1$$

であるから，消費関数の勾配は 1 より小さい。

投資 $I$ は国民所得 $Y$ に依存しない**独立投資**（independent investment）であるとすれば，図では水平の投資曲線 $I$ で表される。消費と投資を合計した総需要は，消費曲線 $C$ を独立投資 $I$ の分だけ上方へシフトさせた総需要曲線 $AD$ で表される。

いまサミュエルソンが考案した **45度線**（45 degree line）をこの図の原点を通って引くと，この線上では常に総需要 $AD$ = 総供給 $Y$ が成り立つ。よって総需要曲線 $AD$ と 45度線との交点 $E$ で総需要 $AD$ = 総供給 $Y$ が成り立ち，**均衡国民所得**（equilibrium national income）= 均衡総供給が $Y^*$ に決定される。総需要が増えて均衡点が $A$ 点に上方シフトすると，均衡国民所得 = 均衡総供給は $Y_A$ に決定する。このように供給に比べて需要が不足する経済では，**需要側**

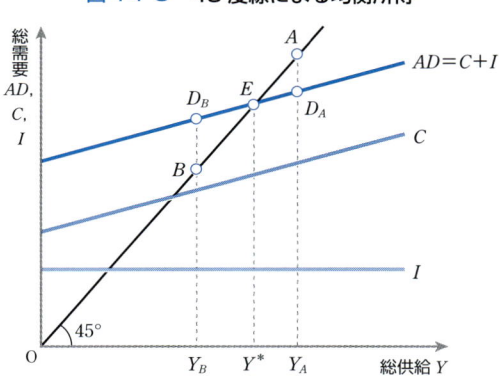

**図 14-5　45度線による均衡所得**

が決定因となって（demand-determined）均衡所得を決める場合に，その総需要を特に**有効需要**（effective demand）とケインズは名付けた。また有効需要による所得決定を**有効需要の原理**（principle of effective demand）という。

いま総供給 $Y$ が総需要 $AD$ より大きい $A$ 点に経済がある場合，超過供給によって売れ残り $AD_A$ が生じる。固定価格経済では，売れ残りは在庫積み増しとなって調整される。すると企業は生産量を減らして均衡点 $E$ にまで戻すという数量調整が働く。また総供給 $Y$ より総需要 $AD$ が大きい $B$ 点に経済がある場合には，超過需要によって品不足 $BD_B$ が生じ，固定価格経済では品不足は在庫の取り崩しとなって調整される。すると企業は生産量を増やして均衡点 $E$ にまで戻すという数量調整が行われる。これらは第5章で学んだマーシャル的な数量調整機構といえる。

## 5. 貯蓄・投資の均衡と均衡所得

マクロの生産物市場における均衡は，総需要 $AD$ と総供給 $AS$ とが一致する時に達成される。

$$AD = C + I = Y$$

また国民生産物はそれと等価な国民所得 $Y$ として分配され，消費 $C$ と消費されなかった貯蓄 $S$ の合計になるので，

$$Y = C + S$$

よってこの式を上の式に代入すれば，生産物市場の均衡では，貯蓄 $S$ と投資 $I$ の均衡が成り立つ。つまり生産物市場の均衡と貯蓄・投資の均衡は**同値**（equivalent：$\Leftrightarrow$）である。

$$AD = AS \quad \Leftrightarrow \quad S = I$$

ケインズの絶対所得仮説では，貯蓄関数は，

$$S(Y) = Y - (a + cY) = -a + (1-c)Y \quad (0 < 1-c < 1)$$

であるので，図14-6において切片が $-a$，勾配が限界貯蓄性向 $s = 1 - c$ の貯蓄曲線 $S$ で表される。投資は独立投資とすると，図では水平の投資曲線 $I$ で表される。貯蓄 $S=$ 投資 $I$ の生産物市場均衡を達成する $E$ 点では，均衡国民所得 $Y^*$ が決定される。これは図14-3の $E$ 点とまさに対応する。

いま貯蓄 $S$ が投資 $I$ より大きい $A$ 点に経済がある場合には，貯蓄の超過供給によって貯蓄の使い残し（ないし投資不足）$AI_A$ が生じる。すると企業は生産量を減らして均衡点 $E$ にまで戻すという数量調整が働く。また貯蓄 $S$ が投

**図 14-6　貯蓄＝投資による均衡所得**

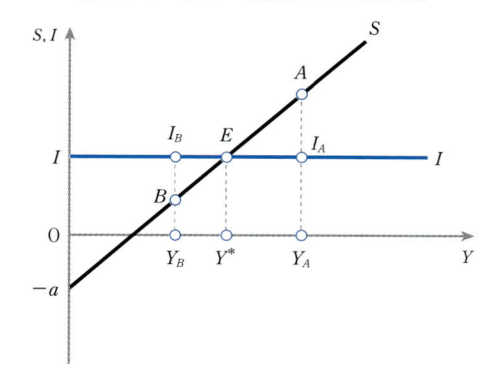

資 $I$ より小さい $B$ 点に経済がある場合には，貯蓄の超過需要によって貯蓄不足（ないし投資の未充足）$BD_B$ が生じる。すると企業は生産量を増やして均衡点 $E$ にまで戻るという数量調整が行われる。こうした数量調整は，前述の生産物市場の数量調整にまさに対応するものである。

## 6. インフレ・ギャップとデフレ・ギャップ

　経済が完全雇用の状態にあれば，総需要曲線 $AD$ は均衡点 $F$ で45度線と交わり，**完全雇用国民所得**（full-employment national income）$Y_F$ が実現する。いま総需要 $AD$ が増大して，図14-7の $AD'$ 曲線のように $AD$ 曲線より上に来る場合，均衡点は $E'$ となるはずであるが，これは**達成不可能**（infeasible）である。なぜならマクロ生産関数 $Y=F(L, K)$ において労働 $L$ が完全雇用され，資本 $K$ が完全利用されていれば，生産量 $Y_F$ は実現可能な最大値に達しており，それを超えることはできないからである。つまり $Y_F$ 点より右の生産量は実現できず，$F$ 点より上の総需要も充足できない。そこで総需要 $AD'$ と完全雇用国民所得 $Y_F$ との差額 $AF$ を，**インフレーション・ギャップ**（inflationary gap），略して**インフレ・ギャップ**という。

　完全雇用で達成可能な最大限の生産物 $Y_F$ を総需要が上回った場合には，短期的には在庫の取り崩しも不可能であり，物価 $P$ の上昇によって調整されざるを得ない。このインフレ・ギャップが存在し続ける限り，物価上昇による調整が続く。ケインズはこうしたインフレを，**真性インフレーション**（true inflation）と呼んだ。しかし長期においては，企業は雇用能力や資本設備を拡

**図 14-7　インフレ・ギャップとデフレ・ギャップ**

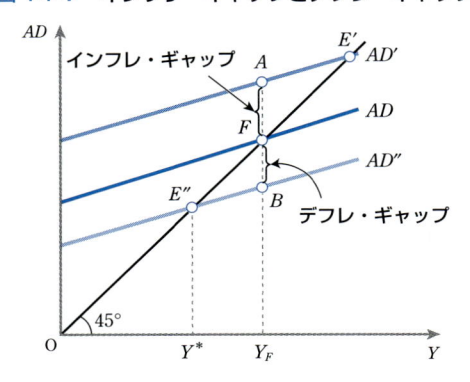

大して，完全雇用国民所得 $Y_F$ を増大できるので，生産量増加による数量調整も可能となる。

次に総需要が落ち込んで，図 14-7 の $AD''$ 曲線のように $AD$ 曲線より下に来る場合，均衡点は $E''$ となり，均衡国民所得 $Y^*$ が実現する。完全雇用国民所得より総需要が不足する経済では，総需要の大きさで均衡国民所得が決定される。そこで完全雇用国民所得 $Y_F$ と総需要 $AD''$ との差額 $BF$，つまり総需要の不足分を，**デフレーション・ギャップ**（deflationary gap），略してデフレ・ギャップという。

総需要が不足してデフレ・ギャップがあると，前の節で説明したように価格の下方硬直性がある固定価格経済では，売れ残りが生じて在庫の積み増しによって数量調整が行われる。しかし価格が伸縮的な経済では価格調整機構が働き，物価 $P$ が下落するので，総需要が増えて総供給が減って調整がなされる。

## 7. 乗数効果

以上がマクロの生産物市場における均衡所得の決定メカニズムであるが，次に与件が変化した場合に均衡所得に影響を及ぼすプロセスを分析しよう。いま独立投資が増加して，投資曲線が $I_0$ から $I_1$ へ上方シフトする場合，図 14-8 で総需要 $AD_0$ は $AD_1$ へと上方シフトする。すると生産物市場の均衡点は $E_0$ 点から $E_1$ 点へとシフトし，均衡国民所得も $Y_0$ から $Y_1$ へとシフトする。これを式で表すと，

$$Y_1 - Y_0 = (C(Y_1) - C(Y_0)) + (I_1 - I_0)$$

**図 14-8 45 度線による乗数効果**

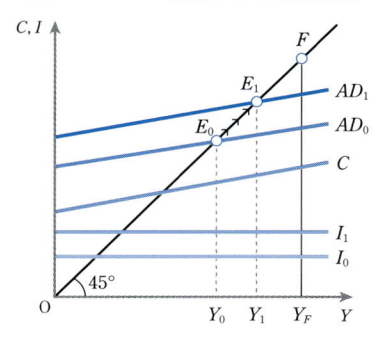

**図 14-9 貯蓄＝投資による乗数効果**

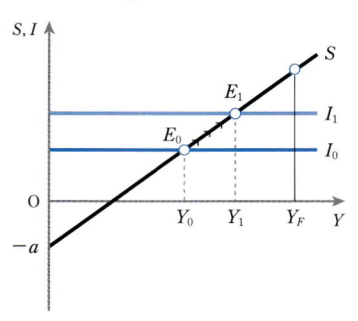

となる。この変化分を微分で表せば，

$$dY = C'(Y)dY + dI$$

となる。$C'(Y)$ は限界消費性向 $c$ である。そこでこれを変形すると，

$$dY = \frac{1}{1-c}dI$$

となる。$(1-c)$ は限界貯蓄性向 $s$ である。この式は独立投資が $dI$ だけ増加すると，$1/(1-c) = 1/s$ 倍だけの所得増加 $dY$ をもたらすことを意味している。そこでこの倍率 $1/(1-c) = 1/s$ を**乗数**（multiplier），それをかけられる独立投資の増分 $dI$ を**被乗数**（multiplicand），この効果を**乗数効果**（multiplier effect）と呼ぶ。乗数は限界消費性向 $c$ が大きいほど，限界貯蓄性向 $s$ が小さいほど，大きくなるので，乗数効果も大きくなる。

乗数効果は貯蓄・投資の均衡関係を使っても同様に説明することができる。いま独立投資が増加して，図 14-9 で投資曲線が $I_0$ から $I_1$ へ上方シフトする場合，すると貯蓄＝投資の均衡点は $E_0$ 点から $E_1$ 点へとシフトし，均衡国民所得も $Y_0$ から $Y_1$ へとシフトする。これを式で表すと，以下のようになる。

$$Y_1 - Y_0 = (C(Y_1) - C(Y_0)) + (I_1 - I_0)$$

この変化分を微分で表せば，

$$dY = C'(Y)dY + dI$$

となる。$C'(Y)$ は限界消費性向 $c$ である。そこでこれを変形すると，

$$dY = \frac{1}{1-c}dI = \frac{1}{s}dI$$

となる。ただし $s$ は限界貯蓄性向である。

次に簡単な数値例で考えてみよう。いま1億円の独立投資の増加 $dI$ があると，その投資関連部門に従事している人々の所得は1億円増える。限界消費性向 $c$ を 0.6 とすれば，そのうち 6,000 万円が彼らの新たな消費支出に回る。するとその消費財関連部門に従事している人々の所得は 6,000 万円増える。そのうち 3,600 万円が彼らの新たな消費支出に回る。以下同様なプロセスが続く。このように独立支出の増加 $dI$ →所得の増加 $dY$ →消費支出の増加 $dC$ →所得の増加 $dY$ →……と続くプロセスを，**乗数過程**（multiplier process）あるいは**乗数機構**（multiplier mechanism）という。この計算は，

$$1 億円 + 1 億円 \times 0.6 + 1 億円 \times 0.6^2 + \cdots\cdots$$

という無限等比級数であるので，

$$= 1 億円 \times \frac{1}{1-0.6} = \frac{1 億円}{0.4} = 2.5 億円$$

となる。すなわち1億円の独立支出の増加 $dI$ が 2.5 倍の所得の増加 $dY$ をもたらすことになる。この時，$1/(1-c) = 2.5$ が乗数である。日本の限界消費性向 $c$ は約 0.6 で乗数は 2.5 であるが，アメリカの限界消費性向は約 0.8 で，乗数は $1/(1-0.8) = 5$ となるので，約2倍になる。

ところでこの乗数過程で貯蓄はどれだけ増えるであろうか。限界貯蓄性向は $s = 0.4$ であるから，当初の1億円の所得増加のうち 4,000 万円が貯蓄の増加となり，次の 6,000 万円の所得増加のうち 2,400 万円が貯蓄の増加となる，というプロセスが続く。よって，

$$1 億円 \times 0.4 + 1 億円 \times 0.6 \times 0.4 + 1 億円 \times 0.6^2 \times 0.4 + \cdots\cdots$$

という無限等比級数であるので，

$$= 1 億円 \times \frac{1}{1-0.6} \times 0.4 = 1 億円$$

となる。すなわち当初の独立投資の増加額1億円と同額の貯蓄が生み出され，これを賄うことになる。$dI = dS$ となり，貯蓄＝投資の均衡が維持される。

なお気を付けなければいけないのは，乗数効果が働くのはあくまで完全雇用に至る前の不完全雇用経済であって，総供給に対して総需要が不足している場合だけである。完全雇用に至れば，実質の国民生産物 $Y$ は最大値に達しているので，乗数効果は実質の $Y$ を増やすことはできず，単に名目の国民所得を増やしてインフレを引き起こすに過ぎない。これが**乗数効果の完全雇用制約**である。

**図 14-10　貯蓄のパラドックス**

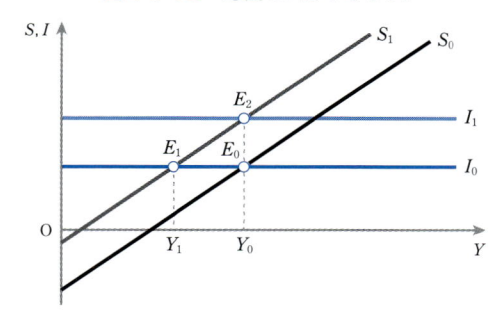

## 8. 貯蓄のパラドックス

いま貯蓄＝投資の均衡により，図 14-10 のように $S_0 = I_0$ の水準にあり，均衡国民所得は $Y_0$ であるとしよう。そこで人々の貯蓄意欲が強まって，図 14-10 のように貯蓄曲線 $S_0$ が $S_1$ へと上方シフトすると，貯蓄曲線の傾きである限界貯蓄性向 $s$ は不変でも，平均貯蓄性向 $S/Y$ は上がる。すると，投資曲線 $I$ に変化がない限り，均衡点は $E_0$ から $E_1$ へと左方シフトし，均衡国民所得は $Y_0$ から $Y_1$ へと左方シフトする。つまり人々が貯蓄を増やして節約をする結果，社会全体としては均衡所得はかえって減ってしまい，貯蓄は元の投資と同じ $S_0 = I_0$ の水準に戻る。これは同じ所得水準で貯蓄が増えると，消費が減って，その乗数効果を通じて所得が減ることを意味している。こうした現象を**貯蓄のパラドックス**（paradox of saving）とか**節約のパラドックス**という。

貯蓄の増加に対応して投資も同額だけ増えれば，同じ均衡所得を維持することができる。例えば貯蓄が増えれば，資金市場で資金供給が増えるので，市場利子率 $i$ が低下して，投資が $I_0$ から $I_1$ へと増えれば，均衡点は $E_2$ へシフトし，元の均衡所得 $Y_0$ を維持できる。あるいは利子率の動きに関わらず，独立投資が $I_1$ へと増えればよい。

## 9. 誘発投資と複合乗数

ここまで投資は国民所得 $Y$ から独立の独立投資であると仮定してきたが，国民所得 $Y$ の変動に応じて変化する投資 $I(Y)$ もあり，これを**誘発投資**（induced investment）という。そこで同じ式の中で誘発投資 $I(Y)$ と区別するために，独立投資をバーを付けて $\overline{I}$ と表せば，投資支出全体は，

$$I = I(Y) + \overline{I}$$

となる。消費関数を $C(Y)$ とすれば，総需要＝総供給の均衡条件式は，

$$Y = C(Y) + I(Y) + \overline{I}$$

となるので，微分により増加分を表すと，

$$dY = C'(Y)dY + I'(Y)dY + d\overline{I}$$

となる。$C'(Y)$ は限界消費性向，$I'(Y)$ は**限界投資性向**（marginal propensity to invest）である。これを変形して整理すれば，

$$dY = \frac{1}{1 - C'(Y) - I'(Y)} d\overline{I}$$

となる。この乗数 $(1/(1 - C'(Y) - I'(Y)))$ を**複合乗数**（complex multiplier）という。これは限界消費性向だけを含む単純な乗数よりも大きな値になる。例えば，$C'(Y) = 0.6$，$I'(Y) = 0.2$ とすると，複合乗数は $1/0.2 = 5$ となる。

いま $1 - C'(Y) = S'(Y)$ と置き，限界貯蓄性向で表すと，上式は，

$$dY = \frac{1}{S'(Y) - I'(Y)} d\overline{I}$$

となる。これより複合乗数がプラスの値になるためには，限界貯蓄性向が限界投資性向より大きいという条件が満たされなければならない。

$$S'(Y) > I'(Y)$$

この条件が満たされないと，独立投資の増加が逆に所得を減少させて，マイナスの乗数効果が作用してしまう。

## 10. 一括税の財政乗数と均衡予算乗数

独立支出の増加が所得を増やし，消費を増やして，波及的に所得を増やしていくプロセスが乗数効果であるが，政府の財政支出も独立支出であるので，同様な乗数効果を持つ。いま政府の**財政支出**（government expenditure）$G$ が，所得に対して課される**直接税**（direct tax）$T$ によって賄われ，$G = T$ という**均衡予算**（balanced budget）の原則が守られるものとする。このように一括で課税される税を**一括税**（lump-sum tax）という。すると税引き後の所得は $Y - T$ となり，これを**可処分所得**（disposable income）という。よって絶対所得仮説による消費関数は，

$$C = C(Y - T) = a + c(Y - T)$$

となり，投資も財政支出も独立支出として，生産物市場の均衡条件式は，

$$Y = C(Y-T) + I + G$$

となる。

いま投資 $I$ と直接税 $T$ は不変のまま，所得 $Y$ と財政支出 $G$ の増分をとると，

$$dY = C'(Y-T)dY + dG$$

となる。整理すると，

$$dY = \frac{1}{1-c}dG$$

となる。つまり一括直接税の場合の財政支出の増加は，独立投資の増加と同様に，$1/(1-c)$ という乗数の乗数効果を持つ。これが一括税の場合の**財政乗数**である。

次に投資 $I$ と財政支出 $G$ は不変のまま，所得 $Y$ と直接税 $T$ の増分をとると，

$$dY = C'(Y-T)dY - C'(Y-T)dT$$

となる。整理すると，

$$dY = -\frac{c}{1-c}dT$$

となる。つまり一括直接税の場合の増税（ないし減税）は，$-c/(1-c)$ という乗数の乗数効果を持つ。これが**増減税の乗数**であるが，$0<c<1$ ゆえ，絶対値で見ると財政支出の乗数よりは小さい。

そこで増税をした分をすべて財政支出の増加に回し，均衡予算 $G=T$ を維持する場合には，これら2つの乗数を足して，

$$\frac{1}{1-c} - \frac{c}{1-c} = 1$$

となることがわかる。このように均衡予算の乗数効果が1となることを，**均衡予算乗数の定理**（theorem of balanced budget multiplier）という。

## 11. 比例税の財政乗数とビルトイン・スタビライザー

さて直接税は一括税ではなく**比例税**（proportional tax）であるとし，税率を $\tau(0<\tau<1)$ とすれば，税額は $\tau Y$ となり，可処分所得は $(1-\tau)Y$ となる。よって絶対所得仮説による消費関数は，次式で表される。

$$C = C(Y) = a + (1-\tau)cY$$

投資 $I$ も財政支出 $G$ も独立支出として，生産物市場の均衡条件式は，次のようになる。

$$Y = C(Y) + I + G = a + (1-\tau)cY + I + G$$

いま投資 $I$ と税率 $\tau$ は不変のまま，所得 $Y$ と財政支出 $G$ の増分をとると，

$$dY = C'(Y)dY + dG = (1-\tau)cdY + dG$$

となる。整理すると，

$$dY = \frac{1}{1-(1-\tau)c}dG$$

となる。つまり比例税の場合の財政支出の増加は，$1/(1-(1-\tau)c)$ という乗数の乗数効果を持つ。これは一括直接税の場合の財政支出の増加と比べて，小さな乗数に留まる。

税率 $\tau$ と財政支出 $G$ は不変のまま，所得 $Y$ と独立投資 $I$ の増分をとっても，まったく同じく，

$$dY = \frac{1}{1-(1-\tau)c}dI$$

となる。このように一括直接税 $T$ に比べて比例税では，所得 $Y$ の増加とともに税額 $\tau Y$ が大きくなるので，可処分所得の増加が抑えられ，独立支出が増えても所得の増加は少ない。また所得 $Y$ の減少とともに税額 $\tau Y$ が小さくなるので，可処分所得の減少が抑えられ，独立支出が減っても所得の減少は少ない。そのため所得 $Y$ の変動を小さく抑える効果を持つ。このように経済変動を抑制し安定化させる機能を，**自動安定装置**（built-in stabilizer，ビルトイン・スタビライザー）という。

所得 $Y$ が増えるにつれて税率 $\tau$ が上がる**累進税率**（progressive tax rate）の場合には，$\tau = \tau(Y)$，$\tau'(Y) > 0$ であり，所得 $Y$ の増加（減少）とともに税額 $\tau Y$ の増加（減少）はさらに大きくなるので，景気の自動安定機能もさらに大きくなる。

## 12. 貿易乗数

海外との貿易も考慮に入れると，輸出 $X$ は海外からの需要であり，輸入 $M$ は海外への需要であって国民所得 $Y$ の増加関数である。

$$M = M(Y), \quad M'(Y) > 0$$

投資 $I$，財政支出 $G$，輸出 $X$ を独立支出として，生産物市場の需給均衡条件式は以下のようになる。

$$Y = C(Y) + I + G + X - M(Y)$$

いま投資 $I$ と財政支出 $G$ は不変のまま，所得 $Y$ と輸出 $X$ の増分をとると，
$$dY = C'(Y)dY + dX - M'(Y)dY$$
となる。整理すると，$m = M'(Y)$ を限界輸入性向として，以下のようになる。
$$dY = \frac{1}{1-c+m}dX$$
輸出 $X$ の増加は，国民所得 $Y$ の増加をもたらすだけでなく，輸入の増加を誘発するので，**貿易乗数**（$1/(1-c+m)$）は独立投資の乗数よりは小さくなる。

# 第15章
# 貨幣の供給と需要

　前章では，消費支出と投資支出からなる総需要が，マクロの生産物市場において総供給といかに均衡を達成し，均衡国民生産物や均衡物価水準がどのように決定されるかを学んだ。諸価格が伸縮的に変化する伸縮価格経済では価格調整が働き，諸価格が固定的で変化しない固定価格経済では数量調整が働いて，均衡が達成される。いずれのタイプの経済においても現代は貨幣経済であり，すべての取引は貨幣が媒介する。したがって生産物市場の物的な側面だけを見ても，経済の全体像を把握することはできない。すべての取引を媒介する貨幣の流れも，供給と需要の双方の側面から分析する必要がある。

　そこで本章では，まず貨幣の機能と種類とは何か，第2章で学んだことを復習しながら要説する。次いで貨幣の供給がどのように行われるか，本源的預金から派生的な預金がどのように信用創造されるのかを説明する。また貨幣の需要がどのような保有動機に基づいて行われるのかを，代表的な古典派とケインズの理論の違いを明確に示しながら明らかにする。古典派の貨幣理論は貨幣数量説といい，ケインズのそれは流動性選好説というが，その中間にケンブリッジの現金残高方程式を挟んで，それぞれがどのように貨幣の需要と供給，及びそれらの均衡を解明するのかを勉強する。さらに貨幣数量説，貸付資金説，流動性選好説において，利子率がどのように決定されるのかについても学ぶ。

## 1. 貨幣の機能と種類

　現代の経済は財と財を交換する直接交換の経済ではなく，ロバート・クラウワーが指摘するように，「財で貨幣を買い，貨幣で財を買う」間接交換すなわち**貨幣経済**である。第2章で学んだように，ある財が貨幣となるために必要な基本的性質としては，誰もが交換に応じてくれる**一般的受容性**の他に，価値を細かく分割できる**分割可能性**，少量で大きな価値を運べる**運搬可能性**（transportability）ないし**携帯可能性**，価値を減耗せずに保存できる**耐久性**という性質が必要である。また貨幣となる財が間接交換において果たす機能として，交換に先立って価値を細かく測定できるという**価値尺度**，間接交換を仲立

ちする**交換手段**，価値を将来へ持ち越すことができる**価値貯蔵手段**という本源的機能を営む。

　こうした性質と機能を持つ財は，その名称に関わらずすべて貨幣である。現代の**貨幣**は，流通する貨幣という意味で**通貨**（currency）とも呼ばれ，**狭義貨幣**（narrow money）と**広義貨幣**（broad money）とに大別される。前者は $M1$（Money 1）と略され，**現金通貨**と預金通貨（deposit currency）＝**要求払預金**（demand deposits）とから構成される。

　現金通貨は，文字通り1円，5円，10円，50円，100円，500円などの**硬貨**（coins）＝**法定貨幣**と1,000円，5,000円，1万円などの紙幣＝**中央銀行券**（central bank note）とからなる。日本では法定貨幣は政府が**日本銀行**（Nippon Ginko；the Bank of Japan）に対して発行する発行権を持ち，日本銀行が公衆に対して流通させる流通権を持つ。中央銀行券は日本銀行が公衆に対して発行する発行権と流通させる流通権とを持つ。財務省印刷局などが販売しているコインセットは，政府が日本銀行に対して発行した硬貨から，コインセットの分を政府が日本銀行から購入し，それをセットにして公衆へ販売する。

　中央銀行が市中に供給している貨幣の合計は，結局の所市中保有の中央銀行券と法定貨幣を合わせた現金流通高及び中央銀行預け金（当座預金）の合計となり，**マネタリーベース**（monetary base）とか**ベースマネー**（base money）という。これが貨幣経済を支える本源的な貨幣であることから，フリードマンは**ハイパワードマネー**（high powered money，**高出力貨幣**）と名付けた。

　したがって中央銀行のバランスシート（balance sheet，貸借対照表）では，資産として中央銀行貸出，証券保有残高，外貨準備高などが並び，負債として現金通貨（硬貨＋中央銀行券），中央銀行当座預金などがある。

　預金通貨は，公衆が民間の銀行へ預け入れた預金のうち，普通預金，当座預金，通知預金，別段預金など要求に応じて引出しができる要求払預金であり，現金と同じように支払に充てることができるものである。

　2011年末現在，現金通貨は約78兆円であるが，預金通貨は約450兆円であり，その約5.8倍も多い。現金は日常の少額の取引に主として使われるが，金額の大きな取引のほとんどは，現金ではなく預金の振込や小切手支払などで決済される。つまり現代の貨幣の主役は現金ではなく，預金通貨である。

　広義貨幣は $M2$（Money 2）と略され，狭義貨幣 $M1$ に**定期性預金**（time deposits）を加えたものである。定期性預金は定期預金，期日指定定期預金，

積立定期預金など預入期間が据え置かれている預金で，その間は引出しができない代わりに，金利が高い。しかし満期時に引出しするか，満期前でも解約すれば，支払に充てることができるので，現金や要求払預金に次ぐ貨幣として機能する。そこで定期性預金は，**近似貨幣**とか**準通貨**とも呼ばれる。現金への換金の容易性を**流動性**（liquidity）というが，定期性預金は要求払預金に次いで流動性が高い。特に普通預金と定期預金をセットにした総合口座では，普通預金残高がゼロになっても定期預金残高の90％まで支払に充てることができる**当座貸越**により，要求払預金と同じ貨幣の役割を持つ。

2011年末現在，準通貨は約553兆円で，譲渡性定期預金約31兆円を入れると584兆円であり，要求払預金よりも約1.3倍も多い。

## 2．貨幣の供給

金本位制の下では，政府あるいは中央銀行は一定量の金準備に対応して貨幣を市中へ供給していた。しかし今日の**紙幣本位制**（paper money standard）ないし**管理通貨制**（managed currency system）の下では，中央銀行は金準備に関係なく裁量的に貨幣を市中へ供給している。その代表的な供給方法には4つある。

第1は中央銀行の**貸出政策**（lending policy）であり，市中銀行の借入需要に対して中央銀行はその貸出金利である公定歩合で貸出を行い，現金を供給する。市中銀行が適格手形を持ってくる場合には，中央銀行はその割引率である公定割引歩合で割り引いて，現金を供給する。これらは市中銀行の借入需要に対して，中央銀行が**受動的**（accommodative）に貨幣供給をするものであるので，**内生的な貨幣供給**（endogenous money supply）といえる。

第2は**公開市場操作**（open market operation）であり，債券市場で中央銀行が債券を買う**買いオペレーション**をすると，現金が市場に供給される。逆に中央銀行が債券を売る**売りオペレーション**をすると，現金が市中から回収される。これらは中央銀行が市中に対して**能動的**（active）に行うので，**外生的な貨幣供給**（exogenous money supply）といえる。

第3は**預金準備率操作**（operations of reserve ratio）であり，中央銀行が市中銀行の預金準備率を引き下げると，預金準備が減って現金流通高が増える。逆に中央銀行が市中銀行の預金準備率を引き上げると，預金準備が増えて現金流通高が減る。これらは中央銀行が能動的に行うので，外生的な貨幣供給とい

える。

　第 4 は外国為替市場における**為替売買操作**（operations of selling or buying foreign exchange）であり，政府の指示を受けて中央銀行が**財務省勘定**（Ministry of Finance account，MOF 勘定）を使い，円を売ってドル為替を買えば，円の供給が増え，円安になる。逆にドル為替を売って円を買えば，円の供給が減り円高となる。これらは中央銀行が能動的に行うので，外生的な貨幣供給といえる。

　したがって貨幣供給は単純に外生的であるわけではなく，外生的な部分と内生的な部分とが混在しているといえる。また貸出政策と公定歩合操作による貨幣供給は，ベースマネーを増減させるが，預金準備率操作と為替売買操作による貨幣供給は，ベースマネーを不変に保ちつつ，中央銀行預け金を増減させて，市中の現金流通高を変化させることに注意しなければならない。

## 3. 貨幣乗数

　中央銀行が市中に供給する貨幣すなわちハイパワードマネー $H$ は，市中の現金通貨 $C$ ＋中央銀行当座預金 $CA$ の合計であり，これが貨幣経済に注入されることにより，現金通貨 $C$ ＋預金通貨 $D$ の総計である狭義貨幣 $M1$ を生み出す。さらには $M1$ ＋定期性預金 $TD$（準通貨）の総計である広義貨幣 $M2$ を生み出す。したがって $M$ と $H$ との比率は，現金・預金比率を $cd$，預金準備率を $rd$，準通貨・預金通貨比率を $td$ と置くと，

$$\frac{M1}{H} = \frac{C+D}{C+CA} = \frac{C/D+1}{C/D+CA/D} = \frac{cd+1}{cd+rd}$$

$$\frac{M2}{H} = \frac{C+D+TD}{C+CA} = \frac{C/D+1+TD/D}{C/D+CA/D} = \frac{cd+1+td}{cd+rd}$$

と表すことができる。

　これらの比率は，ハイパワードマネー $H$ がどれだけの貨幣を生み出すかの倍率を示しており，**貨幣乗数**（money multiplier）と呼ばれる。上の式から，現金・預金比率 $cd$ が下がると，預金準備率 $rd$ が下がると，また準通貨・預金通貨比率 $td$ が上がると，貨幣乗数は大きくなるといえる。

　2011 年末現在，現金通貨は約 78 兆円，預金通貨は約 450 兆円，準通貨は約 553 兆円，マネタリーベースは約 125 兆円であったので，$M1$ と $M2$ の貨幣乗数はそれぞれ以下のように計算できる。

$$\frac{M1}{H} = \frac{78+450}{125} = 4.2$$

$$\frac{M2}{H} = \frac{78+450+553}{125} = 8.6$$

## 4. 預金通貨の信用創造

　中央銀行から市中銀行へと供給された貨幣は，企業（事業法人），証券会社や保険会社などの金融機関に流通していき，さらには家計へと回っていく。家計は所得として得た貨幣を財貨やサービスの購入に充てるので，企業や金融機関，非営利法人へとその貨幣が流通していく。また企業や家計は市中銀行へ貨幣を預金として預け入れ，その預金が預金通貨として支払に充てられる。こうして中央銀行が供給する現金がベースマネーとなって，預金通貨も生まれる。これらが貨幣供給の波及経路，流通経路である。

　企業や家計が銀行へ現金を預け入れて作る預金は，**本源的預金**（primary deposits）といわれる。銀行はそのうち**預金準備**（deposit reserve，現金準備）の部分を除いて，企業や家計に貸出を行う。預金に対する預金準備の割合は**預金準備率**（rate of deposit reserve）という。その貸出は，当初は同じ銀行の預金という形で行われる。これは本源的預金から貸出を通じて派生的に作られたものであるので，**派生的預金**（derivative deposits）という。銀行は，その派生的預金のうち預金準備の部分を除いて，企業や家計にさらに貸出を行う。こうしたプロセスは，銀行組織全体の中で波及的に進行する。

　いま本源的預金を $D$，預金準備率を $R$ で表すと，預金が増えていくプロセスは，

$$D + D(1-R) + D(1-R)^2 + D(1-R)^3 + \cdots\cdots = \frac{D}{1-(1-R)} = \frac{D}{R}$$

と続くので，初項が $D$ で公比が $(1-R)$ の無限等比級数となる。よってその合計は $D/R$ になり，本源的預金 $D$ の $1/R$ 倍の預金が最終的に創造されることになる。この式を発見者チェスター・フィリップスにちなんで**フィリップスの公式**（Phillips formula）と呼び，このプロセスを**信用創造**（credit creation）という。また倍数 $1/R$ を**信用創造乗数**（credit creation multiplier）という。

　実際には法定の預金準備以外の部分がすべて貸し出されるわけではないので，貸出に回る割合を $L$ とすれば，公比は $L(1-R)$ になる。また貸し出された金

額がすべて預金として留まるわけでもないので，預金滞留率を $S$ とすれば，公比は $SL(1-R)$ になる。よって信用創造乗数は，

$$\frac{1}{1-SL(1-R)}$$

となり，$1/R$ よりももっと小さくなる。

　数値例で考えてみよう。本源的預金が 10 兆円，預金準備率が 1.2% とすると，

$$10+10(1-0.012)+10(1-0.012)^2+10\ (1-0.012)^3+\cdots\cdots = \frac{10}{0.012}$$
$$= 10 \times 83.3 = 833$$

となり，最終的には 10 兆円の 83.3 倍の 833 兆円の預金通貨が創造される。しかし貸出に回る割合を $L=0.98$ とし，預金滞留率を $S=0.95$ とすると，

$$\frac{10}{1-0.95 \times 0.98(1-0.012)} = \frac{10}{1-0.9198} = \frac{10}{0.0802} = 10 \times 12.47 = 124.7$$

となり，信用創造乗数は 12.47 倍に下がる。

　日本銀行の現在の預金準備率は，定期性預金の場合は預金額に応じて 0.05〜1.2% であり，要求払預金などの場合はそれより高く預金額に応じて 0.1〜1.3% である。ただし 1991 年から準備率は変更されていない。2011 年末現在の現金通貨は約 78 兆円であり，要求払預金と定期性預金の合計は約 1,034 兆円であるので，現金通貨のすべてが本源的預金になると仮定した場合，預金通貨の信用創造乗数は 1,034/78 = 13.3 となる。

## 5. 貨幣の保有動機と需要

　貨幣経済ではすべての取引が貨幣を媒介として行われるので，取引額に応じた貨幣が必要となる。こうした貨幣の需要は，**取引動機**（transactions motive）に基づく貨幣需要という。いま取引量を $T$，その価格を $P$ とすれば，取引金額は $PT$ となるので，貨幣需要 $M^D$ は，$M^D = PT$ と表せる。中間財の取引を除いて最終生産物 $Y$ の取引だけを考慮する場合には，その価格を $P$ として名目の最終生産物は $PY$ となるので，貨幣需要は，$M^D = PY$ と表される。このように貨幣需要を $PT$ や $PY$ などの関数として表す式を，**貨幣需要関数**（money demand function）という。

　予め予測しなかった取引や予期しない病気などに基づく支出は，経済生活の過程でしばしば起こる。そこでこうした不測の支払に備えて，貨幣を保有して

おく必要がある。こうした貨幣の需要は，**予備的動機**（precautionary motive）に基づく貨幣需要といわれる。この貨幣需要もまた取引額や名目所得の大きさに応じて決まるので，$M^D=PT$ と表すか，$M^D=PY$ と表すことができる。

スミスなどの古典派は，価値尺度や交換手段という貨幣の本源的機能を重視したため，貨幣需要についてもこうした取引動機や予備的動機を重視した。これに対してケインズは，さらに価値貯蔵手段という本源的機能も着目したので，将来の収益を得るために資産を購入するという観点から貨幣需要を考えた。これは**投機的動機**（speculative motive）に基づく貨幣需要といわれる。利子率 $i$ ないし収益率が上昇すると，資産保有が有利となるので，貨幣保有を減らして資産購入をする。逆に利子率 $i$ ないし収益率が下落すると，資産保有が有利でなくなるので，資産を手放して貨幣保有を増やす。よって投機的動機に基づく貨幣需要は，

$\qquad M^D=L(i)$, $L'(i)<0$

と利子率 $i$ の減少関数となる。ケインズは「利子率は流動性を手放すことに対する報酬である」という**流動性選好説**（liquidity preference theory）を唱え，こうした貨幣需要関数を**流動性選好関数**（liquidity preference function）という。

なお資産保有による利益は，売却による値上がり益＝**資本利得**（capital gain）と**利子所得**（interest income）とからなり，前者を狙う資産保有を特に**投機**という。ケインズの流動性選好関数で表される貨幣需要は利子所得を主眼としているので，投機的動機というよりむしろ**資産動機**（asset motive）に基づくということもある。

したがってケインズの場合には，取引動機や予備的動機に基づく貨幣需要が名目所得 $PY$ に依存するとともに，投機的動機に基づく貨幣需要が利子率 $i$ に依存すると考えたために，貨幣需要関数は以下のようになる。

$\qquad M^D=L(PY,\ i)$, $L'(Y)>0$, $L'(i)<0$

これを物価 $P$ で除して実質値で表し，$k$ を定数として，

$\qquad M^D/P=kY+L(i)=m_1+m_2$, $L'(i)<0$

のように特定化すると，右辺の $kY=m_1$ の部分は**図15-1**のように取引動機と予備的動機に基づく貨幣保有を表し，$L(i)=m_2$ の部分は**図15-2**のように投機的動機に基づく貨幣保有を表すことになる。ケインズは前者を**活動残高**（active balance）と呼び，後者を**遊休残高**（idle balance）と呼んで区別した。

図 15-1　取引動機による貨幣需要　　図 15-2　投機的動機による貨幣需要

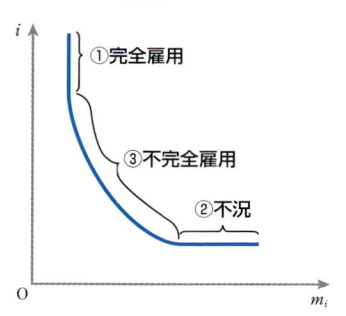

## 6. 貨幣数量説

　スミスなどの古典派は，価値尺度や交換手段という貨幣の本源的機能を重視していたため，貨幣需要についても取引動機や予備的動機を重視した。よって貨幣需要 $M^D$ は，名目取引額 $PT$ ないし名目所得 $PY$ の関数となる。

　　$M^D = PT$　　ないし　　$M^D = PY$

　貨幣の流通高を $M$，流通速度を $V$ とすれば，貨幣供給 $M^S$ はその積として，

　　$M^S = MV$

で表される。すると貨幣市場の均衡は，$M^S = M^D$ と供給と需要が均等になる時に達成される。すなわち次の等式が，貨幣市場の均衡条件式となる。

　　$MV = PT$　　ないし　　$MV = PY$

　これらはフィッシャーにより初めて定式化されたことから，**フィッシャーの交換方程式**（Fisher's exchange equation）と呼ばれる。前者の $V$ を特に**取引流通速度**（transactions velocity），後者の $V$ を特に**所得流通速度**（income velocity）と呼んで区別する。

　これらを物価 $P$ について整理すると，

　　$P = \dfrac{MV}{T}$　　ないし　　$P = \dfrac{MV}{Y}$

となる。流通速度 $V$ は社会の支払慣行や支払制度によって決まる所与の外生変数と考え，物的な取引量 $T$ や実質所得 $Y$ は実物経済の活動により決まると考えたので，金融当局が貨幣流通量 $M$ を与えれば，それに応じて物価 $P$ が決定されることになる。このように貨幣量 $M$ が物価 $P$ を決定するという考え方を，**貨幣数量説**（quantity theory of money）という。

また流通速度 $V$，物的な取引量 $T$，実質所得 $Y$ などは実物経済で決まり，貨幣流通量 $M$ や物価 $P$ は実物経済とは関係なく貨幣部門で決まるという二分法を，**古典派の二分法**（classical dichotomy）という。この二分法の下では，貨幣は実物経済を円滑に動かすために必要ではあっても，実質経済量には影響を与えることはなく，単に名目値である物価 $P$ を決めることになる。このように貨幣が実物部門に対して何ら影響を与えないことを，**貨幣の中立性**（neutrality of money）という。またこのように貨幣があたかも実物経済を覆うヴェールに過ぎないという見方を，**貨幣ヴェール観**（veil theory of money）と呼んでいる。

　貨幣数量説の淵源は，フランスの医師であり経済学者であったケネーに遡ることができる。ケネーは，スミス以前の1758年に『経済表』を著し，経済における貨幣の循環を人体における血液の循環に喩えた。血液は人体を循環して栄養や酸素を各組織に送るとともに，老廃物や二酸化炭素を各組織から搬出する重要な役割を果たしている。健康な人体では血液の量は体重の適度の割合を維持しており，多過ぎても少な過ぎても有害な影響を及ぼす。輸血により血液を度を超えて増やしても，体重や身長が成長するわけではなく，健康を害する。血液の最適量を維持することが重要である。

　同様に貨幣は経済を循環してさまざまな取引を円滑に促進する重要な役割を果たしている。健全な経済では貨幣量は適度の割合を維持しており，多過ぎればインフレやバブルを起こし，少な過ぎればデフレを引き起こして，有害な影響を及ぼす。金融緩和で貨幣量を度を超えて増やしても，実体経済が成長するわけではなく，インフレやバブルにより健全な経済を害する。貨幣の最適量を維持することが重要である。

## 7. ケンブリッジの現金残高数量説

　ケンブリッジ学派のマーシャルは，物価を $P$ として人々は所得 $PY$ の一定割合 $k$ と財産 $PA$ の一定割合 $h$ を即時の購買力として保有するように，貨幣を需要すると考えた。するとマーシャルの貨幣需要関数は，$M^D$ を名目貨幣需要として，

$$M^D = kPY + hPA$$

と表せる。あるいは実質貨幣需要の形では，次のようになる。

$$\frac{M^D}{P} = kY + hA$$

マーシャルは数値例では $k=0.1$（10分の1），$h=0.02$（50分の1），所得 $PY$ ＝小麦 500 万クォーター，財産 $PA$ ＝小麦 2,500 万クォーターとしたので，貨幣需要は，次のようになる。

$M^D = 0.1 \times 500\text{万} + 0.02 \times 2,500\text{万} = 50\text{万} + 50\text{万} = 100\text{万}$（クォーター）

これに対して貨幣供給量 $M$ が与えられると，均衡においては，

$$M = kPY + hPA \quad \text{あるいは} \quad \frac{M}{P} = kY + hA$$

が成り立つ。需給不一致の場合は，物価 $P$ や係数の $k$ や $h$ が変動して調整すると考える。物価 $P$ が調整するという考え方は，貨幣数量説の考え方であるので，**現金残高数量説**（quantity theory of cash balance）と呼ばれる。しかし係数の $k$ や $h$ が変化するという考え方は，貨幣数量説とは異なる独自の考え方である。

マーシャル門下のピグウは，小麦で測った全資力をまとめて $Y$ で表し，マーシャルの貨幣需要関数を以下のように定式化した。

$$M = kPY \quad \text{あるいは} \quad \frac{M}{P} = kY$$

これが**ケンブリッジの交換方程式**（Cambridge equation of exchange）あるいは**現金残高方程式**（cash balance equation）と呼ばれるものである。

現金残高方程式から $k$ を求めると直ちに，

$$k = \frac{M}{PY}$$

となり，名目所得 $PY$ のうちどの割合を貨幣で保有するかを表す。この $k$ をマーシャルの $k$（Marshallian $k$）というが，家計や企業の判断に応じて景気局面で可変である。現代ではこのマーシャルの $k$ は，通貨供給と実体経済との関係が適正であるかどうかを判断する一つの指標として，景気局面でしばしば使われている。

$k = 1/V$ と置けば，この式は，

$$MV = PY$$

というフィッシャーの交換方程式に一致するので，貨幣数量説を変形したものといえるが，$k$ を可変と見る点で異なる。貨幣数量説の $V$ は支払慣行や支払制

度によって決まる所与の流通速度であるが，この $k$ は所得や財産のうちどの割合を貨幣で保有するかを表し，景気に応じて可変である。よってケンブリッジの交換方程式は，貨幣数量説の流れを汲みながらも，$k$ を可変と見る点では異なる考え方を持ち，実はケインズの流動性選好説へとつながる橋渡しの役割を果たした。

## 8. 流動性選好説

マーシャル門下のケインズは，マーシャルの貨幣需要関数において財産 $PA$ のうち貨幣で保有する部分 $hPA$ に着目し，これが投機的動機に基づき利子率 $i$ に反応して需要されると考えた。物価 $P$ で除した実質値では，貨幣需給の均衡条件は，

$$\frac{M}{P} = kY + L(i), \quad L'(i) < 0$$

となる。右辺の $kY$ が，取引動機や予備的動機に基づく活動残高を表し，流動性選好関数と呼ばれる $L(i)$ が，投機的動機に基づく遊休残高を表す。利子率 $i$ ないし収益率が上昇すると，資産保有が有利となるので，貨幣を手放して資産の購入をする。逆に利子率 $i$ ないし収益率が下落すると，資産保有が有利でなくなるので，資産を手放して貨幣保有を増やす。よって $L'(i) < 0$ が成り立つ。その背後には，価値尺度や交換手段を貨幣の本源的機能として把握するだけでなく，価値を将来に持ち越すという価値貯蔵機能も重視した貨幣観がある。

投機的動機に基づく貨幣需要は，景気局面に応じて異なる。完全雇用の状態においては，$Y$ は完全雇用国民所得 $Y_F$ で一定となるので，貨幣供給 $M^S$ を増減すると，利子率 $i$ は低下・上昇するが，$M/P$ は不変に留まる。よって貨幣需要は利子率 $i$ に対して反応しなくなり，$L'(i) = dL/di = 0$ であるから利子弾力性 $(dL/L)/(di/i)$ がゼロになる。よって図 15-2 の①のように流動性選好曲線は垂直に立ち，需給均衡では，

$$\frac{M}{P} = kY, \quad L'(i) = 0$$

となり，$k$ も一定となるので古典派の貨幣数量説と一致する。

次に不況の状態では，図 15-2 の②のように利子率 $i$ は下限に張り付いて**流動性の罠**（liquidity trap）にはまり込むので，貨幣供給 $M^S$ を増減すると，$M/P$ は増減するが，利子率 $i$ は不変に留まる。よって貨幣需要は利子率 $i$ に対

して無限に反応し，$L'(i) = dL/di = -\infty$ ゆえ利子弾力性 $(dL/L)/(di/i)$ も $-\infty$ になる。よって図15-2のように流動性選好曲線は水平になり，需給均衡では，

$$\frac{M}{P} = kY + L(i), \quad L'(i) = -\infty$$

となり，古典派の貨幣数量説とはまったく異なる。

さてそれら両者の間の不完全雇用の状態においては，貨幣供給 $M^S$ を増減すると，$M/P$ は増減し，利子率 $i$ は低下・上昇する。よって貨幣需要は利子率 $i$ に対して有限の範囲内で反応し，$L'(i) = dL/di < 0$ であるから利子弾力性 $(dL/L)/(di/i)$ もマイナスになる。よって図15-2の③のように流動性選好曲線は緩やかな右下がり曲線になり，需給均衡では，次のようになる。

$$\frac{M}{P} = kY + L(i), \quad L'(i) < 0$$

このようにケインズが『雇用，利子および貨幣の一般理論』（1936年）において提唱した流動性選好説は，古典派が重視した取引動機や予備的動機だけでなく，投機的動機ないし資産動機も考慮に入れている点で，まさに貨幣の「一般理論」であり，古典派が分析対象とした完全雇用だけでなく，ケインズが直面した大不況も，それらの中間である不完全雇用の状態もすべての経済状態を分析枠組みに包摂している点でも，まさに「一般理論」といえる。

## 9. 在庫アプローチ

ウィリアム・ボーモルやトービンは在庫管理論を応用して貨幣需要を分析した。月給制のように，月初に $Y$ 円の収入があり，それを1カ月間均等に支出して生活する場合，当初は月給の全額を預金あるいは債券で保有し，利子率 $i$ で利子所得が得られるものとしよう。毎回預金ないし債券から現金にシフトする金額を $C$ 円，現金化に要する費用を $b$ とする。貨幣の平均保有残高は $C/2$，預金ないし債券の平均保有残高は $Y/2 - C/2$ であり，シフト回数は $n = Y/C$ となる。すると預金ないし債券の保有による利子所得からシフト費用を引いた純収入 $R$ は，

$$R = \left(\frac{Y}{2} - \frac{C}{2}\right)i - \left(\frac{Y}{C}\right)b$$

となる。純収入を最大化するためには，これをシフト金額 $C$ に関して微分し

てゼロと置けばよいから,

$$\frac{dR}{dC} = -\frac{i}{2} + \frac{Yb}{C^2} = 0$$

$$\therefore \quad C^* = \sqrt{\frac{2Yb}{i}}$$

となる。これより最適な平均貨幣保有残高,すなわち平均貨幣需要 $M^D$ は,

$$M^D = \frac{C^*}{2} = \sqrt{\frac{Yb}{2i}}$$

と求まる。つまり貨幣需要は所得 $Y$ の増加関数で,利子率 $i$ の減少関数となる。ただし所得 $Y$ が2倍になっても,貨幣需要は $\sqrt{2}$ 倍に留まる。こうした理論を貨幣需要の**在庫アプローチ**(inventory approach)という。一般型では,

$$M = L(Y, \ i), \quad \frac{\partial L}{\partial Y} > 0, \quad \frac{\partial L}{\partial i} < 0$$

と書けるので,流動性選好説と同様に,所得 $Y$ と利子率 $i$ にともに依存して決まるといえる。

# 第16章
# 財市場と貨幣市場の同時均衡と金融・財政政策

　第14章では生産物市場（財市場）の均衡により均衡国民所得や均衡物価水準がどのように決定されるかを分析し，前章では貨幣市場の均衡により均衡貨幣量や均衡利子率がどのように決まるかを分析した。このように単独の市場での均衡分析を，マーシャルに従って**部分均衡分析**（partial equilibrium analysis）という。

　生産物市場での均衡分析は利子率 $i$ を所与とし，貨幣市場での均衡分析は国民所得 $Y$ を所与として行ってきたが，実は両者が同時に変化する場合には両市場を連立して分析する必要がある。これは複数市場の**同時均衡分析**（simultaneous equilibrium analysis）であり，消費と貯蓄，投資と資本が国民所得 $Y$ と利子率 $i$ の相互連関の中でどのように均衡値を得るか，部分均衡分析よりは詳細な分析をできる点で優れている。

　生産物市場の均衡は投資 $I$ =貯蓄 $S$ により $IS$ 曲線として表され，貨幣市場の均衡は貨幣需要 $L$ =貨幣供給 $M$ により $LM$ 曲線として表される。よって両市場の同時均衡は $IS$ 曲線と $LM$ 曲線の交点で達成される。こうした分析はヒックスにより考案され，**$IS=LM$ 分析**（$IS=LM$ analysis）と呼ばれる。本章ではこうした分析の理論を説明し，金融政策や財政政策の効果を完全雇用，不況，不完全雇用の3つの経済状態に分けて究明する。

　生産物市場や貨幣市場だけでなく債券市場や労働市場をも含め，すべてのマクロ市場の相互連関の中で均衡値を得るかどうかを調べる分析は，**一般均衡分析**（general equilibrium analysis）というが，同時均衡分析はそれへの橋渡しの位置を占める。

## 1. 市場経済と経済政策

　私たちの市場経済は，完全競争が十分に行われ，伸縮的な価格機構がワルラスの安定条件を満たす場合には，均衡へと安定的に収束することを，第5章で学習した。また均衡においては自発的失業がないという意味で，完全雇用も達

成される。そうした古典派的な完全雇用の経済にあっては，政府は完全競争を保証する市場秩序を維持する政策を実施するとともに，財政では国防や司法，学校，道路，港湾などの公共財を提供し，金融では通貨の対内的価値＝物価の安定と，通貨の対外的な価値＝為替相場の安定を維持する政策を行うことが最小限の任務とされた。政府は民間の自由な経済活動を担う活力＝**民活**を損なうべきではなく，**市場の失敗**（market failures）を補うだけに止めるべきであるという**安価な政府**（cheap government），**小さな政府**（small government），**自由主義国家**（liberalism state），ないしは**夜警国家**（Nachtwächterstaat）が最善と考えられた。

　そうした古典派的政策観・国家観を継承しつつも，最初に経済政策の理論を確立したのは，マーシャルの後継者ピグウであった。彼は1920年の『厚生経済学』において，こう説いた。「経済学は人間生活の改良の道具である。われわれの周りの貧苦と惨めさ，数百万のヨーロッパ人の家庭で消えようとしている希望の明かり，一部の豊かな家庭の有害な贅沢，多数の貧しい家庭をおおう恐るべき不確実性，これらは無視するにはあまりにも明白すぎる悪である。われわれの科学が追い求める知識で，これらを統御することができる。暗黒から光を！」。

　そこで彼は経済政策の目標を3つに分類した。第1は経済成長，すなわち国民所得を成長させることである。第2は経済安定，すなわち国民所得の安定，景気の安定，物価安定，為替相場の安定，雇用の安定，国民生活の安定を図ることである。第3は経済平等，すなわち所得分配や資産分配の公平を図ることである。こうした**厚生経済学の政策目標**（policy objectives of welfare economics）は，現代経済政策論の標準的な政策目標となっている。

　さて資本主義経済が1930年代に深刻で長期的な世界大恐慌を経験すると，競争より独占が優勢となった市場経済では完全競争が十分に行われるわけではなく，価格機構は伸縮的よりむしろ硬直的な部分が多くなり，安定条件も満たされないケースが増え，完全雇用も達成されないことがしばしばあることが，衆目に明らかとなった。そこで独占禁止法などにより大企業や労働組合の独占的な価格支配を抑制し，価格機構の伸縮的調整作用を回復させる競争促進政策を行うとともに，金融政策や財政政策などの経済政策を駆使して政府が積極的に経済介入をするべきであるという政策論が台頭してきた。それが**ケインジアンの裁量政策**（Keynesian discretionary policy）であり，赤字財政政策によっ

て積極的な経済介入を行い，たとえ大恐慌に陥っても資本主義経済を救済できると主張した。その結果，小さな政府に代わって**大きな政府**（big government）が登場することになった。

　ケインジアンの裁量政策は，大恐慌からの脱却や戦後の高度経済成長の過程で一定の成功を収め，資本主義経済は空前の繁栄を謳歌した。しかし1973年の石油危機を契機に資源エネルギー制約が強まり，停滞とインフレが共存するスタグフレーションが起こってからは，ケインジアンの赤字財政政策は恒常化し，累積赤字が膨大となって，**政府の肥大化**（enlargement of government）が進んだが，見るべき政策効果は上がらなかった。

　そこで1980年代からは財政赤字の累積化や政府の肥大化を抑制し，規制緩和によって民間の自由な経済活力を蘇生し，経済成長を復活させようとする政策論が復権してきた。それがフリードマンを総帥とする**新自由主義**（new liberalism）の経済政策であり，大きな政府による**政府の失敗**（government failures）を是正し，小さな政府を再び目指すことになった。

　経済政策論におけるこうした論争は，ケインジアン対ニューマネタリスト（新自由主義）の論争として知られている。本章では，こうした論争の理論的な根拠を，ヒックスに始まる $IS=LM$ 分析のフレームワークを活用して検討していこう。

## 2. 生産物市場の均衡と $IS$ 曲線

　そこでまず生産物市場（財市場）の均衡を詳しく分析しよう。生産物市場の需給均衡は総供給 $Y$ が消費と投資の合計からなる総需要に等しいことで表される。

$$Y = C + I$$

所得 $Y$ は消費 $C$ と消費されなかった部分すなわち貯蓄 $S$ の合計であるから，

$$Y = C + S$$

これを上式に代入すると，均衡条件式は以下のように表される。

$$S = I$$

すなわち貯蓄 $S$ と投資 $I$ が均衡していることが，生産物市場均衡と同値である。第12章で見たように，ケインズの絶対所得仮説によれば，貯蓄 $S$ は次式のように国民所得 $Y$ の増加関数であり，

$$S = S(Y) = -a + (1-c)Y$$

図 16-1　貯蓄曲線，投資曲線と IS 曲線

(1) 貯蓄曲線　　(2) 投資曲線　　(3) IS 曲線

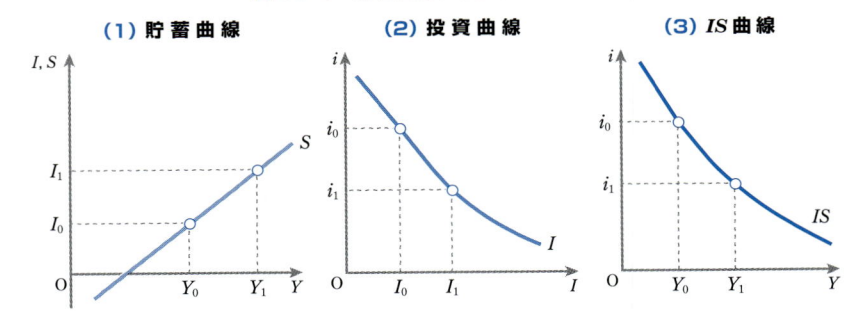

図 16-2　IS 曲線の導出

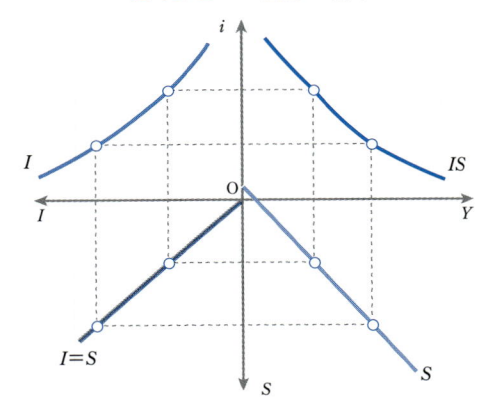

となって，図 16-1 (1) の貯蓄曲線で表される。また第 13 章で見たように投資 $I$ はケインズの限界効率の理論によれば利子率 $i$ の減少関数であり，

$$I = I(i)$$

となって図 16-1 (2) の投資曲線で表される。

いま利子率が $i_0$ の時，図 16-1 (2) からそれに対応する投資は $I_0$ であるが，利子率が $i_1$ に下がると，より低い限界効率の投資プロジェクトも採用されるので，投資は $I_1$ に増える。すると図 16-1 (1) で，少ない投資 $I_0$ と貯蓄 $S$ が均衡する時の国民所得は $Y_0$ であり，増えた投資 $I_1$ と貯蓄 $S$ が均衡する時の国民所得は $Y_1$ である。すなわち図 16-1 (3) のように高い利子率 $i_0$ と低い国民所得 $Y_0$，低い利子率 $i_1$ と高い国民所得 $Y_1$ という組合せの時に，投資 $I$ = 貯蓄 $S$ の均衡が成り立つ。財市場均衡 $I = S$ を成り立たせる国民所得 $Y$ と利子率

$i$ の組合せが，右下がり曲線で表され，ヒックスはこれを **IS 曲線**（IS curve）と呼んだ。この線上では生産物市場は常に均衡している。

いまの説明を組み合わせた図が図 16-2 であり，第 1 象限に IS 曲線，第 2 象限に投資曲線 $I$，第 3 象限に投資 $I$ ＝貯蓄 $S$ の均等式，第 4 象限に貯蓄曲線 $S$ を描き，高い利子率 $i_0$ と低い国民所得 $Y_0$，低い利子率 $i_1$ と高い国民所得 $Y_1$ という組合せから，IS 曲線が導かれることを示している。

## 3. 貨幣市場の均衡と LM 曲線

次に貨幣市場の均衡を詳しく分析しよう。ケインズによれば，取引動機・予備的動機に基づくケンブリッジの現金残高数量説と投機的動機に基づく流動性選好説によって，貨幣需要 $M^D$ は以下のように表される。

$$\frac{M^D}{P} = kY + L(i) = m_1 + m_2$$

また貨幣供給 $M^S$ は金融当局により以下のように与えられる。

$$\frac{M^S}{P} = \frac{M}{P}$$

したがって貨幣市場の需給均衡では，これら両者が等しくなるので，

$$\frac{M}{P} = kY + L(i) = m_1 + m_2$$

が成り立つ。現金残高数量説の貨幣需要 $m_1 = kY$ は，図 16-3（1）の曲線で表される。流動性選好説の貨幣需要 $m_2 = L(i)$ は，図 16-3（2）の曲線で表される。

いま利子率が $i_0$ の時，図 16-3（2）においてそれに対応する投機的動機の貨幣需要は $m_{20}$ であり，図 16-3（1）ではそれに対応する取引動機の貨幣需要は $m_{10}$ で，それに対応する国民所得は $Y_0$ である。利子率が $i_1$ に上がると，債券需要が増えるので，図 16-3（2）において貨幣需要は $m_{21}$ に減り，その分が取引用に活動化するので，図 16-3（1）ではそれに対応する取引動機の貨幣需要は $m_{11}$ に増え，それに対応する国民所得も $Y_1$ に増える。すなわち図 16-3（3）のように低い利子率 $i_0$ と低い国民所得 $Y_0$，高い利子率 $i_1$ と高い国民所得 $Y_1$ という組合せの時に，貨幣市場の均衡が成り立つ。貨幣市場均衡 $M/P = kY + L(i)$ を成り立たせる国民所得 $Y$ と利子率 $i$ の組合せが，右上がり曲線で表され，ヒックスはこれを **LM 曲線**（LM curve）と呼んだ。この線上で

図 16-3　貨幣需要と LM 曲線

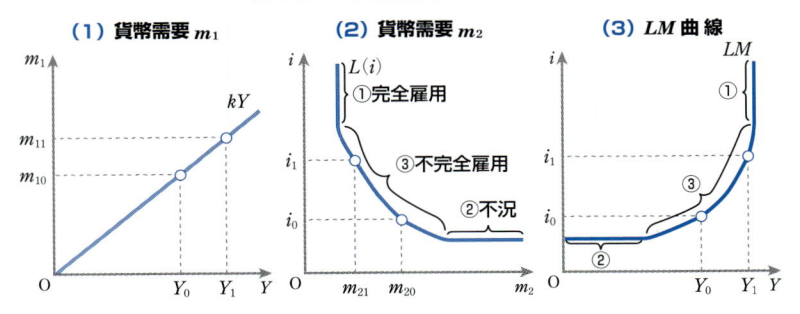

(1) 貨幣需要 $m_1$

(2) 貨幣需要 $m_2$
　①完全雇用
　③不完全雇用
　②不況

(3) LM 曲線

図 16-4　LM 曲線の導出

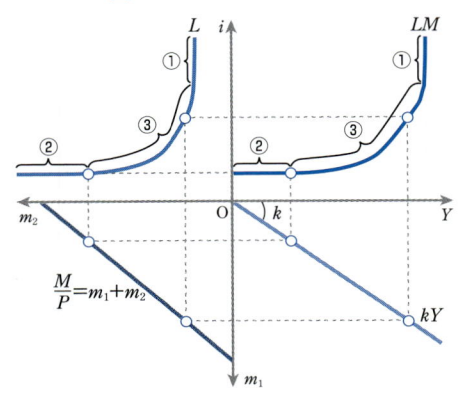

$\frac{M}{P} = m_1 + m_2$

は貨幣市場は常に均衡している。

　いまの説明を組み合わせた図が図 16-4 であり，第 1 象限に LM 曲線，第 2 象限に流動性選好曲線 $L$，第 3 象限に貨幣需給の均等式 $M/P = m_1 + m_2$，第 4 象限に取引動機の貨幣需要曲線を描き，低い利子率 $i_0$ と低い国民所得 $Y_0$，高い利子率 $i_1$ と高い国民所得 $Y_1$ という組合せから，LM 曲線が導かれることを示している。

## 4．財市場と貨幣市場の同時均衡

　生産物市場の均衡条件式 IS 曲線と貨幣市場の均衡条件式 LM 曲線とを連立させると，2 本の独立な方程式

$$I(i) = S(Y)$$

### 図 16-5　生産物市場と貨幣市場の同時均衡

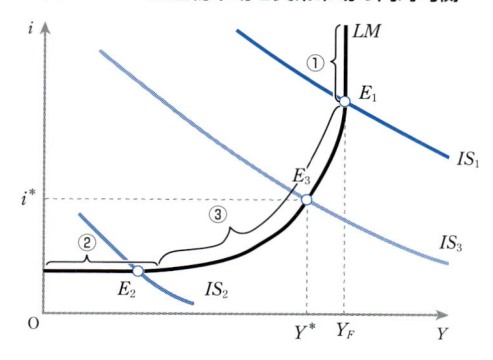

$$\frac{M}{P} = kY + L(i)$$

から，2 つの未知数 $Y$ と $i$ とを過不足なく決定することができる。すなわち生産物市場と貨幣市場の同時均衡により均衡国民所得 $Y^*$ と均衡利子率 $i^*$ とを決定することができる。それを図示したのが図 16-5 であり，IS 曲線と LM 曲線の交点 $E$ が**同時均衡**（simultaneous equilibrium）の点である。生産物市場の均衡を表す点は IS 曲線上に無数にあり，貨幣市場の均衡を表す点は LM 曲線上に無数にあるが，両市場の同時均衡を表す点はその交点 $E$ のみである。LM 曲線の①完全雇用の部分と $IS_1$ 曲線が交わる場合には，この均衡点 $E_1$ は完全雇用均衡 $Y_F$ となる。LM 曲線の②不況の部分と $IS_2$ 曲線が交わる場合，及び LM 曲線の③不完全雇用の部分と $IS_3$ 曲線が交わる場合には，これらの均衡点 $E_2$ と $E_3$ は不完全雇用均衡となる。

　ヒックスは 1937 年の『ケインズ氏と古典派』において，ケインズが提唱したマクロ経済理論の体系を IS=LM 分析として初めて定式化し，部分均衡分析から同時均衡分析へと発展させた。さらにアルヴィン・ハンセンはこれを一層精緻な分析へと進化させたので，これらを**ヒックス=ハンセン総合**（Hicks-Hansen synthesis）と呼ぶことがある。ただしこれは，すべての市場の均衡を表す一般均衡ではないことに注意しなければならない。

## 5. 金融政策と財政政策

　生産物市場や貨幣市場に働きかけて，IS 曲線や LM 曲線をシフトさせ，均衡国民所得や均衡利子率に影響を及ぼして，物価の安定，景気の安定，雇用の

安定などの政策目標を達成する代表的な政策には，金融政策と財政政策がある。こうした経済変動の微調整（ファイン・チューニング）による政策を**経済安定化政策**（economic stabilizing policy）と総称している。

　**金融政策**（monetary policy）は，中央銀行や財務省などの政策主体が，公定歩合操作，公開市場操作，準備率操作，為替政策などの政策手段を用いて，マネーサプライや利子率に影響し，物価の安定や為替相場の安定などの政策目標を達成する政策である。それらを通じて経済成長や完全雇用など政府の政策目標にも貢献する場合もある。公定歩合引下げ，売りオペレーション，準備率引上げなどの**金融緩和政策**（easy monetary policy）は，マネーサプライを増やすので，$LM$ 曲線を右方シフトさせる効果を持つ。また公定歩合引上げ，買いオペレーション，準備率引下げなどの**金融引締め政策**（tight monetary policy）は，マネーサプライを減らすので，$LM$ 曲線を左方シフトさせる効果を持つ。これらは**量的金融政策**（quantitative monetary policy）と呼ばれるカテゴリであるが，金融制度や銀行制度などの制度を維持・改善することを通じて信用秩序を維持・改善する**質的金融政策**（qualitative monetary policy）もある。

　**財政政策**（fiscal policy）は，政策主体である政府が，財政支出の増減，税率の変更などの政策手段を用いて，総需要＝総支出に直接働きかけ，景気の安定や雇用の安定などの政策目標を追求する政策である。財政支出を増やせば政府の消費支出や投資支出が増えるので総需要を増やし，減税を行えば可処分所得の増大から民間支出を増やして，$IS$ 曲線を右方シフトさせる効果を持つ。これらは**積極財政政策**（positive fiscal policy）と言う。また財政支出を減らせば総需要を減らし，増税を行えば可処分所得の減少から民間支出を減らして，$IS$ 曲線を左方シフトさせる効果を持つ。これらは**財政引締め政策**（tight fiscal policy）という。

　積極財政政策の財源としては，公債や建設国債の発行がある。日本の財政法では歳出は租税収入で賄う**均衡予算主義**（balanced budget principle）を原則としているが，公共事業費，出資金及び貸付金の財源については公債や借入金を認めている。公共資本の建設には 60 年償還の建設国債を認めている。よって不況時に道路建設などの公共事業を公債発行によって行うことも，大震災の復興事業を公債や建設国債によって賄うことも正当化される。なぜならこうした公共事業や復興事業は 60 年から 100 年に及ぶ将来世代も恩恵を被るので，長期にわたって各世代で均等に負担するべきものだからである。逆に長期的効

果を持つ公共事業や復興事業を短期の公債や増税で賄うことは，現役世代に不当に過重な負担をかけるので間違いであり，財政法の趣旨にも反する。また毎年の経常的な消費的支出を公債発行で賄うことは，将来世代に不当に過重な負担をかけるので間違いであり，財政法に違反する。

## 6. 完全雇用と金融政策

完全雇用においては，マクロ生産関数 $Y=F(N, K)$ で労働 $N$ は完全雇用され，資本 $K$ は完全利用されているので，完全雇用国民所得 $Y_F$ が成り立ち，実質国民所得はこれ以上に増えることはない。また $LM$ 曲線は垂直に経ち，貨幣需要は利子率 $i$ に対して反応しないので，利子非弾力的となっている。

$$\frac{M}{P}=kY+L(i)=kY, \quad L'(i)=0$$

よって $L(i)$ の部分は省略され，古典派の貨幣数量説ないしケンブリッジの現金残高数量説が有効となる。

### (1) 金融緩和政策

いま金融当局が金融緩和で貨幣供給量 $M$ を増加すると，図 16-6 のように $LM$ 曲線は $LM'$ へと右方シフトし，均衡点も $E$ 点から $E'$ 点へとシフトする。すると均衡利子率は $i$ から $i'$ へと低下し，均衡国民所得は $Y_F$ から $Y'$ へと増える。しかし $Y'$ は完全雇用国民所得 $Y_F$ を超えているので実現することはなく，その部分が名目所得の増加だけに終わり，物価 $P$ が上昇する。実質所得は $Y_F$ で変わらず，実質利子率も $i$ で変わらない。以上がケインジアンが説明する 1

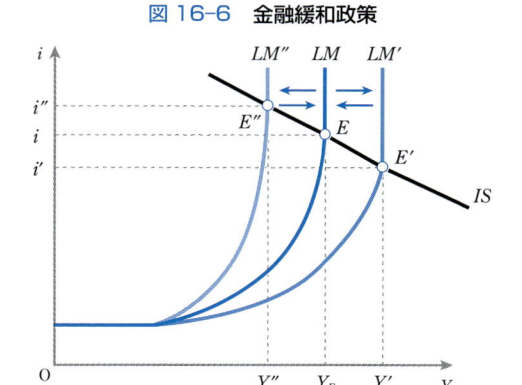

図 16-6 　金融緩和政策

次的効果（first-round effect）である。完全雇用においては，貨幣供給量 $M$ の増加は物価 $P$ の上昇をもたらし，名目利子率を押し上げるに留まり，実質所得や実質利子率には何ら影響を与えないので，ケインジアンの説明でも貨幣数量説が妥当する。

　これに対してフリードマンなどの新貨幣数量説（ニューマネタリズム）の論者は，物価 $P$ の上昇が実質資産価値の減少を通じてもたらす**ピグウ効果**によって**2 次的効果**（second-round effect）ないし**究極的効果**（ultimate effect）を生じると説明する。ピグウ効果は，**実質残高効果**（real balance effect）あるいは**資産効果**（wealth effect）ともいう。物価 $P$ の上昇は実質貨幣供給量 $M/P$ を減少させるので，$LM$ 曲線を $LM'$ から元へ戻す効果を持つ。どこまで戻すかというと，完全雇用国民所得 $Y_F$ まで戻し，均衡利子率も $i'$ から $i$ に戻り，均衡点 $E$ を回復せざるを得ない。なぜならば $Y_F$ を超える実質生産量 $Y'$ は不可能だからである。よって名目所得の増加分 $Y'-Y_F$ はまさにインフレ・ギャップとして物価上昇に転化し，その分だけ名目所得と名目利子率は上昇するが，実質所得と実質利子率には変化がない。よって完全雇用においては，貨幣は実体経済に対して中立であり，金融政策は効果を持たない。貨幣量の増加は単に物価 $P$ を上昇させる結果となる。

### (2) 金融引締め政策

　同じく完全雇用において金融引締めにより貨幣供給量 $M$ を減少させる場合，図 16-6 のように $LM$ 曲線は $LM''$ へと左方シフトし，均衡利子率は $i$ から $i''$ へ上昇し，均衡所得は $Y$ から $Y''$ へと減り，不完全雇用均衡 $E''$ が成り立つ。物価 $P$ は完全雇用未満の状態では下方硬直性を持つので，変化しない。よって金融引締め政策は，完全雇用近傍でも効果を持つ。以上がケインジアンの 1 次的効果である。

　これに対してニューマネタリストによれば，完全雇用から景気が後退すると物価 $P$ が下落し，実質貨幣残高 $M/P$ は増加するので，ピグウ効果が働いて $LM$ 曲線は $LM''$ から $LM$ へと右方シフトして元へ戻る。したがって 2 次的効果ないし究極的効果をも考慮すれば，物価下落に伴って実質所得も実質利子率も元に戻り，完全雇用均衡 $E$ 点が回復し，完全雇用国民所得 $Y_F$ が回復する。貨幣量 $M$ の減少は物価 $P$ のみを下落させ，実体経済には影響しないので，貨幣は中立であり，金融政策は効果を持たない。

　完全雇用以上の状態では物価 $P$ の完全な上方伸縮性を認める一方で，完全

雇用未満の状態ではまったく逆に物価 $P$ の完全な下方硬直性を主張するのは，**ウルトラ・ケインジアン**（ultra Keynesian）といわれる。また上方にも下方にも物価 $P$ の完全な伸縮性を認めるのは，**ウルトラ・マネタリスト**（ultra monetarist）と呼ばれる。現実経済では物価の伸縮性が 100％完全であることはないので，完全雇用均衡に戻る作用が働くとしても不完全に留まる可能性がある。また物価 $P$ の下方硬直性が 100％完全であることもないので，若干は価格調整が働くことになり，不完全雇用均衡 $E''$ のままには留まらない。いずれが真実であるかは，理論が決めるのではなく，実証分析による検証を待たねばならない。

## 7. 完全雇用と財政政策
### (1) 積極財政政策

同じ完全雇用の状態において，財政支出 $G$ の拡大か減税によって総需要を増やす積極財政政策を行うと，図 16-7 のように IS 曲線は IS から IS' へと右方シフトする。しかし既に完全雇用の状態であるので，実質所得が $Y_F$ を上回ることはない。よって均衡点は $E$ 点から $E'$ 点にシフトし均衡所得は $Y_F$ のまま変わらず，均衡利子率が $i$ から $i'$ へと上方へシフトする。利子率の上昇は民間投資 $I$ を $\Delta I$ だけ減少させ，財政支出 $G$ の拡大分 $\Delta G$ と相殺することになり，国民所得は $Y_F$ のまま不変に留まる。

$$Y_F + \Delta G - \Delta I = Y_F$$

これは財政支出の増加分 $\Delta G$ が民間投資を $\Delta I$ だけ締め出す（crowd out）と

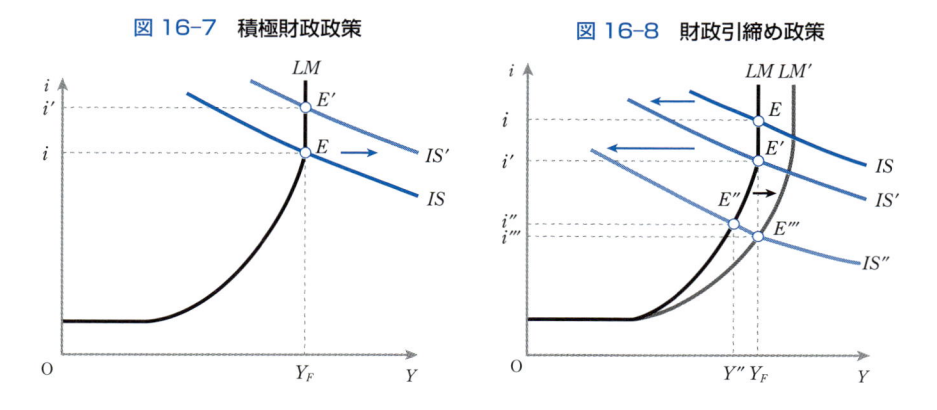

図 16-7　積極財政政策　　　　　図 16-8　財政引締め政策

いう意味で，**クラウディング・アウト効果**（crowding out effect）と呼ばれる。よって完全雇用においては，積極財政政策による財政支出の増大は，利子率の上昇とそれを通じたクラウディング・アウトをもたらし，実質国民所得に何ら影響を及ぼさないので，政策効果はないという古典派の理論が妥当する。ただし公共財の提供という財政本来の資源配分機能はある。

(2) 財政引締め政策

　同じく完全雇用の状態において，財政支出 $G$ の縮小か増税によって総需要を減らす財政引締め政策を行うと，当初の均衡点が $E$ の場合は図16-8のように IS 曲線は IS から IS' へと左方シフトする。しかし依然として完全雇用の状態であるので，実質所得は $Y_F$ のままである。よって均衡点は $E$ 点から $E'$ 点にシフトし均衡所得は $Y_F$ のまま変わらず，均衡利子率が $i$ から $i'$ へと下方へシフトする。利子率の下落は民間投資 $I$ を $\Delta I$ だけ増加させ，財政支出 $G$ の縮小分 $\Delta G$ と相殺することになり，国民所得は $Y_F$ のまま不変に留まる。

$$Y_F - \Delta G + \Delta I = Y_F$$

これは財政支出の縮小分 $\Delta G$ が民間投資を $\Delta I$ だけ押し入れる（crowd in）という意味で，**クラウディング・イン効果**（crowding in effect）と呼ばれる。よって完全雇用においては，財政引締め政策による財政支出の減少は，利子率の下落とそれを通じたクラウディング・インをもたらし，実質国民所得に何ら影響を及ぼさないので，やはり政策効果はないという古典派の理論が妥当する。

(3) 強力な財政引締め政策

　さて財政支出 $G$ の縮小か増税によって総需要を減らす財政引締め政策が強力である場合はどうなるであろうか。図16-8のように IS 曲線は IS' から IS" へとさらに左方シフトする。均衡点は $E'$ 点から $E''$ 点にシフトし，均衡所得は $Y_F$ から $Y''$ へと減少し，均衡利子率は $i'$ から $i''$ へとさらに下方へシフトする。利子率の下落は民間投資 $I$ を $\Delta I$ だけ増加させるが，財政支出 $G$ の縮小分 $\Delta G$ と相殺しきれずに，国民所得は $Y_F$ から $Y''$ へと減少する。つまりクラウディング・イン効果は働くものの不完全となる。

$$Y_F - \Delta G + \Delta I = Y'' < Y_F$$

これがケインジアンの1次的効果である。

　これに対してニューマネタリストによれば，完全雇用から景気が後退すると物価 $P$ が下落し，実質貨幣残高 $M/P$ は増加するので，ピグウ効果が働いて LM 曲線は LM から LM' へと右方シフトし，金融緩和効果を持つ。よって2

次的効果ないし究極的効果をも考慮すれば，物価下落に伴い実質所得は増えて完全雇用国民所得 $Y_F$ を回復し，実質利子率も $i'''$ に下がり，均衡点も新たな $E'''$ に到達する。よって完全雇用近傍においては上方であれ下方であれ，価格伸縮性が価格機構の調節機能を担保する限り，財政引締め政策は無効となり，完全雇用均衡を回復する。

## 8. 不況と金融政策

1930 年代のような**不況**（depression）においては，利子率 $i$ は下限に張り付き，貨幣需要の利子弾力性は $L'(i) = -\infty$，と無限大となる。この状況では貨幣供給を増やしても，そのすべてが退蔵されて，活動残高として使われることはない。これが**流動性の罠**と呼ばれる状態であり，図 16-9 では $LM$ 曲線の水平部分で表される。総需要の水準は非常に低く，$IS$ 曲線は図のように $E$ 点で $LM$ 曲線の水平部分と交わっている。

### (1) 金融緩和政策

いま金融当局が金融緩和で貨幣供給量 $M$ を増加すると，図 16-9 のように $LM$ 曲線は $LM'$ へと右方シフトするが，流動性の罠の部分では利子率が下限に張り付いているので，$LM$ 曲線は水平のまま変わらない。よって均衡点も $E$ 点のまま変わらず，均衡所得 $Y$ も均衡利子率 $i$ も不変に留まる。物価 $P$ にも何ら変化はない。つまり金融緩和政策の効果はまったくなく，無力である。

### (2) 金融引締め政策

不況であるにも関わらず，金融当局が金融引締めにより貨幣供給量 $M$ を減

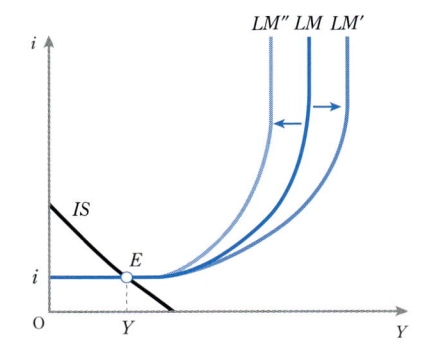

図 16-9　金融緩和と金融引締め

図 16-10　ゼロ金利政策と量的金融緩和

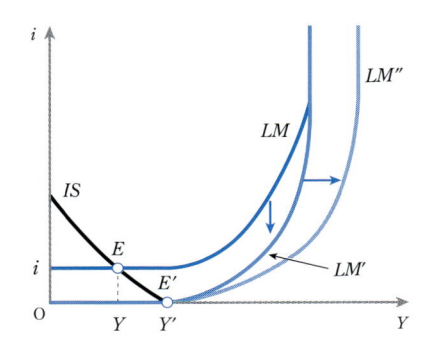

少させると，図16-9のように LM 曲線は $LM''$ へと左方シフトするが，流動性の罠の部分では利子率が下限に張り付いているので，LM 曲線は水平のまま変わらない。よって均衡点も E 点のまま変わらず，均衡所得 Y も均衡利子率 i も不変に留まる。物価 P にも何ら変化はない。つまり金融引締め政策の効果はまったくない。

### (3) ゼロ金利政策

ケインズは『一般理論』で「ジョンブルは2％の金利に我慢できない」と言って，2％を利子率の下限と見ていた。歴史的にも中世のジェノヴァで2％の低金利が記録されているが，それ以下の記録はない。日本銀行は1980年代後半の歴史的な資産バブルが1990年に崩壊して以降，長期不況に対処するため1995年から政策金利であるコールレートを1％を切ってゼロ％台に引き下げ，1999年2月からはゼロ％に近い0.15％に下げて**ゼロ金利政策**（zero interest rate policy）を実施した。アメリカでも不動産バブルが2007年に崩壊した後2008年12月から，政策金利であるフェデラルファンドレートを0〜0.25％に下げるゼロ金利政策を実施した。

ゼロ金利政策によって図16-10のように LM 曲線は $LM'$ へと下方シフトし，流動性の罠の部分がゼロ金利となる。すると IS 曲線との均衡点は E 点から E' 点へとシフトし，均衡利子率は0％へと低下し，その投資刺激効果により均衡所得は Y' へと増える。しかしそれは LM 曲線が $LM'$ に下方シフトすることによる一回限りの景気回復効果であり，一旦ゼロ金利になると，それ以上の景気回復効果はない。

### (4) 量的金融緩和

ゼロ金利の下で貨幣供給を増やすと，図16-10のように LM 曲線は $LM'$ から $LM''$ へと右方シフトする。しかし経済は不況でゼロ金利下の流動性の罠にはまっているため，均衡点は E' のまま変わらない。よって均衡利子率はゼロ金利のまま，均衡国民所得も Y' のまま変わらない。

一旦ゼロ金利になると，それ以下には金利引下げはできないので，日本銀行は2001年3月から2006年3月まで公開市場操作の買いオペにより市中銀行への貨幣供給を大量に増やした。しかし BIS（Bank for International Settlements, 国際決済銀行）による8％の自己資本比率規制の下で，市中銀行はこれ以上不良貸出を増やすことはできないので，法定準備を超える過剰準備として退蔵せざるを得なかった。そのため日銀当座預金（中央銀行預け金）は，5兆円ほど

から35兆円ほどにまで膨れあがった。こうした金融政策を，ゼロ金利下の**量的金融緩和**（quantitative easy monetary policy）という。

上の分析の通り，ゼロ金利下の量的金融緩和は，景気回復政策としては効力を持たない。しかし銀行準備を過剰に大量に積み上げることによって，資金不足による銀行破綻を防ぎ，銀行が預金取付などで連鎖的に倒産するようなシステム・リスクを回避する質的政策効果は持ち得る。

## 9. 不況と財政政策
### （1）積極財政政策
流動性の罠に捕らわれた不況において，財政支出 $G$ の拡大か減税によって総需要を増やす積極財政政策を行うと，図16-11のように $IS$ 曲線は $IS$ から $IS'$ へと右方シフトする。利子率 $i$ は下限に張り付いていて変化はないが，国民所得は $Y$ から $Y'$ へと $IS$ 曲線の右方シフトの分だけ増大する。総供給に対して総需要が不足している不況では，総需要が増えた分だけ均衡国民所得が増え，利子率は下限に張り付いたままなので，民間投資 $I$ は減らない。つまりクラウディング・アウトは起こらない。しかもなお超過供給の状態であるので物価 $P$ も上昇しない。ケインズはこの総需要を**有効需要**と名付け，それが均衡国民所得を決定する仕組みを**有効需要の原理**と呼んだ。

生産物市場は超過供給・需要不足であって，貯蓄 $S$ が投資 $I$ を超過しているので，赤字国債を発行しても貯蓄超過が解消されない限りは利子率 $i$ は上昇せず，下限に張り付いたままである。よって政府は赤字国債を発行してでも財政支出 $G$ を拡大する積極財政政策によって，経済を不況から脱却させることが

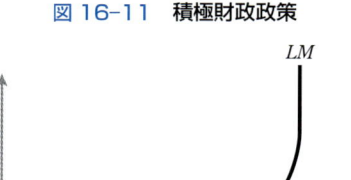

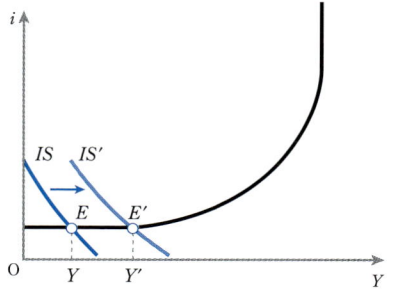

図16-11　積極財政政策　　　　　図16-12　財政引締め政策

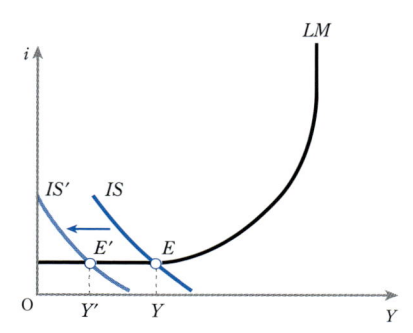

第16章　財市場と貨幣市場の同時均衡と金融・財政政策

できる。こうしてケインズは，不況脱却の処方箋として**赤字財政政策**（deficit fiscal policy）の正当性に理論的根拠を与えた。財政支出は租税収入によって毎年賄われるべきであるという古典派の単年度の**均衡予算主義**（balanced budget principle）は，少なくとも不況においては適用除外とされる。しかしケインズは財政赤字を無制限に垂れ流してよいと主張したわけではない。不況時の赤字は好況時の黒字によって相殺し，単年度ごとではなく景気循環のプロセスで均衡すればよいと考えた。

アメリカのルーズヴェルト大統領は**ニューディール政策**（New Deal）を掲げ，1933年にテネシー渓谷開発公社**TVA**などを設立し，大規模な公共事業を実施し，大量の失業者を吸収して経済復興を試みた。その結果，実質GDPは1936年には1929年水準を回復した。またドイツのヒトラー首相は1933年に高速自動車道路網の建設やモータリゼーションの推進を掲げ，ライヒス・アウトバーンの建設やフォルクスワーゲンの製造を進め，大規模な公共事業により大量の失業者を吸収して経済復興を目指した。政治思想の違いはあるが，これらを経済政策の面から見ると大不況時の積極財政政策の実例といえる。

### (2) 財政引締め政策

流動性の罠に苦しむ不況において，財政支出$G$の削減か増税によって総需要を減らす財政引締め政策を行うと，図16-12のように$IS$曲線は$IS$から$IS'$へと左方シフトする。利子率$i$は下限に張り付いていて変化はないが，国民所得は$Y$から$Y'$へと$IS$曲線の左方シフトの分だけ減少する。総供給に対して総需要が不足している不況では，総需要が減った分だけ均衡国民所得が落ち込むが，利子率は下限に張り付いたままなので，民間投資$I$は増えない。つまりクラウディング・インは起こらない。しかも超過供給はさらに悪化するので，物価$P$は下落してデフレが深刻化し得る。

したがって不況時には財政支出削減や消費税増税，所得税増税などは，避ける必要がある。日本では竹下内閣の1989年4月に消費税が3％で施行され，この時バブルの絶頂期であったが，翌1990年からはバブル崩壊が起こり，13年間にわたる長期デフレ不況がもたらされ，所得税収や法人税収が激減したため，総税収は1990年の60兆円から1997年には54兆円に減った。また橋本内閣の1997年4月に消費税が5％に増税され，景気は回復過程にあったものの，同年7月からは景気は反転下降し，金融大不況と深刻なデフレが引き起こされ，同様にして総税収は2011年には42兆円まで激減した。

## 10. 不完全雇用と金融政策

完全雇用でもなく流動性の罠でもない不完全雇用の状態では，$LM$ 曲線は右上がりの曲線となる。貨幣需要は利子弾力的であり，$-\infty < L'(i) < 0$ が成り立つ。

### (1) 金融緩和政策

金融当局が金融緩和で貨幣供給量 $M$ を増加すると，図 16-13 のように $LM$ 曲線は $LM'$ へ右方シフトし，均衡点も $E'$ 点へとシフトする。すると均衡利子率は $i$ から $i'$ へと低下し，均衡国民所得は $Y$ から $Y'$ へと増える。完全雇用に至るまでは物価 $P$ は上がらず，不変である。以上がケインジアンが説明する 1 次的効果である。

これに対してニューマネタリストは，ピグウ効果による 2 次的効果あるいは究極的効果を考慮する。実質国民所得 $Y$ の増加は超過供給の度合いを縮小し，物価 $P$ を上昇させるので，実質貨幣残高 $M/P$ が低下する。すると $LM$ 曲線が左方シフトして戻るので，利子率 $i$ は上がり，それを通じて投資 $I$ が減少し，実質所得 $Y$ が減少する。物価 $P$ が完全に伸縮的であれば，均衡点は $E'$ から $E$ へと完全に戻り，したがって金融緩和政策の効果は，究極的には無力となり，貨幣は中立となる。

### (2) 金融引締め政策

同じく不完全雇用において金融引締めにより貨幣供給量 $M$ を減少させる場合，図 16-13 のように $LM$ 曲線は $LM''$ へと左方シフトし，均衡利子率は $i$

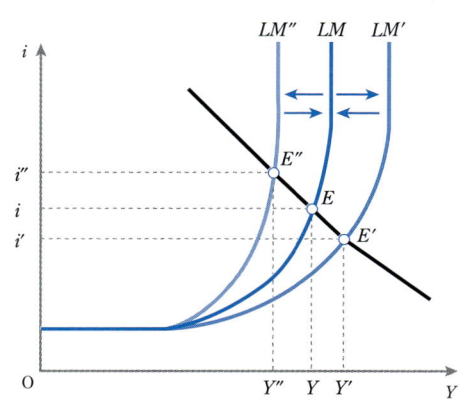

図 16-13　金融緩和政策と金融引締め政策

から $i''$ へ上昇し，均衡所得は $Y$ から $Y''$ へと減り，均衡点は $E$ から $E''$ へシフトする。物価 $P$ は完全雇用に至るまでは硬直的であり，変化しない。よって金融引締め政策は，不完全雇用でも効果を持つ。以上がケインジアンの1次的効果である。

これに対してニューマネタリストによれば，景気が後退すると物価 $P$ が下落し，実質貨幣残高 $M/P$ は増加するので，ピグウ効果が働いて $LM$ 曲線は $LM''$ から $LM$ へと右方シフトして元へ戻る。したがって2次的効果ないし究極的効果をも考慮すれば，物価下落に伴って実質所得も実質利子率も元に戻り，均衡点 $E$ が回復する。貨幣量 $M$ の減少は物価 $P$ のみを下落させ，実体経済には影響しないので，貨幣は中立であり，金融政策は効果を持たない。

不完全雇用の状態では物価 $P$ が完全に硬直的であるというウルトラ・ケインジアンの仮定も，物価 $P$ が完全に伸縮的であるというウルトラ・マネタリストの仮定も，いずれも現実的ではなく，両者の中間が妥当するであろう。何が真実であるかは，結局は各経済状態に即した実証分析によって検証されなければならない。

## 11. 不完全雇用と財政政策
### (1) 積極財政政策

不完全雇用の状態において，財政支出 $G$ の拡大か減税によって総需要を増やす積極財政政策を行うと，図16-14のように $IS$ 曲線は $IS$ から $IS'$ へと右方シフトする。均衡点は $E$ 点から $E'$ 点にシフトし，均衡利子率は $i$ から $i'$ へと上方へシフトし，均衡所得も $Y$ から $Y'$ へと増加する。物価 $P$ は完全雇用に至るまでは不変である。以上がケインジアンの1次的効果である。

これに対してニューマネタリストは，実質所得 $Y$ の増加により超過供給の度合いが縮小し，物価 $P$ が上昇するので，実質貨幣残高 $M/P$ が減少し，ピグウ効果に基づく2次的効果が働くことを指摘する。よって $LM$ 曲線は左方シフトするので，均衡点は $E'$ からさらに $E''$ へと移り，均衡利子率が $i''$ へ上がり，均衡所得は $Y''$ へと減少する。物価 $P$ が完全に伸縮的であれば，$Y''$ は元の $Y$ に戻り，積極財政政策の効果は無力となる。

### (2) 財政引締め政策

同じく不完全雇用の状態において，財政支出 $G$ の減少か増税によって総需要を減らす財政引締め政策を行うと，図16-15のように $IS$ 曲線は $IS$ から

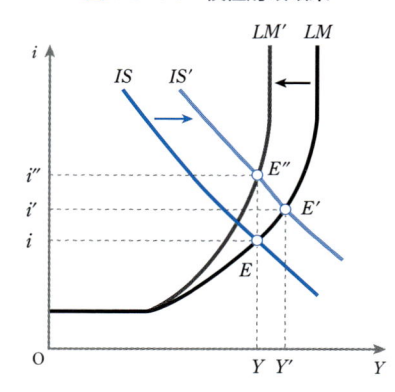

**図 16-14　積極財政政策**　　　**図 16-15　財政引締め政策**

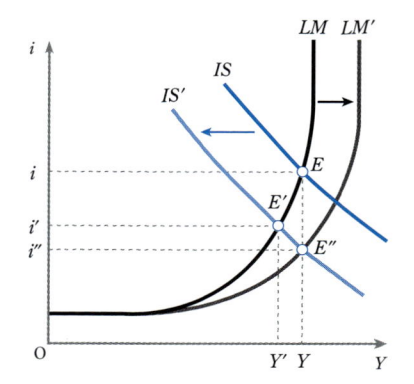

$IS'$ へと左方シフトする。均衡点は $E$ 点から $E'$ 点にシフトし，均衡利子率は $i$ から $i'$ へと下方へシフトし，均衡所得も $Y$ から $Y'$ へと減少する。物価 $P$ は不完全雇用の状態では不変である。以上がケインジアンの 1 次的効果である。

　これに対してニューマネタリストによれば，実質所得 $Y$ の減少により超過供給の度合いが拡大し，物価 $P$ が下落するので，実質貨幣残高 $M/P$ が増加し，ピグウ効果に基づく 2 次的効果が働く。よって $LM$ 曲線は右方シフトするので，均衡点は $E'$ からさらに $E''$ へと移り，均衡利子率が $i''$ へ下がり，均衡所得は $Y''$ へと増加する。物価 $P$ が完全に伸縮的であれば，$Y''$ は元の $Y$ に戻り，財政引締め政策の効果は無力となる。

　不完全雇用の状態では物価 $P$ の完全硬直性を仮定するウルトラ・ケインジアンも，物価 $P$ の完全伸縮性を仮定するウルトラ・マネタリストも，いずれも妥当性を欠くであろう。現実は両者の中間に位置するであろう。やはり真実は，実証分析によって検証されなければならない。

# 第17章
# 労働市場均衡と一般均衡

　生産物市場の均衡と貨幣市場の均衡をそれぞれ別々に扱う部分均衡分析から進んで，前章ではそれらの同時均衡を $IS=LM$ 分析のフレームワークで分析した。主要な変数は国民所得 $Y$ と利子率 $i$ であり，物価 $P$ や貨幣賃金率 $w$ は所与のパラメーターとして扱った。金融政策によって貨幣供給量 $M$ を増減させたり，財政政策によって政府支出 $G$ や税額 $T$ を増減させると，両市場にどのような影響を及ぼし，国民所得 $Y$ と利子率 $i$ の均衡値をどのように変化させるか，またシフト・パラメーターとして物価 $P$ が変化すると，両市場や $Y$ 及び $i$ にどのような影響が及ぶかを，考察してきた。

　そこで本章ではさらに労働市場の需給均衡を分析し，古典派とケインズ派ではどのような見方の違いがあるかを説明する。その上で，生産物市場，貨幣市場，債券市場および労働市場の4つのマクロ市場の一般均衡を分析する。古典派とケインズ派では一般均衡の捉え方にどのような違いがあるかも説明する。また古典派理論に大きな修正を迫ったケインズ革命の意義を要説する。

## 1. 労働需要

　企業は生産物 $Y$ を生産するに当たり，利潤 $\pi$ が最大となるように労働 $N$ と資本 $K$ の投入量を決定する。生産関数 $Y=F(N, K)$ において短期では資本 $K$ は一定，賃金率を $w$ とすると，

$$\pi(N) = P \cdot F(N) - (w \cdot N + 固定費)$$

が利潤である。これを $N$ に関して微分すると，完全競争下で利潤最大化のためには，限界利潤＝労働の価値限界生産力－賃金率＝0，

$$\frac{\partial \pi}{\partial N} = \pi'(N) = P \cdot F'(N) - w = 0$$

が必要となるから，

$$w = P \cdot F'(N) \quad または \quad \frac{w}{P} = F'(N)$$

が必要条件となる。すなわち貨幣賃金率 $w$ が労働の価値限界生産力 $P \cdot F'(N)$

**図17-1　生産関数と限界生産力**

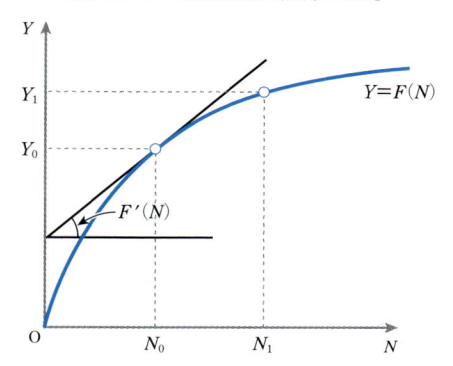

**図17-2　労働需要曲線**

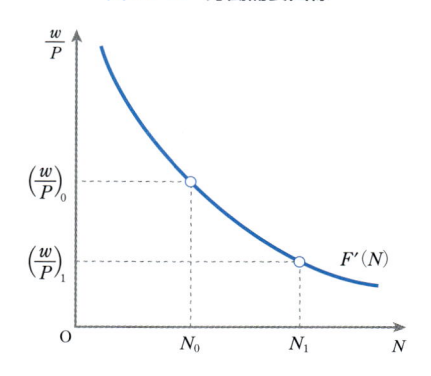

に等しくなること，または実質賃金率 $w/P$ が労働の物的限界生産力 $F'(N)$ に等しくなることである。労働の物的限界生産力 $\partial F/\partial N = F'(N)$ は，図17-1 において，生産曲線 $Y = F(N)$ の接線の勾配で表される。

また利潤最大化の十分条件は，2次の微分係数が負となること，

$$\frac{\partial^2 \pi}{\partial N^2} = \pi''(N) = P \cdot F''(N) < 0$$

である。すなわち，

$$F''(N) < 0$$

が十分条件であり，労働の限界生産力 $F'(N)$ が逓減することである。

こうした条件は第7章で限界生産力説として説明した。古典派は一般にこの条件を認めていたので，ケインズはこれを**古典派の第1公準**（the first axiom of classical school）と呼び，自らもこの公準を認めた。ここで古典派というのは，スミス以降の狭義の古典派とマーシャルやピグウなどの新古典派を含む広義の総称である。

いま図17-2のように実質賃金率が $(w/P)_0$ であるとすると，これに $F'(N)$ が等しくなるように労働需要量 $N_0$ が決まる。実質賃金率がそれより低い $(w/P)_1$ であるとすると，これに $F'(N)$ が等しくなるように多い労働需要量 $N_1$ が決まる。すると労働需要曲線は図の右下がりの曲線のようになる。代数では，労働需要 $N^D$ は実質賃金率 $w/P$ の関数だから $F'$ の逆関数として，

$$N^D = F'^{-1}\left(\frac{w}{P}\right)$$

と表すことができる。

## 2. 労働供給

他方で古典派・新古典派は，労働者は**労働の不効用**（disutility of labor）$U^D$ を最小化するように，労働供給を決めると考える。よって労働の限界不効用 $\partial U^D/\partial N$ が実質賃金 $w/P$ の限界効用に等しくなるように労働供給量を決める。貨幣単位の限界効用は 1 で表せるので，実質賃金の限界効用は $w/P$ で表せる。つまり，

$$\frac{w}{P} = \frac{\partial U^D}{\partial N}$$

となる。また労働量 $N$ が増えると労働の不効用 $U^D$ も増加し，しかも逓増すると考えるので，労働の不効用 $U^D$ は労働量 $N$ の増加関数 $H$ であり，

$$U^D = H(N), \quad H(N) > 0, \quad H''(N) > 0$$

となる。よって労働の限界不効用 $\partial U^D/\partial N$ が実質賃金率 $w/P$ に等しいという必要条件及び十分条件は，

$$\frac{w}{P} = H'(N), \quad H''(N) > 0$$

と表せる。ケインズはこうした条件を**古典派の第 2 公準**（the second axiom of classical school）と呼んだが，自らはこれを否定した。

代数では，労働供給 $N^S$ は実質賃金率 $w/P$ の関数だから $H'$ の逆関数を求めると，

**図 17-3 古典派の労働供給曲線**

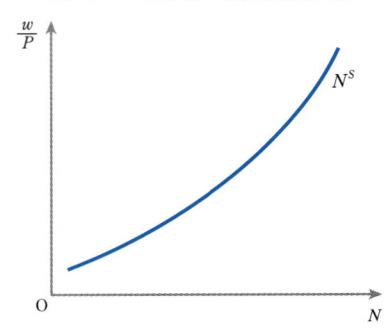

**図 17-4 ケインズの労働供給曲線**

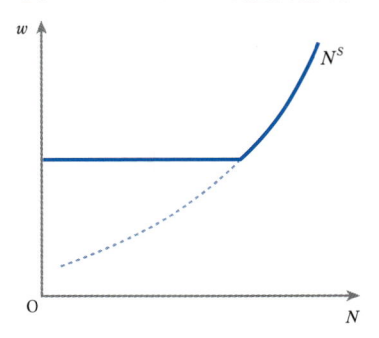

$$N^S = H'^{-1}\left(\frac{w}{P}\right)$$

と書くことができ，図17-3のように右上がりの曲線で描かれる。

さて企業と労働組合との定期的な賃金交渉制度が確立してくると，期首に労働契約で合意した名目賃金は次の期首までは一定であり，**硬直性**（rigidity）を持つ。労働組合は賃上げには合意するが，賃下げには抵抗をするので，特に**下方硬直性**（downward rigidity）を持つ。

そこでケインズは，確立した定期的な賃金交渉制度を所与として，貨幣賃金率 $w$ が短期的に一定であると仮定し，図17-4のように完全雇用に至るまでは労働供給曲線は水平となり，それ以降は右上がりであると想定した。これが固定賃金モデルの労働供給曲線である。

## 3. 労働市場の古典派均衡とワルラス的調整過程

古典派・新古典派の労働市場の均衡は，図17-5のように，企業の労働需要曲線 $N^D$ と労働者の労働供給曲線 $N^S$ とが交わる $E$ 点で得られ，この時均衡実質賃金率 $(w/P)^*$ と均衡雇用量 $N^*$ が決定される。ただし物価 $P$ は生産物市場で決まってくるので，労働市場で決まるのは貨幣賃金率 $w$ であり，その結果として実質賃金率 $w/P$ が決まる。

いま実質賃金率が均衡より高い $(w/P)'$ であれば，労働者は労働供給を多くし，企業は労働需要を控えるので，労働の超過供給 $ES$ が発生する。そこで賃金率 $w$ や物価 $P$ が伸縮的な経済では，実質賃金が低下して，超過供給がなくなるまで，すなわち均衡点 $E$ 点に戻るまで低下して，需給不一致の調整を行う。逆に実質賃金率が均衡より低い $(w/P)''$ であれば，労働者は労働供給を少なくし，企業は労働需要を増やすので，労働の超過需要 $ED$ が発生する。そこで賃金率 $w$ や物価 $P$ が伸縮的な経済では，実質賃金が上昇して，超過供給がなくなるまで，すなわち均衡点 $E$ 点に戻るまで上昇して，需給不一致の調整を行う。均衡への収束が安定的に行われる条件は，ワルラスの安定条件が満たされることである。

こうしたワルラス的な価格調整機構が働くために，市場で与えられる現行の貨幣賃金率 $w$ の下で働く意思と能力を持って求職活動をすれば，必ず均衡点 $E$ に収束し，労働の超過供給＝失業はなくなる。つまりケインズのいう**非自発的失業**（involuntary unemployment）はなくなる。非自発的失業がない雇用状

図17-5 古典派の労働市場均衡　　図17-6 ケインズの労働市場均衡

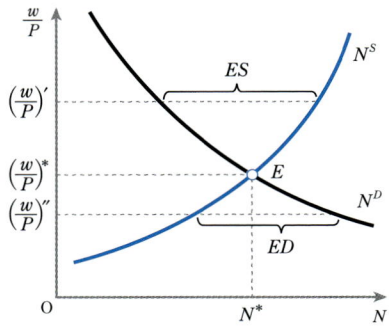

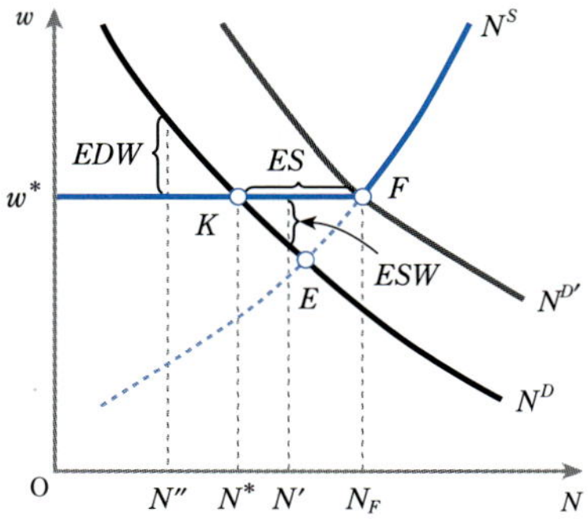

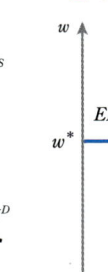

態を**完全雇用**（full employment）という。よって古典派の第1公準と第2公準を満たす労働市場均衡 $E$ は，**完全雇用均衡**（full-employment equilibrium）である。ただし完全雇用でも，数カ月後からの就職が決まったがそれまでは職につかないというような**摩擦的失業**（frictional unemployment）はあり得る。また現行賃金率 $w$ は自分の希望より低いので，働かないことを選択し，世界旅行へ行くというような**自発的失業**（voluntary unemployment）はあり得る。自発的失業は，そもそも労働供給をしないので通常は失業とは見なされない。

## 4. 労働市場のケインズ均衡とマーシャル的数量調整

　ケインズ派の労働市場の均衡は，図17-6のように，企業の労働需要曲線 $N^D$ と労働者の労働供給曲線 $N^S$ とが交わる $K$ 点で得られ，この時均衡貨幣賃金率 $w^*$ と均衡雇用量 $N^*$ が決定される。ただし完全雇用に至るまでは貨幣賃金率 $w$ は固定されており，完全雇用以上では上昇する。この $K$ 点では労働の超過供給 $ES$ が存在し，これは非自発的失業であるので，この均衡点 $K$ は**不完全雇用均衡**（under-employment equilibrium）となる。

　企業の労働需要曲線がたまたま $N^{D\prime}$ の位置にある場合には，均衡点は $F$ となり，均衡貨幣賃金率 $w^*$ と均衡完全雇用量 $N_F$ が成立する。

　いま雇用量が均衡より多い $N'$ であれば，超過供給賃金 $ESW$（＝供給側が要求する賃金－需要側が提示する賃金）が発生するので，企業は労働需要を減らして，均衡点 $K$ まで戻る。逆に雇用量が均衡より少ない $N''$ であれば，超過需要賃金 $EDW$（＝需要側が提示する賃金－供給側が要求する賃金）が発生するので，企業は労働需要を増やして，均衡点 $K$ まで戻る。固定賃金の下でこう

したマーシャル的数量調整によって，需給の不一致を調整し，均衡点 $K$ に安定的に収束する。均衡へ安定的に収束する条件は，マーシャルの安定条件が満たされることである。

こうしたマーシャル的な数量調整機構が働くために，均衡点 $K$ では，安定条件を満たすものの，市場で与えられる現行の貨幣賃金率 $w$ の下で働く意思と能力を持って求職活動をしてもなお，労働の超過供給 $ES$＝失業はなくならない。つまりケインズのいう非自発的失業が残る。よって古典派の第1公準は満たすが第2公準は満たさない労働市場均衡 $K$ は，**非自発的失業**を伴う**不完全雇用均衡**（under-employment equilibrium）となる。こうした均衡 $K$ は，**ケインズ均衡**（Keynesian equilibrium）とか**非ワルラス均衡**（non-Walrasian equilibrium）と呼ばれる。

大恐慌時の大量失業 $ES$ に直面して，新古典派のピグウは，労働組合が賃金切下げに応じれば，つまり図17-6の点線の部分の労働供給曲線を回復すれば，労働需要が増えて均衡点 $E$ が実現するので，完全雇用を回復できると主張した。よって大量失業の原因は，労働組合の抵抗による賃金の下方硬直性にあると論じた。

これに対してケインズは，確立した定期的な賃金交渉制度を所与と見なして，貨幣賃金率 $w$ が短期的に一定の下で発生する労働の超過供給 $ES$ は非自発的失業であり，図17-6のように赤字財政政策などの**有効需要政策**を用いて企業の労働需要を $N^D$ から $N^{D\prime}$ へと増やせば，失業を減らして完全雇用均衡 $F$ を回復できると説明した。この政策原理が**有効需要の原理**である。

では古典派・新古典派の完全雇用均衡 $E$ とケインズ派の完全雇用均衡 $F$ は，なぜ異なるのであろうか。古典派・新古典派においては，企業が利潤最大化の結果として得る労働需要曲線 $N^D$ は主体的均衡を満たしており，労働者が労働の不効用を最小化する結果として導かれる労働供給曲線 $N^S$ も主体的均衡を満たしている。よって両者の交点で決まる均衡 $E$ では，両者の主体的均衡が満たされ，労働の超過供給＝失業は存在しないという意味で完全雇用である。

これに対してケインズは，定期的な賃金交渉制度で決まる現行の貨幣賃金率 $w$ の下で，働く意思と能力を持って求職活動をしてもなお残る労働の超過供給を，**非自発的失業**（involuntary unemployment）と定義し，これがなくなる状態を**完全雇用**（full employment）と定義した。よって実際の貨幣賃金率 $w$ は交渉の結果次第で高くも低くもなるから，労働の超過供給＝失業の大きさもそ

れに応じて異なり，完全雇用量もそれに応じて異なる。ただし有効需要増加政策により労働需要が $N^D$ から $N^{D\prime}$ へと増えれば，古典派の完全雇用均衡 $E$ も $F$ 点へとシフトするので，そこでは両者は一致する。

## 5. 古典派の一般均衡体系

　古典派では，マクロの市場は生産物市場，貨幣市場，債券市場，労働市場の4つに大別される。まず生産物市場では，消費 $C$ と投資 $I$ からなる総需要 $AD$ が総供給 $AS$ に一致することで均衡が達成される。消費 $C$ も投資 $I$ も一般的には所得 $Y$ と利子率 $i$ に依存して決まるとすれば，生産物市場の均衡は次式で表される。

$$AD = C(Y, i) + I(Y, i) = AS = Y$$

この時利子率 $i$ の調整作用により貯蓄 $S$ と投資 $I$ も均等するから，次式で表しても同値である。

$$S(Y, i) = I(Y, i)$$

　古典派では，生産物市場の需給均衡により均衡国民所得 $Y^*$ が決定され，貯蓄 $S$ と投資 $I$ とを均衡させるように利子率 $i^*$ が決定される。

　貨幣市場の需給均衡は，貨幣数量説によって次式のように表される。

$$MV = PY$$

貨幣需要は専ら取引動機により保有される。流通速度 $V$ をマーシャルの $k$ の逆数で表せば，

$$\frac{M}{k} = PY$$

となり，変形すれば次式のようなケンブリッジ現金残高数量説となる。

$$\frac{M}{P} = kY$$

生産物市場で決まった $Y^*$ と取引慣行で決まる $k$ を所与として，金融当局がマネーサプライ $M$ を外生的に決めれば，それに応じて物価 $P^*$ が決定される。

　短期においては資本 $K$ を一定と見なせるから，生産関数は，

$$Y = F(N)$$

と表され，労働需要は労働の限界生産力 $F'(N)$ が実質賃金 $w/P$ に等しくなるように決まる。

$$\frac{w}{P} = F'(N) \quad \text{または} \quad N^D = F'^{-1}\left(\frac{w}{P}\right)$$

労働供給は労働の限界不効用が実質賃金に等しくなるように決まるから、次式が成り立つ。

$$\frac{w}{P} = H'(N) \quad \text{または} \quad N^S = H'^{-1}\left(\frac{w}{P}\right)$$

よって労働市場の需給均衡 $N^D = N^S$ において、完全雇用量 $N^*$ が決まるが、これは生産物市場で決まる均衡国民所得 $Y^*$ に対応している。また物価水準は、貨幣数量説により貨幣市場で $P^*$ と決まる。よって労働市場の均衡では、均衡貨幣賃金率 $w^*$ が決定される。

なお各市場での総需要額は総供給額に等しいので、4つの市場の総需要額の合計は総供給額の合計に等しい。これがマクロの**ワルラス法則**（Walras law）である。よって3つの市場で均衡が成り立つ場合には、残りの1つの市場でも必ず均衡が成り立つ。したがって債券市場の均衡条件式は独立ではなく、省略することができる。

すると古典派の一般均衡体系は、

$$S(Y, i) = I(Y, i)$$

$$\frac{M}{P} = kY$$

$$Y = F(N)$$

$$\frac{w}{P} = F'(N)$$

$$\frac{w}{P} = H'(N)$$

という5本の独立な方程式で表すことができ、上で説明したプロセスを経て、国民所得 $Y$、利子率 $i$、物価 $P$、賃金率 $w$、雇用量 $N$ の5つの未知数を均衡解として決定する。

価格変数の物価 $P$、利子率 $i$、貨幣賃金率 $w$ はすべて伸縮的に変動し、ワルラス的な価格調整機構が作用する結果、すべての市場で需給不一致は清算されて、主体的均衡を満たす**一般均衡**（general equilibrium）が成立する。労働市場では完全雇用均衡が成立する。

## 6. ケインズの一般均衡体系

ケインズ理論でもやはり，マクロの市場は生産物市場，貨幣市場，債券市場，労働市場の4つに大別される。まず生産物市場では，古典派と同様に均衡は次式で表される。

$$AD = C(Y, i) + I(Y, i) = AS = Y$$

この時貯蓄 $S$ と投資 $I$ も均等するから，次式で表しても同値である。

$$S(Y, i) = I(Y, i)$$

これはヒックスにより $IS$ 曲線と呼ばれたものである。

貨幣市場の需給均衡は，流動性選好説によって次式のように表される。

$$\frac{M}{P} = kY + L(i)$$

これはヒックスにより $LM$ 曲線といわれたものである。

生産物市場と貨幣市場の同時均衡により，つまり $IS = LM$ 分析により，均衡国民所得 $Y^*$ と均衡利子率 $i^*$ が決定される。利子率 $i$ は貯蓄と投資の均等をもたらすように調整するのではなく，貨幣市場の需給均衡をもたらすように調整する。

短期においては資本 $K$ を一定と想定するから，生産関数は，

$$Y = F(N)$$

と表され，均衡所得 $Y^*$ に応じて均衡雇用量 $N^*$ が決まる。

労働需要は，労働の限界生産力 $F'(N)$ が実質賃金 $w/P$ に等しくなるように決まる。

$$\frac{w}{P} = F'(N) \quad \text{または} \quad N^D = F'^{-1}\left(\frac{w}{P}\right)$$

ケインズは古典派の第2公準を認めず，労働市場は超過供給，需要不足が一般的であるので，需要側で決定されると考えた。貨幣賃金率 $w$ は現行水準で所与と固定されるので，未知数ではなく，この式から物価水準 $P^*$ が決まる。

なお古典派と同様に，ワルラス法則によって3つの市場で均衡が成り立つ場合には，必ず残りの1つの市場でも均衡が成り立つので，債券市場の均衡条件式は独立ではなく，省略することができる。

するとケインズの一般均衡体系は，

$$S(Y, i) = I(Y, i)$$

$$\frac{M}{P} = kY + L(i)$$

$$Y = F(N)$$

$$\frac{w}{P} = F'(N)$$

という4本の独立な方程式で表すことができ，上で説明したプロセスを経て，国民所得 $Y$，利子率 $i$，物価 $P$，雇用量 $N$ の4つの未知数を均衡解として決定する。

　価格変数の物価 $P$ と利子率 $i$ は伸縮的に変動し，ワルラス的な価格調整機構が働く。しかし労働市場では貨幣賃金率 $w$ は現行水準で固定されるので，ワルラス的な価格調整機構の代わりにマーシャル的な数量調整機構が作用する結果，すべての市場で安定収束する一般均衡が成立する。しかし労働市場では需給不一致は清算されず，超過供給＝非自発的失業が残るので，労働供給側の主体的均衡を満たさない不完全雇用均衡 $K$ が成立する。この均衡は，需給が均等するという意味の均衡ではなく，市場の調整作用を行う諸力がバランスして $K$ 点で経済が静止するという意味の均衡である。よって需給不一致を伴う均衡である。

　ただし有効需要増加政策により労働需要が $N^D$ から $N^{D\prime}$ へと増えれば，図17-6 の不完全雇用均衡 $K$ は完全雇用均衡 $F$ へとシフトする。

　またアローやフランク・ハーン，ジャン・パスカル・ベナシーなどの**固定価格モデル**（fixed price model）は，貨幣賃金率だけでなく，すべての価格変数が固定された状況で，数量調整の結果として一般均衡が成立する過程を分析するので，ケインズ理論をより一般化したモデルといえる。1970年代後半から展開された**ケインズ・マクロ経済学のミクロ的基礎付け**（microeconomic foundations of Keynesian macroeconomics）は，一般均衡論の分析手法を用いて，固定価格の下での数量調整により市場均衡がどのように達成されるかを究明した。

　また近年ではマクロ一般均衡モデルに時間 $t$ を明示的に導入して動学化を図る分析が，**動学的一般均衡モデル**（dynamic general equilibrium model）として展開されつつある。さらにその変数を確率変数として扱う**動学的確率一般均衡モデル**（dynamic stochastic general equilibrium model）も登場しつつある。

## 7. ケインズ革命

　古典派理論とケインズ理論の重要な相違点は，まず第1に貨幣保有動機，貨幣論，利子論にある。古典派は，貨幣需要の取引動機を重視した貨幣数量説を唱え，貨幣需要の利子弾力性はゼロであると仮定した。利子率は実物的な貯蓄と投資の均衡を図るように調整作用を持ち，貨幣市場の需給均衡には影響しないと考えた。それが実物的利子論である。ケインズは，貨幣需要の取引動機をもちろん重視しながらも，投機的動機ないし資産動機を考慮した流動性選好説を唱え，貨幣需要の利子弾力性は完全雇用以外ではゼロではないと想定した。そのため利子率は単に実物的な貯蓄と投資の均等だけではなく，その他の需給要因も加えた貨幣の需給均衡を調整するように作用する。それが貨幣的利子論である。

　第2の違いは，金融政策などの政策効果波及経路として利子率ルートが追加される点である。貨幣供給量を変化させると，利子率の変化を通じて貨幣需給に影響するのみならず，投資にも影響を及ぼす。これが利子率ルートと呼ばれる**政策効果波及経路＝トランスミッション・メカニズム**（transmission mechanism）である。

　第3の違いとして，古典派的二分法か，複数市場の同時均衡分析か，という経済観の違いが出てくる。生産物市場の均衡により実質国民生産物 $Y$ が決まり，貨幣市場の均衡により物価水準 $P$ が決まるという古典派の二分法は，完全雇用以外では成り立たないことになる。ケインズは，完全雇用のみならず，不況，不完全雇用という3つの経済状態を考慮し，完全雇用における古典派理論をその特殊形態として包摂する『一般理論』を提唱した。そこで完全雇用以外では一般には両市場は相互に関連し合って国民生産物 $Y$ や利子率 $i$ 及び物価 $P$ を決めると考えた。その分析の枠組みが，生産物市場と貨幣市場の均衡を同時均衡として把握するために，ヒックスにより定式化された $IS=LM$ 分析である。

　第4の違いは大きな違いとして，労働市場における古典派の第2公準を認めるか否かである。完全雇用ではともあれ，少なくとも大恐慌のような不況期には，労働者は現行貨幣賃金率 $w$ で働きたいと思っても就業できないので，大量の失業が発生する。価格調整機構を重視する古典派・新古典派は，これは自発的失業であって，労働者が貨幣賃金の切下げを受け入れれば，企業の労働需要が増えて完全雇用を回復し得ると主張した。ケインズは貨幣賃金の下方硬直

性を前提として，つまり古典派の第2公準を認めずに，価格調整メカニズムが働かない時には数量調整メカニズムによって，非自発的失業を伴う不完全雇用均衡が成立することを論証した。これは後に数量調整機構による固定価格モデルの発展に道を開くことになった。

　第5の違いは，政策理論，国家観の違いである。古典派は伸縮的な価格調整機構による完全雇用の回復を説き，あくまでも単年度均衡財政主義，安価な政府，小さな政府，自由主義的な政府を唱えた。これに対してケインズは，不況時には政府が赤字国債を発行してでも積極的な財政政策を発動することにより，労働需要量を増加させれば，完全雇用を回復できると説いた。これが有効需要政策と称されるものである。ケインズ自身は，単年度均衡財政主義を支持しなかったものの，いつまでも財政赤字を垂れ流してもよいと認めたわけではなく，景気循環の過程で不況時の赤字は好況時の黒字によって相殺されればよいと考えた。しかしケインジアンの中には，長期的な赤字の垂れ流しを是認し，赤字財政主義，大きな政府，政府の肥大化，非自由主義的な政府を唱える者も出てきた。

　ともあれケインズ理論は，古典派の経済学に対して以上のような大きな修正を迫るものであった。そこで資本主義経済が大恐慌に陥っても，有効需要の原理に基づいて救済することができると説いたケインズの『一般理論』は，当時の経済学者の間にあたかも「燎原の火」のごとくに広がった。ローレンス・クラインは，そうした経済理論上の大変革を**ケインズ革命**（Keynesian revolution）と呼んだ。

# 第18章
# インフレとデフレ，失業，合理的期待

　ケインズないしケインジアンの $IS=LM$ 分析，労働市場の均衡分析，一般均衡分析では，物価 $P$ の変化は認めるものの，貨幣賃金率 $w$ は所与として，完全雇用に至るまでは変化しないという前提で分析をしてきた。完全雇用の状態では，ケインズも貨幣賃金率の上方伸縮性を認める点では，古典派や新古典派の理論と変わりはない。しかし総じて物価や貨幣賃金率の変動については，あまり積極的な分析はなかった。この見方は，総供給に対して総需要が不足する経済では，総需要が増えても物価の上昇はほとんどないか緩慢であり，総需要により均衡所得が決定されるという「有効需要の原理」に依拠していた。

　ところが戦後の経済成長によって総需要の成長が高まると，完全雇用に至る前でも需給が逼迫(ひっぱく)して物価が上昇し，長期にわたって持続的なインフレが起こった。1970年代からは石油ショックのように大幅なコスト・プッシュにより，景気停滞や景気後退の状態でも物価が上昇するスタグフレーションが発生した。またバブル崩壊後の1990年代以降の日本では平均してほぼゼロ成長の下で物価が持続的に下落する長期のデフレが起こった。このようにケインズ理論では説明がつかない事態が次々と発生した。労働市場では短期的にはインフレーションと失業（不況）はトレードオフの関係にあることもあるが，失業が増えてなおかつインフレが進むというスタグフレーションが起こった。また長期平均的に見るとインフレと失業はトレードオフの関係にはなく，むしろ独立の関係にあるという事実も観察されるようになった。

　そこで1970年代からはヒックスやトービンなどケインジアンの中からも**ケインズ経済学の危機**（the crisis in Keynesian economics）が叫ばれ，新古典派の伝統を継承するフリードマンなどのマネタリストやロバート・ルーカス，トーマス・サージェント，ニール・ウォーレスなど新しい古典派は，こうした新しい現象を説明できる経済理論を提唱した。物価不変を前提とするのではなく，経済理論はインフレーションやデフレーション，それと失業（不況）との関係を合理的に説明できなければならない。本章ではそうした新しい理論を比較静

学や動学を用いて説明する。

## 1. 生産物市場の総需要曲線と総供給曲線

第16章の $IS=LM$ 分析では，生産物市場と貨幣市場の同時均衡がどのように達成されるかを分析した。その際，物価 $P$ は所与としたが，シフト・パラメーターとして変化すると，それに応じて所得 $Y$ や利子率 $i$ にどのような影響を及ぼすかを比較静学によって分析することができる。物価 $P$ が下落すると，図 18-1 のように実質貨幣残高 $M/P$ は増加するので，$LM$ 曲線は $LM$ から $LM'$ へと右方シフトし，金融緩和の効果を持つ。利子率 $i$ は低下し，投資を刺激して，国民所得 $Y$ は増加する。逆に物価 $P$ の上昇は，実質貨幣残高 $M/P$ を減少させ，$LM$ 曲線を $LM$ から $LM''$ へと左方シフトさせ，金融引締めの効果を持つ。利子率 $i$ は上昇し，投資を抑制して，国民所得 $Y$ は減少する。こうした関係から，物価 $P$ と国民所得 $Y=$ 総需要 $AD$ との間には次の総需要関数 $AD$ が成り立ち，図 18-2 のような総需要曲線を描くことができる。

$$AD = AD(P), \quad \frac{dAD}{dP} < 0$$

短期では資本 $K$ が一定であると見なすと，マクロの生産関数は

$$Y = F(N), \quad \frac{\partial F}{\partial N} > 0, \quad \frac{\partial^2 F}{\partial N^2} < 0$$

と表すことができる。前章で見たように，利潤最大化のためには，労働の限界生産力が実質賃金に等しくなるように，企業は労働需要を行う。

図 18-1 金融緩和と引締めの効果

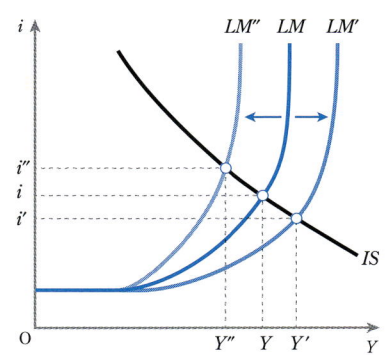

図 18-2 総需要曲線と総供給曲線

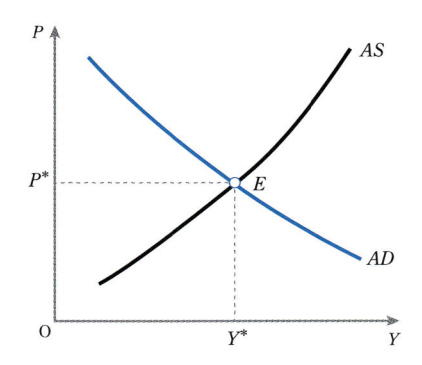

第18章 インフレとデフレ，失業，合理的期待

**図 18-3　超過供給と超過需要の調整**

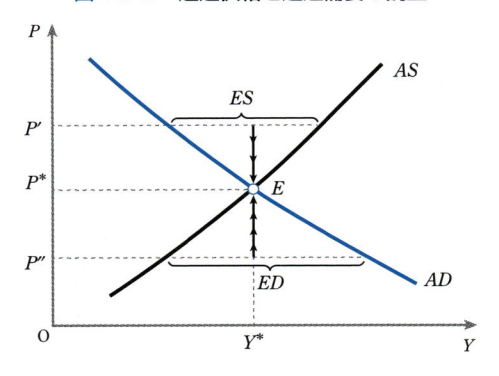

$$\frac{w}{P} = \frac{\partial F}{\partial N}$$

これは古典派の第1公準であり、古典派・新古典派もケインズ派も、この公準は認める。労働の限界生産力は逓減するので、限界費用は逓増する。よって国民生産物 $Y$ が増えるにつれて、物価 $P$ も上がる。こうした関係から、物価 $P$ と国民生産物 $Y$ ＝総供給 $AS$ との間には次の総供給関数 $AS$ が成り立ち、図18-2 のような総供給曲線を描くことができる。

$$AS = AS(P), \quad \frac{dAS}{dP} > 0$$

するとマクロの生産物市場（財市場）においては、図18-2 のように右下がりの総需要曲線 $AD$ と右上がりの総供給曲線 $AS$ を描くことができ、両者の交点 $E$ で市場均衡が達成される。この時均衡国民所得 $Y^*$ と均衡物価 $P^*$ とが決定される。

いま物価 $P$ が $P^*$ より高い $P'$ の所にあると、図18-3 のように超過供給 $ES$ ＝売れ残りが発生するので、それを解消するように物価 $P$ が下落し、均衡点 $E$ に戻る。物価 $P$ が $P^*$ より低い $P''$ の所にあると、超過需要 $ED$ ＝買いそびれが発生するので、それを解消するように物価 $P$ が上昇し、均衡点 $E$ に戻る。物価 $P$ が伸縮的な経済では、価格機構による調整作用が働いて、需給の不一致が解消される。均衡に安定的に収束するためには、ワルラスの安定条件が満たされる必要がある。

## 2. 需要インフレと費用インフレ

　金融当局が金融緩和によって通貨 $M$ を膨張させると，総需要が増大し，図 18-4 のように総需要曲線は $AD$ から $AD'$ へと右方シフトする。すると均衡所得は $Y^*$ から $Y'$ へと増加し，景気がよくなるとともに，均衡物価は $P^*$ から $P'$ へと上昇する。その物価上昇が持続的に起こる状態を**インフレーション**（inflation）と呼ぶ。しかし元来インフレーションとは，通貨の**膨張**（inflation）を意味し，景気上昇を伴うものであった。このように需要の増加が引き起こすインフレを，フリッツ・マハループは**デマンド・プル・インフレ**（**需要牽引インフレ**，demand pull inflation）と名付けた。略して**需要インフレ**とも呼ぶ。

　これに対して，石油ショックの時のように原油価格の引上げによって費用（限界費用）が上昇すると，図 18-5 のように総供給曲線は $AS$ から $AS'$ へと上方シフトする。すると均衡所得は $Y^*$ から $Y'$ へと低下し，景気が悪くなるとともに，均衡物価は $P^*$ から $P'$ へと上昇し，インフレーションが発生する。このように費用の増加が引き起こすインフレを，マハループは**コスト・プッシュ・インフレ**（**費用圧力インフレ**，cost push inflation）と名付けた。略して**費用インフレ**とも呼ぶ。景気沈滞（stagnation）ないし景気後退とインフレが共存する状態は，**スタグフレーション**（stagflation）ともいわれる。

　また通貨 $M$ や原油価格などをシフト・パラメーターとして，総需要曲線や総供給曲線がシフトする結果，均衡点がシフトし，物価 $P$ や所得 $Y$ がどのように変化するかを分析する手法が，**比較静学**である。

図 18-4　需要牽引インフレ

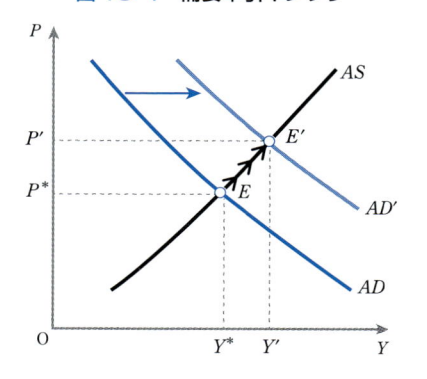

図 18-5　費用圧力インフレ

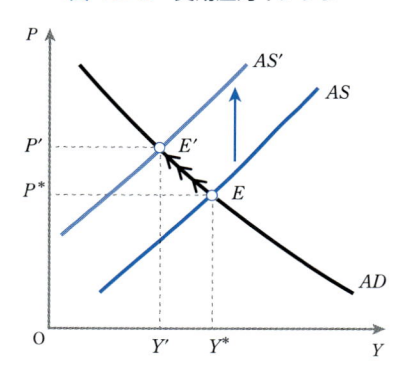

図 18-6　デフレーション　　　　　図 18-7　技術革新による低価格化

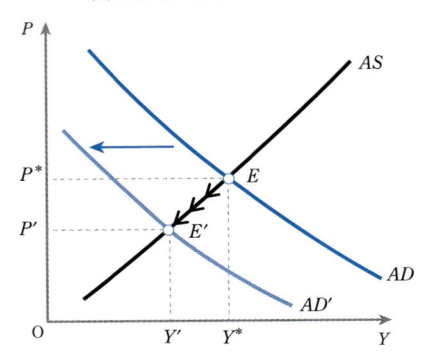

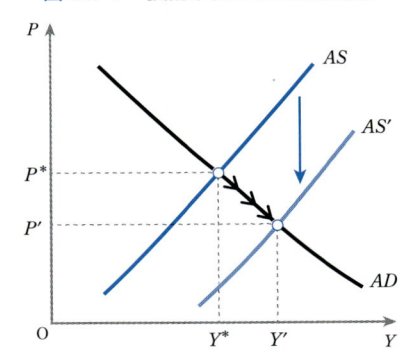

## 3. デフレと低価格化

　金融当局が金融引締めによって通貨 $M$ を収縮させると，総需要が減少し，図 18-6 のように総需要曲線は $AD$ から $AD'$ へと左方シフトする。すると均衡点は $E$ から $E'$ へシフトし，均衡所得は $Y^*$ から $Y'$ へと低下し，景気が後退するとともに，均衡物価は $P^*$ から $P'$ へと下落する。その物価下落が持続的に起こる状態を**デフレーション**（deflation）と呼んでいる。しかし元々はデフレーションとは，通貨の**収縮**（deflation）を意味し，経済の収縮を伴うものであった。

　物価 $P$ の持続的な下落は，まったく違う要因によっても起こる。いま企業の**技術革新**（innovation）によって生産費が節減されると，限界費用曲線は下方シフトし，図 18-7 のように総供給曲線 $AS$ も下方シフトする。すると均衡点は $E$ から $E'$ へシフトし，均衡所得は $Y^*$ から $Y'$ へと増加して，景気がよくなるとともに，均衡物価は $P^*$ から $P'$ へと下落する。その物価下落が持続的に起こる状態はデフレーションと呼ばれているが，本来のデフレーションとは明確に識別して**低価格化**（price reduction）ないし**低廉化**と呼ぶのが適切である。経済の歴史は，絶えざる技術革新によって低価格化と大量生産をもたらした歴史でもあった。それをデフレと呼ぶのは，本来のデフレと混同する危険性がある。

## 4. 投機とバブル

　価格が上がれば需要は減り，価格が下がれば需要は増えるという原則を，**需要法則**（the law of demand）という。また価格が上がれば供給は増え，価格が

下がれば供給は減るという原則を，**供給法則**（the law of supply）という。両者を併せて**需要・供給の法則**ともいう。既に見たように，こうした条件が満たされている場合には，市場均衡から乖離しても元の均衡へ安定的に収束するので，これは安定条件とも呼ばれる。より一般的には，第5章で分析したように，超過需要関数の価格に関する1次微分がマイナス，つまり超過需要曲線が右下がりであることが，**ワルラスの安定条件**として知られている。また多数市場の一般均衡では，ある財の価格が上がるとその需要が減り，その代替財の需要が増えるという**粗代替性**（gross substitutability）の条件が満たされると，一般均衡は安定となる。

しかしこうした安定条件が満たされない場合には，市場均衡は不安定となる。その例として第5章で指摘したように，価格予想に基づく**投機**（speculation）がある。A社の株価が500円から1,000円に上がると予想すれば，500円で買って1,000円になった所で売れば500円の利益を得ることができる。このように**値上がり益＝資本利得**（capital gain）を求めて取引をすることが，投機である。すると価格が上がればますます需要は増えるので，需要法則は成り立たず，均衡点は図18-8のように$E$点から$E'$点へ，さらに$E''$点へとシフトし，価格も$P$から$P'$へ，$P''$へと上がり続ける。しかし$E''$点が上限だと予想してA社の株を売る量が買う量よりも多くなると，株価は一転して下落し始める。400円まで下がるという予想が支配すると，値下がりにも関わらずさらに売る量が増えて，安定条件は満たされずに，株価は一方的に下落する。

予想価格が**実態**（fundamentals）を反映した**理論価格**（theoretical price）に

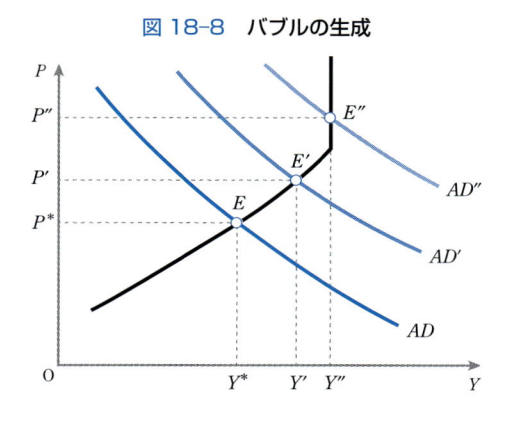

図 18-8　バブルの生成

近ければ，投機でも特に問題は起こらない。例えば売上げが急増して，利益が2倍になる場合には，株価が2倍になっても理論価格通りである。その後売上げが急減して利益が半減すれば，株価が半減しても理論価格通りである。ところが利益が1.5倍になるにも関わらず，株価が2倍になる場合には，1,000円のうち250円は実態を反映しない上がり過ぎとなる。このように実態を反映した理論価格を超える値上がり部分を，**バブル**（泡沫，bubble）と呼ぶ。またその後売上げ急減で利益が元に戻るにも関わらず，400円まで株価が下落すると，100円は実態を反映しない下がり過ぎとなる。このように投機は，実態を反映しないバブルや下がり過ぎをもたらすことがあり，正常な経済活動に有害な影響を及ぼすことがある。

## 5. インフレーションと失業：フィリップス曲線

アルバン・フィリップスは，1861〜1957年の約100年間におけるイギリスの長期統計データから，図18-9のように貨幣賃金上昇率 $\Delta w/w$ と失業率 $u$ との間にマイナスの関係があり，右下がりの曲線が安定的に描けることを発見した。それを**フィリップス曲線**（Phillips curve）という。代数で表すと，

$$\frac{\Delta w}{w} = f(u), \quad f'(u) < 0$$

となる。これを線型（1次式）に単純化して表すと，以下のようになる。

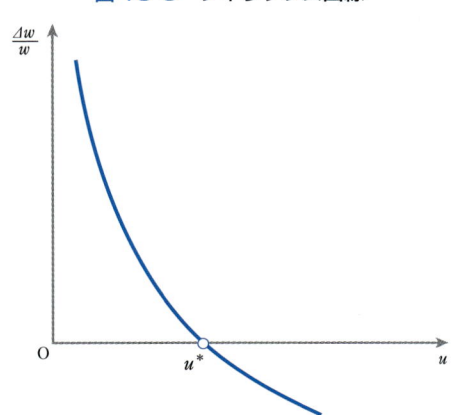

**図 18-9　フィリップス曲線**

$$\frac{\Delta w}{w} = f(u) = a - bu, \quad f'(u) = -b < 0, \quad a > 0, \quad b > 0$$

フィリップス曲線が横軸と交わる点の失業率を $u^*$ とすると,

$$\frac{\Delta w}{w} = a - bu = 0$$

だから

$$u^* = \frac{a}{b}, \quad \therefore a = bu^*$$

となる。そこでこれを上式に代入すると, 以下のように整理できる。

$$\frac{\Delta w}{w} = bu^* - bu = -b(u - u^*)$$

$u^*$ は完全雇用においても存在する失業率だから, **摩擦的失業**と見なすことができる。よってケインズが観察した貨幣賃金率 $w$ の下方硬直性は, あくまで短期の現象であり, 1年以上の長期で見ると貨幣賃金率 $w$ は変動しているのが事実である。

名目国民所得 $PY$, 労働分配率 $\Omega$, 賃金分配分 $W$ の間には,

$$PY \times \Omega = W$$

の関係があるから, これを雇用者数 $N$ で割ると,

$$\frac{PY}{N} \times \Omega = \frac{W}{N}$$

となるので, 労働生産性 $Y/N = y$, 1人当たり貨幣賃金率 $W/N = w$ と置くと,

$$Py\Omega = w$$

となる。すなわち物価×労働生産性×労働分配率＝貨幣賃金率という関係が成り立つ。そこで両辺の対数をとり時間 $t$ で微分すると, 変化率で表せるので,

$$\frac{\Delta P}{P} + \frac{\Delta y}{y} + \frac{\Delta \Omega}{\Omega} = \frac{\Delta w}{w}$$

となり, 物価上昇率＋労働生産性上昇率＋労働分配率上昇率＝貨幣賃金上昇率という関係が成り立つ。いま労働生産性上昇率と労働分配率とが一定であると仮定すると, 物価上昇率と貨幣賃金上昇率は等しくなる。

$$\frac{\Delta P}{P} = \frac{\Delta w}{w}$$

すると上記のフィリップス曲線は,

$$\frac{\varDelta P}{P} = -b(u-u^*)$$

と表すことができる。これを**物価版のフィリップス曲線**ないし**準フィリップス曲線**（quasi-Phillips curve）という。

これは，好況期には失業は減少する一方でインフレーションが加速し，不況期には失業が増大する一方でインフレーションが収束することを意味し，**インフレーションと失業のトレードオフ**（trade-off between inflation and unemployment）と呼ばれる。フィリップスの発見以降，サミュエルソンとロバート・ソローがアメリカでもこうしたトレードオフの関係を観察するなど，各国でも同様な観察が行われ，インフレーションと失業を同時に抑制することはできないことを意味したので，大きな政策論争が起こった。

## 6. 自然失業率仮説

ところが高度成長期に物価上昇率 $\varDelta P/P = \pi$ が持続的にプラスとなり，インフレーションが恒常化してくると，事態は変化し，図18-10のようにフィリップス曲線が次第に上方へシフトする事実が観察されるようになった。そこでフリードマンは，インフレが続くと**インフレ期待**（inflation expectation）が形成されて，**予想物価上昇率**（expected rate of inflation）$\varDelta P^e/P^e = \pi^e$ が0％から1％，2％，3％，……と次第に上がってくるので，そのうち $\alpha$ の部分を物価上昇に織り込み，その分だけ準フィリップス曲線は上方シフトすると考えた。

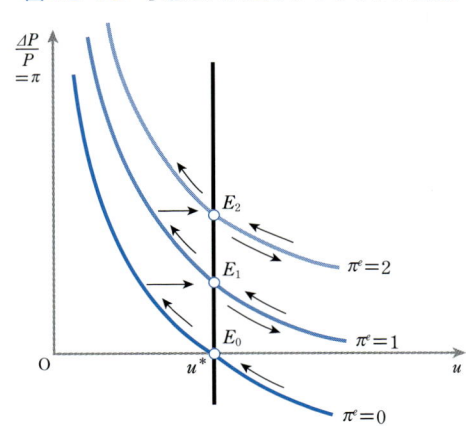

**図18-10　予想を入れた準フィリップス曲線**

$$\pi = f(u) + \alpha\pi^e = -b(u - u^*) + \alpha\pi^e, \ f'(u) < 0$$

$\alpha$ は**貨幣錯覚パラメーター**（parameter of money illusion）であり，$\alpha = 1$ の時には予想物価上昇率のすべてを物価上昇に織り込むので，貨幣錯覚はなくなる。それを図示したのが，図 18-10 のような**予想を入れた準フィリップス曲線**（expectations-augmented quasi-Phillips curve）であり，これにより準フィリップス曲線の上昇シフトを説明した。

そこで $\alpha = 1$ で貨幣錯覚がなく，$\pi = \pi^e$ と予想インフレ率が現実インフレ率を正しく予想する時には，$b(u - u^*) = 0$ となるので，次式が成り立つ。

$$u = u^*$$

フリードマンはこの失業率を，**自然失業率**（natural rate of unemployment）と名付けた。ほぼ同時期にエドムンド・フェルプスも同様な予想追加型のフィリップス曲線を定式化し，$u^*$ を**最適失業率**（optimal rate of unemployment）と呼んだ。フリードマンはこれを，「ワルラス的一般均衡方程式体系に，市場の不完全性，需給の確率的変動，求人求職に伴う情報収集コスト，労働移動コストなどの労働市場・生産物市場の現実の構造的特性が導入されるならば，それから生み出される失業」と説明した。これは，ほぼ完全雇用において存在する摩擦的失業に相当する。

インフレ期待がない時代のフィリップス曲線は長期的な統計関係として観察されたが，インフレ期待が形成される時代にはそれは短期フィリップス曲線に変わり，インフレ期待が高まるにつれて上方シフトする。図 18-11 のように，

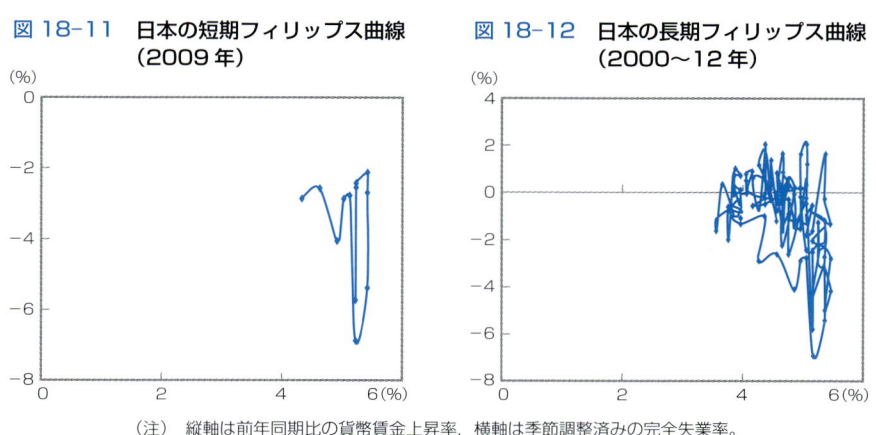

**図 18-11　日本の短期フィリップス曲線（2009 年）**

**図 18-12　日本の長期フィリップス曲線（2000～12 年）**

（注）　縦軸は前年同期比の貨幣賃金上昇率，横軸は季節調整済みの完全失業率。

日本では短期ですらフィリップス曲線が垂直に立つことも観察される。また**図18-12**には2000年以降の日本のフィリップス曲線の観察点が散布図で描いてあるが，ほぼ垂直線の近傍にプロットされる。すると真の長期フィリップス曲線は，自然失業率の近傍で垂直に立つ形で観察される。こうした新しい理論を**自然失業率仮説**（natural rate of unemployment hypothesis）という。したがって金融政策でインフレ率を加速すると，短期的には失業率を減少できるが，長期的には失業率を変えることはできず，インフレ率だけを高める結果となり，金融政策は無力となる。

さてフィリップス曲線の想定する因果関係は，労働の超過需要を表す指標である失業率 $u$ を見て貨幣賃金率 $w$ が決まり，さらには物価 $P$ が決まるという関係である。しかしフリードマンは一般均衡理論の立場から，労働需要も労働供給も価格変数である貨幣賃金率 $w$ を見て行われるので，労働の超過需要は貨幣賃金率 $w$ の関数となるはずであると，フィリップス曲線の因果関係に異議を唱えた。そこで，予想追加型のフィリップス曲線を

$$u = -\left(\frac{1}{b}\right)\left(\frac{\Delta w}{w} - \alpha \pi^e\right) + u^*$$

あるいは物価版の準フィリップス曲線では，

$$u = -\left(\frac{1}{b}\right)(\pi - \alpha \pi^e) + u^*$$

と修正し，初めてこうした因果関係に着目したフィッシャーにちなんで，**フィッシャー曲線**（Fisherian curve）と名付けた。貨幣錯覚がなく，かつ予想インフレ率が現実インフレ率に一致する時は，$\alpha = 1$, $\pi = \pi^e$ ゆえ，$u = u^*$ となり，自然失業率仮説が成立する。

## 7. 合理的期待

フリードマンの自然失業率仮説では，期待形成について当初はフィリップ・ケイガンの**適合期待仮説**（adaptive expectations hypothesis）を採用した。これは現実値 $\pi_{t-1}$ と予想値 $\pi^e_{t-1}$ との予想誤差（$\pi_{t-1} - \pi^e_{t-1}$）の一部を $\theta$ だけ修正して次期の予想値 $\pi^e_t$ を形成するので，**エラー・ラーニング**（error learning, 誤差学習）の期待形成ともいわれ，離散型の差分方程式では次のように表される。

$$\pi^e_t = \pi^e_{t-1} + \theta(\pi_{t-1} - \pi^e_{t-1}), \quad 0 < \theta \leq 1$$

このように今期 $t$ の変数を前期 $t-1$ の変数の関数として定式化し，分析することを，**動学**（dynamics）という。数学的には離散型の差分方程式か連続型の微分方程式で表すことが多い。インフレ率 $\pi_t$ が一定の定常値をとる場合には，$t \to \infty$ の長期では $\pi_t^e = \pi_t$ となるが，インフレ率 $\pi_t$ が加速か減速している場合には，$\pi_t^e$ は常に過小評価ないし過大評価され，同じ間違いを犯し続けるという不合理を持つ。

そこでルーカスとレオナルド・ラッピング，サージェントなどマネタリスト・マークⅡとか合理的期待学派と呼ばれる新学派は，ジョン・ミュースが提唱した**合理的期待仮説**（rational expectations hypothesis）を用いて自然失業率仮説を検証した。ミュースは，予想時点（$t-1$）で利用し得るあらゆる情報 $I_{t-1}$ を効率的に用いて，現実値 $\pi_t$ とシステマティックに異ならず，現実値の数学的期待値 $E(\pi_t)$ に一致する予想値 $\pi_t^e$ を合理的期待と定義した。よって合理的期待は，利用可能なあらゆる情報を用いた経済モデルによる予測と同じものになる。

$\pi_t^e = E(\pi_t \mid I_{t-1})$

$\pi_t - \pi_t^e = \eta_t, \ E(\eta_t) = 0$

予想誤差（$\pi_t - \pi_t^e$）を $\eta_t$ とすると，その期待値が $E(\eta_t) = 0$ ということは，現実値とシステマティックに異ならず，誤差の総和がプラス・マイナスでゼロとなることを意味する。図18-13のように，誤差がある時は1％プラスで，ある時は2％マイナスで，ある時は3％プラスであっても，総和ではゼロとなる。一度も的中しなくとも，誤差の総和がゼロであればよい。もし完全情報や

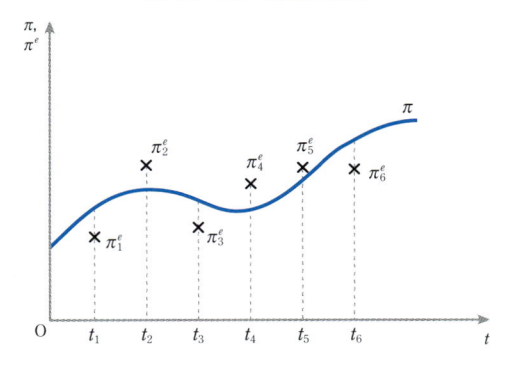

**図18-13　合理的期待**

完全流動性といった完全市場の条件が満たされれば，合理的期待は完全予見に一致する。つまり完全予見の確率版が，合理的期待であるといえる。

リンカーン大統領のゲティスバーグの演説では，「国民の国民による国民のための政府」(the government of the people, by the people, for the people) が有名であるが，「すべての人々を一時的に欺くことはできる。また一部の人々をいつまでも欺くこともできる。しかしすべての人々をいつまでも欺くことはできない」という名言も忘れてはならない。この言葉は，人々の学習行動が長期では合理的期待の学習行動と符合することを意味している。

合理的期待を用いた自然失業率の統計的な検証が先進諸国で行われた結果，短期にはともあれ長期においては，貨幣錯覚パラメーター $\alpha$ は 1 と有意に異ならず，物価上昇率の予想値は現実値と有意に異ならないという実証結果が多く見られ，フィリップス仮説より自然失業率仮説の方が支持された。したがってケインズの理論はあくまでも短期的に妥当するものの，長期においてはニューマネタリスト，新貨幣数量説，あるいは合理的期待学派の理論が妥当性を持つことが支持された。

## 8. ルーカス供給関数

いま労働力人口を $LN$，実際の雇用量を $N$，自然失業率に対応する雇用量を $N^*$ とすると，

$$u = \frac{LN - N}{LN}, \quad u^* = \frac{LN - N^*}{LN}$$

となる。また生産物 1 単位当たりの労働投入量（労働投入係数）を $v$ とすると，

$$N = vY, \quad N^* = vY_F$$

であるので，

$$u = 1 - \frac{vY}{LN}, \quad u^* = 1 - \frac{vY_F}{LN}$$

となる。これらを予想を入れた準フィリップス曲線に代入すると，

$$\pi = \alpha \pi^e + \left(\frac{bv}{LN}\right)(Y - Y_F) = \alpha \pi^e + \beta(Y - Y_F), \quad \beta = \frac{bv}{LN}$$

と変形できる。これをフィッシャー曲線のような因果関係式で表せば，

$$Y = Y_F + \left(\frac{1}{\beta}\right)(\pi - \alpha \pi^e)$$

**図 18-14　ルーカス供給関数**

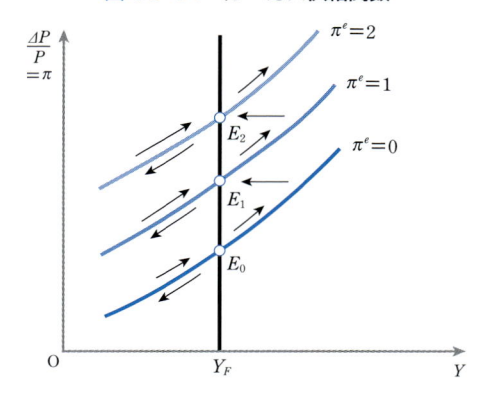

と変形できる。これらの式はルーカスが労働市場の物価版フィリップス曲線を生産物市場に適用したものであり，**ルーカス供給関数**（Lucas supply function）と呼ばれる。あるいは**インフレ総供給関数**ともいわれる。

長期平均的に，貨幣錯覚パラメーター $\alpha$ が1で貨幣錯覚がなく，合理的期待の下で現実物価上昇率 $\pi$ の期待値が予想物価上昇率 $\pi^e$ に等しくなれば，

$$E(\pi) = \pi^e, \quad E(Y) = Y_F, \quad E(u) = u^*$$

が成り立つので，図 18-14 のようにルーカス供給曲線は完全雇用国民所得 $Y_F$ のところで垂直に立ち，完全雇用 $N^*$ が成立する。それに対応して労働市場では自然失業率 $u^*$ が成立する。

ルーカスは，この完全雇用国民所得 $Y_F$ を経済の実物的要因で決定される産出量の「正常」水準を示すものと表現し，完全雇用が「正常」な状態であると考えた。ルーカスによれば，不完全情報の競争市場での価格調整過程は，次のように説明される。個々の企業はその生産物の価格 $p$ については一般物価 $P$ よりも早く確実に情報を得ることができ，一般物価 $P$ については貨幣供給などの情報に基づく予想物価 $P^e$ に基づいて行動する。当該生産物への需要が増大してその価格 $p$ が上昇する時，当該財の価格上昇率が期待物価上昇率 $\pi^e$ より高ければ，その実質需要が増えているものと考えて，企業はその生産量を増やす。またその企業がオファーする賃上げ率が $\pi^e$ より高ければ，労働者は実質賃金が上昇しているものと考えて労働供給を増やす。こうした場合には，雇用量は増えて生産量は「正常」水準を超える。逆の場合には，雇用量は減って生産量は「正常」水準を下回る。また貨幣錯覚がなく，予想インフレ率が現

第 18 章　インフレとデフレ，失業，合理的期待

実インフレ率と一致する場合には，生産量は「正常」水準となり，雇用量も$N^*$となり，自然失業率$u^*$が成立する。

　このように一時的・短期的には，不完全情報や貨幣錯覚，予想誤差などが存在するために，ワルラス的な価格調整機構は十分には働かず，経済は「正常」水準から乖離し，市場均衡が常に瞬時に成立するわけでは決してない。しかし長期平均的には貨幣錯覚がなくなり，予想誤差の平均もゼロとなるので，経済は「正常」水準で均衡することになる。よって金融政策でインフレをコントロールしても，一時的・短期的には国民所得や雇用水準を変えることができるものの，長期平均的には完全雇用水準を変えることはできないことになる。

## 9. 金融政策の無力命題

　サージェントとウォーレス，およびロバート・バローは，(1) 生産物市場と貨幣市場の同時均衡（$IS=LM$分析）に，(2) ルーカス供給関数，(3) マネーサプライ・ルールないし利子率ルールを導入し，(4) 合理的期待を仮定すると，金融政策変数の動向は長期平均的には予想され尽くして，人々の経済行動に織り込まれるので，実物変数に何ら影響を与えないことを論証した。つまり金融政策の効果は一時的・短期的にはあり得るが，長期平均的には無効となるという結論を得たので，これを**金融政策の無力命題**（omnipotence proposition of monetary policy）という。

　貨幣市場の均衡を表す$LM$曲線は，以下のように定式化した。

$$\frac{M}{P} = kY + L(i)$$

完全雇用では貨幣需要は利子非弾力的となるので，次のように単純化できる。

$$Y = \left(\frac{1}{k}\right)\left(\frac{M}{P}\right)$$

そこで実質所得$Y$の成長を支持するため対数をとった実質貨幣供給$\log M/P$を増加させるルールを採用し，1期前を$-1$で表し，$\kappa = 1/k$と置くと，

$$Y - Y_{-1} = \kappa\left(\log\frac{M}{P} - \log\frac{M_{-1}}{P_{-1}}\right) = \kappa\left(\log\frac{M}{M_{-1}} - \log\frac{P}{P_{-1}}\right)$$

となる。$\log M/M_{-1}$は時間変化率にほぼ等しいので貨幣供給増加率$\varDelta M/M = m$で表し，物価上昇率は$\varDelta P/P = \pi$で表し，前期は完全雇用にあったと想定すれば，$Y_{-1} = Y_F$と表せるので，需要ショックを表す撹乱項$\mu$を追加して，

$$Y = Y_F + \kappa\left(\frac{\Delta M}{M} - \frac{\Delta P}{P}\right) + \mu = Y_F + \kappa(m - \pi) + \mu$$

と書くことができる。ただし $E(\mu) = 0$ である。これは物価上昇率 $\Delta P/P$ と国民所得 $Y$ の関係を表す**インフレ総需要曲線**といわれる。

次にルーカス供給関数ないしインフレ総供給曲線に供給ショックを表す攪乱項 $\xi$ を追加すれば,

$$Y = Y_F + \left(\frac{1}{\beta}\right)(\pi - \alpha\pi^e) + \xi$$

となる。ただし $E(\xi) = 0$ である。

生産物市場と貨幣市場の同時均衡,すなわち $IS = LM$ 均衡では,インフレ総需要曲線とインフレ総供給曲線が交わり,均衡インフレ率 $\pi^*$ と均衡国民所得 $Y^*$ が決定される。いま長期平均的には $\alpha = 1$ で貨幣錯覚がなく,$\pi^e = E(\pi)$ で合理的期待形成が行われる場合,インフレ総需要曲線の期待値を計算すると,$Y_F$ は既知で $E(\mu) = 0$ であるから,

$$E(Y) = Y_F + \kappa(E(m) - \pi^e)$$

となる。長期平均的には価格機構の伸縮的調整により完全雇用が回復されるので,

$$E(Y) = Y_F$$

となる。よって,

$$E(m) = \pi^e$$

が成り立つ。つまり期待インフレ率 $\pi^e$ は貨幣供給増加率 $m$ の期待値 $E(m)$ に等しくなる。よってルーカス供給関数は,

$$Y = Y_F + \left(\frac{1}{\beta}\right)(\pi - \alpha E(m)) + \xi$$

と表せる。これより,

$$\pi = \beta(Y - Y_F) + \alpha E(m) + \beta\xi$$

となるので,これを元のインフレ需要曲線へ代入して整理すると,次式を得る。

$$Y = Y_F + \left(\frac{\kappa}{1 + \kappa\beta}\right)(m - \alpha E(m)) + \frac{\mu - \kappa\beta\xi}{1 + \kappa\beta}$$

よって合理的期待の下でも一時的・短期的には貨幣錯覚が残っており ($\alpha \neq 1$),**予想されざるマネーサプライ**(unanticipated money supply)=マネーサプライ増加率の予想誤差 ($m - \alpha E(m)$) と攪乱項 $\mu$,$\xi$ の影響により実質所得 $Y$

第18章 インフレとデフレ,失業,合理的期待

は影響を受ける。しかし合理的期待の下で長期平均的には $\alpha=1$ で貨幣錯覚がなく，$E(\mu)=0$，$E(\xi)=0$ と攪乱項の平均値はゼロとなり，$E(Y)=Y_F$ と完全雇用均衡も成り立つので，

$$m-E(m)=0$$

となる。よってマネーサプライ増加率の予想誤差がゼロとなり，金融政策は実質所得 $Y$ に何ら影響を与えない。もっと厳密に言うと，短期では影響するが，長期ではその影響はプラス・マイナス差引きでゼロになる。そこでこの命題を**金融政策の無力命題**という。ただし，あくまでも長期平均的な無効性を主張するものであり，一時的・短期的な有効性を否定するものではない。

## 10. 財政政策の無力命題

　公共事業を行う財政政策は，その財源を賄う方法により政策効果が違ってくる。まず財政支出の増加を同額の**増税**（tax increase）で賄う場合，均衡予算は維持され，均衡予算乗数の定理によって同額の国民所得を生み出す。しかしこの乗数効果は，不況や不完全雇用の状態に限られ，完全雇用に至ると効果はなくなる。

　次に財政支出の増加を**貨幣増刷**（money printing）で賄う場合，貨幣を増発する金融緩和政策と同様になるので，短期的な効果を持つが，長期的に完全雇用に至ると，物価上昇だけをもたらし，実質所得ではクラウディング・アウトを起こす。

　さて財政支出の増加を**国債増発**（bond issuing）で賄い，将来の租税負担により償還する場合，人々は将来の税負担増加までは考慮せず，購入する国債を資産と認識するので，実質所得に対して長期的・永続的な効果を持つと，ケインジアンは主張する。しかしバローは，一時的・短期的に国債を資産と錯覚する**国債錯覚**（debt illusion）が存在するときには，若干の影響を与え得るが，長期的には将来世代のことまで合理的に考慮して将来税負担の割引現在価値を計算するので，国債錯覚がなくなり，国債は将来税負担の増加と等価になると主張する。国債と将来租税負担が等価であることは，リカードが元々唱えたので，**リカードの等価定理**（Ricardian equivalence theorem）という。バローはこの定理に基づき，将来税負担を予算制約に合理的に組み込むと，国債増発による赤字財政政策は無力となることを論証した。これを**財政政策の無力命題**（omnipotence proposition of monetary policy）という。またバローなどを**新リ**

カード学派（neo Ricardian）とも呼ぶ。

　将来の子々孫々の世代まで考慮するモデルは**重複世代モデル**（overlapping generation model）というが，バローに従って単純化のために若年と老年の2世代モデルで考えよう。国債が発行されない場合の今世代と将来世代の所得を $Y_0$，$Y_1$ とし，市場利子率を $i$ とすれば，2世代所得の割引現在価値すなわち総資産は，

$$W = Y_0 + \frac{Y_1}{1+i}$$

である。一括税制下で個人の平均寿命が有限であっても，世代間の贈与・遺産相続が合理的に行われれば，国債発行による将来税負担の割引現在価値は合理的に計算できる。いま国債を $B$ だけ発行し，公共事業に支出する代わりに今世代への移転支出（ないし減税）に支出すれば，可処分所得は $Y_0+B$ と，$B$ だけ増える。しかし将来世代には国債金利を $r$ として，元利合計 $(1+r)B$ の租税負担が増えるから，将来世代の所得は $Y_1-(1+r)B$ となる。よって2世代の所得の割引現在価値すなわち総資産は，

$$W_B = Y_0 + B + \frac{Y_1 - (1+r)B}{1+i}$$

となる。両者の差をとれば，

$$W_B - W = B - (1+r)\frac{B}{1+i} = \frac{(i-r)B}{1+i}$$

となる。金融市場が完全競争で，利子率の調整が伸縮的に働けば，$r=i$ となるので，$W_B=W$ が成立する。リカードの等価定理が成り立ち，2世代にわたる総資産は等しくなる。つまり国債発行は実質所得に対して無力となる。これを**国債の中立性**（neutrality of bond）ともいう。

　もし金融市場が完全競争ではなく，$r<i$，つまり国債利子率より市場利子率のが高ければ，$W<W_B$ となって，国債発行の場合の総資産は大きくなるので，総消費は増える。一時的・短期的には金融市場が不完全競争である，利子率が伸縮的でない，国債錯覚がある，という**非リカード的歪み**（non-Ricardian distortions）ないし**ケインジアン的歪み**（Keynesian distortions）がある場合には，国債は非中立的となり，国債発行は有効性を持ち得る。しかし長期的にこうした歪みが適正に是正されれば，国債は中立的となる。金融市場は一時的・短期的には利子率が硬直的で，$r<i$ となり得るが，長期的・永続的には利子率

が固定していることはなく，裁定が働いて競争的になり，$r=i$ が成り立つ。また国債購入者の平均余命は国債の平均償還期間より短い場合には，自分が生きている間の将来税負担の現在価値より国債の資産価値を高く評価することもあり得るが，世代間の贈与・遺産相続が合理的に行われれば，その論拠は否定される。

## 11. 金融政策の方式：裁量方式かルール方式か

　政策運営方式に関するケインジアンとマネタリストの対立は，しばしば「**裁量かルールか**（discretion or rule）」と表現される。しかしサージェントとウォーレスが指摘するように，実はケインジアンであれマネタリストであれ，利子率やマネーサプライなどの政策手段が何らかのフィードバック・ルールに従ってコントロールされるべきだと主張する点では変わりない。ケインジアンは物価安定や経済安定という政策目標を達成するために，物価上昇率 $\pi=\Delta P/P$ が上がれば利子率 $i$ を引き上げ，実質経済成長率 $g=\Delta Y/Y$ が下がれば利子率 $i$ を引き下げるというように反応して，金融政策を実施する。その政策を実施するまでの金融当局の反応は，フリードマンが指摘した**認知ラグ**（recognition lag）と**実施ラグ**（implementation lag）で合わせて1期のタイム・ラグをとれば，$\varphi$ を攪乱項として，

$$i_t = a\pi_{t-1} + bg_{t-1} + \varphi_t \quad (a>0,\ b>0)$$

という関数で表すことができる。より一般的には，$X$ を政策手段変数の $n$ 次ベクトル，$Z$ を政策目標変数の $h$ 次ベクトル，$A$ を $n \times h$ 次の係数行列，$U$ を攪乱項の $n$ 次ベクトルとし，当局の反応ラグを1期とすると，

$$X_t = AZ_{t-1} + U_t$$

という一般型で表される。政策当局のこうした関数を，グラント・ロイバーは**政策反応関数**（policy reaction function）と名付けた。後になってジョン・テイラーがやや変形した利子率反応関数を計測して**テイラー・ルール**（Taylor rule）と呼ばれているが，これはこうした一般型の一特殊型である。

　ロイバー以降，先進諸国でこうしたケインジアンの反応関数が計測された結果，その説明力は非常に高く，政策運営がかなりの程度フィードバック・ルールに準拠して実施されてきたことが明らかとなった。反応関数で説明がつく部分は実はフィードバック・ルールに従っているわけであり，「裁量的」自由度を欠いている。真の裁量性は，攪乱項で表される部分であり，通常の攪乱項に

政策当局による裁量性＝人為的攪乱が追加される。人為的攪乱は，ルールに従わない政策当局の「経験による勘」と解釈できる。「物価や国民所得の動向を睨みながら」というケインジアンの政策運営方式が「裁量」と誤解されているが，実は反応関数で説明がつく限りそれはフィードバック・ルールである。バローが論証・実証したように，予想されざる政策のみが経済に影響を及ぼすのであり，予想された政策は公衆が織り込み済みで行動するので影響を持たない。

裁量方式による人為的な攪乱は，一時的には効果を持つものの，認知ラグ，実施ラグ，効果波及ラグなどを見誤ると，長期的には逆のマイナス効果をもたらすので，かえって有害な不安定化をもたらす。このように望ましい効果を持つと予想された政策が，実際には望ましくない効果をもたらす問題は，**動学的不整合性**（dynamic inconsistency）ともいわれる。そもそも金利・利子率は金融市場の価格変数であり，需給調節機能を担う重要な変数であるので，これを裁量的金利政策によって人為攪乱的にコントロールすることは，市場経済の原則に悖る。金融市場の自由化が進む過程で，こうした旧来の考え方は論拠が薄弱になりつつある。

これに対してマネタリストは，やはり物価安定や経済安定という政策目標を達成するために，物価上昇率 $\pi = \Delta P/P$ を許容し得る一定値 $\pi^*$ に維持し，完全雇用を維持する最大可能な潜在実質経済成長率 $g^* = \Delta Y_F/Y_F$ を維持するために，マネーサプライ増加率 $m = \Delta M/M$ をそれらの合計として一定に維持するルールを提唱する。認知ラグと実施ラグで合わせて1期のタイム・ラグをとれば，$\psi$ を攪乱項としてこのマネーサプライ・ルールを次の関数で表すことができる。

$$m_t = a\pi^*_{t-1} + bg^*_{t-1} + \psi_t \quad (a = b = 1)$$

例えば目標とするインフレ率を $\pi^* = 2\%$，潜在実質成長率を $g^* = 3\%$ とすれば，$m = 5\%$ に維持する金融政策を行う。これが**固定率ルール**（fixed rate rule）とか **$X\%$ルール**（$X\%$ rule）と呼ばれる**安定的通貨供給政策**（stable money supply policy）である。サージェントとウォーレスはそれを**最適貨幣供給ルール**（optimal money supply rule）と呼んだ。後になってベネット・マッカラムがやや変形したマネタリーベース反応関数を計測して**マッカラム・ルール**（McCallum rule）と呼ばれているが，それはこうした $X\%$ ルールの一特殊型である。

名目経済成長率 $\pi + g$ が，図18-15のように $\pi^* + g^*$ の回りを上下に変動する場合，固定率ルールを実施していれば，好況時には $d_1$ だけ $m$ が不足するの

第18章　インフレとデフレ，失業，合理的期待

### 図 18-15　最適通貨供給ルール

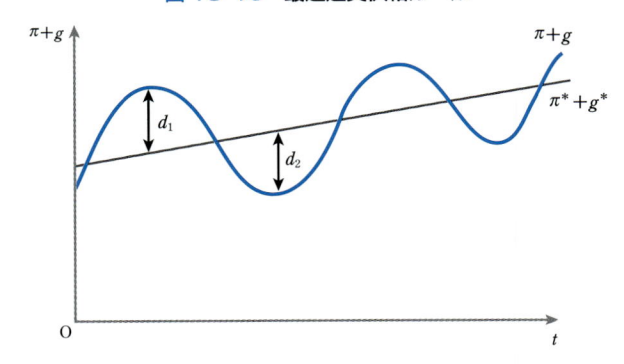

で景気過熱を抑制して，実際の名目成長率をトレンド線の $\pi^*+g^*$ に近付けることができる。また景気後退時には $d_2$ だけ $m$ は過剰となるので景気の落ち込みを抑制して，実際の名目成長率をトレンド線の $\pi^*+g^*$ に近付けることができる。こうして固定率ルールは経済変動を安定化させるとともに，物価安定化にも貢献する。こうした機能を固定率ルールの**自動安定機能**（automatic stabilizing function；built-in stabilizer）という。ただし許容し得るインフレ目標や潜在成長率は変化し得るので，$X$%を常に固定するのではなく，それに合わせて適切に修正させる必要がある。

1980年代初めにアメリカのレーガン大統領によりレーガノミクスの一つとして安定的通貨供給政策が導入され，それまで2桁であった持続的インフレを初めて沈静化することに成功した。日本や欧州先進諸国でも同様に安定的通貨供給政策が試みられ，やはり物価安定化に成功した。しかし日本ではその後適正なマネーサプライ・コントロールを放棄し，裁量的な金利政策に逆戻りして，マネーサプライを過剰に放置したため，歴史上最悪の資産インフレ，資産バブルを引き起こす大失敗を犯した。

**インフレ目標政策**（インフレ・ターゲット政策，inflation target policy）は，1990年からニュージーランドを初め，イギリス，スウェーデン，カナダ，オーストラリア，アメリカなどでも導入されるようになったが，許容し得るインフレ率を例えば $\pi=2$%と固定して安定的通貨供給を図る政策であり，まさに固定率ルール，$X$%ルールの適用として次第に多くの諸国で採用されつつある。

## 12. 財政政策の方式：赤字財政か均衡財政か

　資本主義経済が流動性の罠にはまって大不況に喘ぐ時には，国債発行による赤字財政政策により公共事業を積極的に行い，有効需要を拡大し，労働需要を増やして，生産や雇用を回復することが可能である。ケインズの有効需要の原理はその理論的根拠となった。しかしケインズは赤字をいつまでも永続的に垂れ流してよいと主張したわけではなく，不況時の赤字は好況時の黒字によって相殺し，景気の数循環を経て均衡財政が達成されればよいと考えた。古典的な**単年度均衡財政主義**に代わって，**多年度均衡財政主義**が台頭した。

　1973年の第1次石油ショック以降，日本では1975年から赤字国債の大量発行が行われるようになった。建設投資の便益が60年後の将来世代に及ぶ場合には，60年で償還する建設国債の発行が正当であり，かつ合法である。しかし毎年の経常的支出を穴埋めする赤字国債の発行は財政法で禁止されているため，1年時限立法の「特例公債法」により発行してきた。不況の谷が深い反面で好況の山が低いこともあり，不況時の赤字は好況時の黒字で相殺されず，赤字は累積する傾向にあった。その上福祉国家への方向転換が叫ばれて，社会保障給付費は対国民所得比で1973年の7％から2009年には29％へと激増するようになった反面で，低成長で税収の伸びが低かったために，赤字国債の発行は恒常化し，累積財政赤字は長期債務，政府短期証券なども含めると2012年5月現在で1,204兆円に上る。名目GDP比では，200％を超え，財政破綻に瀕するイタリアの125％，ギリシャの150％をはるかに超えて世界最悪の状態である（図18-16）。これだけ膨大な赤字国債により財政支出を増加させれば，乗数効果によって経済成長率は上がるはずであるが，実態はまったく逆に乗数効果はほとんどなく，1956～1973年度平均で9.1％であった成長率は，1974～1990年度平均で4.2％，1991～2011年度平均では0.8％とほぼゼロ成長に落ち込んでいる（図18-17）。

　巨額の財政赤字の累増は，乗数効果によって経済成長を促すどころか，将来税負担を巨額化し，若い将来世代の勤労意欲や子育て意欲を阻害し，消費を抑制する。その結果，売上げは減少し，物価は下がり続け，利益の減少，設備投資の減少という悪循環により，デフレ不況が長期化する。よって不況時の赤字は好況時の黒字で補塡するというケインズの多年度均衡財政主義も破綻せざるを得ない。リカードの等価定理に基づくバローの警告が，いよいよ現実性を帯びてきた。

### 図 18-16 政府債務残高の推移

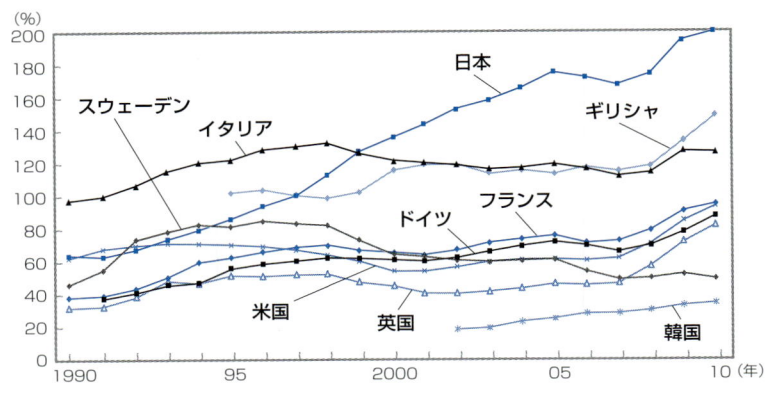

(注) General government gross financial liabilities（対 GDP 比）。
地方政府分を含むが中央政府との重複分は除外。
(資料) OECD Economic Outlook No 90-December 2011 (OECD.Stat 2012.1.10)

### 図 18-17 経済成長率の推移

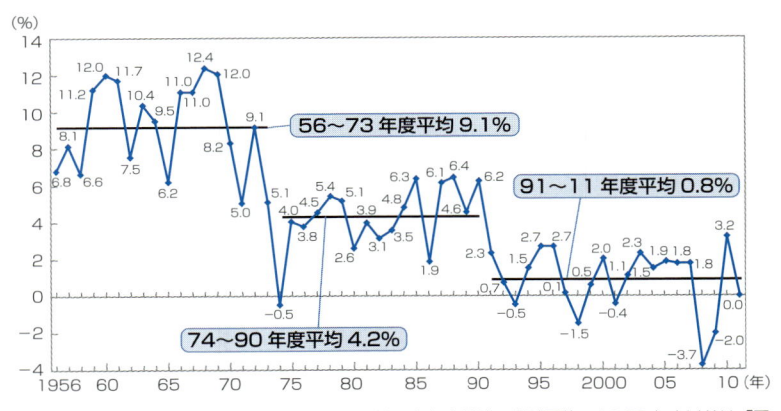

(注) 年度ベース。93SNA 連鎖方式推計。平均は各年度数値の単純平均。1980 年度以前は「平成12年版国民経済計算年報」(63SNAベース)，1981～94年度は年報(平成21年度確報)による。それ以降は，2012 年 1～3 月期 1 次速報値 (2012 年 5 月 17 日公表)。
(資料) 内閣府 SNA サイト

　巨額の財政赤字が累増しても財政政策の乗数効果はほとんどなく，経済停滞やスタグフレーションなどが続いたため，1970年代からはケインジアンの赤字財政政策や政府の肥大化に対する批判が強まり，ヒックスやトービンなど正統派ケインジアンからも**ケインズ経済学の危機**が叫ばれるようになった。そこでマネタリスト，マネタリスト・マークⅡ，合理的期待学派，新しい古典派，

サプライサイド・エコノミクス，公共選択学派など新自由主義的な経済学は，大きな政府による経済介入を抑制し，大幅な政府支出の削減や規制緩和を実施して，民間活力を蘇生させることが重要であり，大幅減税によって民間が使える資金を増やして生産力や資本の形成を促せば，資本主義経済は再び自律的な経済成長を回復できると説いた。税率が高すぎると成長が抑制されて税収は減るので，最適税率まで減税して成長を促進すれば，税収は増えて均衡財政を取り戻せるという**ラッファー曲線**（Laffer curve）の理論が提唱された。現実の政治においてそうした政策を実施したのが，アメリカのレーガン政権やイギリスのサッチャー政権であった。

　規制緩和，財政支出削減，大幅減税，安定的通貨供給を 4 つの柱とするレーガノミクスは，1980 年代当初の不況で税収と輸出が伸び悩んで財政赤字と貿易赤字の双子の赤字に見舞われたが，その後 1983 年からは民間活力の復興とともに 8 年連続の持続的経済成長に成功した。1985 年には「グラム・ラドマン法」（財政均衡化法）が成立し，1992 年度までに財政赤字の漸進的削減をすることが立法化され，多年度均衡財政主義の復権を目指した。新自由主義の経済改革はブッシュ政権，クリントン政権でも推進され，1990 年不況の後 9 年連続の経済成長に成功し，財政均衡化を達成するとともに，物価安定と景気安定にも成功した。その結果，アメリカ経済は史上初の「景気循環なき経済成長」を達成したと言って，これを**ニュー・エコノミー**（new economy）と称した。ケインジアンの赤字財政主義と政府の肥大化では事態はいっこうに改善せず，逆に新自由主義的な規制緩和，財政支出削減，大幅減税による**小さな政府**（cheap government）の実現と**安定的通貨供給**によって，民間活力を蘇生させ，景気安定と経済成長を両立させ，財政赤字を克服して財政均衡化を達成できることを実践的に示した。

　しかしグリーンスパン連邦準備制度理事会議長の下で，潜在成長率＋許容し得るインフレ率（$g^* + \pi^*$）を上回る過剰な貨幣供給増加率 $m$ を続けたために，それが主要な資金源となって 1990 年代後半には IT バブルを引き起こし，2001～2002 年不況の後には不動産バブルを引き起こした。$m$ は単に安定的であるだけでなく，潜在成長率に見合った最適な $X\%$ であることが肝要である。

# 第19章
# 景気循環

　第17章までに見てきた生産物市場，貨幣市場，労働市場の均衡分析は，主として時間軸をある一時点で切って分析したので，時間を静止させて分析するという意味で**静学**（statics）という。また一つの均衡から別の均衡への変化を，**比較静学**（comparative statics）という分析手法を用いて解明してきた。第18章では時間を通じて変化するインフレーションやデフレーション，将来時点の予想形成をする合理的期待など，時間軸に沿った分析を導入した。経済活動は時間を通じて絶えず変化するので，それを時間の関数として捉え，分析することを，**動学**（dynamics）という。経済活動の循環的な変化や趨勢的な成長は，まさに時間を通じて起こるので，本格的な動学分析が必要である。それが景気循環論や経済成長論であり，静学的なマクロ経済学を動学化することによって発展してきた。

　私たちの日常生活において，景気がよくなる悪くなるという問題は生活に直結する重大な関心事である。特に悪くなる場合は，企業は販売量や生産量が落ち込み，利潤が減るので，残業などの労働時間を減らし，賃金も抑制する。有効求人倍率は下がり，失業率は上昇し，新卒の就職は特に厳しくなる。労働者・消費者は消費を節約し，需要は冷え込むので，景気はさらに悪化し，政府の税収が減るので，財政赤字は増える。したがって景気の悪化を食い止め，景気安定化を図る経済政策が必要となるが，そのためには景気循環の原因を究明する必要がある。名著といわれる経済学の教科書では，必ず景気循環を取り扱うが，本書でも避けて通ることのできない重要な経済問題として景気循環を本章で考察する。

## 1．景気循環の定義と景気動向指数

　一国の経済活動は不変のままに維持されるのではなく，活発に上昇する時期と不活発になって下降する時期とが交互に入れ替わりながら推移する。こうした経済ないし**景気**（business；business conditions）の循環的変動を**景気循環**（business cycle；trade cycle）という。図19-1の①**景気回復**（recovery）の

### 図 19-1　景気循環の局面と成長トレンド

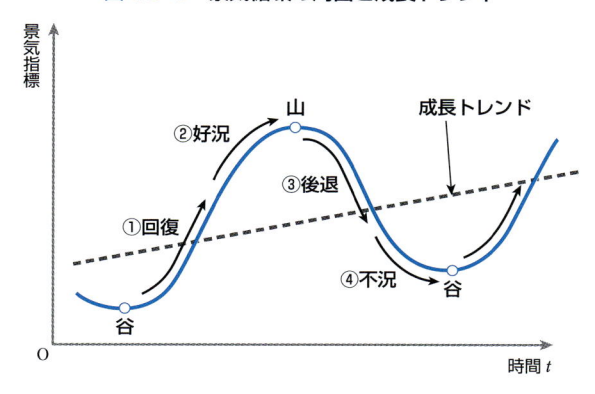

局面では，投資や雇用が増え，生産量や販売量が増大し，賃金や消費量が増え，物価も上がるなど，多くの経済指標が同時に上昇や増大を示す。②**好況**（prosperity）ないし**ブーム**（boom）の局面では，こうした経済指標の上昇や拡大が非常に顕著となり，その頂点では**山**（peak）に達する。資本設備の稼働率はほぼ100％に達し，労働も完全雇用に達する。在庫は不足して，物価上昇が激しくなり，人手も不足して賃金上昇も著しくなる。株式などの資産市場では，さらに値上がり益を期待して投機が活発になり，値上がりが激化する。それらが激しい状態が，景気の**過熱**（overheat）と呼ばれる。ちょうど車の運転で長く速く走り過ぎると，エンジンがオーバーヒートするのと同様である。すると経済は反転して③**景気後退**（recession）の局面に移る。生産量や販売量は減り，賃金や消費量も下がり，物価も下落するなど，多くの経済指標は下落や縮小を示すようになる。④**不況**（depression）ないし**スランプ**（slump）の局面では，こうした経済指標の下落や縮小が顕著となり，その底では**谷**（bottom）に達する。株式などの資産市場では，値下がり損を警戒して，過剰な売りが激化する。それらが激しい状態が，景気の**冷え過ぎ**と呼ばれる。それが深刻で長引く場合は，特に**恐慌**（crisis）という。

　景気の谷から谷，または山から山を，1つの循環という。図 19-1 で景気循環の中心を通るように右上がりの直線（ないし曲線）が引いてあるが，これは上昇する**成長トレンド**（growth trend）である。逆にマイナス成長で下降する場合は，右下がりの直線（ないし曲線）になる。景気循環が成長トレンドの上にある場合は，景気回復・好況期が長く，景気後退・不況期が短い傾向がある。

第 19 章　景気循環　331

反対に景気循環が下降トレンドの上にある場合には，景気回復・好況期が短く，景気後退・不況期が長い傾向がある。したがってトレンドからの乖離部分だけを抽出すると，なぜそうした特徴が発生するのかを説明できなくなるので，乖離部分だけを見る方法は間違いを犯しやすい。

　景気循環は経済活動の循環的変動であるから，国内総生産や国民総生産などの国民所得統計によって把握することが最も包括的である。しかしこの統計は四半期統計であり，毎月の動向を見ることができないので，その代わりに速報性のある月次の**景気動向指数**を用いて把握するのが一般的である。それにはディフュージョン指数とコンポジット指数がある。図19-2のように**ディフュージョン指数**（diffusion index）は，複数の経済指標のすべてが上昇すれば100％であり，半分が上昇すれば50％であり，すべてが下降すれば0％となるように定義される。つまりこれはトレンドからの乖離部分だけを，0〜100％の

**図19-2　ディフュージョン指数（1980〜2012年）**

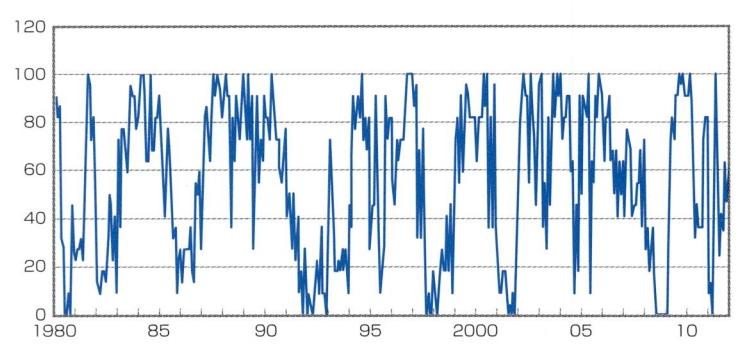

**図19-3　コンポジット指数（1980〜2012年）**

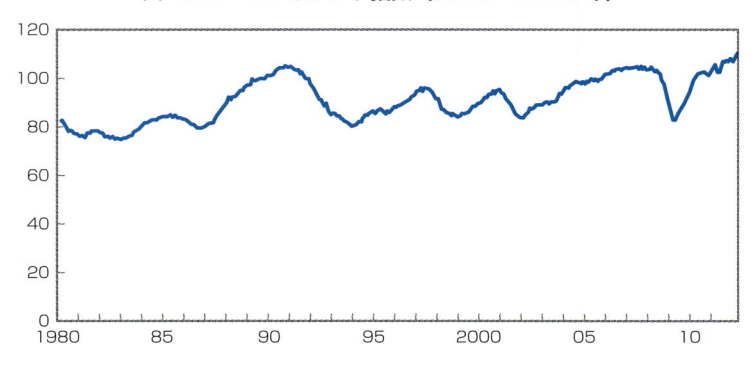

332　第Ⅲ部　マクロ経済学

幅に固定して捉える方法である。よってトレンドを無視しているので，上昇トレンドか下降トレンドに特徴的な性質を見逃してしまう欠点がある。また循環の振幅が大きくても小さくても，一律に0〜100％の幅に固定して捉えるので，振幅の大きさを捉えることができないという欠点がある。

これら2つの欠点を克服したのが，図19-3のコンポジット指数（composite index）である。つまりトレンドの動向を組み込み，循環の振幅の大きさも大小に合わせて表現できる点で，ディフュージョン指数より優れている。そのため以前にはディフュージョン指数が用いられていたが，それに代わ

図19-4 実質GDPの推移（四半期，1980〜2012年）

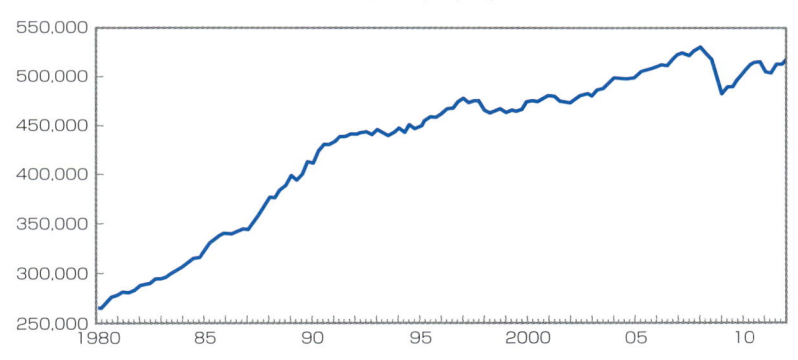

図19-5 実質GDP成長率（前年同期比，1981〜2012）

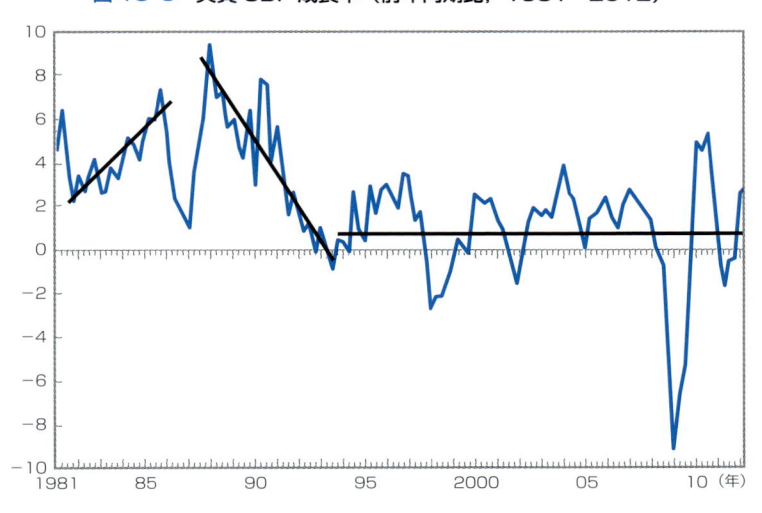

第19章 景気循環

って2008年以降はコンポジット指数が用いられるようになり，景気動向指数というと通常はコンポジット指数を指す。両方とも先行指数，一致指数，遅行指数の区別があり，日本では2011年の改訂で先行指数11，一致指数11，遅行指数6となっている。

図19-4には同時期の実質GDPの推移（四半期）を描いてあるが，循環の振幅や右上がりの成長トレンドはディフュージョン指数よりもコンポジット指数に類似していることがわかる。

図19-5には実質GDP成長率（四半期データ：前年同期比）を描いてある。増加率で見ているので，循環の振幅の形状と大きさがコンポジット指数よりも敏感に表れている。成長率のトレンドは，1988年の約9％から1993年のマイナス成長まで急激に低下し，1993年から2012年までは平均0.78％とゼロ％台の横ばいトレンドであったことがわかる。

## 2. 景気循環の種類

景気循環はその原因や周期，規模などに応じていくつかの種類に分類できる。最も周期が短い循環は約40カ月（3年4カ月）の**小循環**（minor cycle）とか**短期波動**（short wave）と呼ばれ，1923年にジョセフ・キチンが発見したので**キチン・サイクル**（Kitchin cycle）とも呼ばれる。これは市場の需給変動を反映して在庫が変動するものであり，**在庫循環**（inventory cycle）といわれる。戦後の景気循環ではこれが最も鮮明に現れてきた。

約10年の周期をもって小循環より大きな変動をするのが，**主循環**（major cycle）とか**中期波動**（medium-term wave）と呼ばれるもので，1860年にクレマン・ジュグラーが発見したので**ジュグラー・サイクル**（Juglar cycle）ともいう。これは設備投資の変動を原因として起こることから，**設備投資循環**（investment cycle）ともいわれる。戦前は顕著に観察されたが，戦後は振幅が抑えられて，在庫循環の方が顕著に観察されるようになった。

クズネッツは，約15～20年の周期でさらに大きな変動が観察されることを1920年に発見した。その主要な原因が建設投資であることから**建設循環**（building cycle）と呼ばれるが，**クズネッツ・サイクル**（Kuznets cycle）としても知られている。

さらに大きな約45～60年の周期を持つ**長期波動**（long wave）が，1925年にニコライ・コンドラチェフによって発見され，シュンペーターによって**コン**

ドラチェフの波（Kondratiev cycle）と命名された。第1波は1790～1840年代の産業革命期で，蒸気機関や紡績機の発明が原動力となったと見られる。第2波は，1840～1890年代の蒸気機関が全盛の時代で，蒸気機関車，蒸気船，製鉄，電信などの技術革新が原動力となった。第3波は，1890～1930年代における電気と内燃機関の時代で，電気，化学，石油，内燃機関，自動車などが急速に発達した。第4波は，1940～1980年代の戦争と経済成長の時代で，石油，自動車，航空機，船舶，重化学工業，薬品，エレクトロニクス，原子力などさまざまなエネルギーや技術の革新が目覚ましく進展した。第5波は，それ以降の時期で，コンピューター，通信，ネットワーク，電話，携帯電話など**情報通信技術**（Information Communication Technology：ICT）が著しく発達している波である。

## 3. 景気循環理論のタイプと系譜

　短期波動から長期波動までの個々の景気循環は，国によって時代によってそれぞれの実情に影響を受けて発生するので，それぞれの歴史的個性を持っており，原因や周期や規模及び波動パターンにおいて完全に一致するものを見出すことは不可能に近い。しかし上記の4つの波動のようにある程度の共通な特徴を持っているので，それらを理論的に解明し，景気安定化政策に役立てることは，理論的にも政策的にも意義がある。

　景気循環の主要な原因が，経済の外生的要因にあると考えられるものを**外生的景気循環**（exogenous cycle）といい，その理論を**外生的景気循環論**という。外生的要因としては，気候変動，金鉱などの資源の発見，石炭や石油，原子力など新エネルギー源の発見，蒸気機関や内燃機関や航空機などの技術革新など，実物的ショックを指摘する見方があり，ジェボンズの太陽黒点説やシュンペーターの予期せざる技術革新論はその代表例である。ラグナー・フリッシュの不規則衝撃の理論も，最近のリアル・ビジネス・サイクル論も，実物的ショックが外生的に循環を引き起こすとする点で，この類型に分類される。また通貨当局による過剰ないし過小な貨幣供給，株式市況の過熱や暴落など，外生的な貨幣的ショックを主因として重視する見方があり，ラルフ・ホートレーやフリードマンの貨幣的景気循環論，ルーカスの均衡景気循環論などがその例である。

　これに対して景気循環の主要な原因が，企業や家計の規則的な経済行動に内在していると考えられるのが**内生的景気循環**（endogenous cycle）であり，そ

の理論を**内生的景気循環論**という。現代ではIT（Information Technology，情報技術）関連投資が民間設備投資に占める割合は，アメリカでは約4割，日本では約3割にも達しており，毎年のIT関連投資の中からコンピューター，携帯電話，スマートフォン，家電製品などの技術革新がほぼ定期的に行われているので，技術革新のある部分は内生化しているといえる。したがって技術革新をアプリオリに外生的と断じるのではなく，どのタイプの技術革新が外生的かあるいは内生的かをきちんと識別して，注意深く分析することが必要である。内生的景気循環論のうちでは，サミュエルソンの乗数と加速度の交互作用論が比較的に体系的である。リチャード・グッドウィンのカオス循環論は，不規則循環を内生的に説明する点で特徴がある。

　また景気循環は在庫や設備投資や建設投資の調整，新エネルギー源の発見，動力機関の発明，技術革新など実物的な要因によって主に引き起こされると考えるのが，**実物的景気循環**の見方である。これに対して貨幣供給の外生的な増減，株式ブームやバブルとその崩壊など，貨幣的・金融的な要因により景気循環が起こると考えるのが，**貨幣的景気循環**の見方である。1920年代のアメリカの株式バブルとその崩壊による世界大恐慌，1980年代後半の日本の資産バブルとその崩壊による平成長期不況，1990年代のアメリカのITバブルと2000年代の不動産バブル及びその崩壊による世界不況は，まさに貨幣的・金融的な要因を主因とする景気循環であり，実物的循環論だけでは説明できない。

　実際の景気循環は実物的な要因だけでなく，貨幣的・金融的な要因が複雑に絡み合って起こるので，実物的側面だけないし貨幣的側面だけを見ても，正確な分析はできない。また内生的な変動も確かにあるが，外生的なショックによっても循環変動が起こるので，内生的変動だけないし外生的変動だけを見ても，不正確な分析に留まる。以下で考察するさまざまな景気循環論は，それぞれの一面を強調しているが，それ単独では現実の景気循環を十分には説明できないので，それらを総合的・体系的に適用して分析する周到な注意が必要である。

## 4. 乗数と加速度の交互作用論

　まず内生的な景気循環論を検討しよう。サミュエルソンは乗数と加速度の交互作用により，景気循環がどのように内生的に発生するかを説明しようとした。ヒックスによる整理を踏まえて，次のような**差分方程式**（difference equation）で定式化しよう。まず消費関数は，ケインズの絶対所得仮説に基づいて，今期

の消費 $C_t$ が基礎消費 $a$ と前期の所得 $Y_{t-1}$ に限界消費性向 $c$ をかけた部分で決まるとする．
$$C_t = a + cY_{t-1}$$
次に投資関数は，加速度原理に基づき，今期の投資 $I_t$ が前期の所得の増加分 $(Y_{t-1} - Y_{t-2})$ に加速度係数 $v$ をかけた部分で決まるとする．この投資は所得の増分に誘発される誘発投資である．
$$I_t = v(Y_{t-1} - Y_{t-2})$$
投資が誘発投資 $I_t$ と独立投資 $\overline{I}$ からなるとすると，今期の生産物市場の均衡は，
$$Y_t = C_t + I_t + \overline{I}$$
と表される．これに上の2式を代入して整理すると，経済の**動学的な運動方程式**（equation of dynamic motion）は次の2階の差分方程式で表される．
$$Y_t = (c+v)Y_{t-1} - vY_{t-2} + A$$
ただし，$A = a + \overline{I}$ であり，基礎消費と独立投資の和からなる独立支出を表す．独立支出は時間 $t$ から独立で，毎期一定であるとする．

過去の所得 $Y_{t-1}$ と $Y_{t-2}$ は今期には既知となるので，上の差分方程式から今期の所得 $Y_t$ が決定される．逐次この手順で計算すれば，次以降のどの期間の所得も決定できる．そこでどの期間の所得も同じ均衡値 $Y^*$ である場合を想定すると，$Y_{t-2} = Y_{t-1} = Y_t = Y^*$ となり，こうした均衡を**定常均衡**（stationary equilibrium）という．これらの値を上式に代入して整理すると，
$$Y^* = \frac{A}{1-c}$$
となる．つまり定常均衡では，独立支出 $A$ を行うと，その乗数 $1/(1-c)$ 倍の所得 $Y^*$ を生み出すという乗数過程が働くことがわかる．

次に各期の所得 $Y_t$ が，定常均衡値 $Y^*$ からどれだけ乖離して変動するかを調べてみよう．その乖離部分を，
$$y_t = Y_t - Y^*$$
で表すと，上の差分方程式は，次のように書き直され，トレンドを除去した景気循環を表す．
$$y_t = (c+v)y_{t-1} - vy_{t-2}$$
この差分方程式の解は，一般に，
$$y_t = \alpha \lambda^t$$
と表されるので，これから次の特性方程式を得る．

$$\lambda^2 - (c+v)\lambda + v = 0$$

その 2 根を $\lambda_1$, $\lambda_2$ とすれば，根の公式より，

$$\lambda_1, \lambda_2 = \frac{(c+v) \pm \sqrt{(c+v)^2 - 4v}}{2}$$

と計算される。この時上の差分方程式の解は，

$$y_t = \alpha_1 \lambda_1^t + \alpha_2 \lambda_2^t$$

と表される。$y_t = Y_t - Y^*$ だから，これを代入して整理すれば，

$$Y_t = \frac{A}{1-c} + \alpha_1 \lambda_1^t + \alpha_2 \lambda_2^t$$

と表せる。よって景気循環の変動経路は，$\lambda_1$ と $\lambda_2$ がとる値，すなわち限界消費性向 $c$ と加速度係数 $v$ がとる値に依存して決まるので，次の 5 つのケースに分類することができる。

(1) $0 < v < (1-\sqrt{1-c})^2$ の場合

$\lambda_1$, $\lambda_2$ は 1 より小さい正の実根であり，図 19-6 (1) のように $Y_t$ は $Y^*$ に単調収束する。

(2) $(1-\sqrt{1-c})^2 < v < 1$ の場合

$\lambda_1$, $\lambda_2$ の絶対値は 1 より小さい複素根であり，図 19-6 (2) のように $Y_t$ は

図 19-6　乗数と加速度の交互作用による分類

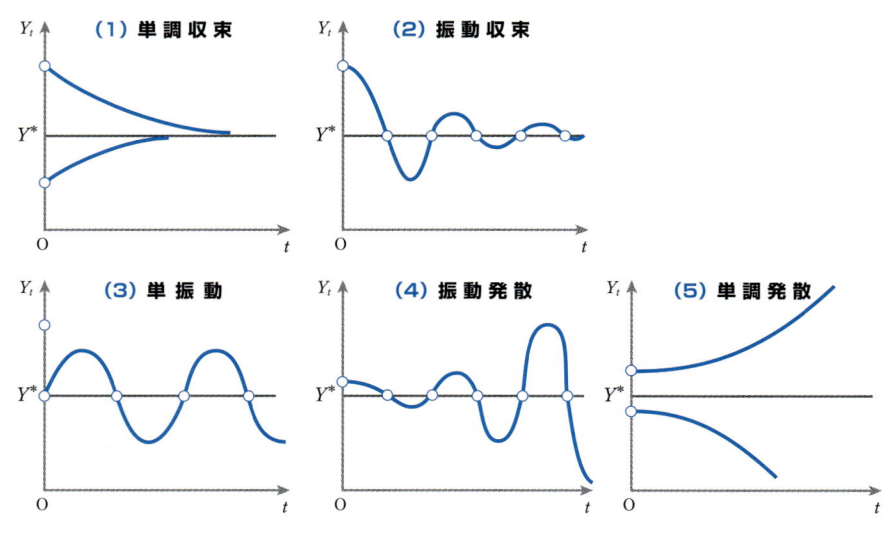

$Y^*$ に振動収束する。

(3) $v=1$ の場合

$\lambda_1, \lambda_2$ の絶対値は 1 に等しい複素根であり，図 19-6 (3) のように $Y_t$ は $Y^*$ の回りを単振動する。ニコラス・カルドアやミハウ・カレツキーの**単振動の理論**（simple oscillation theory）を，サミュエルソンは**単振り子の理論**（pendulum theory）と呼んだが，この類型に分類できる。一時的・短期的に $v=1$ で単振動をするというケースはあり得るが，それが長期にわたって永続的に同じ単振動を繰り返すことは，本章の最初に見た統計的事実とは相容れない。

(4) $1<v<(1+\sqrt{1-c})^2$ の場合

$\lambda_1, \lambda_2$ の絶対値は 1 より大きい複素根であり，図 19-6 (4) のように $Y_t$ は $Y^*$ から振動発散する。

(5) $(1+\sqrt{1-c})^2<v$ の場合

$\lambda_1, \lambda_2$ は 1 より大きい正の実根であり，図 19-6 (5) のように $Y_t$ は $Y^*$ から単調発散する。

サミュエルソンが**玉突き台の理論**（billiard-table theory）と名付けたヒックスなどの理論は，振動発散ないし単調発散の類型に分類できる。この理論によれば，加速度係数 $v$ が大きい経済では，景気回復や好況の時期に経済は拡大方向へ向かって発散し，自律的には収束しない。しかし完全雇用の天井があるので，いつまでも拡大できるわけではなく，その天井にぶつかって反転下降へ向かう。景気後退や不況期には経済は縮小方向へ向かって発散するが，無限小に向かって発散するのではなく，基礎消費や更新投資などの床にぶつかって，反転上昇に向かう。そうした動きがあたかもビリヤードに似ているので，こうした名前が付けられた。

このようにサミュエルソンが提唱した乗数と加速度の交互作用論は，消費理論と投資理論の静学的なケインズ経済学を動学化することによって，景気循環を説明しようとした点で，画期的である。その上，これまで説明したようないくつかの景気循環理論を，その一部として包摂し得る体系的な理論であるといえる。

## 5. ヒックスの玉突き台の理論

ヒックスは 1951 年の『景気循環論』において，加速度係数 $v$ が 1 を超える振動発散ないし単調発散のケースを分析した。そこでまず単調発散のケースを

分析しよう。景気回復や好況の局面においては，所得$Y$の増加は加速度原理に基づいて誘発投資$I$を増やし，それが乗数過程を通じて所得$Y$を増やすので，経済は加速度的に拡大する。しかし資本$K$の完全利用，労働$N$の完全雇用という**天井**（ceiling）にぶつからざるを得ず，$Y_t$が2期以上続けて完全雇用国民所得$Y_F$を維持すると，

$$Y_{t-1} = Y_{t-2} = Y_F$$

となる。これを経済の動学的な運動方程式

$$Y_t = (c+v)Y_{t-1} - vY_{t-2} + A$$

に代入して整理すると，

$$Y_t = cY_{t-1} + A$$

となる。よって加速度係数$v$は消えて，加速度原理は働かなくなるので，図19-7のように経済は反転下降し，定常均衡$Y^*$に向かって収束を始める。よって図の$Q$点が上方転換点となる。

景気後退の下降局面では加速度原理は作用しないという非対称性を持つので，資本減耗$D$の分だけ資本$K$が減少する。すると独立支出は$A-D$となり，均衡産出量$Y_L$は，

$$Y_L = \frac{A-D}{1-c}$$

に下がるので，定常均衡$Y^*$より低いレベル$Y_L$に向かって収束する。この$Y_L$が下限を画するので，**床**（floor）と呼ばれている。一旦この床に落ち込むと，資本減耗分$D$を補塡しようとする**更新投資**（replacement investment）$I_{t-1}$が起こるので，$Y_{t-1} > Y_{t-2}$となって，加速度原理がまた作用し始め，経済は反転上昇へ向かう。よって図の$S$点が下方転換点となる。このように発散する経済運動が天井と床にぶつかって，循環を繰り返す姿はあたかも玉突き台の上のビリヤードに似ているので，玉突き台の理論と呼ばれる。

振動発散の場合でも本質的には状況は同じである。図19-7のように，最初の頃の振幅が大きくなく，天井や床にぶつかる前に反転するとしても，$v > 1$の加速度係数によって発散力が強まり，やがては天井や床にぶつかってから反転するようになる。発散力の強い経済の運動方程式と天井・床という組合せで，景気循環を説明する点では本質的に同じである。

また均衡所得$Y^*$が成長する経済成長では，完全雇用の天井が次第に高くなるとともに，基礎消費や更新投資の床も次第に高くなる。すると図19-8の

図 19-7　ヒックスの玉突き台の理論　　　図 19-8　ヒックスの循環的成長

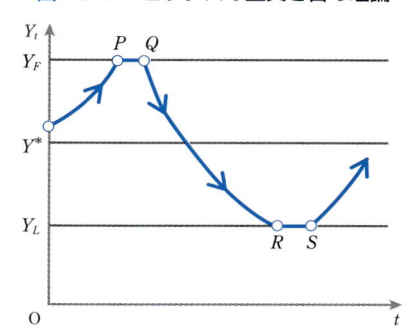

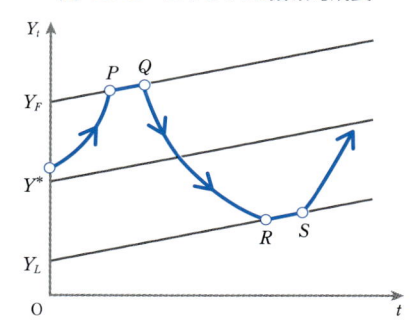

ように，景気循環をしながら成長をしていく**循環的成長**（cyclical growth）も説明できる。

　時間 $t$ に関して離散型の差分方程式は，元々は時間連続型の微分方程式を解く数値解析法の一つであり，2 次の差分方程式は，元々非線型の運動を内包している。それと天井・床とを組み合わせて，非線型の景気循環を説明しようとしたところに，ヒックスの景気循環論のエッセンシャルな貢献があったといえよう。ケインズは企業家の**アニマル・スピリット**（animal spirit，血気）を力説したが，加速度係数 $v>1$ の経済では所得 $Y$ の増加以上の誘発投資 $I$ が増えて，経済は発散運動に向かうので，まさにアニマル・スピリットが顕現化している状況ともいえる。しかしアニマル・スピリットが突き動かす発散過程は，無限に続くわけではないので，天井や床を考慮して景気循環をアニマル・スピリットと整合的に説明したことは，ケインジアンであったヒックスの真骨頂であったといえよう。

## 6. カルドアの単振動の理論

　誘発投資 $I$ をもたらす投資関数は，所得の増加分 $\Delta Y$ に依存する加速度原理だけでなく，所得水準 $Y$ そのものに依存する利潤原理がある。国民生産物 $Y$ が増加すると，売上高も利潤も増えるので，誘発投資 $I$ も増える。しかし投資 $I$ が資本ストックの増加 $\Delta K$ をもたらす長期では，資本利潤率が低下して，投資機会が減るので，誘発投資 $I$ は減る。よって利潤原理の投資関数は，所得 $Y$ の増加関数，資本 $K$ の減少関数として次のように表すことができる。

$$I = I(Y, K), \quad \frac{\partial I}{\partial Y} > 0, \quad \frac{\partial I}{\partial K} < 0$$

$\partial I/\partial Y$ は**限界投資性向**であり，図 19-9 のように右上がりの投資曲線の勾配を表す。いま資本 $K$ が一定の短期で見ると，不況の時には投資は低迷しており，限界投資性向は低いので，図のように投資曲線 $I$ の勾配も小さい。景気回復から好況にかけては，投資が上向いてくるので，限界投資性向は次第に高くなってきて，投資曲線の勾配も次第に大きくなってくる。しかし好況が続いて完全雇用に至り，景気が過熱してくると，限界投資性向は低下し，投資曲線の勾配も小さくなる。したがって投資曲線は直線ではなく，非線型の S 字型になる。

他方で貯蓄関数 $S$ は所得の増加関数であり，次のように表される。

$$S = S(Y), \quad \frac{\partial S}{\partial Y} > 0$$

$\partial S/\partial Y$ は**限界貯蓄性向**であり，図 19-9 のように右上がりの貯蓄曲線の勾配を表す。限界貯蓄性向は景気の各局面でも変わらないと考えられるので，貯蓄曲線の勾配も一定であり，直線となる。

すると，貯蓄 $S$ ＝投資 $I$ の生産物市場均衡をもたらす点は，$E_0$，$E_1$，$E_2$ と 3 つある。まず不況時の均衡点 $E_0$ の近傍では，左側の $Y < Y_0$ の場合，$I > S$ で所得 $Y$ は増え，右側の $Y_0 < Y$ の場合，$I < S$ で所得 $Y$ は減るので，均衡点 $E_0$ へ向かって安定的に収束する。景気過熱時の均衡点 $E_2$ の近傍でも，同様に均衡点 $E_2$ へ向かって安定的に収束する。ところがその中間の均衡点 $E_1$ では，左側の

図 19-9　**利潤原理の投資関数**

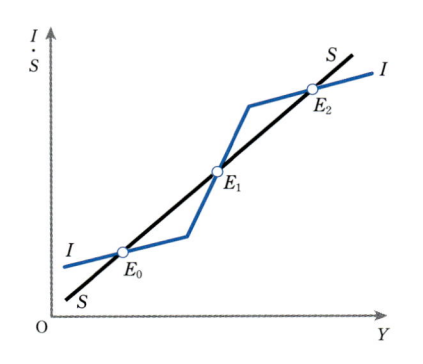

図 19-10　**カルドアの循環論**

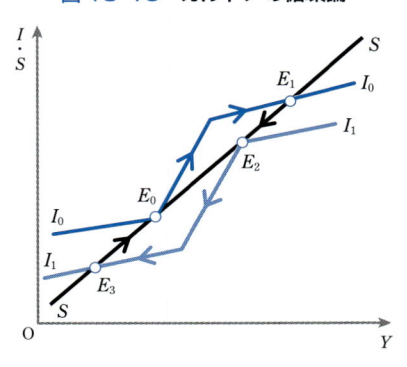

$Y<Y_1$ の場合，$I<S$ で所得 $Y$ は減り，右側の $Y_1<Y$ の場合，$I>S$ で所得 $Y$ は増えるので，均衡点 $E_1$ から不安定に発散する。よって景気回復時に下から $E_1$ 点を通過すれば，投資も所得もさらに増えて発散する。また景気後退時に上から $E_1$ 点を通過すれば，投資も所得もさらに減って発散する。

カルドアは利潤原理の投資関数に基づいて景気循環を説明した。いま貯蓄 $S$ と投資 $I$ とが均等する均衡点 $E_0$ からスタートするとしよう。その右側では投資 $I>$ 貯蓄 $S$ であるから，投資が増えて所得 $Y$ が増加するので，投資曲線 $I$ 上を景気回復をする。好況となって均衡点 $E_1$ に到達すると，その右側では投資 $I<$ 貯蓄 $S$ であるから，投資が減って所得 $Y$ が減少するので，均衡点 $E_1$ が上限の天井となってここに留まる。

すると長期的には投資 $I$ は資本ストックの増加 $\Delta K$ となり，売上高がそれ以上に増えない限りは資本利潤率が低下し，図 19-10 のように投資曲線は $I_0$ から $I_1$ へと下方シフトする。均衡点 $E_2$ の右側では投資 $I<$ 貯蓄 $S$ であるから，投資が減って所得 $Y$ が減少するので，均衡点 $E_2$ まで景気後退をする。その左側では，やはり投資 $I<$ 貯蓄 $S$ であるから，投資が減って所得 $Y$ が減少するので，さらに不況となって均衡点 $E_3$ まで到達する。その右側では投資 $I>$ 貯蓄 $S$ であるから，投資が増えて所得 $Y$ が増加するので，均衡点 $E_3$ が下限の床となってここに留まる。

すると資本減耗 $D$ が進んで資本ストックが減少するから，売上高がそれ以上に減らない限りは資本利潤率が上昇し，投資曲線は $I_1$ から $I_0$ へと上方シフトする。均衡点 $E_0$ の左側では投資 $I>$ 貯蓄 $S$ であるから，投資が増えて所得 $Y$ が増加するので，均衡点 $E_0$ まで景気回復をする。その右側では，やはり投資

図 19-11 　単振動の循環

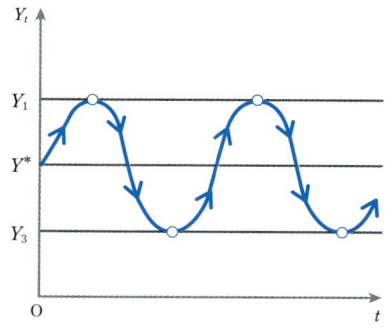

図 19-12 　カルドアの循環的成長

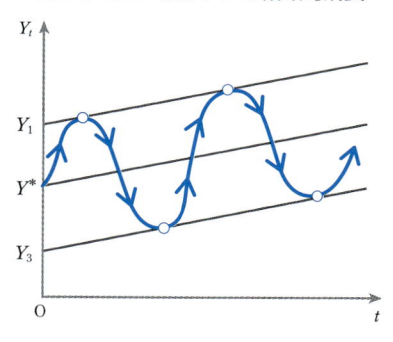

$I>$貯蓄$S$であるから，投資が増えて所得$Y$が増加するので，さらに景気回復が進み，好況となって均衡点$E_1$まで到達する。

この景気循環を図19-11のように，横軸に時間$t$をとり，縦軸に所得$Y$をとって描くと，上限の天井と下限の床との間を一定の振幅で，単振り子のように単振動をすることになる。また均衡投資や均衡所得が成長する経済成長においては，上限の天井が次第に高くなるとともに，下限の床が次第に高くなる。すると図19-12のように，景気循環をしながら成長をしていくという**循環的成長**も説明できる。

### 7. グッドウィンのカオス循環論

ヒックスやカルドアの景気循環論は，規則的循環変動が経済の内部で内生的に発生する仕組みを説明する。これに対してグッドウィンの**カオス循環論** (chaotic cycle theory) は，経済の内部から不規則な循環変動が内生的に起こる仕組みを説明する。ここでカオスとは，外部から不規則な衝撃を与えなくても，体系の内部から生まれる不規則な運動をいう。消費関数や投資関数に非線型な動きが含まれていると，国民所得$Y$の動きにも非線型性が含まれ，今期の所得$Y_t$と来期の所得$Y_{t+1}$との間の関係は非線型の差分方程式で表される。

$$Y_{t+1}=f(Y_t)$$

この関係を描いたものが，図19-13の所得曲線$Y$である。すると，

$$Y_1=f(Y_0)$$

であるから，

$$Y_2=f(Y_1)=f(f(Y_0))=f^2(Y_0)$$

と表すことができる。ただし関数$f^2$は関数$f$とは別の関数である。よって一般に，

$$Y_m=f^m(Y_0)$$

であり，$m$期の所得$Y_m$は初期（0期）の所得$Y_0$が決まると，それに応じて確定的（deterministic）に決まる。$P$点から出発する場合，所得の初期値は横軸上の$Y_0$であり，それに対応する1期の所得$Y_1$は縦軸上の$Y_1$であるが，それは45度線と交わる点に対応する横軸上の$Y_1$に等しい。すると次の2期の所得$Y_2$は，45度線と交わる点に対応する横軸上の$Y_2$に等しい。以下同様に$m$期の所得$Y_m$も確定する。図19-13にこのプロセスが描いてある。その変動を，横軸に時間$t$，縦軸に所得$Y$をとった図19-14に表すと，不規則な循環的変

図 19-13　グッドウィンのカオス循環理論

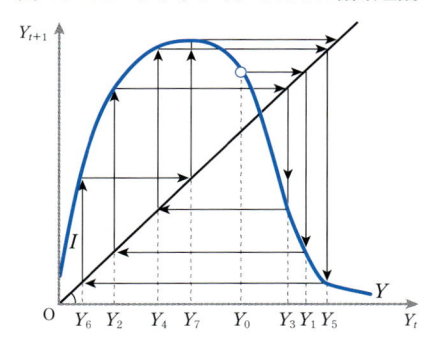

図 19-14　カオス循環

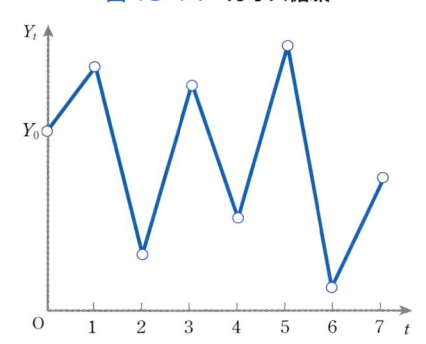

動が発生することがわかる。

　高度成長時代の景気循環から低成長時代の景気循環への構造的な変化は，所得曲線 $Y$ が構造変化によって左方にシフトすることにより説明できる。

　こうした**カオス動学**（chaotic dynamics）は，経済変動だけでなく人口などの社会変動や気温などの気象変動を説明するためにも応用されつつある。

## 8. 不規則衝撃の理論

　**不規則衝撃**（random shock）ないし**確率的ショック**（stochastic shock）の循環理論は，その系譜をヴィクセル，オイゲン・スルツキー，フリッシュに遡ることができる。石油ショックのような確率的ショックが経済に外生的に起こると，その影響は減衰するが，確率的ショックが次々と継続して起こることにより不規則な衝撃の合成として循環運動が生成される。しかし現実の景気循環は，**循環**（cycle）はするが，単振動のような一定の**周期**（period；frequency）や**振幅**（amplitude）を必ずしも持つものではない。ヴィクセルは，不規則ショックが経済に与える影響を，あたかも揺れ木馬を押した時の動きに喩えて次第に減衰する様子を説明した。同様の着想から，1927 年にスルツキーは，偶然の確率的なショックが重なると循環運動を生成するという理論を唱えた。またフリッシュは 1933 年に，不規則なショックは影響が減衰するものの，重なると循環運動を生み出すという理論を提唱した。こうした理論は**不規則衝撃の理論**（random shock theory）と呼ばれる。

　スルツキーの確率的ショック・モデルは，国民所得 $Y$ の 1 次の**確率的自己回帰過程**（stochastic autoregressive process）$AR(1)$ で表すことができる。

図 19-15　スルツキーの確率ショック循環

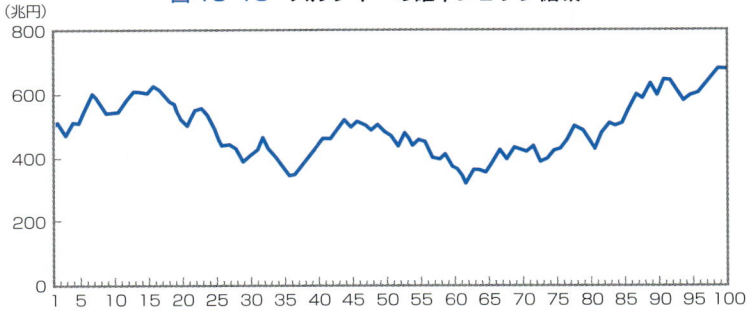

$$Y_t = aY_{t-1} + \varepsilon_t$$

$\varepsilon$ は攪乱項（random disturbance）であり，平均 $\mu = 0$，標準偏差 $\sigma$ ＝一定の正規分布（ホワイトノイズという）に従う。標準偏差はバラツキの平均的大きさを表す。$a = 1$ の時期待値をとると，$E(\varepsilon_t) = 0$ ゆえ，

$$E(Y_t) = E(Y_{t-1}) = Y^*$$

となり，長期的には国民所得はその「正常」水準 $Y^*$ に定常均衡として収束し，短期ではその回りを攪乱項 $\varepsilon$ の分だけ上下に循環する。$a > 1$ の時は上昇トレンドで，$a < 1$ の時は下降トレンドで，同様の循環運動が起こる。いま国民所得の初期値を $Y_1 = 500$ 兆円とし，$a = 1$，$\sigma = 25$ 兆円となるようにコンピューターで $\varepsilon$ の確率的乱数を 100 個発生させ，$Y_t$ の時系列運動軌跡を求めると，図 19-15 のように定常均衡 $Y^*$ を巡る確率ショック循環が描かれる。循環はあるが，内生的循環論のように周期も振幅も一定値ではないので，一見現実の循環に近いように見える。

## 9. 合理的期待学派の確率ショック循環論

　近年の合理的期待学派・新しい古典派による均衡景気循環論やリアル・ビジネス・サイクルと呼ばれる理論では，貨幣的ショックや実物的なショックが経済変動に影響を与え，その影響は次第に減衰するが，次々とショックが起こるためにそれらの合成の効果として景気循環が生成されると説明する。よってスルツキーやフリッシュの不規則衝撃の理論を現代的に継承しているものである。

　しかし合理的期待学派が古典的な確率ショック論と違うのは，**不完全情報**と合理的期待の下で，消費者が効用最大化，企業が利潤最大化の主体的最適化をする結果，一時的・短期的には貨幣錯覚，予想誤差，不均衡などが存在するこ

とを認めるものの，長期平均的にはそれらが相殺し，市場均衡と完全雇用が達成されるという均衡アプローチをとる点である。なお彼らは，一時的・短期的にも完全情報と完全予見を仮定し，貨幣錯覚，予想誤差，不均衡の存在を認めないという解釈があるが，この解釈は初歩的な間違いである。

彼らは，一時的・短期的には，外生的な貨幣・金融ショックや実物ショックが，景気循環をもたらし，均衡は必ずしも成立せず，完全雇用均衡所得 $Y^* = Y_F$ から乖離をもたらすが，長期平均的に見ると，プラス・マイナス相殺し合って均衡が成立し，完全雇用均衡所得 $Y^* = Y_F$ が達成されるという。その理論的核心に合理的期待を取り入れているので**合理的期待学派**（rational expectationists）と呼ばれ，また短期的にはともあれ長期平均的には古典派的・新古典派的な均衡理論を核心としているため**新しい古典派**（New Classicals）とも呼ばれている。

不完全情報と合理的期待の下で，合理的消費者が効用最大化をする結果得られる生産物市場のインフレ総需要関数は，国民所得 $Y$ を完全雇用国民所得 $Y_F$，貨幣供給増加率 $\Delta M/M = m$，物価上昇率 $\Delta P/P = \pi$，マーシャルの $k$ の逆数 $\kappa$，需要ショック $\mu$ の関数として，次のように表せる。$\mu$ はホワイトノイズに従う。

$$Y = Y_F + \kappa \left( \frac{\Delta M}{M} - \frac{\Delta P}{P} \right) + \mu = Y_F + \kappa(m - \pi) + \mu$$

また合理的企業が利潤最大化をする結果得られるインフレ総供給関数すなわちルーカス供給関数は，国民所得 $Y$ を完全雇用国民所得 $Y_F$，物価上昇率 $\Delta P/P = \pi$，期待物価上昇率 $\pi^e$，貨幣錯覚パラメータ $\alpha$，供給ショック $\xi$ の関数として，次のように表せる。$\xi$ はホワイトノイズに従う。$\beta = bv/LN = b \times$ 労働投入係数/労働力人口で，一定とする。

$$Y = Y_F + \left( \frac{1}{\beta} \right)(\pi - \alpha \pi^e) + \xi$$

生産物市場と貨幣市場の同時均衡，すなわち $IS = LM$ 均衡では，インフレ総需要曲線とインフレ総供給曲線が交わり，均衡インフレ率 $\pi^*$ と均衡国民所得 $Y^*$ が決定されるので，両関数の均衡条件を整理すると，次式が得られる。

$$Y = Y_F + \left( \frac{\kappa}{1 + \kappa\beta} \right)(m - \alpha E(m)) + \frac{\mu - \kappa\beta\xi}{1 + \kappa\beta}$$

前章では前期は完全雇用であったと仮定したが，そうでない場合もあるので一般的には，$Y$ の動学的運動方程式は次の差分方程式で表される。

$$Y_{t+1} = Y_t + \left(\frac{\kappa}{1+\kappa\beta}\right)(m_t - \alpha E(m_t)) + \frac{\mu_t - \kappa\beta\xi_t}{1+\kappa\beta}$$

よって合理的期待の下でも一時的・短期的には貨幣錯覚があり（$\alpha \neq 1$），予想されざるマネーサプライ（unanticipated money supply）＝$(m_t - \alpha E(m_t))$＝貨幣供給ショック，需要ショック$\mu_t$，供給ショック$\xi_t$の影響により国民所得$Y_{t+1}$は変動する。

そこでルーカスは，貨幣供給ショックにより一般物価$P$が上昇する場合，合理的期待の下でも一時的・短期的には貨幣錯覚や予想誤差はあるので，各企業$i$は自社製品だけの価格$p_i$が上がっていると誤認して，生産量を増加し，これが生産量を「正常」水準から上へ乖離させ，景気循環を引き起こすと考えた。貨幣供給ショックがマイナスの場合は，下方へ乖離する循環を起こす。しかし合理的期待の下で長期平均的には，$\alpha = 1$で貨幣錯覚がなく，$E(\mu)=0$，$E(\xi)=0$と攪乱項の平均値はゼロとなり，$m - E(m) = 0$と貨幣供給増加率の予想誤差もゼロとなり，$E(Y) = Y_F$と完全雇用均衡国民所得も成り立つ。長期均衡の回りを循環するのでルーカスの景気循環論は**均衡景気循環論**（equilibrium business cycle）と呼ばれる。一時的・短期的に見られる景気循環は貨幣供給ショックに基づくので，原因から見ると**貨幣的ショック循環論**（monetary shock cycle theory）であり，外生的な**確率ショック循環論**に分類される。

いま日本の2012年のデータを元に，M1についてのマーシャルの$k$を$M1/Y$＝540兆円/500兆円＝1.08，$\beta$を6,255万人/6,550万人/500兆円＝0.0019と置き，貨幣的ショックを前節で計算したスルツキーの確率的乱数と同じに設定し，国民所得の初期値を$Y_1$＝500兆円として数値計算をすると，上の運動方程式の

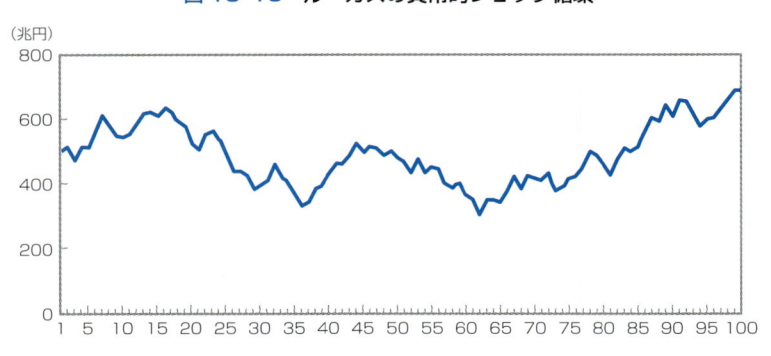

**図19-16　ルーカスの貨幣的ショック循環**

循環変動は図 19-16 のようにスルツキー循環よりやや振幅が大きく描かれる。

これに対して，同じ合理的期待学派でもフィン・キッドランドとエドワード・プレスコット，ジョン・ロングとチャールズ・プロッサーは，むしろ供給ショック$\xi$などの生産側の実物的ショックが景気循環を引き起こすと主張した。それが**リアル・ビジネス・サイクル論**（**実物的景気循環論**，real business cycle）と呼ばれる理論である。技術革新により生産関数や供給関数が上方シフトすれば，労働生産性が高まり，企業の労働需要も労働者の労働供給も増える。生産量が増え，実質賃金の上昇から販売量も増え，国民所得は増加する。技術革新の影響が減衰すれば，国民所得の増加も減衰するが，技術革新が次々に起こることにより景気循環が生成される。しかし合理的期待の下で長期平均的には，$\alpha=1$ で貨幣錯覚がなく，$E(\mu)=0$，$E(\xi)=0$ と攪乱項の平均値はゼロとなり，$m-E(m)=0$ と貨幣供給増加率の予想誤差もゼロとなり，$E(Y)=Y_F$ と完全雇用均衡国民所得も成り立つ。よってショックの原因を別とすれば，理論構造はルーカスの貨幣的ショック循環論と同じであり，**確率ショック循環論**に分類されるので，正確にいうならば，外生的な**実物的確率ショック循環論**（real shock cycle theory）というべきであろう。

上の運動方程式において，単純化のために貨幣的ショック＝$(m_t-\alpha E(m_t))$ がゼロであり，実物的ショックが供給ショック$\xi$のみでその係数が 1 であるとし，貨幣的ショックの乱数とは別の確率的乱数をコンピューターで生成して数値計算をすると，上の運動方程式は図 19-17 のように描かれる。

現実の景気循環は，実物的ショックだけでなく貨幣的ショックなどさまざまな要因が複雑に絡まって生成されるので，貨幣的ショックだけ，実物的ショッ

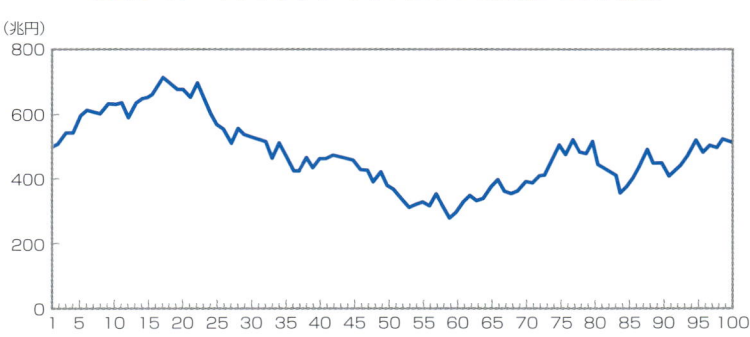

**図 19-17 キッドランド=プレスコットの実物ショック循環**

**図 19-18 貨幣ショックと実物ショックの合成循環**

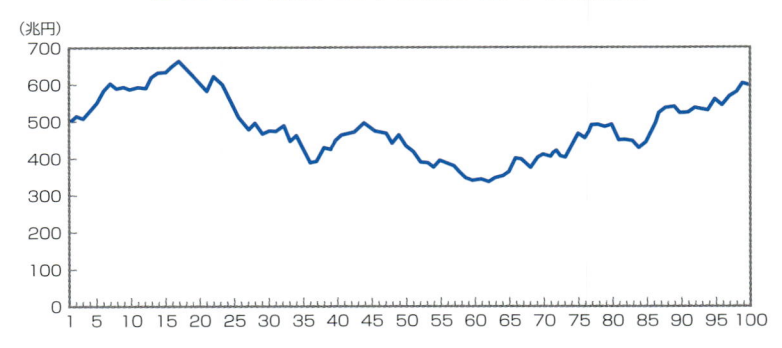

クだけを見ても正確な分析はできない。そこで両者の係数を半分にして合成したのが図 19-18 の循環である。なおここでは攪乱項を乱数により発生させてシミュレーションを行っているが，実証分析では観察されたデータを用いて計測を行う。

# 第20章
# 経済成長

　前章の景気循環では，国民経済全体の経済活動が活発な時と不活発な時とで循環する姿を分析した。そうした短期的な景気循環をならし趨勢的な上昇傾向を，経済成長という。実際にはトレンドとして上昇，一定，下降という3つのケースがあり，それぞれは経済成長，ゼロ成長，マイナス成長と呼ばれている。戦後の先進資本主義国は，戦前に比べると目覚ましい経済成長を遂げ，とりわけ日本は実質で10%を超える高い経済成長率を20年近くも続けるという奇跡的な成長を遂げた。戦争をしなくても，いやむしろ戦争をせずに平和的な経済活動に集中する方が，高い経済成長を達成できることが実証された。

　ではどういうメカニズムで経済成長は起こるのか，その解明を最初に試みたのが，ロイ・ハロッドの『動態経済学序説』（1948年）であり，ケインズの短期マクロ経済学を長期的に動学化することを通じて行われた。国民の労働と資本を本源的な生産要素として投入し生産活動は行われるので，労働が完全雇用され，資本が完全利用されて稼働率100%であれば，潜在生産能力がフルに発揮される。その時の成長率が潜在成長率であり，それは労働の完全雇用成長率とも資本の完全利用成長率とも相等しく，まさに最も望ましい成長率である。それが黄金時代均衡成長とか均斉成長と呼ばれる規範的概念であり，どのような条件が満たされる時に達成できるのか，ハロッドは解明を試みた。またハロッドは，労働と資本だけでなく，技術進歩こそが経済成長の主要な原動力であることを明らかにした。

　その後，ネオ・ケインジアンや新古典派などによりさらに詳細な分析が行われ，経済成長の理論的解明が進んだ。本章ではそうした諸理論を踏まえて，経済成長を考察しよう。

## 1. 経済成長と成長率

　国民経済全体として経済活動が趨勢的に上昇することを，**経済成長**（economic growth）という。その指標としては，フローとしての経済活動を測定する国民所得を用いるのが一般的である。そのうち以前は国民総生産 GNP

（＝国民総支出＝分配国民所得）を用いてきたが，海外からの純所得を含むため，これを除外した国内総生産 GDP（＝国内総支出＝分配国内所得）を現在では用いている。また物価上昇・下落による見かけ上の所得の増加・減少を取り除いて，実質的な所得の大きさを把握するために，実質国内総生産＝実質 GDP を用いる。ただし通常の経済活動は名目値で行われ，消費者物価や GDP デフレーターなどの公表数値を 1 カ月後とか 3 カ月後に知ってから初めて実質値の認識が行われるので，名目値の動向もしっかりと把握しておく必要がある。

図 20-1 には日本の実質 GDP の長期的推移を時系列で表示してある。この線が右上がりの部分が経済成長の状態であり，水平の部分はゼロ成長を表し，右下がりの部分はマイナス成長を表している。昭和 30～40 年代（1955～1973

**図 20-1　長期の実質 GDP の成長**

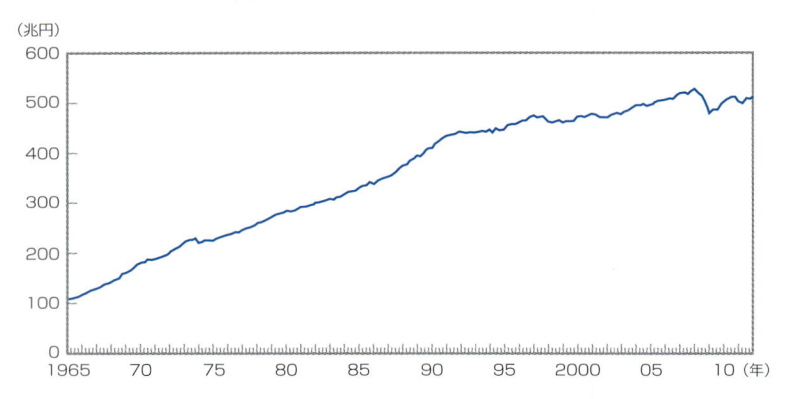

**図 20-2　長期の実質 GDP 成長率（前年同期比）**

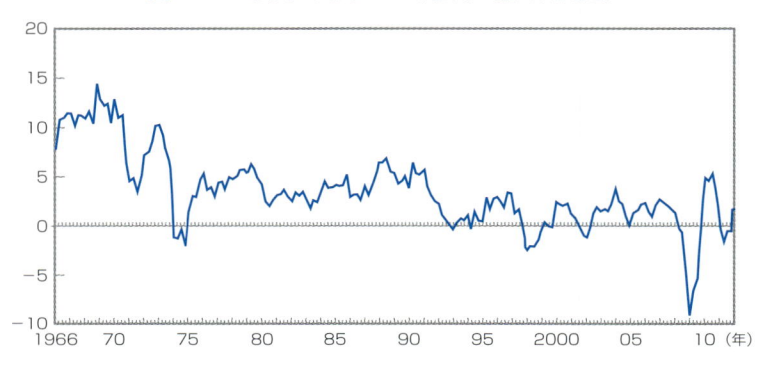

年）の高度成長時代には急勾配になっており，1973年の第1次石油ショックで右下がりとなり，その後勾配が緩やかな安定成長時代となった。1986年からの資産バブルではまた急勾配となり，1990年のバブル崩壊で右下がりとなり，その後は水平のゼロ成長が続いた。1997年の金融大不況で右下がりとなり，2002年からの小泉構造改革で緩い右上がりに持ち直したが，2008年のアメリカ不動産バブル崩壊とリーマン・ショックで戦後最悪の落ち込みとなり，その後はやや持ち直している。

図20-2には，同じ実質GDPデータの前年同期比変化率をとった**経済成長率**（rate of economic growth）を描いてある。100兆円が4四半期後に110兆円になれば，成長率は年率で10％である。絶対水準で見たGDPよりも変化率で見たGDP成長率の方が変化を敏感に反映するので，より詳細な動向を把握できる。昭和30〜40年代（1955〜1973年）の高度成長時代には10％を超える高成長が達成されたが，1971年のニクソン・ショックで4％成長の不況となり，一旦高成長に戻した後に，1973年の第1次石油ショックで戦後初めてのマイナス成長を経験した。その後は4〜5％の比較的に安定した中成長を続けたが，1986年からの資産バブルではまた7％ほどの成長を達成した。しかし1990年のバブル崩壊の後は再びマイナス成長を記録し，その後3％ほどの成長に戻したが，1997年の金融大不況でマイナス成長の記録を塗り替え，2002年にもマイナス成長となった。小泉構造改革で緩い成長を取り戻したが，2008年のアメリカ不動産バブル崩壊とリーマン・ショックで戦後最悪の9％マイナス成長を記録し，その後はやや持ち直している。

## 2. ハロッド＝ドーマーの成長理論

今期の国民所得を$Y_t$，前期の国民所得を$Y_{t-1}$とすると，前期から今期にかけての国民所得の成長率$G_t$は，

$$G_t = \frac{Y_t - Y_{t-1}}{Y_{t-1}} = \frac{\Delta Y_t}{Y_{t-1}}$$

と表すことができる。これを**現実成長率**（actual rate of growth）という。

それに対して，ケインズの短期のマクロ理論を動学化して経済成長論を開拓したハロッドとエヴセイ・ドーマーは，規範的な観点から資本の完全利用を保証する保証成長率と労働の完全雇用を達成する自然成長率という2つの成長率概念を提唱した。

## (1) 資本の保証成長率

生産物の供給能力 $Y_s$ と正常運転する時の資本ストック $K$ との間には，

$$v = \frac{K}{Y_s}$$

という関係があり，この $v$ を**資本・産出比率**（capital output ratio）とか**資本係数**（capital coefficient）という。変形して増分をとると，投資 $I$ は資本の増分 $\Delta K$ に等しくなるから，

$$\Delta Y_s = \left(\frac{I}{v}\right)\Delta K = \left(\frac{I}{v}\right)I$$

と表せる。つまり投資 $I$ は $(1/v)$ 倍の生産能力の増加 $\Delta Y_s$ をもたらす。これを**投資の生産能力効果**（production capacity effect of investment）という。

他方で総需要 $Y_d$ は消費 $C$ と投資 $I$ の合計であり，平均貯蓄性向を $s$ とすると長期の貯蓄 $S$ は $sY_d$ であるので，次の関係が成り立つ。

$$Y_d = C + I, \quad S = sY_d$$

総需要 $Y_d$ から消費 $C$ を引いたものが貯蓄 $S$ であるので，

$$Y_d - C = sY_d = I$$

という関係になり，

$$Y_d = \left(\frac{1}{s}\right)I$$

$$\Delta Y_d = \left(\frac{1}{s}\right)\Delta I$$

が成り立つ。これは投資の増加 $\Delta I$ が乗数 $(1/s)$ 倍の総需要の増加 $\Delta Y_d$ を生み出すことを意味しており，**投資の需要効果**（demand effect of investment）という。ハロッドとドーマーは，投資がもたらす供給面と需要面のこれら2つの効果を**投資の二重効果**（dual effects of investment）と呼んだ。

生産物市場の均衡においては，次式のように供給増加と需要増加が均等しなければならず，この時生産された生産物はすべて需要により吸収される。

$$\Delta Y = \Delta Y_s = \left(\frac{1}{v}\right)I = \Delta Y_d = \left(\frac{1}{s}\right)\Delta I$$

これより，

$$\frac{\Delta I}{I} = \frac{s}{v}$$

が成り立ち，投資の成長率 $\Delta I/I$ は $s/v$（＝貯蓄性向/資本係数）に等しくなる。

また $Y_s=(1/v)\,K$, $Y_d=(1/s)\,I$ の関係より，生産物市場均衡では

$$Y_s=\left(\frac{1}{v}\right)K=Y_d=\left(\frac{1}{s}\right)I$$

が成り立つから，$I=\Delta K$ を代入して，

$$\frac{\Delta K}{K}=\frac{s}{v}$$

が成り立つ。つまり資本ストックの成長率 $\Delta K/K$ も $s/v$ に等しくなる。

また $Y_s=(1/v)\,\Delta K$, $\Delta Y_s=(1/v)\Delta K$, $Y=Y_s=Y_d$ の関係より，

$$\frac{\Delta Y}{Y}=\frac{s}{v}$$

が成り立つ。つまり国民生産物の成長率 $\Delta Y/Y$ も $s/v$ に等しくなる。よって

$$G_w=\frac{\Delta I}{I}=\frac{\Delta K}{K}=\frac{\Delta Y}{Y}=\frac{s}{v}$$

で投資の成長率，資本ストック成長率，国民生産物の成長率はすべて $s/v$ に等しくなり，この成長率において，投資が生み出す需要は投資が生み出す生産物を過不足なく吸収でき，資本の稼働率が100％で完全利用が保証される。そこでこの成長率 $G_w$ を，ハロッドは資本の完全利用を保証する**保証成長率**（warranted rate of growth）と名付けた。**資本の完全利用成長率**（full-capacity rate of growth）あるいは**適正成長率**（proper rate of growth）ともいう。

### (2) 労働の自然成長率

経済が成長できる限界を画するもう一つの天井は，労働の完全雇用である。資本がまだ完全利用に達していなくても，労働が完全雇用に達していれば，それ以上の生産活動を続けることはできない。労働力人口を $N$, それを完全雇用する時の完全雇用国民生産物を $Y_F$ とすると，国民生産物が完全雇用国民生産物を達成する時には，労働力人口 $N$ と労働生産性 $Y_F/N$ の積になる。

$$Y=Y_F=N\cdot\frac{Y_F}{N}$$

この変化率をとると，

$$\frac{\Delta Y_F}{Y_F}=\frac{\Delta N}{N}+\frac{\Delta(Y_F/N)}{Y_F/N}$$

となる。労働力人口増加率を $n$, 労働生産性増加率（＝技術進歩率）を $\mu$ と置

けば，$n+\mu$ は**効率単位**（efficiency unit）で測った労働力の増加率を意味し，

$$G_n = \frac{\Delta Y_F}{Y_F} = n + \mu$$

と表せる。ハロッドはこの成長率 $G_n$ を**自然成長率**（natural rate of growth）と名付けた。**労働の完全雇用成長率**（full-employment rate of growth）ともいう。

### (3) 黄金時代均衡成長と不安定性原理

現実の成長率 $G$ が，資本の保証成長率 $G_w$ と労働の自然成長率 $G_n$ とともに等しい場合，

$$G = G_w = G_n$$

が成り立ち，生産物市場と労働市場とが同時均衡し，かつ資本の完全利用と労働の完全雇用がともに達成されながら成長するので，経済は達成可能な最大限の成長を実現することができる。そこでこの状態の成長は，**黄金時代均衡成長**（golden age equilibrium growth）あるいは**均斉成長**（balanced growth）と呼ばれる。

ハロッド゠ドーマーの成長理論によれば，現実成長率 $G$ がたまたま黄金時代均衡成長率 $G_w = G_n$ に一致したとしても，それはまったくの偶然によるものであり，$G_w > G_n$ の場合には資本の過剰が次第に多くなり，$G_w < G_n$ の場合には失業が次第に増えて，均斉成長経路から次第に乖離すると言う。これをハロッドは**不安定性原理**（instability principle）と呼んだ。ナイフの刃の上にボールを乗せるとたちどころに落下することに喩え，**ナイフ・エッジ定理**（knife-edge theorem）ともいう。

いま技術進歩率 $\mu$ がゼロであると仮定して，保証成長率 $G_w >$ 自然成長率 $G_n$ で，$s/v > n$ となる場合，労働の完全雇用を上回る成長はできないので，雇用の増大に見合った量以上に資本設備は過剰に供給され，完全利用されずに遊休する。すると投資を減らして資本係数 $v$ を下げる調整をすればよいが，$v = $ 一定という仮定によりその調整は行われない。仮に $v$ を下げたとしても，$s/v$ は上がり，保証成長率 $G_w$ は上がるので，資本の過剰が増えてしまう。よって $G_w$ が $G_n$ と一致するように収束する作用は働かない。

逆に自然成長率 $G_n >$ 保証成長率 $G_w$ で，$n > s/v$ となる場合，資本の完全利用を上回る成長はできないので，資本設備の増大に見合った量以上に労働は過剰に供給され，完全雇用されずに失業が発生する。すると労働力の増加率 $n$ を下げる調整をすればよいが，$n = $ 一定という仮定によりその調整はできない。

あるいは資本が不足しているので資本係数 $v$ を上げる調整をすればよいが，$v$ ＝一定の仮定によりそれもできない。仮に $v$ を上げたとしても，$s/v$ は下がり，保証成長率 $G_w$ は下がるので，資本の不足はさらに増えてしまう。よって $G_w$ が $G_n$ と一致するように収束する作用は働かない。

次にたまたま偶然で $G_w = G_n = G$ の均斉成長が成り立つ場合，この状態で永遠に固定されるという結果になる。しかしこれは，現実経済では景気循環が存在するだけでなく，成長トレンドも時期により変化するという経験的事実と相容れない。

ハロッド＝ドーマーの成長理論では，貯蓄性向 $s$ も資本係数 $v$ も労働人口増加率 $n$ も一定不変であり，価格調整機構も働かず，資本と労働との要素代替がないと仮定されているため，図 20-3 のような生産係数が固定的なケースに相当する。よってそれらの調整によって均衡成長経路へ安定的に収束していくという作用はない。

ケインズは，短期では価格は伸縮的で調整作用を持つが，賃金率は非伸縮的で調整作用を持たないと想定し，長期ではいずれも伸縮的であると想定した。しかしハロッド＝ドーマーは，短期だけでなく長期においても賃金率と価格の両方が非伸縮的であり，価格調整作用をまったく持たないと仮定した点で，ケインズ以上に固定価格モデルに執着していたため，不安定性原理を帰結したといえよう。1930 年代の大恐慌では，長期においても賃金率が下方硬直性を持ち，流動性トラップに捕らわれて利子率は下限で硬直化していたので，固定価格モデルというハロッド＝ドーマーの仮定が妥当性を持ち得たといえよう。

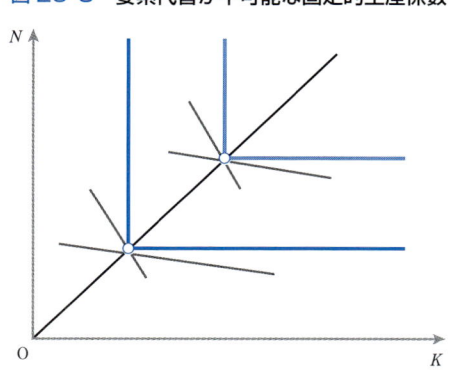

**図 20-3　要素代替が不可能な固定的生産係数**

## 3. ネオ・ケインジアンの成長理論

これに対してロビンソン，カルドア，ルイジ・パシネッティなどの戦後のケンブリッジ派ないしネオ・ケインジアンは，賃金と利潤の所得分配率が変動するために，社会全体の貯蓄率 $s$ が可変的となり，均斉成長へ安定的に収束するという成長理論を提唱した。いま賃金所得 $W$ からの貯蓄率を $s_W$，利潤所得（非賃金所得）$\Pi$ からの貯蓄率を $s_\Pi$ とし，利潤からの貯蓄率のが大きい（$s_W < s_\Pi$）とすると，社会全体の貯蓄 $S$ は，次のようになる。

$$S = s_W W + s_\Pi \Pi$$

よって社会全体の貯蓄率，すなわち平均貯蓄性向 $s$ は，

$$s = \frac{s_W W}{Y} + \frac{s_\Pi \Pi}{Y}$$

のように各貯蓄率と所得分配率の加重平均となる。不況で利潤分配率が小さくなるほど $s$ は $s_W$ に近付き，好況で利潤分配率が大きくなるほど $s$ は $s_\Pi$ に接近する。

ハロッドの均斉成長率は，簡単化のために技術進歩率 $\mu = 0$ と仮定すると，

$$G_w = \frac{s}{v} = G_n = n$$

で達成される。いま $G_w > G_n$ である場合，資本過剰か労働不足が生じ，生産物1単位当たりの賃金率に比べて利潤は減少する。よって賃金分配率 $W/Y$ に比べて利潤分配率 $\Pi/Y$ が減るので，（$s_W < s_\Pi$）の条件により貯蓄率 $s$ が下がる。すると $G_w$ が低下して，$G_n$ に収束する。

次に $G_w < G_n$ である場合，資本不足か労働過剰が生じ，生産物1単位当たりの賃金率に比べて利潤は増加する。よって賃金分配率 $W/Y$ に比べて利潤分配率 $\Pi/Y$ が増えるので，（$s_W < s_\Pi$）の条件により貯蓄率 $s$ が上がる。すると $G_w$ が上昇して，$G_n$ に収束する。

ネオ・ケインジアンの成長理論は，賃金と利潤の所得分配率の変化を通じて平均貯蓄率 $s$ が変化するので，たとえ資本係数 $v$ が一定であっても，$s/v$ が変化して均斉成長が安定的に回復されるというものである。

ただし，もし両所得の貯蓄率が等しく，$s_W = s_\Pi$ の場合には，分配率の変化が貯蓄率 $s$ の変化をもたらさないから，収束も発散もしないことになる。また賃金所得の貯蓄率が利潤所得の貯蓄率より大きく，$s_W > s_\Pi$ のケースでは，発散をすることになる。戦後日本の経済成長の過程では，家計部門は一貫して貯蓄超

過の黒字主体で企業部門や政府部門に資金供給をしてきたが，企業部門は法人所得のほとんどを消費せずに投資に回し，それでも旺盛な投資のために貯蓄不足の赤字主体であり，家計部門から資金供給を受けてきた。したがってネオ・ケインジアンの仮定する（$s_W < s_\Pi$）という条件は満たされてきたといえよう。

さてカルドアは，貯蓄 $S=$ 投資 $I$ の生産物市場の均衡条件式，賃金所得 $W=$ 所得 $Y-$ 利潤所得 $\Pi$ の関係式を，上の平均貯蓄性向の式に代入して，

$$\frac{\Pi}{Y} = \frac{1}{s_\Pi - s_W} \times \frac{I}{Y} - \frac{s_W}{s_\Pi - s_W}$$

という関係式を得た。これは各所得からの貯蓄率が与えられると，投資率（平均投資性向）$I/Y$ が利潤分配率ないし利潤率を決定することを意味するので，カルドアは「マクロ分配理論」と呼んだ。この理論には，企業家のアニマル・スピリットが主要な決定因となって投資率を決め，資本蓄積を牽引していくというケインズ流の考え方が，強く継承されている。長期では賃金率も利子率も伸縮的に可変となるので，価格調整機構が働いて労働と資本の要素代替が行われ，その結果資本係数 $v$ が可変的となり，均斉成長へ安定的に収束するという新古典派の経済観とは対照を成している。

## 4. 新古典派の成長理論

さて新古典派のソロー，トレヴァー・スワン，ミードは，図 20-4 のように資本と労働の要素代替がスムーズに行われる経済での成長理論を提唱した。すなわち長期において賃金率や利子率が伸縮的に変化する経済では，価格調整が働き，相対的に安くなった生産要素の利用を増やすので，資本係数 $v$ が可変的となり，均斉成長経路へ安定的に収束することができると主張する。

そうした経済における生産関数を，$N$ を労働，$K$ を資本として，

$$Y = F(N, K), \quad \frac{\partial F}{\partial N} > 0, \quad \frac{\partial F}{\partial K} > 0, \quad \frac{\partial F^2}{\partial^2 N} < 0, \quad \frac{\partial^2 F}{\partial K^2} < 0$$

と表そう。ただし各生産要素の限界生産力は正で，逓減するとする。

労働と資本を $\alpha$ 倍投入すると，生産物 $Y$ も $\alpha$ 倍になると仮定すると，規模に関して収穫不変という性質を持ち，数学的には1次同次の関数になる。そこで $\alpha = 1/N$ と置けば，この生産関数は，次のようになる。

$$\frac{Y}{N} = F\left(\frac{N}{N}, \frac{K}{N}\right) = F\left(1, \frac{K}{N}\right) = F\left(\frac{K}{N}\right)$$

第 20 章 経済成長

**図20-4　要素代替が可能な可変的生産係数**

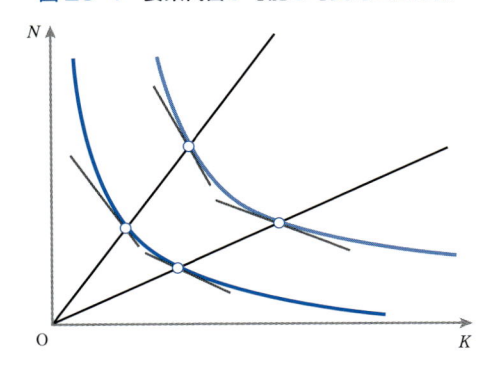

いま労働1単位当たりの生産量を $Y/N=y$，労働1単位当たりの資本量（資本・労働比率，労働の資本装備率）を $K/N=k$ と置けば，この生産関数は，

$$y=f(k),\ f'(k)>0,\ f''(k)<0$$

と表される。これを図示したのが，図20-5の生産曲線 $f(k)$ である。

単純化のために技術進歩率 $\mu$ がゼロであるとすると，労働の増加率は，

$$\frac{\Delta N}{N}=n$$

であり，これがハロッドの自然成長率である。また資本の完全利用成長率は，

$$\frac{\Delta K}{K}=\frac{I}{K}=\frac{sY}{K}=\frac{sf(k)}{k}$$

で表され，これがハロッドの保証成長率である。黄金時代成長率は，$G_w=G_n$ の時に達成されるから，この時次式が成り立つ。

$$\frac{sf(k)}{k}=n$$

よって

$$f(k)=\left(\frac{n}{s}\right)k$$

となる。そこで

$$y=\left(\frac{n}{s}\right)k$$

の直線を図20-5に描き込むと，生産曲線との交点 $E$ で，黄金時代均衡成長が達成され，均衡資本・労働比率 $k^*$ が成り立つことがわかる。

**図 20-5　新古典派の均斉成長**

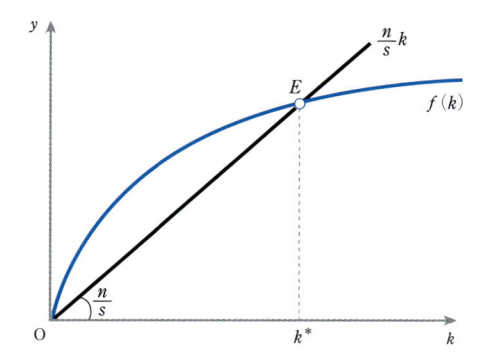

次に安定性を調べよう。$K=kN$ であることから，次式が成り立つ。

$$\frac{\Delta K}{K} = \frac{(K+\Delta k)(N+\Delta N) - kN}{kN}$$

$\Delta k \Delta N$ は無視できるほど小さい値であるから，

$$\frac{\Delta K}{K} = \frac{\Delta k}{k} + \frac{\Delta N}{N}$$

よって

$$\frac{sf(k)}{k} = \frac{\Delta k}{k} + n$$

変形すると，次式を得る。

$$\Delta k = s\left(f(k) - \left(\frac{n}{s}\right)k\right)$$

いま $f(k) > (n/s)k$ で，均衡点 $E$ の左側にある時は，$\Delta k > 0$ となり，$k^*$ へ向かって収束する。また $f(k) < (n/s)k$ で，均衡点 $E$ の右側にある時は，$\Delta k < 0$ となり，$k^*$ へ向かって収束する。よってどこからでも均衡点 $E$ へ安定的に収束することが証明される。すなわち価格調整が働き，図 20-4 のように資本と労働の要素代替がスムーズに行われ，その結果資本係数 $v$ が可変的となる経済では，黄金時代均斉成長は安定均衡となる。これが新古典派経済成長論の結論である。1930 年代の大恐慌のような時期を除いて通常は，長期においては賃金率も利子率も可変的であり，価格調整が働くので，ハロッド=ドーマーの成長理論よりは，新古典派の成長理論の方が現実妥当性を持つといえよう。

## 5. 技術進歩と経済成長

　カルドア，ソロー，エドワード・デニソン，クズネッツなどによる経済成長の実証研究では，いくつかの定型的事実が観察された。まず第1は，人口成長率よりも資本の成長率の方が高く，労働の資本装備率は上昇し，資本の深化が観察されたことである。もし技術進歩がなかったとすれば，このことは収穫逓減の法則を通じて資本の限界生産力や限界収益率を低下させ，資本・産出量比率を逓増させるはずである。ところが定型的事実の第2として，労働の増加より資本の増加のが大きかったにも関わらず，資本・産出量比率の不変性が観察されてきた。よって経済成長の基本的な原動力として，労働や資本の成長だけでなく，**技術進歩**（technological progress）を説明要因に加える必要がある。

　ヒックスは，技術進歩の結果，(1) 労働の限界生産力と資本の限界生産力が同比率で上がる場合は**中立的**（neutral）技術進歩，(2) 労働の限界生産力が資本の限界生産力より大きな比率で上がる場合は**資本節約的**（capital-saving）技術進歩，(3) 労働の限界生産力より資本の限界生産力が大きな比率で上がる場合は**労働節約的**（labor-saving）技術進歩，という三分法を提唱した。(1)のケースを**ヒックス中立的**（Hicks neutral）とも呼ぶが，労働と資本の限界生産力の比率すなわち限界代替率が不変となるように，技術進歩が起こることを意味する。よって生産関数を $Y=F(N, K, t)$ と書き，時間 $t$ の進行により技術進歩を表すとすれば，ヒックス中立的技術進歩は，

$$Y=A(t)G(N, K)$$

の形で表すことができる。労働と資本の等量曲線を描いた図20-6で表すと，原点からの半直線と交わる $E$ 点の限界代替率（接線の勾配）が，$E'$ 点の限界代替率と等しくなるように労働と資本の節約が進むことが，ヒックス中立的技術進歩の幾何的意味である。

　これに対してハロッドは，技術進歩が資本係数に与える影響に着目して，利子率が一定の下で，(1) 資本係数を不変に保つ場合は**中立的**，(2) 資本係数を低下させる場合は**資本節約的**，(3) 資本係数を上昇させる場合は**資本使用的**（capital-using），という三分法を提案した。(1)のケースを**ハロッド中立的**（Harrod neutral）とも呼ぶが，利子率 $i$ すなわち資本の限界生産力 $\partial F/\partial K$ が一定の下で，資本・産出量比率すなわち資本係数 $K/Y$ が一定となるように，技術進歩が起こることを意味する。よってハロッド中立的技術進歩は，

$$Y=H(B(t)N, K)$$

**図 20-6 ヒックス中立的技術進歩**

**図 20-7 ハロッド中立的技術進歩**

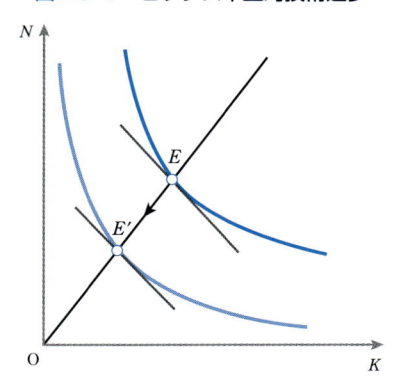

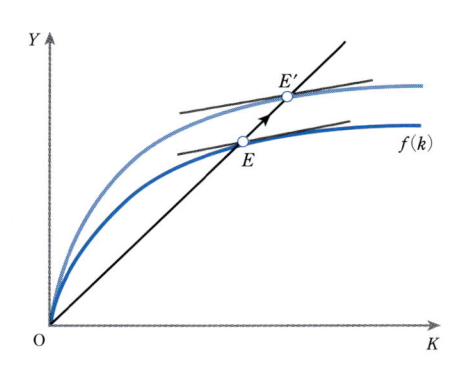

の形で表せる。資本を生産要素とする生産曲線を描いた図 20-7 で表すと，原点からの半直線と交わる $E$ 点における資本の限界生産力（接線の勾配）が，$E'$ 点の限界生産力と等しくなるように生産曲線が上方シフトすることが，ハロッド中立的技術進歩の幾何的意味である。この技術進歩は，労働量 $N$ を効率単位で測って $B$ 倍することを意味するから，**労働増加的**（labor-augmenting）技術進歩ともいう。

さて黄金時代均衡成長ないし均斉成長では，$G = G_w = G_n$ であるから，

$$\frac{\Delta Y}{Y} = \frac{\Delta K}{K} = \frac{s}{v} = n + \mu$$

の関係が成り立つ。労働の自然成長率 $G_n$ は，労働の増加率 $n$ ＋技術進歩率 $\mu$，すなわち効率単位で測った労働の増加率である。よって均斉成長と整合する技術進歩は，労働増加的なハロッド中立的技術進歩でなければならないといえる。

ただし生産関数が収穫不変の 1 次同次で，コブ＝ダグラス型である場合には，

$$Y = B(t) N^a K^{1-a} = B(t)(N^a K^{1-a}) = (B(t) N^a) K^{1-a} \quad (0 < a < 1)$$

となるから，生産関数全体に $B(t)$ がかかるヒックス中立と労働量のみに $B(t)$ がかかるハロッド中立とは同じになるので，双方の技術進歩も均斉成長と整合し得る。

## 6. 最適成長の新古典派定理とターンパイク定理

黄金時代均衡成長ないし均斉成長においては，$G = G_w = G_n$ が成り立ち，図 20-5 の $E$ 点でそれは達成される。いま $n$ が技術進歩率 $\mu$ を含む効率単位の

労働の成長率とすると，貯蓄率 $s$ が増える場合には，$nk/s$ 線は下方シフトし，均斉成長点は右シフトする。すると資本・労働比率 $k^* = (K/N)^*$ は増加し，産出量・労働比率 $y^* = (Y/N)^*$ も増加する。平均消費性向 $C/Y = c = 1-s$ は下がるが，労働1人当たり生産量 $y$ が増えるので労働者1人当たりの消費 $z = C/N = cy$ は増える。しかしいずれは消費性向が下がる効果が大きくなり，$s$ の増大が $z$ の減少をもたらす。するとその間に $z$ が最大となる点が存在するであろう。このように労働1人当たり消費 $z$ を最大化する均斉成長を，規範的な意味で**最適成長**（optimal growth）という。

所得 $Y$ は消費 $C$ と投資 $I$ の合計であり，長期では投資は資本ストックの増加となるので，次式が成り立つ。

$$Y = C + I = C + \Delta K$$

両辺を労働者数 $N$ で割って整理すると，$\Delta K/N = \Delta K/K \cdot K/N = nk$ だから，

$$z = y - \frac{\Delta K}{N} = f(y) - nk$$

となる。そこで図20-8のように $f(k)$ 曲線と $nk$ 線を描くと，その差が $z$ である。よって $z$ を最大にする均斉成長の点は，$f(k)$ 曲線の勾配が $nk$ 線の勾配に等しくなる $E$ 点であり，

$$f'(k) = n$$

を満たす点である。すなわち，資本の限界生産力 $f'(k) =$ 利潤率＝効率単位の自然成長率 $n$ となる均斉成長が，1人当たり消費 $z$ を最大にする最適成長である。この命題が，スワン，フェルプスなどにより確立された「**最適成長の新古典派定理**」（the neoclassical theorem of optimal growth）であり，**資本蓄積の黄金律**（the golden rule of capital accumulation）とも呼ばれる。

これまでは現世代の消費 $z$ を最大化することを目標としたが，現世代から1期後の世代，……$T$ 期後の世代の消費 $z_t$ から得られる効用 $u(z_t)$ の総和を最大化することを目標とする，多期間の最適成長問題を考えよう。すなわち社会的厚生関数，

$$W = \sum_{t=0}^{T} u(z_t)$$

を以下の制約条件の下で最大化する。ただし単純化のため，時間割引率はゼロとする。

$$y_t = f(k_t)$$

**図 20-8** 最適成長の新古典派定理　　　　**図 20-9** ターンパイク定理

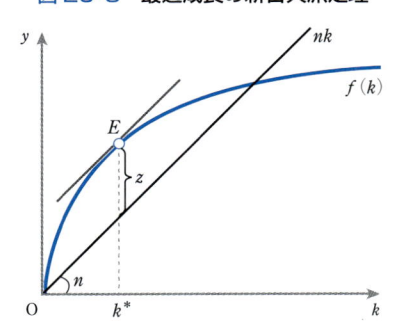

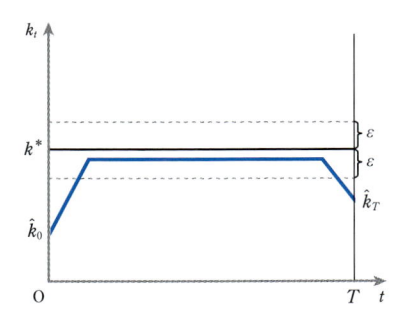

$z_t = cy_t = (1-s)y_t$

$y_t = z_t + nk_t$

$k_0 = \hat{k}_0, \quad k_T = \hat{k}_T$

　1番目の制約条件は生産関数であり，2番目の制約条件は労働者1人当たりの消費が平均消費性向 $c$ と $y$ の積であることを意味する．3番目の制約条件は，生産物市場の均衡条件式である．4番目の制約条件は初期時点＝出発点と最終時点＝到着点が予め決まっていることを意味し，最適成長経路がどのような経路をたどって行き着くかが問題となる．

　サミュエルソン，デイヴィッド・キャス，チャリング・クープマンスなどの研究によれば，出発点と到着点が新古典派定理の黄金律経路になくても，その途中の大部分は黄金律経路の近傍 $\varepsilon$ の中を通ること，すなわち，

$$|k_t - k^*| \leq \varepsilon$$

であることが最適解として証明された．図 20-9 には，成長経路が初期時点 $\hat{k}_0$ から出発して，最終時点 $\hat{k}_T$ に到着するまでの大部分を，黄金律経路 $k^*$ の近傍 $\varepsilon$ の中を通る様子を描いてある．これは，両端点が黄金律経路の下側にあるケースであるが，端点が上側にあってもよい．こうして最適成長経路は，黄金律経路をあたかも高速道路のように利用して通るので，この命題を**ターンパイク定理**（the turnpike theorem）と呼んでいる．

# 人名索引

## あ 行

アカロフ（Akerlof, G.） 193
アザリアデス（Azariadis, C.） 198
アフタリオン（Aftalion, A.） 240
アロー（Arrow, K. J.） 173, 181, 187, 303

ヴィクセル（Wicksell, K.） 120, 142～144, 345
ウィックスティード（Wicksteed, P.） 121
ウェーバー（Weber, M.） 8, 11
ヴェブレン（Veblen, T.） 43
ウォーレス（Wallace, N.） 306, 320, 324, 325

エッジワース（Edgeworth, F. Y.） 27, 105, 116, 150, 151, 153
エンゲル（Engel, E.） 38

オリーン（Ohlin, B.） 143

## か 行

カルドア（Kaldor, N.） 339, 341, 343, 344, 358, 359, 362
ガルブレイス（Galbraith, J. K.） 22, 43, 115
カレツキー（Kalecki, M.） 339

キチン（Kitchin, J.） 334
キッドランド（Kydland, F. E.） 349
キャス（Cass, D.） 365

クープマンス（Koopmans, T.） 365

クールノー（Cournot, A. A.） 96, 102, 104～108
クズネッツ（Kusnets, S.） 219, 244, 334, 362
グッドウィン（Goodwin, R. M.） 336, 344
クラーク（Clark, J. M.） 240
クライン（Klein, L. R.） 305
クラウワー（Clower, R. H.） 262
グレシャム（Gresham, T.） 16

ケイガン（Cagan, P.） 316
ケインズ（Keynes, J. M.） 125, 129, 144, 216, 237, 239, 249, 252, 253, 262, 268, 272, 273, 277～279, 281, 288～290, 295～297, 299, 302, 304, 305, 313, 318, 327, 336, 341, 357
ケネー（Quesnay, F.） 20, 270

ゴードン（Gordon, R. J.） 198
ゴッセン（Gossen, H. H.） 27, 36
コンドラチェフ（Kondratieff, N. D.） 334
コンドルセ（Condorcet, M. J. A. N. C. M.） 171

## さ 行

サージェント（Sargent, T. J.） 306, 317, 320, 324, 325
サミュエルソン（Samuelson, P. A.） 6, 8, 22, 83, 159, 169, 170, 246, 251, 314, 336, 339, 365

ジェボンズ（Jevons, W. S.） 27, 335
ジュグラー（Juglar, C.） 334
シュタッケルベルク（Stackelberg, H. v.） 106～108, 117
シュンペーター（Schumpeter, J. A.） 129, 334, 335
ジョルゲンソン（Jorgenson, D. W.） 242
シルバーストン（Silberston, Z. A.） 114
シロス・ラビーニ（Sylos-Labini, P.） 110

スウィージー（Sweezy, P. M.） 112
スミス（Smith, A.） 4, 7, 21, 75, 87, 149, 150, 157, 158, 248, 268, 295
スルツキー（Slutsky, E.） 345, 346, 348
スワン（Swan, T. W.） 359, 364

セイ（Say, J. B.） 248

ソロー（Solow, R. M.） 314, 359, 362

## た 行

チェンバリン（Chamberlin, E. H.） 101

テイラー（Taylor, J. B.） 324
デニソン（Denison, E.） 362
デューゼンベリー（Duesenberry, J. S.） 225

トービン（Tobin, J.） 145, 185, 213, 226, 273, 306, 328
ドーマー（Domer, E.） 353,

367

354

## な 行

ナイト（Knight, F. H.） 129

ノードハウス（Nordhaus, W. D.） 213

## は 行

バーグソン（Bergson, A.） 169

ハーバラー（Haberler, G.） 64

ハーン（Hahn, F.） 303

パシネッティ（Pasinetti, L. L.） 358

パレート（Pareto, V.） 29, 132, 150, 151, 156

バロー（Barro, R. J.） 320, 322, 323, 325, 327

ハロッド（Harrod, R. F.） 351, 353～356, 362

ハンセン（Hansen, A. H.） 281

ピグウ（Pigou, A. C.） 10, 126, 149, 165, 276, 295, 299

ヒックス（Hicks, J. R.） 42, 277, 279, 281, 302, 304, 306, 328, 337, 339～341, 344, 362

ヒッチ（Hitch, C. J.） 112, 113

フィッシャー（Fisher, I.） 29, 269, 316

フィリップス（Phillips, A. W.） 312, 314

フィリップス（Phillips, C. A.） 266

フェルドシュタイン（Feldstein, M.） 144

フェルナー（Fellner, W. J.） 109

フェルプス（Phelps, E. S.） 315, 364

フォン・ノイマン（von Neumann, J.） 28, 179

ブラック（Black, D.） 172

プラット（Pratt, J.） 181

フリードマン（Friedman, M.） 145, 226, 263, 277, 284, 306, 315, 316, 324, 335

フリッシュ（Frisch, R. A. K.） 335, 345, 346

ブルンバーグ（Brumberg, R.） 228

プレスコット（Prescott, E. C.） 349

プロッサー（Plosser, C. I.） 349

ベイリー（Bailey, M.） 198

ベイン（Bain, J. S.） 110

ベーム・バヴェルク（Böhm-Bawerk, E. v.） 134

ベナシー（Benassy, J-P.） 303

ベルトラン（Bertrand, J. L. F.） 105

ベンサム（Bentham, J.） 28

ペンローズ（Penrose, E. T.） 243

ホートレー（Hawtrey, R.） 335

ボーモル（Baumol, W. J.） 273

ホール（Hall, R. L.） 112, 113

## ま 行

マーシャル（Marshall, A.） 4, 7, 28, 65, 73, 77, 84, 87, 270～272, 275, 276, 295, 299

マクシー（Maxy, G.） 114

マッカラム（McCallum, B. T.） 325

マハループ（Machlup, F.） 309

マルクス（Marx, K.） 7, 87, 128, 130

ミード（Meade, J. E.） 163, 359

ミーンズ（Means, G. C.） 111

ミュース（Muth, J. F.） 317

ミュルダール（Myrdal, G.） 11

ミル（Mill, J. S.） 87

メンガー（Menger, C.） 27, 85

モジリアーニ（Modigliani, F.） 110, 224, 228

モルゲンシュテルン（Morgenstern, O.） 28, 179

## ら 行

ラーナー（Lerner, A. P.） 97

ラッピング（Rapping, L.） 317

ランゲ（Lange, O.） 21, 73

リカード（Ricardo, D.） 7, 87, 128, 322, 323

リンダール（Lindahl, E. R.） 161

ルーカス（Lucas, R. E. Jr.） 306, 317～319, 335, 348, 349

ロイバー（Reuber, G. L.） 324

ロバートソン（Robertson, S. D. H.） 143

ロビンズ（Robbins, L.） 6

ロビンソン（Robinson, J.） 99～101, 130, 145, 358

ロング（Long, J. B. Jr.） 349

## わ 行

ワルラス（Walras, L.） 27, 88, 120, 275, 297, 308

# 事項索引

## あ　行

赤字財政　327
赤字財政政策　290
新しい古典派　347
アニマル・スピリット　341
粗投資　233
粗利益　237
アローの不可能性定理　173
安価な政府　276
安全資産　182
安定　10
安定均衡　75
安定条件　75
安定通貨供給政策　325
安定的通貨供給　329
暗黙の賃金契約　197, 198

意外の利潤論　129
閾値　25
異時点間の消費配分　136
衣食住　2
依存効果　22
一意均衡　74
1期間モデルによる資本の最適水準の決定　234
一時的供給曲線　84
一時的均衡　84
1次的効果　283
一物一価の法則　70
一括税　258
一括税の財政乗数　258
一般均衡　87, 301
一般均衡分析　275
一般均衡理論　88
一般的受容性　14, 262
インプリシット・デフレーター　209
インフレーション　309, 312
インフレーション・ギャップ　253
インフレーションと失業のトレードオフ　314

インフレ期待　314
インフレ総供給関数　319
インフレ総需要曲線　321
インフレ目標政策　326

ヴィクセルの累積過程　144
ヴェブレン効果　43
迂回生産　12, 134, 135, 231
売りオペレーション　264
売り手独占　99
売り手独占者　115
ウルトラ・ケインジアン　285, 292, 293
ウルトラ・マネタリスト　285, 292, 293
運搬可能性　262

エラー・ラーニング　316
演繹法　8
エンゲル曲線　38
エンゲルの法則　38

オイラーの定理　121
応益原則　162
黄金時代　148
黄金時代均衡成長　356
横断面データ　220
大きな政府　277
汚染者負担原則　165
オッファー・カーブ　116

## か　行

買いオペレーション　264
回帰式　221
外国為替市場　20
外生的景気循環　335
外生的景気循環論　335
外生的な貨幣供給　264
外生的不確実性　177
買い手独占　99
買い手独占者　115
外部貨幣　17

外部経済　163
外部効果　44, 162
外部性　162
外部不経済　163
カオス循環論　344
カオス動学　345
価格　15
価格機構　20, 149
価格期待　43
価格差別　98
価格・消費曲線　40
価格先導制　107
価格体系　21
価格調整　247
価格の下方硬直性　248
価格のパラメーター機能　73
価格のバロメーター機能　21
価格分析　8, 202, 215
価格変化　39, 59
価格予想　43
確実性　176
確実性愛好者　179
革新利潤論　129
拡張経路　54
確率　175, 176
確率ショック循環論　346, 348, 349
確率的ショック　345
確率的な自己回帰過程　345
確率分布　176
確率変数　176
確率密度関数　176
確率論的理論　177
貸出政策　264
貸付資金説　143
可処分所得　258
課税・補助金政策　165
寡占　95, 102
寡占価格の硬直性　111
寡占的相互依存性　95, 102
可測的効用　28
加速度係数　240
加速度原理　240

価値　5
価値限界生産力　61
価値尺度　17, 262
価値尺度財　88
価値自由　11
価値前提　11
価値貯蔵手段　18, 263
価値判断　11
価値輸送手段　18
活動残高　268
過熱　331
貨幣　13～15, 17, 262, 263
　──の機能　262
　──の供給　264
　──の種類　262
　──の中立性　270
　──の保有動機　267
貨幣ヴェール観　270
貨幣経済　14, 20, 262
貨幣錯覚　92, 125, 226
貨幣錯覚パラメーター　315
貨幣市場　138, 279, 280
貨幣需要関数　267
貨幣乗数　265
貨幣所得　34
貨幣数量説　269
貨幣制度　15
貨幣増発　322
貨幣単位　15
貨幣賃金の硬直性　197
貨幣的景気循環　336
貨幣的ショック循環論　348
貨幣的利子　134
貨幣利子率　143
下方硬直性　297
神の見えざる手　21
為替売買操作　265
環境の不確実性　177
観察値　182
緩衝財　245
間接交換　14
間接交換経済　13
完全雇用　283, 285, 298, 299
完全雇用均衡　126, 249, 298
完全雇用国民所得　253
完全市場　70
完全情報　175

完全独占　95
完全な順序付け　29
完全分配　120
完全予見　175
完全律　29, 171
観測値　221
管理価格　111
管理通貨制　17, 264

機会費用　64
企業物価指数　209
企業閉鎖点　60
危険　175, 177
危険愛好者　180
危険回避　195
危険回避者　179
危険資産　182
危険中立的　181
危険負担論　129
危険プレミアム　180
危険への態度　178
技術革新　310
技術進歩　362
　　資本使用的　362
　　資本節約的　362
　　中立的　362
　　ハロッド中立的　362
　　ヒックス中立的　362
　　労働節約的　362
　　労働増加的　363
技術的な限界代替率　49
技術的な限界代替率逓減の法
　則　49
稀少性　2, 3
稀少性定義　3, 6
基数的効用　27, 28
季節調整値　210, 211
帰属説　120
帰属家賃　206
基礎消費　216
期待　175
期待効用　179
期待効用理論　178, 179
期待収益　237
期待収益の割引現在価値
　237
キチン・サイクル　245, 334

ギッフェン財　40
ギッフェンの逆説　40
機能的分配　118
帰納法　8
規範的分析　149
規模に関して収穫逓減　65
規模に関して収穫逓増　65
規模に関して収穫不変　66
規模の経済性　66
規模の不経済性　66
逆選択　191, 192
客観的確率　190
究極の効果　284
境界型均衡　36
狭義貨幣　263
供給価格　78
供給価格関数　78
供給価格曲線　78
供給関数　61
供給曲線　59, 61
供給独占　122
供給の価格弾力性　61
供給の排除不能性　158
供給法則　76, 311
恐慌　331
競争均衡のパレート最適性
　156
競争的寡占　102
協調的寡占　102, 107, 108
協調的寡占均衡　108
共同利潤最大化　109
競売人　75
強力な財政引締め政策　286
均衡価格　72
銀行貨幣　17
均衡景気循環論　348
均衡国民所得　251
均衡財政　327
均衡所得　246, 248, 252
均衡取引量　72
均衡予算　258
均衡予算主義　282, 290
均衡予算乗数　258
均衡予算乗数の定理　259
均衡理論　87
近似貨幣　19, 264
均質性　14

均斉成長　148, 356
金属貨幣　15
金本位制　16
銀本位制　16
金融緩和政策　282, 283, 287, 291
金融市場　20, 138
金融政策　281〜283, 287, 291
金融政策の方式　324
金融政策の無力命題　320, 322
金融引締め政策　282, 284, 287, 291

空間的な相対所得仮説　225
クールノーの点　96
クールノーの複占均衡　102
クズネッツ・サイクル　244, 334
屈折需要曲線　111, 112
屈折点　112
蜘蛛の巣循環　80
蜘蛛の巣の調整過程　80
クラウディング・アウト効果　286
クラウディング・イン効果　286
グラフィック情報　175
グレシャムの法則　16
クロスセクション・データ　220
クロスセクションの短期消費関数　220

景気　330
景気回復　330
景気後退　331
景気循環　330, 334
景気循環理論　335
景気動向指数　330, 332
経験科学　10
経験法則　10
経済　3
経済安定化政策　282
経済学　6
経済学原理　7
経済活動　5

経済原則　5
経済原論　7
経済行動　5
経済財　3, 4
経済史　9
経済主体　5
経済循環　20
経済人　8
経済政策　9, 10, 275
経済政策論　149
経済成長　351, 362
経済成長率　353
経済秩序　5, 6
経済的価値　5, 24
経済的厚生関数　169
経済的資源　3
経済的自由　10
経済的進歩　10
経済的知識　174
経済的福祉指標　213
経済的欲望　3
経済法則　5, 6
経済問題　5
経済理論　7
計算単位　17
計測値　221
携帯可能性　14, 262
契約曲線　108, 151
計量経済学　9
ケインジアン的歪み　323
ケインジアンの裁量政策　276
ケインズ革命　304, 305
ケインズ均衡　125, 249, 299
ケインズ経済学の危機　306, 328
ケインズの一般均衡体系　302
ケインズ・マクロ経済学のミクロ的基礎付け　303
結果の再分配　168
血気　341
結合生産　63
決済手段　18
決定係数　222
決定論的理論　176
原因の再分配　168

限界革命　27
限界原理　58
限界効用　27
限界効用均等の法則　36
限界効用説　85
限界効用逓減の法則　27
限界時間選好率　137
限界時差割引率　137, 237
限界支出　100
限界収入　57
限界消費性向　216, 218, 219
限界生産力　47
限界生産力均等の法則　52
限界生産力説　62, 119, 120
限界生産力逓減の法則　48, 234
限界代替率　31
限界代替率逓減の法則　33
限界貯蓄性向　217〜219, 342
限界投資性向　258, 342
限界費用　55
限界変形率　64, 136, 154, 236
限界利潤　58
減価償却　232
減価償却費　232
現金通貨　19, 263
言語情報　175
現在価値　139, 140
現在価値法　145
原材料在庫　244
現実成長率　353
減少関数　26
原数値　210, 211
建設循環　244, 334
現代残高数量説　271
現代残高方程式　270, 271
ケンブリッジの交換方程式　271

公益事業　45
硬貨　263
公害　164, 213
公開市場操作　264
交換手段　18, 263
交換比率の従属性　88
広義貨幣　263
公企業　45

事項索引　371

好況　331
公共財　158
高出力貨幣　263
恒常消費　226
恒常所得　227
恒常所得仮説　226, 228
交渉力　117
更新投資　232, 340
公正　10, 120, 168
厚生経済学　10, 149
　──の基本定理　156, 157
　──の政策目標　276
厚生損失　97
合成の誤謬　8, 215
厚生・福祉　213
硬直性　111, 297
購入可能集合　35
購入可能線　34
効用　5, 24
効用可能性曲線　152
効用関数　26
効用曲線　26
効用最大化の条件　35
効用の連続性　25
効用フロンティア　152
効率　10
効率性軌跡　153
効率単位　356
効率的　153
合理的期待　316
合理的期待学派　346, 347
合理的期待仮説　317
コーナー型均衡　36
国際金融市場　20
国債錯覚　322
国債増発　322
国債の中立性　323
国際貿易市場　20
国内純生産　208
国内総生産　204, 205
国富　213, 214
国民経済計算　202
国民経済計算体系　204
国民資産・負債残高表　214
国民純資産　214
国民純福祉　213
国民所得　202, 203, 213

国民所得勘定　213
国民所得の三面等価の原則　208
国民総支出　207
国民総所得　204, 206
国民総生産　204
国民総福祉　213
個人可処分所得　206
個人間の効用比較可能性　28
個人企業　45
個人所得　206
個人的な効用比較可能　28
コスト・プッシュ・インフレ　309
ゴッセンの第１法則　27
ゴッセンの第２法則　36
固定価格経済　248, 249
固定価格モデル　303
固定費用　50
固定要素　50
固定率ルール　325
古典派の一般均衡体系　300
古典派の資金需給　140
古典派の第１公準　295
古典派の第２公準　296
古典派の二分法　270
古典派理論　126
コブ=ダグラス生産関数　66, 121
個別需要関数　71
コンドラチェフの波　334
コンポジット・インデックス　211
コンポジット指数　333

## さ　行

サービス　4
財　4
財貨　4
在庫　244
在庫アプローチ　273, 274
在庫循環　334
在庫投資　233, 244, 245
財市場　280
最終生産物　203
最小自乗法　221

財政支出　258
財政乗数　259
財政政策　281, 282, 285, 289, 292
財政政策の方式　327
財政政策の無力命題　322
財政引締め政策　282, 286, 290, 292
最大化行動　21
裁定取引　196
最適貨幣供給ルール　325
最適失業率　315
最適成長　364
最適成長の新古典派定理　363, 364
再分配　118
再分配政策　168
財務省勘定　265
裁量ルールか　324
裁量方式　324
差額地代説　128
先物市場　194
差分方程式　336
差別独占　97
サミュエルソンの条件　161
産業　94
産業均衡　101
産業組織　94
産出物　46
参入障壁　95, 109
参入阻止価格　109, 110
散布図　221
三面等価の原則　207

時価　208
仕掛品在庫　244
時間選好　136, 236
時間的な相対所得仮説　225
時間の遅れ　80, 241, 242
私企業　45
直先スプレッド　195
直物市場　194
自給自足　13
自給自足経済　12
時系列データ　220
資源　4
資産効果　284

資産構成　182
資産選択　182
資産選択の期待効用理論　186
資産選択の平均・分散接近　181
資産選択論　145
資産動機　268
事実判断　11
支出国民所得　207
市場　13
市場化　165
市場価格表示の国民所得　203
市場機構　21
市場供給関数　71
市場均衡　70, 72
市場均衡の安定性　75
市場均衡の決定　72
市場経済　15, 19, 275
市場原理　21
市場構造　94
市場需要関数　71
市場成果　102
市場の欠陥　158
市場の失敗　158, 276
市場不確実性　177
自然失業率　315
自然失業率仮説　314, 316
自然成長率　356
自然利子率　140, 142
失業　312
実質現金残高効果　226
実質国内総生産　208
実質残高効果　284
実質値　208
実証経済学　149
実施ラグ　324
実態　311
質的金融政策　282
実物資本　134
実物的確率ショック循環論　349
実物的景気循環　336
実物的景気循環論　349
実物の利子　134
実物的利子論　142

私的限界費用曲線　164
私的限界便益曲線　163
私的財　158
私的費用　164
私的便益　163
自動安定機能　21, 326
自動安定装置　260
自発的失業　298
シフト・パラメーター　84
紙幣　16
紙幣本位制　264
資本　231
資本係数　240, 354
資本形成　147, 231, 232
資本減耗　232
資本コスト　235
資本財　134
資本財市場　20
資本・産出比率　354
資本ストック　231, 241
資本ストック調整原理　241
資本蓄積　147, 232
資本蓄積の黄金律　364
資本の完全利用成長率　355
資本の限界効率　237
資本の限界収益率　136, 234, 236
資本の限界生産力　234
資本の需要　135
資本の使用者費用　235
資本の測定　145
資本の評価　145
資本の保証成長率　354
資本用役　146
資本利得　268, 311
社会的供給関数　71
社会的供給曲線　70
社会的限界費用曲線　164
社会的限界便益曲線　163
社会的厚生関数　169
社会的需要関数　71
社会的需要曲線　70
社会的選択関数　173
社会的費用　164
社会的便益　163
社会の欲望　2
弱凸　33

収益性　177
収穫逓減の法則　48
周期　345
集計量　215
自由財　3, 4, 74
自由参入・自由退出　68, 70
自由主義国家　276
収縮　310
住宅投資　233, 243
収入曲線　57
収入最大化　64
自由放任　150
受益者負担の原則　162
主観的確率　190
ジュグラー・サイクル　334
主循環　334
主体的均衡条件　36, 52
シュタッケルベルクの不均衡　107
シュタッケルベルクの複占理論　106
主導者　106
受動的　264
需要　37, 39, 267
需要インフレ　309
需要価格　77
需要価格関数　78
需要価格曲線　78
需要関数　37
需要・供給の法則　311
需要曲線　40
需要牽引インフレ　309
需要独占　99, 122
需要独占均衡　100
需要独占的搾取　101, 123
需要の価格弾力性　41
需要の交差弾力性　42
需要の所得弾力性　38
需要の法則　40, 43, 76, 310
需要法則　310
循環　345
循環的成長　341, 344
純国民所得　204
純粋科学　10
純粋競争　70
純粋公共財　159
準通貨　19, 264

事項索引　373

純投資　233
準フィリップス曲線　314
使用価値　5
上級財　37
条件付き契約　178
条件付き財　178
条件付き予測　10
小循環　334
乗数　255
乗数過程　256
乗数機構　256
乗数効果　254, 255
乗数効果の完全雇用制約　256
乗数と加速度の交互作用論　336
消費　24, 216, 224～226
消費関数　216
消費関数論争　220
消費期間　26
消費曲線　216
消費財市場　20
消費者　24
消費者主権　22
消費者物価指数　209
消費者余剰　73
消費のパレート最適　150
消費の非排他性　158
消費用役市場　20
商品　15
情報　174
情報通信技術　335
正味資産　214
序数的効用　27, 28
ショック・アブソーバー　245
所得　216
所得効果　39
所得・消費曲線　38
所得の増加　240
所得分析　8, 202, 215
所得分配　118
所得変化　37
所得流通速度　269
新貨幣数量説　145
新古典派の資本ストック調整原理　242

新古典派の成長理論　359
新自由主義　277
伸縮価格経済　246, 247, 249
真性インフレーション　253
人的分配　118, 131
振幅　345
シンボリック情報　175
信用貨幣　16
信用創造乗数　266
新リカード学派　322

推移律　29, 171
数理経済学　8
数量経済史　11
数量調整　125, 248
スタグフレーション　309
ストック　214
スランプ　331

静学　9
静学的調整過程　80
正規分布　185
制御された実験　9
制御されない実験　9
政策効果波及経路　304
政策主体　10
政策手段　10
政策反応関数　324
政策目標　10
生産可能集合　47
生産可能性曲線　63, 235
清算貨幣　19
生産関数　45, 46, 234
生産曲線　46
生産国民所得　206
生産財　134
生産された生産手段　134
生産者余剰　73
生産集合　47
生産性　47
生産のパレート最適　152
生産費説　87
生産物　46
生産物市場　20, 277
生産物市場の総需要曲線　307
生産方法の選択　51

生産方法の変化　52
生産用役市場　20
生産要素　46
生産要素市場　20
生産要素需要　98
生産量の決定　58
正常財　37
正常利潤　67, 68
正常利潤率　68
成長　10
成長経路　147
成長トレンド　331
成長率　351
セイの法則　248
製品在庫　244
製品差別化　95, 101
製品分化　95, 101
政府の失敗　277
政府の肥大化　277
生理的欲望　2
積極財政政策　282, 285, 289, 292
絶対所得仮説　216
絶対地代説　128
絶対的危険回避度　181
絶対平等　168
設備投資　233
設備投資循環　334
節約のパラドックス　257
ゼロ金利政策　288
ゼロ次同次　92
ゼロ次同次性　91
選好　24, 25
選好順序　28
選好の単調性　31
選好の凸性　32
選好の連続性　25

増加関数　26
総供給　247
総供給曲線　307
操業停止点　60
増減税の乗数　259
総合的なパレート最適　154
総固定資本形成　233
総支出　246
総資本形成　233

総収入　57
総需要　207, 246
増税　322
相対所得　224, 225
相対所得仮説　224
相対的危険回避度　181
総費用　55
造幣権　16
双方独占　115
粗代替財　42
粗代替性　311
粗補完財　42
損益計算書　202, 213
損益分岐点　60
存在　11

## た　行

ターンパイク定理　363, 365
対応原理　83
大規模生産の利益　66
耐久性　14, 262
第三セクター　45
貸借対照表　214
大数の法則　190
代替　52
代替効果　39
代替財　42
代表的主体　215
タイムシリーズ・データ　220
タイムシリーズの短期消費関数　222
タイムシリーズの長期消費関数　223
タイム・ラグ　80
兌換紙幣制度　16
多期間モデルにおける投資の限界効率　237
多数均衡　74
多数決原理　170
只乗り　158, 162
達成不可能　253
多年度均衡財政主義　327
玉突き台の理論　339, 340
短期　65
短期均衡　84, 85

短期の消費関数　219
短期波動　334
短期費用曲線　66
探索費用　14
単純独占　95
単振動の理論　339, 341
単年度均衡財政主義　327
単振り子の理論　339
単峰型　172
弾力的　41

小さな政府　276, 329
地価　126
知識　174
地代　126
中央銀行券　263
中間財　203
中間投入財　203
中期波動　334
中立均衡　75
超過供給　75
超過需要　75
超過利潤　68
長期　65
長期供給曲線　67, 68
長期均衡　84, 85
長期の産業均衡　86
長期の消費関数　219
長期波動　334
長期費用曲線　66
調整係数　242
調整費用　242
調整費用モデル　242
重複世代モデル　323
直接交換　13
直接税　258
直接生産　12, 231
貯蓄　216, 217, 224〜226, 252
貯蓄関数　217
貯蓄のパラドックス　257
賃金　123
賃金率　123

追随者　106
通貨　263

低価格化　310

定額法　232
定期性預金　263
提供曲線　116
定常均衡　337
定常状態　148
ディフュージョン指数　332
テイラー・ルール　324
定率法　232
低廉化　310
適合期待仮説　316
適正成長率　355
デノミネーション　92
デフレーション　310
デフレーション・ギャップ　254
デフレーター　208
デマンド・プル・インフレ　309
デモンストレーション効果　43, 225
天井　340, 343

当為　11
動学　9, 317, 330
動学的一般均衡モデル　303
動学的確率一般均衡モデル　303
動学的調整過程　80
動学的な運動方程式　337
動学的不整合性　325
投機　196, 268, 310, 311
投機的動機　268
道具　12
当座貸越　19, 264
投資　231〜233, 240〜242, 252
投資関数　239
同時均衡　281
同時均衡分析　275
投資効果曲線　243
投資財　134
投資の限界効率　237
投資の限界効率表　238
投資の需要効果　354
投資の生産能力効果　354
投資の二重効果　354
等収入線　64

事項索引　375

同値　252
道徳的危険　191, 193
投入・産出関係　46
投入物　46
等費用線　49, 50
投票のパラドックス　170, 171
等利潤曲線　103
等量曲線　48
トービンの $q$　239
独占企業　98
独占均衡　96
独占市場　94
独占的競争　95, 101
独占的搾取　99, 122
独占利潤　96
独占利潤論　130
特定化　216
独立財　42
独立投資　251
トランスミッション・メカニズム　304
取引動機　267
取引費用　14
取引流通速度　269
ドル投票　22

### な 行

内生的景気循環　335
内生的景気循環論　336
内生的な貨幣供給　264
内生的不確実性　177
ナイフ・エッジ定理　356
内部化　165
内部貨幣　17
内部収益率　237
2期間モデルによる最適投資水準の決定　235
2次的効果　284
日本銀行　263
ニュー・エコノミー　329
ニューディール政策　290
認知ラグ　324

値上がり益　311

ネオ・ケインジアンの成長理論　358

能動的　264

### は 行

パーシェ型物価指数　209
媒介変数　73
ハイパワードマネー　263
派生需要　120
派生的機能　17
派生的預金　266
歯止め効果　225
バブル　310, 312
パラメーター　73
パレート改善的　151
パレート係数　132
パレート効率性　150
パレート最適　108, 150
ハロッド゠ドーマーの成長理論　353
反射律　29
反証　9
反転型　124
反応関数　103
反応曲線　103

冷え過ぎ　331
比較静学　82, 83, 309, 330
ピグウ効果　226, 284
非自発的失業　125, 297, 299
被乗数　255
非伸縮性　111
非対称的複占　106
非対称的複占均衡　106
非弾力的　41
ヒックス゠ハンセン総合　281
非凸　33
非物質的欲望　3
非模索過程　75
費用圧力インフレ　309
費用インフレ　309
費用関数　55
費用曲線　54, 55
標準偏差　182
費用線　50

費用逓減産業　166
平等　10
平等度　131
標本　182
標本期間　222
秤量貨幣　15
非リカード的歪み　323
ビルトイン・スタビライザー　259, 260
比例税　259
比例税の財政乗数　259
非ワルラス均衡　249, 299

不安定均衡　75
不安定性原理　356
フィッシャー曲線　316
フィッシャー効果　142
フィッシャーの交換方程式　269
フィリップス曲線　312
フィリップスの公式　266
ブーム　331
付加価値　202, 203
不確実性　175, 176
不完全競争　95, 101
不完全雇用　291, 292
不完全雇用均衡　125, 249, 298, 299
不完全情報　176, 346
不規則衝撃　345
不規則衝撃の理論　345
不況　287, 289, 331
複合乗数　257, 258
複占　95, 102
複占均衡　104
不効用　5, 24, 123
物価指数　208
物価版のフィリップス曲線　314
物質主義的定義　6
物質的欲望　3
物品貨幣　15
物々交換　13
物々交換経済　13
不平等度　131
部分均衡　72
部分均衡分析　275

部分均衡理論　87
普遍法則　6
不満足　24
プライス・リーダーシップ　107
フル・コスト原理　113
フロー　213, 232
プロフィッタビリティ　177
分割可能　262
分割可能性　14
分業　13
分散　182
分配　118
分配国民所得　206
分離定理　185

平均　182
平均固定費用　55
平均収入　57
平均消費性向　218
平均生産力　47
平均貯蓄性向　218
平均費用　55
平均変動費用　55
ベースマネー　263
変化の法則　83
変形曲線　64
偏差　221
変動費用　49
変動要素　49
ペンローズ曲線　243

貿易乗数　260, 261
法人企業　45
膨張　309
法定貨幣　15, 263
包絡線　66, 156
飽和　3, 26
ポートフォリオ　182
補完　52
補完財　42
保険　188
保険金　188
保険の期待効用理論　188
保険プレミアム　180
保険料　188
保険料率　188

保証成長率　355
母数　183
没価値性　11
ホモ・エコノミクス　8
本位制　16
本源的機能　17
本源的預金　266

## ま　行

マーク・アップ原理　113
マーシャル的数量調整　298
マーシャル的数量調整過程　75, 77
マーシャルの安定条件　79, 249
マーシャルの $k$　271
マクシー＝シルバーストン曲線　114, 166
マクロ経済学　7
マクロ経済学のミクロ的基礎付け　215
摩擦的失業　298, 313
マッカラム・ルール　325
マネタリーベース　263
満足　24

見えざる手　149, 150
ミクロ経済学　7
民間企業　45

無形固定資本形成　233
無形資本　134
無差別曲線　29
無差別曲面　29
無差別クラス　29
無差別の法則　70
無差別マップ　29

名目貨幣　16
名目国内総生産　208
名目値　208
メディア　175

模索過程　75
モラル・ハザード　193

## や　行

夜警国家　276
山　331

遊休残高　268
有形固定資本　134
有形固定資本形成　233
有効需要　252, 289
有効需要政策　299
有効需要の原理　252, 289, 299
誘発投資　240, 257
床　340, 343

用役　4
要求払預金　19, 263
要素価格　49
要素需要曲線　63
要素需要量の決定　61
要素費用表示の国民所得　203
余暇　123
預金準備　266
預金準備率　266
預金準備率操作　264
預金通貨の信用創造　266
欲望　2
欲望の二重一致　13
予算　34
予算集合　35
予算制約　34
予算制約線　34
予想　174, 175
予想されざるマネーサプライ　321
予想物価上昇率　314
予想を入れた準フィリップス曲線　315
予備的動機　268
45度線　251

## ら　行

ライフサイクル仮説　228
ラスパイレス型物価指数　210

ラッファー曲線　329

リアル・ビジネス・サイクル
　論　349
リカードの等価定理　322
利子　138
利子所得　268
利潤　58, 129
利潤最大化　58
利子率　138
利子率のフィッシャー方程式
　142
リスク　177
理想的な分配　167
立証　9
理念型　8
流動資産　225
流動資産仮説　225, 226
流動性　264
流動性選好関数　268
流動性選好説　144, 268, 272
流動性の罠　272, 287
留保需要　115, 123
量的金融緩和　288, 289
量的金融政策　282
理論価格　311

理論経済学　7
理論値　221
リンダール均衡　161

累進税率　260
ルーカス供給関数　318, 319
ルール方式　324

歴史時間　9
歴史法則　6
劣等財　37
レモンの原理　193
連関財　42
連結律　29
連続性　91

労働価値説　87
労働供給　296
労働市場のケインズ均衡
　298
労働市場の古典派均衡　297
労働需要　294
労働の完全雇用成長率　356
労働の自然成長率　355
労働の需給　123
労働の不効用　296

ローレンツ曲線　131
論理時間　9

### わ　行

割引現在価値　139, 140
割引現在価値法　237
割引率　146
ワルラス均衡　247
ワルラス的価格調整過程　75
ワルラス的調整過程　297
ワルラス的模索過程　75
ワルラスの安定条件　76,
　247, 311
ワルラス法則　89, 90, 301

### 欧　字

GDP　233
$IS=LM$ 分析　275
$IS$ 曲線　277, 279
$k$ 次の同次関数　65
$LM$ 曲線　279
$M1$　263
$M2$　263
$X\%$ルール　325

著者略歴

## 林　直嗣（はやし　なおつぐ）

1974 年　慶應義塾大学経済学部卒業
1979 年　同大学院経済学研究科博士課程修了
現　在　法政大学経営学部教授

### 主要編著書

『金融のグローバリゼーションⅡ』法政大学出版局（露見誠良・林 直嗣共編著，1988 年）
『ミクロ経済学入門』世界書院（林 直嗣著，1992 年）
『現代世界の金融政策』日本経済評論社（西村閑也・林 直嗣共編著，1993 年）
『カナダの金融政策と金融制度改革』近代文藝社（林 直嗣著，1994 年）カナダ首相出版賞
『Quick BASIC 入門』サイエンス社（林 直嗣・室井勝子・鈴木三枝子共著，1995 年）
『現代金融入門』八千代出版（岸 真清・林 直嗣共著，1997 年）
『グローバル・ファイナンス』日本経済評論社（林 直嗣・洞口治夫共編著，1998 年）
『実習　Visual Basic』サイエンス社（林 直嗣・室井勝子・鈴木三枝子共著，2000 年）
『実習　Visual Basic.NET』サイエンス社（林 直嗣・室井勝子・鈴木三枝子共著，2004 年）
"Structural changes and unit roots in Japan's macroeconomic time series: is real business cycle theory supported?", *Japan and the World Economy*, Vol.17, Issue 2, 2005, North Holland.
『実習　Visual Basic 2005』サイエンス社（林 直嗣・児玉靖司共著，2007 年）
『実習　Visual Basic [最新版]』サイエンス社（林 直嗣・児玉靖司共著，2014 年）

## 経済学入門

| | |
|---|---|
| 2013年3月10日 ⓒ | 初 版 発 行 |
| 2018年3月10日 | 初版第4刷発行 |

著 者　林　　直嗣
発行者　森平敏孝
印刷者　中澤　　眞
製本者　米良孝司

【発行】　　　　　　　　　株式会社　新世社
〒151-0051　東京都渋谷区千駄ヶ谷1丁目3番25号
☎(03)5474-8818(代)　　　サイエンスビル

【発売】　　　　　　　　株式会社　サイエンス社
〒151-0051　東京都渋谷区千駄ヶ谷1丁目3番25号
営業☎(03)5474-8500(代)　　振替00170-7-2387
FAX☎(03)5474-8900

印刷　㈱シナノ　　　　製本　ブックアート
《検印省略》
本書の内容を無断で複写複製することは，著作者および出
版者の権利を侵害することがありますので，その場合には
あらかじめ小社あて許諾をお求め下さい．

ISBN 978-4-88384-189-9
PRINTED IN JAPAN

サイエンス社・新世社のホームページのご案内
http://www.saiensu.co.jp
ご意見・ご要望は
shin@saiensu.co.jp まで．